화성지역학 연구

제1집

화성지역학연구소 편

국립중앙도서관 출판예정도서목록(CIP)

화성지역학 연구. 제1집 / 지은이 : 정찬모 외. -- 서울 : 한누리미디어 ; [화성] : 화성지역학연구소, 2018
p. ; cm.

ISBN 978-89-7969-777-3 03300 : ₩18000

지역학[地域學]
화성(경기도) [華城]

911.57-KDC6
951.9-DDC23 CIP2018019957

화성지역학 연구 제1집

화성지역학연구소 편

정찬모 김민흡 류순자 황금모 임철빈 이기선
이경렬 김용원 김성열 홍승녕 김재엽 서석붕
박각준 백도근 김희태 최미금 고광준 민세홍

한누리미디어

| 머리말 |

정 찬 모
화성지역학연구소 소장

2015년 8월, 여러 어려움을 거치며 초창기 화성시 향토문화연구소로 개소되어 운영하다가 화성지역학연구소로 개칭되어 오늘에 이르고 있다. 처음에는 5명으로 시작하였으며, 뜻을 같이 하는 사람들이 점차 늘어나 현재는 연구위원이 20여 명으로 증원되었고 앞으로도 더욱 확대될 것으로 전망한다. 특히 대학 강단이나 연구원, 학술단체에서 활동하던 분들이 우리 연구소에 들어와 관심과 열정을 보여주어 기대되는 바가 크다.

그간 화성시의 역사적 인물, 문화재, 산성, 생활문화 등 직접 답사하거나 문헌 연구를 하며 서서히 시작된 공부는 연구위원의 열정에 힘입어 다양한 분야로 확대되고 심화되어 나갔다.

매주 화요일에 정기적으로 모임을 갖고 논문으로, 리포트로, 칼럼으로 다양하게 연구한 내용을 교재화하여 연구위원들의 기본 지식을 고양하고 이를 서로 공유하며 발전을 거듭하였다.

예를 들면 한국문학사에서조차 별로 알려지지 않고 제대로 평가 받지 못하고 있는 정조시대의 불우한 선비 이옥(李鈺)에 대해서 탐구하고자, 그의 조부(이기축)의 묘를 직접 찾아보았다. 정작 이옥의 묘가 화성에 있다는 기록만 있고 무덤의 행방은 알 수 없어 안타까워 하다가 최근에 이옥 가계의 족보를 찾아내어 무덤의 위치를 비정할 수 있는 성과를 거두었다. 또한 이옥의 문학작품에 대한 세미나에 참석하여 우리의 의견을 발표하고 이옥의 작품을 분석하는 논문을 찾아 읽거나 직접 논문을 작성하기도 하였다. 조선시대 최초의 희곡이라 할 수 있는 〈동상기〉를 각색하여 연극으로 발표하는가 하면 이옥 자신을 주인공으로 하는 희곡도 발표하였다.

원효대사에 대한 연구를 예로 들면, 원효의 사상과 일생에 대해서 각종 자료와 도서를 탐독하고 정리하여 발표하면서, 원효가 걸었던 구도의 길을 추적하여 직접 답사를 진행하기도 하였다. 원효와 의상이 경주를 출발하여 영남지방의 어디를 거쳐 백두대간의 어느 고개를 넘어 경기지방의 어느 지역을 거쳐 화성시의 당성까지 오게 되었을까를 추적하였다.

또한 화성시 현지에 사는 우리 연구위원들이 가장 효과적으로 할 수 있는 각종 답사를 실행하였다. 화성시에 산재해 있는 21개의 산성 유적을 직접 올라가 살펴보고 특징을 찾아보았는데 모두 11회에 거쳐 답사하였으며, 기존 자료와 얼마나 달라졌나, 어떤 변화가 왜 일어났는가 하는 사항들을 점검하면서 크나큰 보람을 느꼈다.

화성시의 인문 지리에도 관심을 가져 화성시 지맥 탐사를 실시하였다. 화성시의 큰 산줄기가 서봉지맥, 태행지맥, 오두지맥으로 분기하고 있다는 사실과 그에 따른 하천의 흐름, 평야지대, 공업단지, 주요 산의 분포 등을 알 수 있었다. 이 3개 지맥을 모두 13개의 구간으로 나누어 1회에 한 구간씩 5개월에 거쳐 순례하듯 발걸음을 옮겼다.

우리 화성지역학연구소의 연구위원들은 문헌 조사를 거쳐 직접 답사를 하는 '현장 중심 탐구' 방법을 가장 중요한 활동이라고 판단하고 그렇게 하려고 노력해 왔다. 또 급변하고 있는 화성시의 여러 환경과 산업의 변화 과정을 예의 주시하며 계속 관찰해 나갈 것이다.

노력한 결과가 이렇게 귀한 성과물로 나오게 되어 매우 기쁘고 보람되게 생각한다. 앞으로도 지속적인 발전을 기대하며 이 책이 나오기까지 연구위원들의 각고의 노력에 대해서 감사를 드리는 바이다.

2018년 6월

▲ **팔탄면 구장리 박각준 연구위원 자택의 짐대** 가정의 안녕과 건강을 기원하는 상징물이다.

▲ **팔탄면사무소 경내에 있는 장승** 지역 간의 경계를 나타내거나 마을의 이정표 역할을 하였으며 마을의 수호신으로 자리매김하였다.

▲ **마을 신앙조사** 마을 밖에서 들어오는 액을 막고, 마을 안에서 흘러나가는 복을 막아주는 역할을 한다.

▲ **마을 신앙조사** 우리 연구소 위원들이 화성시의 133개 마을의 신앙조사를 하면서 주민들을 만나 면담하고 관련자료를 채집하였다.

▲ **이옥의 생가터를 찾아서** 이옥을 바탕으로 연구위원들이 생가터를 추정하고 있다.

▲ **이옥의 '동상기' 공연** 조선 최초의 희곡으로 알려진 이옥의 '동상기'를 우리 연구소에서 무대에 올려 찬사를 받았다.

▲ **당은포로 탐방** 계립령에서 당성까지 원효와 의상이 걷던 길을 답사하였다.

▲ **당은포로 탐방** 종착지인 당성에 도착하여. 원효와 의상이 머물던 오도처를 추정하여 본다.

▲ **남이 장군의 묘** 비봉면 유포리 소재 해망산 자락에 모셔져 있다.

▲ **졸수재 조성기의 묘** 봉담읍 유리 소재 건달산 자락에 모셔져 있다.

▲ **서봉지맥의 리본들** 화성의 지맥 탐사를 하는 개인이나 단체가 의외로 많음을 시사해 준다.

▲ **태행지맥의 구봉산(당성) 구간** 태행지맥은 봉담에서 삼봉산, 태행산을 거쳐 구봉산에 이르며 송산면 와룡산까지 이어진다.

▲ **오두지맥의 마지막 구간 답사** 오두지맥은 팔탄면, 장안면을 거쳐 우정읍 매향리 포구에서 끝난다.

▲ **연구 내용을 발표하는 장면** 연구위원들 각자의 연구와 조사, 발표를 통해 얻은 내용에 대해 토론하고 있다.

▲ **외부 인사 초청 강연** 화성학과 관련하여 전문가를 초청하여 강연을 들으면서 연구의 내실을 다진다.

▲ **자유토론의 장** 연구위원들은 서로의 연구 성과와 결과를 놓고 토론하는 시간을 매주 실시하고 있다.

1. 책의 구성과 편찬 목적

본 책은 크게 제1부는 화성시의 인문 지리, 제2부는 원효사상과 이옥의 문학세계 고찰, 제3부는 화성시의 역사 인물 탐구, 제4부는 화성시의 종교와 민속 문화, 제5부는 특별기고와 창작 희곡으로 모두 18개 항목으로 구성되었으며, 본 지역학연구소 연구위원 18명이 기고하였다.

책의 기획과 구성, 편집 과정 일체도 연구위원의 의견을 종합하여 반영하였고 그 의도에 따라 편찬되었다.

본 책은 연구위원의 개인적 논문, 연구 활동 교재, 조사보고서, 체험기를 비롯하여 공동조사보고서, 공동연구보고서 등 지금까지의 성과물을 망라하여 편찬하였다.

편찬 목적은 화성시의 역사, 문화, 인물, 산업 등 구체적인 '화성시 사람들의 살아가는 모습' 에 관점을 두었으며, 그들의 생활이 보여주는 의미, 그들이 살아가는 문화 양식, 그리고 과거와 현재를 이어주는 에너지의 원천을 탐구하는 것이 궁극적인 목적임을 인지하여, 그러한 문화 성향(또는 양식)을 이해하는 데 도움을 주고자 한다.

2. 편찬 원칙

- 이 책의 내용은 연구위원들이 매주, 또는 매월 탐구할 과제를 학습하고 연구 및 조사와 탐구활동의 결과물을 중심으로 구성하였다.
- 역사나 인물, 사상 등의 전문적 영역은 전문가의 학설이나 논문을 참

고하였으며 이를 각주 또는 참고 문헌의 제시로 안내하였다.

- 현지 조사, 현지 연구는 연구위원들이 공동으로 참여하는 것을 원칙으로 하였으며, 공동 조사 또는 개별 연구 보고서는 원고 작성 후 윤독과 토론을 통해 수정, 보완하였다.
- 사진 자료는 연구위원들이 직접 현장에서 찍은 것이며, 그렇지 않은 것은 사진 아래에 출처를 밝혔다.
- 원고 일부는 세미나 자료이거나 다른 지면에 이미 발표한 것인데, 원고의 말미에 게재한 지면의 이름을 밝혔다.
- 원고의 일부는 합동 연구를 통한 원고이므로, 그 대표자 이름만 명기하였으며 말미에 합동 연구자들의 이름을 모두 밝혔다.

3. 지원 기관

- 본 연구소의 활동 중 화성의 산성, 지맥 탐사, 환경정화 사업 등은 화성문화원 사업의 일환으로 경제적 지원을 받았다. 특히 매주 화요일마다 하는 연수 및 연구 활동 장소를 제공하였으며, 식비 제공, 차량 지원 등 격려를 해 주었음에 감사를 표한다.
- 본 연구소의 발전을 위해 성금을 쾌척하신 분들께도 감사를 드린다.

◀ 표지사진/ 삼국시대에 축조된 당항성

화성지역학 연구 제1집

Contents

제3부 : 화성시의 역사 인물 탐구

제4부 : 화성시의 종교와 민속 문화

제5부 : 특별기고와 창작 희곡

화성지역학연구소의 활동 내역

(2015. 8～2017. 12)

월일	내용	강사·주관	참석자(명)
2016년도 활동			
1월 12일	소근산성, 길성리성 답사	정찬모	정찬모, 김민흡, 류순자, 황금모, 이판도, 서인수, 김용원, 임철빈, 김운겸, 이경렬, 김성렬(11)
1월 19일	2016년 향토문화연구소 사업계획	정찬모	정찬모, 김민흡, 이판도, 서인수, 김용원, 임철빈, 김운겸(7)
	제33장 1. 의금상경 연암 박지원 알아보기	정찬모	
1월 24일	화성 지맥탐사 전체 개관	이경렬	정찬모, 김민흡, 김운겸, 이경렬(4)
1월 26일	정몽주 모친은 우대받고 정도전 모친은 조롱당한 까닭	정찬모	정찬모, 김민흡, 류순자, 황금모, 임철빈, 김운겸, 이경렬(7)
	화성시 관할 행정구역		
1월 31일	정조 사망은 인삼오용으로 인한 의료사고	정찬모	정찬모, 김민흡, 서인수, 김용원, 임철빈, 김운겸, 이경렬(7)
	화성관할 행정구역 알아보기		
2월 2일	전기수/ 이옥연구	김민흡	정찬모, 김민흡, 류순자, 황금모, 이판도, 김운겸(6)
	정조실록 35권/ 동지정사 박종악에게 당판 수입 금지와 소설문체 사용의 금지를 명하다	정찬모	
2월 16일	홍대용연보/교우관계 연암 박지원 연표	황금모	정찬모, 김민흡, 류순자, 황금모, 이판도, 서인수, 김용원, 임철빈, 김운겸, 이경렬(10)
	마테오리치의 교우론에 영향을 받은 사람들 / 홍대용, 박지원, 이덕무, 박제가, 유득공	황금모	
3월 8일	고전산문산책 인물표	황금모	정찬모, 김민흡, 류순자, 황금모, 이판도, 서인수, 김용원, 임철빈, 김운겸, 이경렬(10)
	정조 사망원인은 패혈증과 뇌졸중 다시, 문화예술교육을 위하여	김민흡	

월일	내용	강사·주관	참석자(명)
3월 15일	이옥/완역 이옥전집 2: 그물을 찢어버린 어부	김민흡	정찬모, 김민흡, 류순자, 황금모, 이경렬, 김용원, 김성열(7)
	박제가 연보 화성역사와 전통문화 알아보기		
3월 22일	18세기 서울, 지식인 교유의 한 양상	황금모	정찬모, 김민흡, 류순자, 황금모, 이판도, 이경렬, 김용원, 김성열(8)
4월 19일	정약용 철학의 형성과 체계에 관한 연구/백민정	김민흡	정찬모, 김민흡, 류순자, 황금모, 임철빈, 이경렬, 김운겸, 김가화(8)
	천주실의/ 마테오리치 교우론		
4월 26일	박제가 알아보기	정찬모	정찬모, 김민흡, 류순자, 황금모, 이판도, 서인수, 김용원, 임철빈, 김운겸, 이경렬(10)
	박제가의 이덕조 애도시와 이벽 성조 시복시성		
5월 3일	소설가 이문구 생가 방문	정찬모	정찬모, 김민흡, 황금모, 이판도, 서인수, 김용원, 임철빈, 김운겸, 이경렬(9)
5월 10일	소설가 이문구	정찬모	정찬모, 김민흡, 류순자, 황금모, 이판도, 서인수, 김용원, 임철빈, 김운겸, 이경렬(10)
	성호 이익		
5월 17일	정약용 연보/	김민흡	정찬모, 김민흡, 류순자, 황금모, 이판도, 서인수, 김용원, 임철빈, 김운겸, 이경렬(10)
6월 7일	카프문학과 박승극	정찬모	정찬모, 김민흡, 황금모, 이판도, 서인수, 김용원, 임철빈, 김운겸, 이경렬(9)
	영조와 정조의 나라/ 박광용—푸른 역사		
6월 21일	작가 송기원의 삶과 문학	김용원	정찬모, 김민흡, 류순자, 황금모, 이판도, 서인수, 김용원, 임철빈, 김운겸, 이경렬(10)
6월 28일	유득공 연보/ 발해는 우리나라	김민흡	정찬모, 김민흡, 류순자, 황금모, 이판도, 서인수, 김용원, 임철빈, 김운겸, 이경렬(10)
	화성지역의 해항도시적 성격과 국제항로		

월일	내용	강사·주관	참석자(명)
7월 12일	닥나무 없는 닥골(지명 연구)	정찬모	정찬모, 김민흡, 류순자, 임철빈, 이판도, 이경렬, 홍승녕, 한만희, 김병덕(9)
7월 26일	정조와 시대 상황	김운겸	정찬모, 김민흡, 류순자, 이판도, 서인수, 김용원, 임철빈, 김운겸, 이경렬, 김재엽, 김병덕(11)
9월 6일	왕과 사대부/ 조선 사대부의 두 얼굴	정찬모	정찬모, 김민흡, 류순자, 이판도, 서인수, 김용원, 임철빈, 김운겸, 이경렬, 김재엽, 김병덕(11)
	마음으로 말을 걸다 / 진정이 용솟음 치는 이옥의 편지		
9월 13일	삼한 통합의 가치를 내 건 견훤	정찬모	정찬모, 김민흡, 류순자, 이판도, 서인수, 김용원, 임철빈, 김운겸, 이경렬, 김재엽, 김병덕(11)
	이옥의 〈이언〉에 나타난 여성 풍속－김문기 화성의 산성		
9월 27일	문무자 이옥의 귀양경로 답사 216년 전 경남 합천군 삼가시장과 이옥의 봉성문여 역사 이야기 알아보기	정찬모	정찬모, 김민흡, 류순자, 이판도, 황금모, 이기선, 김용원, 임철빈, 서석붕, 이경렬, 김성열, 임종삼 외 배우 3명(15)
10월 11일	화성의 공사를 정지하는 일에 관해 윤음을 내리다	정찬모	정찬모, 김민흡, 류순자, 임철빈, 이판도, 이경렬, 김용원, 서인수, 홍승녕, 서석붕, 이기선(11)
	조선의 실학자 박제가 박제가 연보	김민흡	
10월 18일	담배연기 속에서－이옥과 박지원의 소품산문	황금모	정찬모, 김민흡, 류순자, 서인수, 김용원, 임철빈, 홍승녕, 정명순, 이경렬, 이승구(10)
	사익을 긍정했던 조선의 아담스미스 박제가		
10월 19일	방문교사팀이랑 익산－공주 답사	정찬모	정찬모 외 방문교사(16)
10월 21일	세미나 참석 화성지역 고고학 연구의 현황과 쟁점	한신대	정찬모, 김민흡, 류순자, 이경렬, 김용원(5)

월일	내용	강사·주관	참석자(명)
11월 21일	익산－공주 돌아보기	문화원	정찬모, 김민흡, 류순자, 임철빈, 이판도, 이경렬, 김용원, 이병호 홍승녕, 김재엽(10)
12월 6일	화랑진성 답사	이경렬	정찬모, 김민흡, 류순자, 임철빈, 이판도, 이경렬, 김용원, 이병호 홍승녕(9)
12월 13일	운평리성, 한각리성, 창고산성 답사	이경렬	이기선, 서석봉, 정찬모, 김민흡, 류순자, 임철빈, 이경렬, 김용원(8)
12월 20일	백곡리성 답사	이경렬	정찬모, 김민흡, 류순자, 김운겸, 이기선, 이경렬, 김용원, 서석봉(8)
12월 27일	향토문화연구소 2017년도 사업 토의 화성향토문화연구소 운영에 관한 토의	정찬모	정찬모, 김민흡, 류순자, 임철빈, 이판도, 이경렬, 김용원, 이기선, 서석봉, 김재엽, 김성렬, 김운겸(12)
2017년도 활동			
1월 3일	한 해 기원제 / 당성에 올라	정찬모	정찬모, 김민흡, 류순자, 황금모, 임철빈, 이판도, 김용원, 박각준(8)
1월 10일	사창리성, 태봉산성 답사	정찬모	정찬모, 김민흡, 류순자, 황금모, 임철빈, 이판도, 김용원, 홍승녕, 서인수, 이기선, 김성렬(11)
1월 17일	용두리성, 석산성 답사	정찬모	정찬모, 김민흡, 임철빈, 이경렬, 김운겸, 서인수, 홍승녕, 김재엽, 류순자(9)
1월 26일	서봉지맥 화성 외 구간 (수리산~칠보산 입구)	이경렬	이경렬(1)
2월 7일	워크숍－설악산, 주문진	정찬모	정찬모, 김민흡, 임철빈, 이경렬, 김운겸, 서인수, 홍승녕, 김재엽, 박정애(9)
2월 18일	서봉지맥 칠보산~왕림고개 구간	이경렬	정찬모, 이경렬, 류순자(3)
2월 21일	삼존리성, 청원리성, 청명산성 답사	정찬모	정찬모, 류순자, 이판도, 이경렬, 이기선, 홍승녕, 김민흡, 김용원(8)

월일	내용	강사·주관	참석자(명)
2월 26일	서봉지맥 왕림고개~관리고개	이경렬	정찬모, 류순자, 이판도, 이경렬, 이기선(5)
2월 28일	서미산성, 오두산성 답사	정찬모	정찬모, 류순자, 이판도, 이경렬, 이기선, 홍승녕, 김민흡, 김용원, 김운겸(9)
3월 5일	서봉지맥 관리고개~원고개	이경렬	정찬모, 류순자, 이경렬, 이기선(4)
3월 7일	남양동토성, 신경산성, 수원고읍성 답사	정찬모	정찬모, 류순자, 이판도, 이경렬, 이기선(5)
3월 11일	오두지맥 왕림고개~요골고개	이경렬	정찬모, 이기선, 이경렬, 이판도, 류순자(5)
3월 14일	재양현성 답사	정찬모	정찬모, 김민흡, 류순자, 황금모, 김성렬, 이경렬, 김용원, 서석봉, 박각준, 이기선(10)
3월 18일	오두지맥 요골고개~서근리 육교	이경렬	정찬모, 이경렬, 이기선(4)
3월 21일	1. 구 수원부 규모와 인구분포 2. 화성의 산	정찬모	정찬모, 김민흡, 류순자, 황금모, 임철빈, 이경렬, 김용원, 김재엽, 서석봉, 박각준, 이기선(11)
	3. 짐대울 해석에 관한 해명 4. 기억하고 보관해야할 장소	정찬모	
3월 25일	오두지맥 서근리 육교~장안면사무소 앞	이경렬	정찬모, 이기선, 이경렬, 류순자, 김민흡(5)
3월 26일	오두지맥 끊긴 구간 탐방 (와우리–왕림고개)	이경렬	이경렬, 류순자(2)
3월 28일	1991년 이웃사촌 자료	정찬모	정찬모, 류순자, 황금모, 임철빈, 이판도, 이경렬, 김용원, 홍승녕, 박각준, 홍성길(10)
	토박이 이름의 한자식 표기 한자표기		
4월 4일	한자공부/토박이 이름 한자식 표기	박각준	정찬모, 류순자, 황금모, 임철빈, 이판도, 이경렬, 김용원, 박각준, 홍승녕, 홍성길(10)
	이웃사촌 자료/ 마을의 기억해야 할 장소를 찾아서	정찬모	
4월 8일	서봉지맥 장안면사무소~매향리선창	이경렬	정찬모, 김민흡, 류순자, 황금모, 이기선, 이판도, 김용원, 박각준(8)

월일	내용	강사·주관	참석자(명)
4월 16일	태행지맥 태행산 ~ 염티고개	이경렬	이경렬, 정찬모, 김민흡, 류순자, 서석붕(5)
4월 18일	화성의 하천 및 수로	정찬모	정찬모, 김민흡, 류순자, 황금모, 임철빈, 이경렬, 김용원, 김성열, 김재엽, 박각준, 이기선(11)
	고지도와 지지를 통해 본 화성 지역의 변화/당성소개		
4월 21일	평택 수도사 원효행사 참관	정찬모	정찬모, 김민흡, 류순자, 황금모, 이경렬, 김용원(6)
	태행지맥 마지막 구간 / 매향리	이경렬	
4월 22일	원효의 정토사상과 화성 당성 해골물 유적지와 연관성 고찰	김재엽	정찬모, 김민흡, 류순자, 황금모, 임철빈, 이경렬, 김용원, 김운겸, 이기선(9)
	제1회 학술발표회		
4월 25일	한자공부	박각준	정찬모, 김민흡, 류순자, 황금모, 임철빈, 이판도, 김용원, 박각준(8)
	원효대사 일체유심조의 깨달음의 산실 화성	정찬모	
5월 1일	태행지맥 염티고개~솔티고개	이경렬	정찬모, 김민흡, 류순자, 이경렬, 김용원(5)
5월 2일	산경표와 화성의 지맥	이경렬	정찬모, 김민흡, 류순자, 황금모, 임철빈, 이판도, 이경렬, 김용원, 서석붕(9)
5월 3일	태행지맥 솔티고개~당성	이경렬	정찬모, 김민흡, 류순자, 이경렬, 김운겸, 이기선(6)
5월 8일	태행지맥 당성~와룡산 전곡교	이경렬	정찬모, 김민흡, 류순자, 이경렬, 김운겸, 이기선(6)
5월 16일	발안천 축제 참가/발안리 짐대 홍보지 제작	정찬모	정찬모, 김민흡, 류순자, 황금모, 이경렬, 김용원(6)
5월 23일	향토문화연구소 사업토의	정찬모	정찬모, 김민흡, 류순자, 황금모, 이판도, 이경렬, 김용원, 홍승년, 박각준(9)
5월 27일	발안리 짐대 홍보	정찬모	정찬모, 김민흡, 류순자, 황금모, 이경렬, 김용원(6)
5월 30일	화성의 고인돌 / 고인돌의 종류 원효의 깨달음의 산실 화성/ 당은포로 18세기 실학을 찾아서	정찬모	정찬모, 김민흡, 류순자, 임철빈, 이판도, 이경렬, 김용원, 서석붕, 박각준, 홍성길(10)

월일	내용	강사·주관	참석자(명)
6월 27일	지방문화원진흥법 시행령 바로보기 화성시문화예술진흥조례 바로보기	박각준	정찬모, 김민흡, 류순자, 황금모, 임철빈, 이경렬, 김용원, 김운겸, 김성열, 홍승녕, 박각준, 이기선, 민세홍, 백도근, 임종삼(15)
	이옥 문학의 현대적 의미 고찰 –봉성문여를 중심으로	이경렬	
7월 4일	예산지원을 받으려면 법을 먼저 알자	박각준	정찬모, 김민흡, 류순자, 황금모, 임철빈, 이경렬, 김용원, 김운겸, 김성열, 홍승녕, 박각준, 이기선, 민세홍, 백도근, 임종삼(15)
	이옥 문학에 대한 고찰	이경렬	
7월 13일	문화원 단합대회	문화원	정찬모, 김민흡, 류순자, 황금모, 이경렬, 박각준, 이기선, 홍성길, 민세홍, 백도근(10)
7월 18일	백제의 역사문화 이해 및 길성리토성의 가치와 의미	김희태	정찬모, 김민흡, 류순자, 황금모, 임철빈, 이경렬, 김용원, 김운겸, 홍승녕, 박각준, 이기선, 홍성길, 민세홍, 백도근, 김희태, 신명숙, 장명희(17)
	이옥 문학의 현대적 의미 고찰 –봉성문여를 중심으로	이경렬	
7월 25일	백제의 역사문화이해 및 길성리토성의 가치와 의미	김희태	정찬모, 류순자, 황금모, 임철빈, 이경렬, 김용원, 김운겸, 홍승녕, 서석붕, 박각준, 민세홍, 고광준, 백도근, 최미금, 홍홍기, 김희태, 신명숙, 장명희, 정연이(19)
	이옥 문학의 현대적 의미 고찰 –봉성문여를 중심으로	이경렬	
8월 8일	이옥문학 〈봉성문여를 중심으로〉 의 고찰	이경렬	김민흡, 류순자, 황금모, 임철빈, 민세홍, 이경렬, 김용원, 김운겸, 홍승녕, 박각준, 이기선, 백도근, 김희태, 최미금, 홍홍기, 고광준(16)
	여지도를 보며 화성 옛 지명 찾기	류순자	
9월 26일	원효, 화성에 오다 깨달음의 길 당은포로 탐방 (충주계립령–죽산–처인성– 수원고읍성)	이경렬	정찬모, 김민흡, 류순자, 임철빈, 이경렬, 김용원, 홍승녕, 이기선, 백도근, 고광준, 게스트: 김성렬, 임종삼, 이인섭(13)
10월 24일	경기학과 지역학 어떻게 할 것인가	임철빈	정찬모, 김민흡, 류순자, 이경렬, 홍승녕, 임철빈, 김용원, 고광준, 이기선, 백도근, 최미금(11)

월일	내용	강사·주관	참석자(명)
10월 31일	마을조사와 민속조사, 문화콘텐츠를 위한 스토리텔링 방법론	류순자	정찬모, 김민흡, 류순자, 황금모, 임철빈, 민세홍, 박각준, 이기선, 백도근(9)
	이옥의 가계도와 묘소위치, 시남 유계선생의 "남한일기" 소개	정찬모 백도근	
11월 7일	화향문 연구활동자료보고서 편집회의	이경렬	김민흡, 류순자, 황금모, 이경렬, 임철빈, 김용원, 홍승녕, 백도근, 민세홍, 김희태, 고광준(11)
	대한민국 족보	이경렬	
11월 8일	화성지역 고대문화의 제 양상–고대의 화성을 그리다	수원대	정찬모, 김민흡, 류순자, 이경렬, 박각준, 백도근, 서석붕(7)
11월 14일	안헌징 선생의 작품과 생애, 가계도	백도근	정찬모, 김민흡, 류순자, 황금모, 이경렬, 임철빈, 홍승녕, 백도근, 김희태, 서석붕, 박각준, 홍성길, 안병길, 최미금(14)
	2015~17 화향문 활동보고집 발간 편집회의	이경렬	
11월 21일	원효, 화성에 오다–당은포로 탐방 〈만의산 원각사–당성〉	이경렬	정찬모, 김민흡, 류순자, 황금모, 이경렬, 임철빈, 홍승녕, 박각준(8)
11월 28일	화성의 인문지리	이경렬	정찬모, 류순자, 황금모, 이경렬, 임철빈, 백도근, 서석붕, 박각준, 홍성길, 최미금, 고광준, 김용원, 홍성길, 김재엽(14)
	최루백과 염경애	최미금	
12월 5일	민속신앙 자료수집 사업 설명	고정석	정찬모, 김민흡, 류순자, 황금모, 이경렬, 임철빈, 홍승녕, 백도근, 김희태, 김용원, 박각준, 홍성길, 최미금, 고광준(14)
	화성의 종교–유교, 천주교	임철빈	
12월 12일	한 해를 마무리하며(송년회)	정찬모	정찬모, 김민흡, 류순자, 황금모, 이경렬, 임철빈, 민세홍, 홍승녕, 백도근, 김용원, 김성열,박각준, 홍성길, 최미금, 고광준, 이기선, 서석붕, 안병길, 김재엽(19)
	회비 결산	류순자	
12월 19일	정조와 화성(세미나)	정해득	정찬모, 김민흡, 류순자, 황금모, 이경렬, 임철빈, 민세홍, 홍승녕, 백도근, 김용원, 김성열, 박각준, 홍성길, 최미금, 고광준, 이기선, 서석붕(17) 외 일반 시민(12)
	원효와 화성(세미나)	고영섭	
	화성의 구비문학(세미나)	강현모	

제1부
화성시의 인문 지리

화성시의 인문 지리학 개관

연구위원 _ 이 기 선

1. 지맥(支脈)이란
2. 화성시의 지세(地勢)
3. 화성시의 산과 하천

1. 지맥(支脈)이란?

여암 신경준(1712~1781)의 『산경표』에 의하면 백두산에서 산줄기가 뻗어 나와 전 국토의 산줄기를 이루었다고 생각하였으며, 풍수지리에서도 백두산을 신성하게 여기고 백두산에서 시작한 생기가 각 지역으로 뻗어 나간다고 보았다. 산경표는 산줄기의 흐름을 나타낸 것으로 백두산을 시작으로 하여 지리산까지 흐르는 산줄기를 백두대간이라 하고, 백두대간에서 1개의 정간(正幹)과 13개의 정맥(正脈)이 뻗어 나온다.

1대간(백두대간) 13정맥(남한 : 한북정맥, 한남정맥, 한남금북정맥, 금북정맥, 금남정맥, 금남호남정맥, 호남정맥, 낙동정맥, 낙남정맥, 북한 : 장백정맥, 청남정맥, 청북정맥, 해서정맥)으로 산세를 이루고 있으며, 이 정맥에서 또 세부로 분기하는 하위 산맥 약 40여 개를 일컬어 기맥 또는 지맥으로 불리게 되었다. 또 1,650여 개의 산과 지명을 표기한 지리책이다.

산경표의 산지 체계에는 '산줄기는 분수령을 따르기 마련(山自分水嶺)'이라는 원칙이 있다. 즉, 산은 스스로 물을 가르고 물은 산을 넘지 않는다는 뜻으로, 모든 산줄기는 물을 건너지 않고 오직 한 길로 이어진다.

산경표에서는 산줄기가 분수계를 이루어 하천과 하천을 구분하는 역할을 한다. 이런 점에서 산경표의 산지 인식 체계는 하천을 중심으로 형성된 생활권과 문화권을 파악하기에 유리하다. 예를 들어 백두대간을 경계로 영동과 영서 지방, 호남과 영남 지방이 구분된다. 기존에 알려져 있는 "산맥"이라는 용어는 일제강점기에 우리 국토의 지하자원을 수탈할 목적으로 지질학적 조사를 통하여 붙여진 이름이며, 지질학에서는 유용하나 문화적, 생활 근거지, 풍수적 차원에서는 정맥이나 지맥의 개념이 유용하다.

2. 화성시의 지세(地勢)

백두대간의 속리산에서 분기한 한남정맥이 안성의 칠현산, 수원의 광교

산, 군포의 수리산을 거쳐 김포의 문수산으로 이어지는데 경기도를 북서, 또는 남동 방향의 대각선으로 가르는 역할을 한다.

화성시는 이 한남정맥의 남서쪽, 즉 경기도의 서남부에 위치하게 되는데, 군포시와 안양시를 가르는 경계에 있는 수리산의 감투봉에서 남쪽으로 지맥을 뻗어내려 서봉지맥을 이루고, 이 서봉지맥이 칠보산을 거쳐 화성의 봉담에 이르러 왕림고개에서 태행지맥을 분기시키고, 태행지맥은 비봉의 태행산 앞에서 오두지맥을 분기시킨다.(p.23 지도 참조)

▶ 화성의 3대 지맥

- 서봉지맥 : 한남정맥의 수리산 감투봉에서 분기하여 남쪽으로 내려오며 군포시와 안산시의 경계를 이루며 구봉산을 지나고, 칠보산에 이르러 안산시와 수원시 그리고 화성시의 경계를 이루어 마침내 화성시에 다다른다. 칠보산에서부터 남쪽으로 내려오며 와우리의 고금산, 왕림리와 분천리를 가르는 태봉산을 일으키고 지맥의 주산인 서봉산을 일으키다가 덕지산까지가 화성시의 지맥이며, 평택의 계두봉에 이르러 맥을 다한다. 봉담읍, 정남면, 향남읍, 양감면이 해당된다.
- 태행지맥 : 서봉지맥이 봉담의 왕림고개에서 분기하여 서쪽으로 뻗어나가는 산맥이 태행지맥이며 삼봉산을 지나, 주산인 태행산을 일으키고 남양의 염티고개를 넘어 송산의 구봉산, 승학산을 지나며 화량진성터가 있는 와룡산까지 이어진다. 화성의 남북부를 가르며 동서로 뻗어있으며, 봉담읍, 매송면, 비봉면, 남양읍, 마도면, 송산면, 서신면에 위치한다.
- 오두지맥 : 태행지맥의 주산인 태행산에 이르기 전에 남쪽으로 분기하여 오두산, 꽃당산, 장안면의 남산, 봉화산, 불로산을 거쳐 보금산에 이르고 바닷가 매향리 선창에 이르러 맥을 다한다. 팔탄면, 장안면을 세로로 가른다.

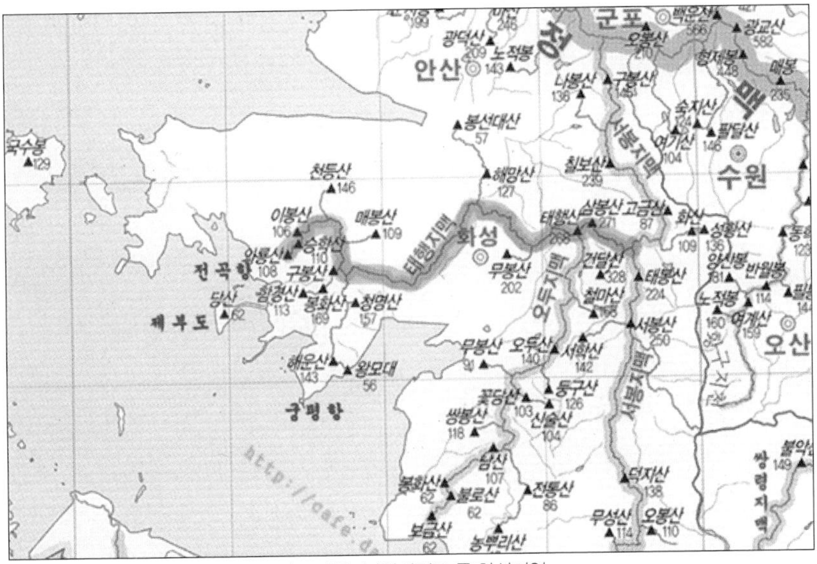

자료 제공 : 남한산경도 중 화성지역

화성의 동북쪽(서봉지맥 동쪽)은 황구지천을 따라 경계로 수원과 오산의 경계를 이루며 평야지대였으며 지금은 동탄 신도시와 와우리, 봉담의 신시가지로 발전하고 있는 지역이다. 화성의 중앙부는 오두지맥이 남북으로 놓여 있으며 오두지맥과 서봉지맥 사이로 흐르는 발안천이 남양호로 유입된다. 주로 구릉지대이며 전답이 중심을 이루고 있는 지역이다.

화성의 서쪽은 오두지맥과 태행지맥의 사이에 위치하여 평야지대를 이루는데, 화성호에 의한 매립지역으로 광대한 평야가 형성되어있다.

화성의 북쪽은 태행지맥의 북쪽으로 시화호 매립지역으로 역시 광대한 평야를 형성하였다. 전체적으로 화성 서남부지역은 광활한 해안간척지에 의한 농경지가 대부분이며 농촌과 어촌의 기능을 함께 가지고 있으며, 남양, 봉담, 동탄, 발안 등 신도시지역과 그 인근의 산업지역으로 나누어 볼 수 있다.

3. 화성시의 산과 하천

〈화성시의 산 ; 73곳〉

화성문화원 향토문화연구소에서 답사 및 조사한 자료이며, 『영진5만지도』(영진문화사, 서울, 2015)를 참고하였다.

지도에 표시된 73개의 산 이름과 해발 높이를 그대로 인용하였으며 높이가 표시되지 않은 산은 (?)표로 대신하였다. 마을과 마을의 경계에 있는 산은 더 많은 지역을 보유한 마을의 지명을 사용하였다.

택지개발로 도시화된 지구나 개발로 인해 사라진 산은 명기하지 않았다.

〈향남읍〉

1. 방울산 ; 방축리, 백토리(139.1m)
2. 칼바위산 ; 상신리(83.6m)
3. 삼성산 ; 백토리(?)
4. 서학산 ; 장짐리(142.0m)
5. 천석산 ; 행정리(?)
6. 골미산 ; 수직리(72.0m)

〈팔탄면〉

1. 건달산 ; 기천리(335.5m)
2. 오두산 ; 덕천리(142.2m)
3. 등고산(등구산) ; 월문리(125.5m)
4. 신술산 ; 해창리(103.6m)
5. 천덕산 ; 월문리(103.4m)

〈봉담읍〉

1. 삼봉산 ; 내리(268.2m)
2. 달봉산 ; 세곡리(?)
3. 철마산 ; 덕우리(164.0m)

〈정남면〉

1. 서봉산 ; 문학리(250.3m)
2. 상방산 ; 백리(154.4m)
3. 태봉산 ; 보통리(224.5m)
4. 지내산 ; 관항리(?)

5. 명봉산 ; 문학리(170.8m)

〈양감면 〉

1. 초록산 ; 신왕리(152m)
2. 덕지산 ; 요당리(138.1m)
3. 당재산 ; 사창리(78.3m)
4. 방아산(비적산) ; 대양리(113.6m)
5. 풀무산 ; 정문리(?)
6. 골미산 ; 송산리(72.0m)

〈비봉면〉

1. 태행산 ; 쌍학리(294.8m)
2. 해망산 ; 유포리(125.8m)
3. 왕자봉 ; 삼화리(105.4m)
4. 형제봉 ; 양노리(225m)

〈매송면〉

1. 칠보산 ; 원평리(238.8m)
2. 장달산 ; 야목리(?)

〈남양읍〉

1. 함봉산 ; 신남리(?)
2. 고초봉 ; 신남리(146.3m)
3. 무봉산 ; 북양리(?)
4. 봉선대산 ; 신외리(40.4m)

〈서신면〉

1. 봉화산(염불산) ; 전곡리(170.2m)
2. 청명산 ; 홍법리(154.9m)
3. 함경산 ; 전곡리(137.2m)
4. 해운산 ; 용두리(145.1m)
5. 함박산 ; 백미리(91.5m)
6. 당산 ; 제부리(?)
7. 동리산 ; 제부리(?)

〈송산면〉

1. 삼봉산 ; 지화리(105.5m)
2. 이봉산 ; 지화리(105.6m)
3. 매봉산 ; 삼존리(108.5m)
4. 구봉산 ; 칠곡리(165.7m)
5. 와룡산 ; 지화리(80.7m)
6. 천등산 ; 독지리(146.0m)

7. 승학산 ; 지화리(111.0m)

〈장안면〉

1. 무봉산 ; 석포리(91.0m)
2. 전통산 ; 장안리(83.8m)
3. 마산재산 ; 독정리(?)
4. 남산 ; 독정리(107.2m)
5. 소남산 ; 사랑리(90.0m)
6. 쪽박산 ; 어은리(?)
7. 박봉산 ; 독정리(?)
8. 농뿌리산 ; 장안리(39.0m)
9. 내부리산 ; 석포리(?)
10. 정든산 ; 장안리(54.4m)
11. 낭개산 ; 장안리(?)
12. 꽃당산 ; 화당리(102.4m)

〈우정읍〉

1. 쌍봉산 ; 조암리(117.4m)
2. 매봉산 ; 운평리(?)
3. 불노산 ; 이화리(62.1m)
4. 석봉산 ; 석천리(?)
5. 보금산 ; 이화리(60.2m)
6. 봉화산 ; 화산리(61.3m)
7. 창고산 ; 석천리(?)

〈동탄면〉

1. 무봉산 ; 중리(216.3m)
2. 병봉산 ; 신리(?)
3. 화성산 ; 산척리(?)
4. 태봉산 ; 산척리(?)
5. 빈장산 ; 중리(185.0m)

〈배양동〉

1. 화산 ; 배양동(108.2m)

〈기안동〉

1. 고금산 ; 기안동(80.6m)

〈화성의 하천 및 수로〉

화성의 하천은 길고 짧은 것을 합쳐서 대략 30여 개에 이른다.

하천의 물이 최종적으로 흘러들어가는 바다(지금은 인공호수)를 기준으로 할 때 시화호, 화성호, 남양호, 평택호로 나누어 볼 수 있다. 또한 물길의 흐름이 지맥과 지맥 사이에 형성된 것과 일치한다.

• **시화호로 흐르는 하천**(태행지맥의 북쪽)

안산 수리산에서 발원한 반월천과, 서봉지맥 서쪽과 태행지맥 북쪽에서 발원한 동화천이 그 중심이며, 야목천, 어천, 남전천, 비봉인공습지, 구포천, 송라천이 있다.

비봉면, 매송면, 봉담읍, 송산면 일부, 서신면 일부가 해당된다.

• **화성호로 흐르는 하천**(태행지맥과 오두지맥 사이)

두 지맥에 의해 이루어진 하천으로 남양천과 자안천이 대표적이며, 무봉천, 신남천, 청원수로, 왕모대수로, 요곡천, 주미골천이 있다.

남양읍, 비봉면, 팔탄면 일부, 마도면 일부가 해당된다.

• **남양호로 흐르는 하천**(오두지맥과 서봉지맥 사이)

세 지맥의 주산인 태행산, 오두산, 서봉산이 둘러쳐 있고 화성의 주산인 건달산이 가운데에 있으며 발안천을 중심으로 여타의 작은 하천이 모여 남양호로 흘러들어가는데 금곡천 외에 큰 하천이 없다.

팔탄면, 향남읍, 봉담읍 일부, 정남면 일부가 해당된다.

• **평택호로 흐르는 하천**(서봉지맥의 동쪽)

삼미천, 신리천, 반정천, 치동천, 장지천, 관리천, 갈천이 있으며 대부분 서봉지맥의 동쪽인 동탄신도시지구의 하천들이 모두 황구지천으로 흘러내린다. 황구지천은 화성시에서 가장 긴 강으로 군포시와 수원시의 여러 하천이 합류하는 곳이며 하류로 내려오며 오산천, 진위천 등 큰 하천이 합류하여 모두 평택호로 흘러든다.

봉담읍, 정남면, 양감면이 해당된다.

(공동 조사 및 탐방자 : 이기선, 이경렬, 정찬모, 서석봉, 김운겸)

화성의 과거를 품고 있는 ‘화성 당성’과 ‘남양도호부’

연구위원 _ 김 희 태

동북아시아의 지도를 한 번 펼쳐보자!

지금은 휴전선으로 갈려 실질적인 영향력이 남한지역으로 제한이 되어 있지만, 과거 한반도를 포함해 만주로 뻗어나간 우리 민족의 기상이 지도 속에 녹아있는 것을 느낄 수 있다.

해방 이후 한국전쟁을 거치며 지금은 눈에 보이지 않는 휴전선이 가로막은 지금의 우리 현실에서 역사를 이해한다는 것은 단순히 과거의 흔적만을 기억하는 것이 아닌 예측할 수 없는 미래를 유추해 볼 수 있다는 점에서 많은 시사점을 준다. 그랬기에 영국의 역사학자인 E.H 카는 그의 저서 '역사란 무엇인가?' 에서 역사에 대해 '현재와 과거의 끊임없는 대화' 라고 정의를 내린 바 있는데, 이를 다르게 표현하면 역사란 미래를 보는 우리의 자화상과도 같다고 할 수 있다. 고조선을 시작으로 오랜 우리 역사의 부침에서 이 땅에는 많은 흔적들이 남겨졌다. 넓게는 국가 단위의 역사가 있는가 하면 좁게는 우리가 사는 마을과 지역 역시 이 범주에 포함이 된다.

따라서 이러한 역사의 흔적을 추적해 우리 지역의 역사를 이해한다는 것은 그 뿌리를 찾는 과정이라고 할 수 있다.

1. 화성의 옛 모습을 찾을 수 있는 '화성 당성'

경기도의 서남부에 위치하고 있는 화성시[1]는 그 면적이 689.7㎢ [2]로 서울보다 더 크다. 현재 화성시의 위치는 동쪽으로 수원시와 오산시에 접해 있고, 남쪽으로 평택시와 북쪽으로 안산을 경계[3]로 하고 있다.

화성시의 역사를 거슬러 올라가보면 최초 삼한시대이자, 마한 54개국 중

1) 화성은 1794년(정조 18년) 정조가 수원부읍치와 현륭원을 위호할 성곽의 터를 둘러보면서 장자(莊子)의 화인축성(華人祝聖)이라는 고사를 생각하며 화성이라 붙인 이름이다. 참고 : 화성시청.

2) 전체 면적은 689,733,560㎢, 참고 : 화성시청.

3) '신증동국여지승람' 의 기록에 따르면 과거 남양도호부를 중심으로 수원부(水原府)와의 경계가 24리, 북쪽인 안산군(安山郡)과의 경계가 43리로 기록하고 있다.

지금의 화성시 우정읍에 '상외국(桑外國)'[4]이 있었을 것으로 믿어진다. 이는 '상외국'이 '삼귀(三歸, 三貴)' 혹은 '삼괴(三槐)'[5]로 불렸는데, 지금도 우정읍에서는 '삼괴'의 지명을 남아있다는 점에서 유추해볼 수 있다.

또한 '원양국(爰襄國)'[6]이 화성시에 속한 '재양현(載陽縣)'[7]에 위치했는데, 1861년 김정호에 의해 만들어진 대동여지도에서 '재양'의 지명을 찾을 수 있으며, 비봉읍에는 '재양현성(載陽縣城)'이 자리하고 있다. 다만 이 같은 내용을 추정할 기록이 단편적이고 지명에 의한 것일 뿐, 실증과 관련한 부분의 연구가 필요하다는 점을 감안할 필요는 있다.

이후 삼국시대를 거치며 백제와 고구려, 신라의 순으로 차례대로 화성지역에 대한 통치가 이루어졌다. 백제 때는 어떤 지명으로 불렸는지 기록이 남아있지 않으며, 고구려는 화성을 '당성군(唐城郡)'[8]이라 불렀다. 이후 신라에 의해 삼국이 통일이 되면서 신라 경덕왕 때 '당은군(唐恩郡)'으로 변경이 되지만, 이내 옛 이름으로 돌아왔다가 고려 충선왕 때 '남양부(南陽

발굴조사를 통해 드러난 화성 당성,
신라 때 축성된 '당항성'의 흔적이다.

화성 당성에서 확인된 온돌시설,
이외에 기와건물이 다수 확인이 되었다.

---

4) '삼국지위서동이전' 한조의 기록 참고.
5) 문화의 뜰, 2016 봄, 여름호, 정찬모 '삼괴반도(조암반도)의 삼괴(三槐)에 대한 지명연구' 중.
6) '삼국지위서동이전' 한조의 기록 참고.
7) 문화의뜰, '삼괴반도(조암반도)의 삼괴(三槐)에 대한 지명연구' 정찬모, 지금의 화성시 비봉면 청요리와 자안리 일원이다.
8) 문화의뜰, '삼괴반도(조암반도)의 삼괴(三槐)에 대한 지명연구' 정찬모, 지금의 화성시 남양읍과 남양반도를 포괄한다.

府)' 로 승격이 된다. 이러한 역사적인 맥락을 볼 때 최초 화성의 중심지는 '화성 당성' 이 위치한 서신면 일대였으나 이후 '남양부' 로 바뀌면서 남양읍으로 옮겨진 것을 알 수 있다. '화성 당성' 은 신라 때 쌓은 '당항성' 으로 불리던 곳으로, '당항성' 은 신라에게 있어 매우 중요한 지정학적 요충지이자 우리 역사에 있어 분기점이 된 곳이다. 이제까지 4차례에 이르는 발굴조사를 통해 이제 '화성 당성' 이 '당항성' 이라는 사실이 확실시된다.

가. 당성 홍씨의 시조인 홍천하(洪天河)와 '대모' 로 인해 승격된 남양부

'화성 당성' 을 오르다 보면 입구에 당성사적비가 세워져 있는 것을 볼 수 있다. 이 비석은 당성 홍씨의 발상지인 것을 기념해 신라 때 '당항성' 인 '화성 당성' 에 세워둔 것으로, 고려 때 지명의 변화에 따라 '남양 홍씨' 로 더 잘 알려져 있다. 당성 홍씨의 시조인 '홍천하(洪天河)' 는 본래 당나라 사람으로, 영류왕 때 고구려로 문화사절인 팔학사의 일원으로 파견되었다.

이후 연개소문의 정변 과정의 혼란 중에 신라로 피신하게 되는데, 이후 신라의 유학 발전에 공을 세워 '당성백(唐城伯)' 에 봉해지면서 당성 홍씨가 시작이 되었다.

한편 충선왕 때 '남양부(南陽府)' 로 승격이 되는데, '신증동국여지승람' 의 망해루에 대한 언급 과정을 살펴보면 두 조정의 '대모(大母)' 로 인해 남양부로 승격이 되었다는 사실을 언급하고 있다.

이와 함께 '군상(君上)', 즉 임금이 나온 곳이라는 대목이 있어 당시 남양부의 위상을 짐작하게 한다. 그렇다면 대모와 군상은 누구를 지칭하는 것일까? 시기적으로 볼 때 대모의 경우 명덕태후 홍씨일 가능성이 높은데, 이 경우 군상은 충숙왕과 명덕태후 홍씨의 아들인 공민왕으로 추정된다.[9)]

9) 고려사 참고, 충숙왕과 명덕태후 홍씨 사이에는 충혜왕과 공민왕 등 두 아들을 두었다. 당시 먼저 왕위에 올랐던 충혜왕은 행실이 워낙 막장이라 평판이 좋지 않았기에, 기록에 임금이 출생한 땅을 지키는 신하가 된 것을 자랑스러워하는 대목과는 맞지가 않다. 따라서 신증동국여지승람에 나온 군상은 공민왕일 가능성이 높다.

나. 북진의 상징이자 삼국통일의 교두보가 되었던 '화성 당성'의 가치

삼국시대는 흔히 고구려와 백제, 신라를 말하는데, 진흥왕(재위, 540~576)이 왕위에 오르기 전 5세기의 삼국은 광개토태왕(재위, 391~413)과 장수왕(재위, 413~491)을 거치며 가장 넓은 영토와 국력을 자랑했던 고구려와 이러한 고구려의 남진에 백제의 개로왕이 피살당하고, 수도인 하남 위례성마저 빼앗기고, '웅진(熊津)'[10]로 천도를 해야 했던 백제, 그리고 이러한 고구려에 대항하기 위해 백제와 나제동맹을 맺고, 고구려에 대항했던 신라의 모습으로 정리할 수 있다.

이후 6세기 초를 지나며 고구려의 쇠퇴가 분명해지는 시점에서 당시 백제의 왕이던 성왕(재위, 523~554)과 신라의 왕인 진흥왕은 공동의 적인 고구려를 몰아내고 한강유역을 차지하는 성과를 얻게 된다. 이때 양국은 한강을 중심으로 북쪽은 신라가, 남쪽은 백제가 가지는 것으로 합의를 했다. 하지만 진흥왕은 이 약속을 깨고, 한강유역을 독차지하며 '신주(新州)'를 설치하게 된다. 이에 격분했던 성왕은 겉으로는 자신의 딸을 신라로 시집을 보내 화친을 청하지만, 뒤로는 전쟁을 준비하는 '화전양면'을 펼친다.[11]

당시 백제는 왜와 가야를 포함한 연합군을 결성하여 신라와의 전쟁에 돌입하게 되는데, 의외로 백제의 생각대로 전쟁이 쉽게 끝나지가 않았다. 그러던 중 백제의 성왕이 신라군의 '고도'에게 포로로 잡히는 뜻밖의 사건이 발생하며, 전쟁은 반전이 된다.

이후 성왕은 구천(狗川)[12]에서 전사하게 되는데, 성왕의 전사는 백제에게 있어 결국 관산성 전투의 패전으로 귀결이 되었다. 당시 관산성 전투의 패전은 단순한 패전이 아니었다. 백제는 성왕 자신을 비롯해 3만의 군사가 몰살을 당하는 참패를 당하게 된다. 이 전투로 인해 백제는 수비에만 급급한

10) 지금의 충청남도 공주시를 말한다.
11) 삼국사기 백제본기 성왕조, 재위 31년의 기록 참고.
12) 삼국사기 백제본기 성왕조, 재위 32년의 기록 참고, 지금의 충청북도 옥천군 군서면 월전리의 구진벼루를 말한다.

수세적인 상황으로 몰리게 되고, 대외적으로 가야에 대한 영향력을 완전히 상실하며 신라가 가야를 병합하는 과정을 그대로 지켜볼 수밖에 없었다.

반면 신라는 백제와의 전쟁에서 승리하면서, 가야를 병합하는 한편 한강 유역에 대한 완전한 통치를 이룩할 수가 있었다. 바로 이러한 역사적 맥락에서 신라의 북진이라는 부산물로 만들어진 것이 '당항성(黨項城)'으로, 수도가 동남쪽에 치우친 신라로서는 '당항성'이 중국과 직접적인 교통로였기에 지정학적으로 중요한 요충지에 속했다고 할 수 있다.

성왕의 패사지로 알려진 구진벼루, 충북 옥천군 군서면 월전리에 자리하고 있다.

다. 삼국통일 과정에서 등장한 '화성 당성'의 중요성

흔히 '당항성'을 삼국통일의 교두보로 보는 경향이 많은데, 이는 당시 신라의 상황과 무관하지 않다. 앞선 신라의 북진의 결과 백제와의 관산성 전투에서 승리하며, 신라는 한반도에서의 영향력을 강화하는데 성공하게 된다. 하지만 대외적인 환경에서 적으로 돌변한 고구려와 백제가 서로 손을 잡고, 백제에 우호적이었던 왜를 포함해 신라를 포위하는 전략을 취하면서, 신라는 고립무원에 빠지게 된다.

이러한 상황을 알 수 있는 것이 바로 김춘추의 대당 외교였다. 본래 김춘추는 백제에 대항하기 위해 고구려에 도움을 요청했지만, 죽령[13] 이북의 반

13) 현 경상북도 영주시와 충청북도 단양군의 경계로, 단양 신라적성비를 통해 진흥왕 때 신라가 북진했음을 알 수 있다.

환을 조건으로 걸었기에 이를 수용할 수 없어 결렬이 되었다. 이어 왜로 파견이 되었지만, 여기서도 협상은 실패를 하게 된다.

이때 마지막으로 남은 곳이 바로 당나라였는데, 당시 당 태종은 고구려와의 여수전쟁에서 패배하며 위신에 금이 간 상태였고, 고구려를 제압하기 위해서는 후방기지의 역할을 할 신라가 필요했던 까닭에 협상은 타결이 되며, 나당 군사동맹이 체결되었다. 이처럼 신라가 당나라와의 협상에 힘을 쏟을 수 있었던 이유는 당나라로 향하는 당은포의 존재가 있었기에 가능했다. 그리고 이 당은포가 위치한 곳이 바로 '당항성' 이었다. 결국 신라는 '당항성' 을 통해 당나라와 군사동맹으로 발전하게 되고, 삼국을 통일하는 교두보로 삼았기에 그 의미는 남다르다고 할 수 있다. 기록에서 '당항성' 이 등장하는 사례는 '삼국사기' 와 중국 측 사료인 '신당서' 를 통해 찾아볼 수가 있는데, 우선 '삼국사기' 의 기록은 선덕여왕의 재위한 642년 8월의 기록으로 '백제가 고구려와 모의해 '당항성' 을 빼앗아 당나라로 통하는 길을 끊으려 하기에, 이에 당 태종에게 위급함을 알렸다' 고 하고 있다.

또 다른 기록인 '신당서' 역시 '당항성' 탈취와 관련한 신라의 위급함을 알고, 이에 사농승 '상리현장' 에게 조서를 주어 화해할 것을 주문했다.

바로 이때의 기록을 통해 '당항성' 이 역사의 전면에 등장하게 된다. 당시 신라는 고구려와 백제의 동시다발적인 압박에 큰 위기에 봉착해 있었다. '당항성' 의 탈취 시도가 있던 바로 그때 신라의 서쪽 변경 지역에서는 40개 성의 함락과 요충지인 '대야성(大耶城)' [14]의 함락이 있었다. '대야성' 이 어떤 곳인지는 훗날 후백제의 견훤이 이곳을 함락시킨 뒤 바로 수도인 '서라벌(徐羅伐)[15]' 로 진격했던 사례에서 알 수 있다.

이처럼 중요한 요충지였던 대야성이 함락이 되었음에도, 반대로 서라벌에서 멀리 떨어진 '당항성' 을 끝까지 지켜냈던 신라의 모습에서 당시 '당

14) 지금의 경상남도 합천군으로, 642년 8월 백제의 침공으로 대야성이 함락되며, 당시 김춘추의 딸인 고타소(혹은 고타소랑)과 사위인 품석이 처형을 당했다.

15) 지금의 경상북도 경주시로, 신라의 수도이다.

항성' 을 어떻게 인식했는지를 평가해볼 수 있다.

라. '화성 당성' 에서 출토된 유물이 들려주는 이야기

화성시 서신면 상안리 구봉산 정상에 자리한 '화성 당성' 은 최초 구봉산 정상인 망해루를 기점으로 테뫼식으로 쌓은 1차 성벽과 이후 고려와 조선 시대를 거치며 넓게 확장이 된 포곡식 산성으로 조성이 되어 있다. 조선 중기의 지리지인 '신증동국여지승람' 의 기록에는 '화성 당성' 이 '고당성[16]' 으로 등장하고 있는데, 특히 눈길을 끄는 점은 '화성 당성' 의 고고학적 성과이다. 그간 4차례에 걸쳐 발굴조사가 이루어지고, 다양한 유물 등이 수습이 되었다. 이 가운데 주요 유물에 대해 살펴보면, '당항성' 의 실체를 밝혀줄 명문기와 편의 출토가 눈에 띈다. 우선 3차 발굴조사에서 '당(唐)' 명 기와가 출토된데 이어 망해루지 인근에 제사 때 쓴 것으로 추정되는 토제마가 다량으로 확인이 되었다.

2017년 4차 발굴조사에서는 '한산(漢山)명' 기와와 '본피모(本彼謀)명' 기와가 출토되었다. 이 중 '한산명 기와' 의 경우 경덕왕 때 화성의 명칭인 '당은군' 이 한주에 포함[17]이 되어 있다고 했는데, 이 한주가 고구려 때 한산으로 불렀다는 기록이 있어 이번 한산명 기와는 이를 뒷받침한다고 볼 수 있다. 또한 '본피모명' 기와는 신라 6부 중 한 곳인 본피부를 상징하는 것으로, 이는 '화성 당성' 의 축조가 신라 조정에서 관여[18]했음을 알 수가 있다는 점에서 중요한 유물로 평가된다.

이 밖에 '관(館)' 명 기와는 객관이 있었음을 알 수 있어, 발굴된 명문기와를 통해 '화성 당성' 의 실체에 한 발짝 더 접근할 수 있다. 한편 망해루지에서는 흙으로 빚은 말 모양의 토제마가 다량 출토가 되었는데, 그 용도가 항해의 안전을 기원하기 위한 것으로 견해가 있다. 실제 풍납동토성에 대한

16) 부의 서쪽 20리에 있다고 했다.
17) 삼국사기 잡지 제4, 지리2 신라 한주 편 참고.
18) '화성 당성' 4차 발굴조사 자료집, 2017.03. 참고.

'본피모명' 기와, 신라의 중앙에서
당항성의 축조에 관여했음을 알 수 있다.

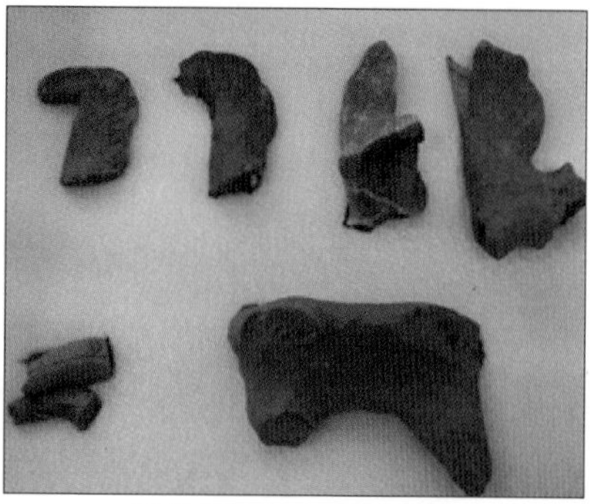

망해루지에서 출토된 토제마,
제사용도로 쓰였음을 알 수 있다.

발굴조사 과정에서 제사유적으로 추정되는 곳에서 말 머리뼈가 발견이 된 사례가 있어 제사를 위해 썼을 가능성은 매우 높다. 토제마가 부안 죽막동 유적이나, 영암의 남해당지 등 해안가에 인접한 곳에서 출토가 된다는 점은 이러한 사실을 뒷받침한다. 또한 중국과의 교역을 증명할 수 있는 '형요산 백자완' 등의 출토 등도 관심 있게 지켜볼만하다.

한편 발굴조사를 통해 신라 때 쌓은 것으로 추정되는 1차 성벽의 존재가 확인이 되면서, '화성 당성' 이 '당항성' 이라는 사실은 확실시된다.

2. 남양읍에서 찾을 수 있는 남양도호부

고려 충선왕 때 승격이 된 '남양부(南陽府)' 는, 조선이 들어서며 '남양도호부(南陽都護府)' 로 불리게 된다. '도호부' 는 종 3품의 도호부사(都護府使)가 다스렸는데, '남양군읍지(南陽郡邑誌)' 에 따르면 남양부사의 직책은 남양도호부사와 남양진병마첨절제사, 총융청 전영장, 좌토포사를 겸하고 있다.[19] 여러 도호부 중 특별히 안동과 강릉, 영흥, 영변, 창원 등 5곳은 '대도호부' 라고 해서 지금의 광역시 정도의 위치였는데, 그 밖에 '도호부' 는

19) '남양군읍지(1899년)' 참고.

지금의 기초자치단체와 유사하다. 한편 '남양도호부' 가 소재한 곳이 지금의 남양 초등학교와 보훈회관, 남양풍화당(南陽風化堂)으로, 내아 건물이었던 남양풍화당 건물을 제외하면 당시의 흔적을 찾기 어렵다.

가. 지금은 흔적도 찾기 어려운 '남양도호부' 의 관아

'남양도호부' 의 치소(治所)인 남양읍은 현재 화성시청이 자리한 곳으로, '남양도호부' 의 핵심이라고 할 수 있는 관아는 남양 초등학교와 보훈회관, 남양 우체국과 파출소, 남양 감리교회 및 '남양 풍화당' 위에 자리했다.

현재 '남양도호부' 관아의 배치는 1899년 편찬된 '남양군읍지' 속 지도에서 찾아볼 수 있다. 이를 통해 '남양도호부' 의 건물은 지금의 보훈회관 자리에 2층 누각인 '와룡루(臥龍樓)' 가 있고, '와룡루' 를 지나면 남양부사가 정무를 보는 공간인 '동헌(東軒)' 이 있음을 알 수 있다.

'동헌' 의 좌우에는 다양한 관청 건물이 자리하고 있는데, 관아에서 중요한 핵심 건물이라고 할 수 있는 '객사(客舍)' 의 경우 왕을 상징하는 전패(殿牌)를 모시고 있어, 매달 초하루와 보름에 망궐례를 올리는 의식을 진행했다. 이와 함께 공무 혹은 사신으로 온 손님의 숙소로 사용이 되었던 건물로 동헌과 함께 관아의 핵심적인 건물이었다.

이 밖에 일반적인 재물을 보관하던 '읍창(邑倉)' 과 관청에 쓰이는 제반 물자를 보관한 창고와 주방으로 쓰던 '관청고(官廳庫)', 비상 수요를 위한 쌀을 보관하던 창고인 '저치미고(儲置米庫)', 남양도호부의 군무(軍務)에 종사한 장교가 쓰던 '순교청(巡校廳)' 과 '별순교청(別巡校廳)', 남양부사를 보좌하는 아전 등의 관리들이 업무를 보던 공간으로 추정되는 '서기청(書記廳)' 과 '사용청(使傭廳)' 이 자리하고 있었다. 이러한 관아 건물 가운데 유일하게 남아있는 건물이 '남양 풍화당' [20]으로, 본래 남양부사와 그 가족들이 거주했던 내아 건물에서 철종 때 명예 관서의 성격으로 만들어졌다.

20) 경기도 화성시 남양읍에 소재하고 있으며, 남양도호부의 내아 건물로 사용이 되었다가 이후 기로소로 활용이 되었다. 현재 경기도문화재자료 제112호로 지정되어 있다.

정2품 이상의 벼슬을 지낸 이들을 대상이었는데, 또 다른 이름으로 '남양기로소(南陽耆老所)' 라 불리기도 한다. 한편 관아의 2층 누각인 '와룡루' 의 현판이 풍화당의 문에 걸려 있었지만, 지난 2011년 기증이 되어 현재 화성시 향토박물관의 전시 중이다.[21] 또한 당시 관아에는 연못이 있었는데, 지금은 남양초등학교에서 확인할 수 있다.

나. 제사시설인 3단 1묘 가운데 유일하게 남은 '남양향교' 와 남양의 지명 유래

'신증동국여지승람' 에 따르면 '남양도호부' 에는 제사시설인 3단 1묘가 조성된 것을 알 수 있는데, 의외로 이러한 제사는 고을의 수령이 직접 챙겨야 했다. 특별히 관아의 주도로 제사를 지내도록 한 것은 무분별하게 제사가 범람하는 것을 막고 유교적인 가치를 지키기 위한 것으로, 고을 수령의 주도로 운영이 되었다. 통상 3단은 곡식과 토지의 신에게 제사를 지낸 '사직단(社稷壇)' 이 부의 서쪽에 있다고 했다.

또한 마을의 지켜주는 신에게 제사를 지내는 '성황단(城隍祠)' 이 부 서쪽 30리에 있다고 했으며, 억울한 죽은 백성의 넋을 기리기 위한 '여단(厲壇) 은 부 북쪽에 있다고 적고 있다. 1묘는 통상 공자의 위패를 모신 향교를 말하는데, '남양도호부' 의 경우 '남양향교(南陽鄕校)' 가 여기에 해당한다. 한양의 경우 '좌묘우사(左廟右社)' 라고 해서 좌측에는 '종묘', 우측에는 '사직단' 을 배치하지만, 지방의 경우 종묘가 있을 수가 없기 때문에 통상 문묘를 상징하는 향교가 세워지게 된다. 다만 기존의 수원부의 읍치에서 새로운 신도시 만들어진 수원 화성의 경우 종묘의 역할을 수원 화성을 지켜주는 신(神)을 모시는 '성신사(城神祠)' 가 그 역할[22]을 하게 된다.

현재까지 제사시설인 3단 1묘 중 유일하게 '남양향교' 가 남아 있으며, 이러한 향교는 크게 지방의 공교육을 담당하는 기능과 성현에 대한 제향이 이

21) '화성시, 옛 명칭 남양부의 마지막 유물 기증 받아' 뉴시스, 2011.11.27 기사 참고.
22) '화성, 정조와 다산의 꿈이 어우러진 대동의 도시' 김준혁, 2017 중 성신사 편 참고.

루어지는 공간으로 조선의 지배이념인 유학을 널리 알리는 창구로 활용이 되었다. 한편 '남양(南陽)' 의 유래와 관련해 '남양군읍지' 에서는 그 유래가 불확실하지만, 중국의 남양에서 병칭했다고 하고 있어, 중국의 지명을 가져온 것으로 추정할 수 있다.

이에 대한 근거가 바로 '와룡루(臥龍樓)' 와 '용백사(龍柏祠)' 인데, '남양도호부' 관아의 입구인 '와룡루' 는 제갈량의 호인 와룡(臥龍)에서 따온 것으로, 지역의 명칭인 지역의 명칭인 '남양(南陽)' 은 제갈량의 출생지이다. 또한 '여지대전도' 의 지도 속에서 확인되는 '용백사' 는 제갈량의 사우로, '남양군읍지' 의 지도에서는 '와룡사(臥龍祠)' 로 불리는 것을 알 수 있다. '대동지지' 의 기록에 따르면 '용백사' 가 현종 때인 1666년에 세워졌으며, 사액을 받았음을 알 수 있다.

3. 결론

이후 고종(1895년) 때 '남양군' 이 되었다가, 1914년 일제강점기의 행정구역 개편에 따라 '수원군' 으로 통합이 되었다. 지금도 화성과 수원, 오산이 하나였다는 인식이 자리하게 된 것 역시 이때의 영향이다. 해방 이후 1949년에 기존의 '수원군' 에서 '수원시' 가 승격을 되며, 따로 분리가 되면서 자연스럽게 남은 지역은 '화성군' 에 귀속이 되면서 현재에 이르고 있다.

1530년에 간행된 '신증동국여지승람' 의 기록과 1899년에 편찬된 '남양군읍지' 를 통해 '남양도호부' 의 흔적을 살펴볼 수 있다. 하지만 안타깝게도 현재 '남양도호부' 의 중심이라고 할 수 있는 관아의 건물은 흔적도 없이 사라졌고, 제사시설 역시 3단 1묘 중 유일하게 '남양향교' 만 남아 있다.

이처럼 과거 관아가 있었던 중심지에서 '남양도호부' 의 흔적을 찾기는 어려워졌지만, 반대로 최근 발굴조사를 통해 관련 연구가 진행되고 있는 '화성 당성' 은 출토유물의 규명을 통해 화성의 옛 모습을 더욱 구체적으로 설명해 주는 기폭제가 되었다. 이처럼 '남양도호부' 는 잊힌 과거이지만, 동시에 현재 우리가 살아가는 원천이 되고 있다는 점에서 이해가 필요한 부분이다. 다만 이제까지 개발 논리에 밀려 '남양도호부'의 흔적을 확인할 수 있는 유적이 상당수 훼손이 되었는데, 과거 남양 신도시를 개발할 당시 남양읍에서 321개에 이르는 유적이 발견됐지만 대개 사라지고, 지금은 남양동 토성의 일부 흔적만 남았다는 점은 여러모로 안타깝다.[23)]

최근 지역에서도 '남양도호부'에 대한 관심이 증대되고 있는데, 지역의 정체성 확립이라는 측면에서 좋은 현상이다. 아울러 지금은 사라진 '남양도호부'의 흔적을 비롯해 제사시설과 남양의 유래 등 옛 화성시의 역사와 문화에 대한 조사와 활용방안에 대해서 고민이 필요한 지점이다.

〈참고문헌〉

1. 삼국지위서동이전(三國志魏書東夷傳)
2. 삼국사기(三國史記)
3. 일본서기(日本書紀)
4. 신증동국여지승람(新增東國輿地勝覽)
5. 남양군읍지(南陽郡邑誌)
6. 고려사(高麗史)
7. 대동여지도(大東輿地圖)
8. 여지대전도(輿地大全圖)
9. 화성, 정조와 다산의 꿈이 어우러진 대동의 도시, 김준혁, 2017, 더봄
10. 문화의뜰, 화성문화원, 2016
11. 화성 당성 3차 발굴조사 자료집, 2016
12. 화성 당성 4차 발굴조사 자료집, 2017
13. '화성시, 옛 명칭 남양부의 마지막 유물 기증 받아' 뉴시스, 2011.11.27
14. '화성 남양신도시 개발 당시 남양도호부 유적 폐기' 신아일보, 2016.12.11.

23) "화성 남양신도시 개발 당시 남양도호부 유적 폐기" 신아일보, 2016.12.11 기사 참고.

제2부
원효사상과 이옥의 문학세계 고찰

원효사상의 현대적 의의 _ **류순자**

세계적인 종교지도자 원효대사와 성지로서의 화성 당성 _ **김재엽**

당성문화의 아이콘 원효, 그는 누구인가? _ **백도근**

이옥의 『봉성문여』의 분석을 통한 현대문학적 조명 _ **이경렬**

이옥의 주변 인물들 _ **황금모**

정조대왕의 문체반정과 실학자 박지원 · 선비 이옥 _ **고광준**

원효사상의 현대적 의의

연구위원 _ 류순자

I. 서론

1. 들어가는 말

세계는 급변하고 있다. 제4의 물결, 4차 산업혁명, 플랫폼 혁명 등 혁명적 용어들을 보면 시대의 대격변을 감지할 수 있다.

급변하는 시대에 적응하지 못한 채 우리 사회는 지금 심각한 위기에 처해 있다. "우리는 지금 어디로 가고 있는 것인가", "이게 나라인가" 라는 치명적인 화두를 안고 있다. 존재와 삶의 근본이 뿌리째 흔들리고 있다는 것이다. 개개인의 문제가 사회문제로 확산되어 날로 위험수위를 넘고 있다. 특히 분노조절장애, 청소년의 충동적 자살, 삼포, 오포, 칠포를 넘어 n포세대 등 청소년, 청년, 장년, 심지어 노인까지 전 세대를 막론하고 정서적 문제가 심각하게 대두되는 현상에 주목을 해야 한다.

총체적으로 무엇이 문제인가. 그 해결방법은 무엇인가를 이미 나와 있는 문헌자료들을 통하여 고찰해 보고자 한다.

김용석은 KBS뉴스해설(2018. 1. 29.)에서 다음과 같이 보도했다.

순간적으로 분노를 참지 못해 저지르는 이른바 '우발적인 범죄'와 '묻지마 범죄'로 사회 불안이 가중되고 있습니다. 지난 20일 세 모녀를 포함해 6명의 사망자를 낸 서울 종로 여관 방화사건은 50대 남성이 성매매 요구를 했다가 거절당하자 홧김에 불을 질렀다고 합니다. 이에 앞서 지난 14일 인천 부평에서 20살의 편의점 아르바이트생을 둔기로 폭행한 40대 남성은 자신을 비웃는 것 같아 화가 났다는 것입니다. 한국형사정책연구원의 집계 결과, 우발적으로 저지른 강력범죄는 지난 2012년 7,459건에서 2014년 7,964건으로, 2016년에는 8,343건으로 늘었습니다. 특히 살인, 살인미수, 방화범죄 전체 발생 건수 가운데 우발적으로 저지른 것이 무려 40% 정도나 되는 것으로 조사됐습니다. 분노가 쌓인 사람이 많아지고 있다는 것을 알 수 있습니다.

전문가들은 이 같은 현상의 이면에는 타인을 이해하지 않고 소통의 통로가 막혀 있는 사회구조가 자리 잡고 있다고 지적합니다. 여기에 심화하는 사회 양극화 현상으로 인한 상대적 박탈감과 우월적 지위에 있는 이른바 '갑의 횡포' 가 분노와 보복 심리를 만들어내는 것으로 보고 있습니다. 손상된 자존심과 열등감 등의 감정이 장기간 쌓였다가 우발적 또는 묻지 마 범죄로 이어진다는 것입니다. 극단적인 갑질 문화가 통용되는 사회는 구성원들의 인내심을 고갈시켜 분노조절장애를 발생시키게 되고, 그러한 환경에서는 누구라도 분노 범죄자가 될 수 있다는 것이 전문가들의 견해입니다. 분노의 폭발은 상대방뿐 아니라 가해자 자신의 삶도 고통에 이르게 합니다. 이러한 분노 범죄를 줄이기 위해서는 먼저, 우리 각자가 타인의 분노를 유발하지는 않는지 되돌아봐야 합니다. 동시에 우리 각자의 내면에 분노가 쌓이고 있지는 않은지, 쌓인 분노를 적절히 관리하고 있는지 성찰해야 합니다. 분노조절에 어려움을 겪을 경우는 적극적인 치료가 필요합니다. 이와 함께 사회 안전망 차원에서 분노를 관리할 정책이 마련돼야 합니다.

또 [헤럴드경제 이슈섹션]에서는 노인 빈곤율과 더불어 우리나라 자살률은 부끄러운 오명이다. 2003년 이후 2016년 현재까지 13년간 경제협력개발기구(OECD) 회원국 가운데 자살률 1위라는 불명예를 놓친 적이 없다. 이는 사회구성의 기본단위인 개인이 자살로 생을 마감하는 일이 끊이지 않는다는 것으로 가정과 국가의 근간을 흔들 수 있는 심각한 문제이다.

2016년 통계청 자료에 따르면 우리나라에서 스스로 목숨을 끊은 사람은 1년에 1만3천92명이었다. 하루 평균 36명, 40분마다 1명이 자살이란 극단적 선택을 한 셈인데, 인구 10만 명당 자살자 수(자살률)는 25.6명에 달한다. 특히 10대와 20대, 30대 청소년, 청년층 사망원인의 1위는 자살이다. 자살률은 연령에 비례해서 증가해 특히 노인 자살률은 53.3명으로 전체 자살률의 2배 이상이다.

자살로 발생하는 사회경제적 손실은 막대하다. 건강보험공단 자료(2014년)를 보면, 자살한 당사자의 미래소득 감소분만 고려할 경우에도 사회경제적 비용은 연간 6조5천억 원이나 된다. 5가지 주요 사망원인 중 암(14조원)에 이어 가장 높은 수준이다. 사망으로 이어지지 않은 자살시도로 인한 외상 · 후유증 치료비, 자살유가족의 신체 · 정신질환 치료비 등을 반영하면 자살의 사회적 비용은 추계규모보다 훨씬 많을 것으로 보인다. 우리나라 자살 원인으로는 개인의 정신질환이나 질병이 주로 꼽히지만, 다른 선진국과는 달리 소득 불평등 등 경제적, 사회적, 문화적 요인도 자살에 큰 영향을 끼친다.

경찰청의 2016년 자살 주요동기 자료를 보면, 자살 동기의 36.2%는 정신적 문제였지만, 경제생활 문제도 23.4%를 차지했다. 신체질병은 21.3%로 3번째로 많았다. 이어 가정문제(8.9%), 업무상의 문제(3.9%) 등으로 자살을 선택하는 사람들이 많았다. 우리나라의 사회통합수준이 낮은 점도 자살률 상승을 부추기는 요인으로 꼽힌다.

한국보건사회연구원의 '사회통합지수 개발 연구' 보고서를 보면, 1995년 이후 2015년까지 20년 동안 5년 주기로 경제협력개발기구(OECD)의 사회통합 지수를 측정해 보니, 한국은 5차례 모두 OECD 30개 회원국 중 29위로 최하위를 못 벗어났다. 한국 사회가 다른 나라들과 비교해 성별과 나이, 빈부에 따라 차별받고, 사회 제도와 타인에 대한 신뢰가 낮다는 뜻이다. 나아가 시민적 자유를 누리지 못하고 개인이 교육을 통해 사회 · 경제적 성취를 이루기 어려우며, 사회 갈등을 민주적으로 해결하지 못하고 있다는 말이다. 다음카페 공주사대부고 9회에 올린 글을 보면 시대에 유행하는 언어를 통해서도 사회문제의 심각성을 알 수 있다.

38선(38세까지도 선선히 퇴직을 받아들인다), 사오정(45세 정년), 오륙도(56세까지 직장에 있으면 도둑)라는 용어가 보편화 될 정도로 중년 가장들의 이른 퇴직은 어제 오늘의 일이 아니다. 3포 세대(연애, 결혼, 출산을 포기한 젊은이), 5포세대('3포' 에다가 취업, 주택 구입 등을 포기한 젊은이), 7포 세대('5포' 에다가 인간관계 및 희망을 포기한 젊은이), 영포자(영어를 포기한 청소년 · 청년), 그것보다 조금 더 오래된 이태백('이십대 태반은 백

수' 의 준말)이나 인구론('인문계 졸업자는 구십 퍼센트가 논다' 의 준말)….

이들 신조어 중에서도 압권은 헬조선, 즉 '지옥 같은 한국' 이다. 영어인 '헬' (Hell=지옥)은 이 신조어의 현대성을 부각하지만 '한국' 도 아닌 '조선' 은 이미 신분의 대물림이 거의 제도화된 한국 사회의 퇴행성을 암시한다. 150년 전에 조선의 한양 북촌에서 태어난 권문세도가들의 자녀들이 입에 금수저를 물고 태어났듯, 오늘날 '강남족' 은 거의 저들만의 세습적 카스트를 이루어 거주지, 통혼권, 학습 · 유학 루트, 언어(영어 상용 선호), '웰빙' 등의 차원에서 배타적인 세습신분 계층을 형성한 게 아닌가?

☞ n포시대 : 모든 것을 다 포기한 세대…… 3포세대/5포세대/7포세대/n포세대

그림만 봐도 가슴이 답답하고 미래가 보이질 않는다. 사회적 불신을 더욱 크게 하고 좌절감정을 더욱 고조시키는 언어들로 가득 차 있다. 이런 현실을 직시하면서 동시에 극복하고 뛰어넘을 수 있는 언어들은 없을까. 자살률

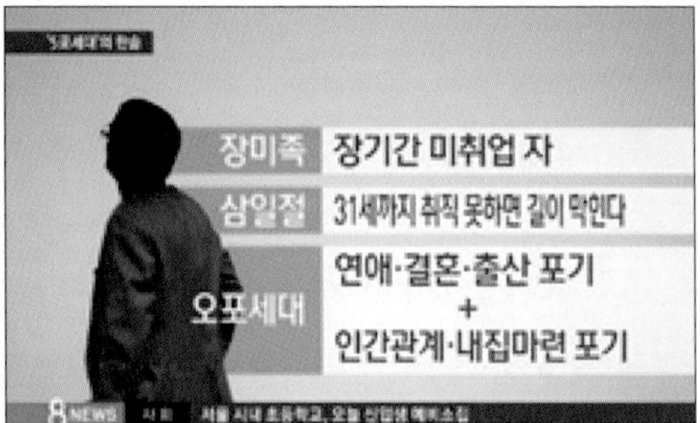

[세태기획] 아픈 청춘… 5포→ 7포 넘어 'n포 세대' 좌절

1위에서 "자살률 꼴찌"로, 헬조선에서 "희망한국"으로, N포세대에서 "N도(무한도전)세대"로 사회가 개인의 삶의 밑거름이 되어 신뢰가 압도하는 시대를 만들어갈 수는 없을까.

2. 삶을 창조하는 역량 키우기

1400여 년 전, 신라가 삼국통일준비로 전쟁의 극심한 혼란기에 있었을 때, 백성들이 어떻게 하면 삶의 고통과 번뇌에서 벗어날 수 있을까를 고민하던 사람이 있었다. 중생 구제의 시작을 알리는 새벽 원효다. 원효가 '일체유심조'를 깨달았던 장소가 바로 우리가 살고 있는 화성이라는 것은 무엇을 뜻하는가. 당나라로 유학을 가기 위해 의상과 함께 당성의 당은포를 향하여 화성에 왔었다는 것이 1350년이 지난 지금에서야 서서히 밝혀지고 있다.

관리나 군인이 되지 못하는 3두품 이하의 평인들과 백성들은 고통과 가난을 대물림하는 흙수저다. 6두품 출신의 원효는 당시 신라의 젊은이들이 선망하는 화랑의 길을 선택했었다. 하지만 전쟁의 참사를 경험하고 삶의 진리를 찾아 승려의 길을 선택한다. 구도자로서 당시 최고 수준의 철학이었던 불교가 너무 어려워 배우지 못하고 또한 배울 기회조차도 없는 사람들을 위해 혼신의 노력을 다했던 원효. 누구나 실존에 구애받지 않고 스스로 행복한 삶을 살아갈 수 있다는 메시지를 전하려 온몸으로 증언하던 원효. 입으로만 교설하는 허구의 말이 아니라, 부처의 현신으로 실천으로 개개인의 불성을 찾아주던 원효. 그 시절 원효가 그토록 전하려 했던 것은 무엇인가. 2018년 우리는 갖고 싶은 것을 가질 수 있고, 원하는 정보를 손 안에서 찾을 수 있는 자본과 스마트폰 시대에 살고 있다. 풍요로운 시대에 자존감을 찾지 못하고 스스로를 무너뜨리는 청소년과 무조건 포기하는, 포기할 수밖에 없는 청년들을 그대로 두고 보아야만 할 것인가.

이들이 회생할 수 있는 철학과 사상을 구축해야할 때다. 신분의 다양성을 회통하고, 문화의 다양성을 화합하여 현존하는 세계질서를 자명하게 정리한 한국의 철학자 원효를 다시 깨워야 할 때다. 유교 불교 선교 등 외래철학을 수용하여 수백 수천으로 갈라진 쟁론들을 수용하고 소통할 수 있는 한국적 교육철학과 사상을 세운 원효를 불러내야 한다. 이데올로기의 망상에서 벗어나지 못하는 위정자들로 마냥 불안에 떨며 살아야 하는 청소년과 청년들이 자존감을 회복하고 스스로 삶을 창조하는 능력을 할 때다. 분열된 나라를 통일할 수 있는 정신적 기틀을 마련한 원효, 원효를 다시 한 번 조명하여야 할 이유다.

3. 부와 행복－두 마리 토끼를 잡는 필수적 요소 : 깨달음

원효의 오도처가 한반도 실크로드 관문인 화성 당성 인근의 무덤이라는 것이 밝혀지고 있다. 한양대 문화재연구소가 화성 당성(사적 제 217호) 3차 발굴조사에서 삼국시대에 축조된 성벽, 망해루, 집수시설, 연못지 등 잔존물과 당자가 새겨진 기와 등 유물 1천여 점을 발굴했다고 발표했다. 신라는 당성을 차지한 후 당과의 교류를 활발히 할 수 있었으며 삼국을 통일할 수 있었다. 원효와 의상이 중국의 선진 불교사상을 배우기 위해 유학길에 오르던 길이 당은포로의 마지막 도착지 당성이었다. 원효가 어느 토굴에서 깨달음의 오도송을 지은 곳이 바로 화성 당성 근처였다. 신라 수도 경주에서 당나라로 가려면 반드시 거쳐야 하는 관문인 화성 당성. 당성으로 오는 길 당은포로는 깨달음의 길로 자리매김하고 있다.

원효가 지금 살아있다면 애통해 할 것이다. 원효의 나라에서 태어나 아직도 마음의 작용을 깨닫지 못하고 청소년 자살률, 노인 자살률 1위의 오명에서 벗어나지 못하는 대한민국, 금수저, 흙수저 등신분적 편견을 극복하지 못하고 좌절하는 사람들이 많은 대한민국을 바라보며 가슴을 칠 것이다.

귀족들뿐만 아니라 보통사람들 누구나 행복한 삶의 길을 열 수 있기를 간절히 바랐던 원효. 원효가 간절히 알려주고자 했던 깨달음이 무엇을 뜻하는지 알려주는 이 없이 1300여 년이 지났다. 다시 한 번 되새겨 보아야 할 시점이다. 그의 희망이 화성 당성에서 다시 꽃 필 수 있는 날이 하루 빨리 오기를 기원해 보면서 '실천으로 통하는 깨달음의 길' 을 개척한 원효에 대한 기록들을 소개하고자 한다.

II. 본론

1. 원효는 누구인가

원효에 대하여 누구나 다 알고 있는 것 같지만 정작 원효에 대하여 안다고 말할 수 있기는 그리 쉽지 않다. 원효의 이름만을 알고 원효를 안다고 하면 수십 수백 명의 원효가 나타난다고 해도 우리는 또 다른 원효를 찾아 얼마를 헤매야 할지 모른다. 원효의 사상과 철학을 통하여 원효라는 이름이 내포하고 있는 본질을 알아보고, 경제적 신분적 차별사회의 제약을 극복하면서 어떻게 주체적으로 살아갈 수 있었는지 알아보자.

분황 원효(617~686)는 실천적 지성인이자 빼어난 수행자였다. 그의 103부 208종의 저술 중 22종 가까이 전하고 있지만 그의 생애를 알려주는 사료는 일부만이 남아있어 생평을 온전히 알기가 어렵다. 그의 생애는 〈고선사서당화성비문〉(800~809, 파편)과 〈송고승전〉의 (988, 원효전과 의상전),

〈삼국유사〉(1281, 원효불기)에 주로 실려 있다. 이외에도 〈의상전교〉, 〈전후사리소장〉에 실려 있으며, 이들을 다시 서술한 사료들이 〈원승전〉, 〈임간록〉, 〈지월록〉 등에 실려 있다. 이 때문에 이들 사료들에서 우리는 원효의 유학연도와 아유다(요석)와의 인연 등의 기술에서 일정한 출입을 발견할 수 있다.[1)]

위의 사료에 기록된 내용들을 정리 하면 다음과 같다.

원효는 신라국 상주 설씨의 아들이다. 아버지의 뜻대로 어려서 화랑도에 입문한다. 왕과 귀족의 자제들이 선호하던 화랑은 신라 국력의 중추적 역할을 했다. 나라가 위기에 처했을 때 전쟁에 나가서 싸우는 일도 화랑의 몫이었다. 원효는 화랑으로 전쟁에 나가 싸우고 죽고 피비린내 나는 현장을 보고 크게 충격을 받는다. 생사고락에 허무를 느낀 원효는 승려의 길을 선택한다. 〈송고승전(宋高僧傳)〉에 의하면 14~5세 때 출가하여 스승을 따라 학업을 배웠으며 남달리 영특하여 나중에 불법의 깊은 뜻을 깨달음에 있어서 특정한 스승에 의존하지 않았다.

2. 원효의 시대적 배경과 일대기

가) 원효의 시대적 배경

[네이버 지식백과] 통일 준비기 (문화콘텐츠닷컴 (문화원형백과 원효대사 스토리뱅크), 2009, 한국콘텐츠진흥원)을 요약해 보면, 원효(617~686)가 활동하던 시대는 삼국의 격변기에 해당한다. 특히 신라 법흥왕(재위 514~540) 때부터 태종무열왕이 즉위하게 될 때(654)까지의 기간을 〈삼국유사〉에서는 중고(中古)라는 시대로 설정할 만큼 특징이 있는 시대이다. 신라는 이 시기에 중앙집권적인 귀족국가를 완성하고 대외적으로도 크게 영토를 확장했다.…(중략)…

1) 고영섭, 원효대사탄신 1400주년 기념 제1회 화성불교문화유적 학술발표회 자료집, 「원효의 오도처와 화성의 당항성 관계사 고찰」 p.12, 화성문화원, 2017.

진평왕 때 신라는 고구려와 백제의 끈질긴 국경 침범에 성공적으로 대처하면서 국내의 지배체제를 견고하게 다져나갔다. 618년(진평왕 40) 중국에서는 수(隋, 581~618)나라가 패망하고, 당(唐, 618~907)나라가 건국된다. 621년(진평왕 43) 진평왕은 당(唐)나라와 수교하여 고구려의 침공을 꾀하면서, 이찬(伊飡) 김용춘(金龍春)을 내성사신(內省私臣)으로 삼는다.

629년(진평왕 51) 8월 김용춘(金龍春)은 대장군으로 부장(副將) 김유신(金庾信, 595~673)과 함께 고구려의 낭비성(娘臂城: 淸州)을 공격, 5000여 명을 살해하고 성을 함락시켰다. 신라가 고구려의 낭비성(娘臂城)을 공격할 때 김유신은 중당(中幢)의 당주(幢主)로서 출선하여 큰 공을 세웠다. 이때 적군의 역습을 받아 아군의 사기가 떨어져 싸움이 불리해지자 아버지 소판 서현에게 "제가 벼리와 옷깃이 되겠습니다"라고 하며 홀로 적진으로 돌진하여 적장의 머리를 베어 옴으로써 승리의 기틀을 잡아 대승을 거두게 하였다. …(중략)… 진평왕의 사후에 왕위를 이어받은 선덕여왕은 632년(선덕여왕 원년)에 관원들을 전국 곳곳에 파견하여 백성들을 진휼(賑恤)하게 했고, 633년(선덕여왕 2)에는 조세를 면제해 주는 등 일련의 시책으로 혼란스러웠던 민심을 수습했다. 634년(선덕여왕 3)에는 연호를 인평(仁平)이라 고치고 분황사(芬皇寺)를 창건하기도 하였다.

신라는 당과의 외교를 강화함으로써 고구려와 백제의 끊임없는 위기상황에서 벗어나려고 했다. 이러한 국난기에 신라의 지배층들은 한때 분열하여 647년 1월 비담(毗曇)·염종(廉宗) 등이 선덕여왕의 무능을 구실로 모반했다. 그러나 이 반란은 김춘추와 김유신의 연합세력에 의해 진압되었고, 이들에 의해서 옹립된 진덕여왕 때 야심적인 정치 개혁이 단행되었다.

654년 3월에 진덕여왕이 죽은 뒤 사량부(沙梁部: 慶州)에 묻혔는데, 당 고종(高宗)은 비단 300필과 함께 사신을 파견하여 개부의동삼사(開府儀同三司)를 추증했다. 진덕여왕이 후사 없이 죽자 김유신은 재상으로 있던 이찬 알천(閼川)과 의논하여 이찬 김춘추(金春秋: 太宗武烈王)를 왕으로 추대하였다. 김춘추는 진덕여왕이 죽자 진골(眞骨)의 신분으로 군신들의 추대를 받아 즉위함으로써 신라 최초의 진골 출신 왕이 되었다.

위에서 밝힌 바와 같이 원효가 살던 시대는 국가위기 상황을 극복하기 위한 전쟁이 끊이지 않았다. 민심이 극도로 혼란스러웠던 때임을 짐작할 수 있다. 내부적으로는 골품제도가 확고하게 뿌리내리고 남성 중심의 국가체제에서 여왕이 즉위하자 지배층이 분열하기 시작한다. 선덕여왕과 진덕여왕이 후사가 없어 최초로 진골에서 왕이 추대된다. 골품제도가 무너진 것이다.

원효가 16살 때 선덕여왕(신라 제27대 왕: 재위 632~647년)이 왕위에 오른다. 여자가 왕이 되어 신라의 앞날이 위태로워질 거라고 흉흉한 소문이 어지러운 시점이었다. 선덕여왕이 즉위한 632년, 한반도는 전운에 휩싸여 있었다. 고구려의 영양왕이 598년에 전략적 요충지를 확보하기 위해 랴오시 지역을 침공한 후 수나라 문제가 30만 대군을 이끌고 고구려를 반격하는 등 한반도 북쪽은 전쟁이 한창이었다. …(중략)… 신라는 638년부터 계속 고구려와 백제의 공격에 시달렸다. 638년 10월 고구려가 칠중성을 습격한 것은 물리쳤지만, 642년에는 백제의 의자왕에게 패해 미후성을 포함해 40곳의 성을 빼앗겼다. 백제와 고구려가 연합해 신라의 한강 방면 거점인 당항성(黨項城, 지금의 화성시 서신면)을 습격하는 바람에 나-당 통로도 끊겼다. 백제 장군 윤충(允忠)의 침공으로 낙동강 방면의 거점인 대야성(大耶城, 지금의 합천)도 함락당했다. 국가적인 위기에서 선덕여왕은 김유신을 압량주(押梁州, 지금의 경산) 군주로 임명해 백제에 빼앗긴 성을 되찾게 하는 한편 당나라에 사신을 파견해 구원을 요청했다.[2)]

나) 원효의 일대기[3)]

617년(1세: 진평왕 39년) 〈삼국유사〉에 의하면 원효는 성이 설이고 압량군(경상북도 경산 자인면) 불지촌에서 담날내말(내말은 내마로 신라관등

---

2) 다음백과, 한국사를 움직인 100인, 선덕여왕.

3) 강승환, 『이야기 원효사상』, 운주사, pp.248~252 요약.

17관등 중 11번째)의 아들로 태어났다. 어릴 때 이름은 서당이다.

632년(16세: 선덕여왕 1년) 이때 출가한 것으로 추정된다. 32살에 출가했다는 설도 있다.

647년(31세: 진덕여왕 1세) 낭지스님을 찾아가 〈법화경〉을 배운다. 낭지스님께 초장관문과 안신사심론을 지어 올리며 다음과 같은 노래를 지음. 서쪽 골짜기 사미(원효)는 동쪽 언덕의 상덕고승(낭지)에게 머리를 조아려 예를 올립니다. 잔 먼지를 불어서 영취산에 보태고 작은 물방울을 날려서 용연에 던집니다.

650(34세: 진덕여왕 4년) 의상과 함께 보덕화상에게서 〈열반경〉과 〈유마경〉을 배운 것으로 추정됨. 의상과 함께 요동을 거쳐 중국으로 들어가려다가 간첩혐의로 고구려에 붙잡혀 있다가 되돌아 옴.

655년(39세: 무열왕 2년) 이 시기 깨침을 얻은 것으로 추정됨.

661년(45세: 문무왕 1세) 의상과 함께 중국으로 들어가려고 당성에 이르렀다가 해골 물을 마시고는 크게 깨쳐 중국에 가는 것을 포기함. 의상 혼자 중국으로 들어감.

667년(51세: 문무왕 7년) 무열왕의 둘째 딸 요석공주를 맞이해 설총을 낳고 소성거사라 칭함. 이후 무애가를 지어 부르며 전국 곳곳으로 다님.

668년(52세: 문무왕 8년) 소정방이 그려보낸 난독화, 곧 난새와 송아지를 그린 그림을 풀이함. 뜻은 즉시 회군하라는 것임. 고구려 멸망함.

671년(55세: 문무왕 11년) 행명사에서 〈판비량론〉을 저술함.

672년(56세: 문무왕 12년) 고선사에 머물면서 사복(신라 10성의 한 사람)을 만남. 이때 〈십문화쟁론〉 등 많은 저술을 함.

676년(60세: 문무왕 16년) 이때 대안스님을 만나고 〈금강삼매경〉을 풀이하여 인왕경대회에서 강설한 것으로 추측됨. 광덕과 엄장에게 삽관법[4]을 지어준 것으로 추정.

4) 신라시대 엄장이 원효에게 배웠다는 수행법. 엄장은 이 수행법. 엄장은 이 수행법을 배워 몸을 깨끗이 하고 잘못을 뉘우쳐 스스로 꾸짖고, 한 마음으로 도를 닦으니 역시 서방정토로 가

686년(70세: 신문왕 6년) 분황사에서 〈화엄경소〉를 제40 회향품까지 쓰고 붓을 놓음. 경주 남산 혈사에서 3월 30일 열반함. 그 후 아들 설총이 원효의 유해로 진용소상을 만들어 분황사에 안치함. 설총이 지극한 예를 올리자 소상이 돌아봄.

702년(원효 멸후 16년: 성덕왕 1년) 의상대사 입적. 이 무렵 동경 흥륜사 금당에 소상으로 안치되어 10성으로 받들어짐. 10성은 동쪽 벽에는 표훈, 사파, 원효, 혜공, 자장이고, 서쪽 벽에는 아도, 수촉, 혜숙, 안함, 의상임.

779년(원효 멸후 93년: 혜공왕 15년) 손자 설중업이 사신으로 일본에 건너가 극진한 대접을 받음.

785년(원효 멸후 100년: 원성왕 1년) 열반 100주년 기념으로 고선사에 서당화상비를 세움. 뒤에 헌덕왕이 된 김언승이 지원하여 음리화(경북 상주 청리) 3천당주 급찬 고금이 새김. 고선사는 원래 경주 알천 상류 암곡에 있었으나 폐사되었다가 지금은 덕동호에 수몰됨.

935년(멸후 249년: 경순왕 9년) 신라 멸망. 고려 건국.

1101년(멸후 415년: 고려 15대 숙종 6년) 원효대사에게 화쟁국사, 의상대사에게 원교국사라는 시호를 내림.

1171년~1197년(멸후 485년~511년: 고려 명종 1~27년) 이 무렵 분황사에 화쟁국사비가 세워짐.

1967년 서울 효창공원 경내에 원효대사 동상이 세워짐.

1995년 경주 분황사에 원효학연구원을 열고 매년 3월 30일 원효문예대제전을 추진함.

1998년 국제원효학회에서 원효전서 영역작업을 시작함.

게 되었다. 삽관법은 원효법사의 『본전(本傳)』과 『해동고승전(海東高僧傳)』에 있다.

"믿음은 씨앗이며, 고행은 비이며, 지혜는 나의 멍에와 쟁기이며, 마음은 멍에의 끈이며, 부드러움은 막대기이며, 마음 챙김은 보습과 소몰이 막대일세. 몸을 단속하고, 말을 조심하고, 음식을 알맞게 먹는다. 진실은 나의 제초기이며, 온화함은 멍에를 벗음이네. 정진은 나의 짐을 진 소이며, 속박으로부터 안온함으로 이끈다네. 쉬임없는 정진으로 슬픔 없는 곳에 이르네. 이렇게 밭갈이가 끝나면 불사의 열매를 거두며, 모든 괴로움에서 벗어난다네." 한국콘텐츠진흥원 인용.

2017년 원효대사 탄신 1400주년 기념 제 1회 화성불교문화유적 학술발표회를 화성문화원에서 주최함.

3. 원효의 저술

원효는 경홍, 태현과 함께 신라 3대 저술가로 꼽히며, 대략 100가지에서 200여 권의 책을 썼다. 이 중 남아있는 것은 21가지 26권 정도다. 나머지는 책 이름만 전한다. 원효의 글을 3가지로 나누면, 하나는 경론을 풀이한 것이다. 소라는 이름이 붙어있다. 경은 부처님 말씀이고, 논은 경을 풀이한 것으로 보살이 지으며, 소는 경이나 논을 더 자세히 풀이한 것으로 사람이 짓는다. 원효는 경론이 짧은 경우 소를 지어 낱말 하나하나를 풀이했다. 소에는 8가지가 있는데 금강삼매경론, 대승기신론소별기, 범망경보살계본사기, 아미타경소, 보살영락본업경소, 중변분별론소, 해심밀경소서, 화엄경소다.

둘은 요점을 정리한 것으로 종요다. 종이란 전체 줄거리를 함축했다는 말이며, 요는 요점 되는 내용을 자세히 푼 것이다. 대의가 종에 해당되고 글 풀이가 요에 해당된다. 여기에는 5가지가 있으며 대혜도경종요, 무량수경종요, 미륵상생경종요, 법화경종요, 열반경종요다.

셋은 자기 자신의 글이다. 경론을 인용하여 자기의 견해를 편 것이다. 이에 8가지가 있다. 대승육정 참회, 미타증성게, 발심수행장, 십문화쟁론, 보살계본지범요기, 유심안락도, 이장의, 판비량론이다.[5)]

4. 원효의 사상

원효의 사상의 본질은 '원융회통' 이다. 서로 다른 교리의 시비에 휘말리는 갖가지 언쟁의 실마리를 낱낱이 풀어서 모두 부처의 큰 진리(참나)로 귀속시키는 한국적 불교를 이룩하였다.

---

5)강승환, 앞의 책, pp.265~267 요약.

인도에서 발생한 대승, 소승불교가 중국에 들어와서 수많은 종파와 학파를 만들었고 여러 가지 문제점을 야기시켰다. 불법 자체의 부족한 원리를 뜻하는 것이 아니라, 그 법을 운용하고 탐구하는 인간들의 좁고 어두운 마음 씀씀이에서 야기되는 문제였다. 이 같은 다양성을 띤 종파불교가 영토가 좁은 신라 땅에 들어와서는 더욱 심각한 부작용을 낳았다. 자기 종파의 우수성만을 내세우고, 다른 종파는 다 무시하고 이단시하는 폐단이 생겼다. 바르지 못한 식견으로 교단의 시시비비는 날로 심각해지고 불법의 근본진리에서 멀어져 갔다.

원효는 〈십문화쟁론〉을 저술하여 분쟁이 분분했던 당시의 불교계를 시비가 끊어진 절대무쟁의 원리로 이끌어내는데 힘썼다.

〈열반경종요서(涅槃經宗要序)〉에 "뭇 경전의 부분을 통일하여 만 가지 흐름을 한 맛으로 돌려보내어 부처님의 지극한 공평함을 열어 보임으로써 수백 가지 종교의 서로 다른 다툼을 화합시키고 알기 쉽게 풀이해서 드디어 난생(卵生)·태생(胎生)·습생(濕生)·화생(化生)의 네 가지 중생들로 하여금 둘이 아닌 본성을 알게 하며, 나고 죽는 것이 둘이 아님을 일깨워 크게 깨달음을 얻게 한다"고 했고, 〈화엄경소서〉에 "원래 막힘이 없고 걸림이 없는 법계의 법문은 법이랄 것도 없고 법이 아니라고도 할 수 없으며, 문이랄 것도 없고 문이 아닌 것도 아니다. 그것은 큰 것도 아니고 작은 것도 아니며, 급하지도 않고 느리지도 않으며, 움직이는 것도 아니고 고요한 것도 아니며, 하나도 아니고 많은 것도 아니다.…(중략)… 하나의 법이 일체법으로 되고 일체법이 곧 한 법이다. 이렇게 막힘이 없고 걸림이 없는 법이 법계의 진리의 문이 되는 묘한 경계이니 모든 대보살들과 삼세의 부처님이 이렇게 들고 난다"고 했다.[6]

전쟁과 가난과 신분적 차별로 고통 받는 사람들을 보며 원효는 또한 어떻게 하면 이들을 고통에서 구제할 수 있을지 고민하기 시작했다. 배움의 기

---

6) 심재열, 『원효사상-2 윤리관』, 홍법원, 2002, pp.22~24 요약.

회가 없는 사람들에게 어려운 불교를 쉽게 알려주기 위하여 불경을 해석하고 정리하여 사람들에게 알리기 시작한다. 그 핵심적인 사상이 크게 화쟁사상, 일심사상, 무애사상이다.

김임중의 일본국보 화엄연기연구(원효와 의상의 행적)에 서술된 내용을 바탕으로 정리하면 다음과 같다.[7]

가) 화쟁사상

원효는 종파주의적인 불교교리의 논쟁과 모순을 바꾸어 종파를 초월하여 원융(모든 이치가 하나로 융화되어 구별이 없다), 소통하려고 하였다.

부처 설법은 하나이지만 오랜 세월을 거치면서 전파하는 사람들에 따라 해석하는 방법이 달라지면서 수많은 논쟁을 불러일으켰다. 원효가 제창한 '화쟁사상'의 근본원리는 인간세계의 화(和)와 쟁(諍)이라는 양면성을 인정하는 곳에서 출발한다. 대립이나 갈등을 보다 높은 차원에서 해소하고 하나의 세계로 조화와 융화를 꾀한다. 각각의 이론이 갖는 개별적인 특성을 인정하면서 그것들을 적극적인 측면에서 수용해야 한다고 하는 견해를 전개하였다.

나) 일심사상

원효는 화쟁사상을 통하여 일심의 근원으로 돌아가 중생구제를 행해야만 한다는 실천원리를 제시하였다. 화쟁의 근거인 일심사상에 의해서 열반의 세계가 현세를 떠나서 별도로 존재하는 것이 아니고, 지금 우리들이 살고 있는 이 세계가 정말로 진여(진실)의 세계가 될 수 있다는 것을 강조한 것이다. 이런 논리로 중생은 윤회에 따라 정해진 삶을 살고 마치는 것이 아니라, (교육과 수행실천을 통하여) 일심에 이르는 사람이라면 누구나 현세에서 깨달음을 얻을 수 있다고 하는 진리를 분명하게 하였다.

일심에 관하여 원효는 〈대승기신론소〉에서 일심법에 의하여 두 가지 문

7) 김임중, 『일본국보 화엄연기연구－원효와 의상의 행적』, 보고사, 2015, pp.113~115.

이 있다는 것은 능가경에서 적멸(寂滅)이라는 것을 일심(一心)이라 이름하며, 일심이란 여래장(如來藏)이라 한다고 말한 것과 같다.…(중략)… 왜냐하면 일체법은 생각함도 없고 멸함도 없으며 본래 적정(寂靜)하여 오직 일심일 뿐인데, 이러한 것을 심진여문(心眞如門)이라고 이름하기 때문에 '적멸이란 일심이라 한다' 고 한 것이다. 또 일심의 체가 본각이지만 무명에 따라서 움직여 생멸을 일으키기 때문에, 이 생멸문에서 여래의 본성이 숨어 있어 나타나지 않는 것을 여래장이라 이름한 것이다.

다) 무애사상

원효의 무애행(無碍行)에 커다란 영향을 끼쳐서 원효가 민중불교를 실천하는 데에 눈을 뜨게 한 사람으로 대안을 손꼽는다. 대안은 문헌상의 기록에는 없고 원효전기 속에 약간의 기록이 있다. 그것에 의하면 원효와 같은 시대의 인물로 선배에 해당한다고 생각된다. 그의 학덕이나 인품은 원효보다 뛰어나고 당대의 고승이었으며 민중불교의 주도자로서 자유무애의 행동을 실천하는 승려였다. 〈송고승전〉 원효전에 '안득경배래성팔품', 즉 대안이 이 경을 얻어 8품(장)으로 목록을 분류하였다는 말로 미루어 보아, 원효가 대안이 만든 〈금강삼매경〉을 전달받아 〈금강삼매경론〉을 저술하였다고 보는 것이 자연스럽지 않을까 생각한다.[8]

일본 가마쿠라 시대에 묘에쇼닌(明惠上人, 1173~1232)이 제작한 〈화엄연기〉는 두 개의 조사전으로 구성되어 있는데 하나는 의상 그림 3권, 다른 하나는 원효 그림 3권이다. 에마키(두루마리로 된 일본의 그림 이야기. 에마키모노라고도 한다. 가로로 긴 두루마리, 즉 마키모노 형식이 이용되는데, 대개 이야기와 그에 관한 삽화가 같은 두루마리 면에 나타난다. 다음백과사전 참조)의 문장은 〈송고승전〉 권4의 '의상전' 과 '원효전' 의 본문을 주된 출전으로 하고 있다. 〈화엄연기〉의 원효 그림 문장에는 당으로 유학을 가는 도중에 무덤에서 귀신의 꿈을 꾸고 깨달음을 얻어 입당을 단념하는 이

8) 김임중, 앞의 책, pp.132~134.

야기, 그 후 신라로 돌아온 원효의 자유분방한 생활을 적은 이야기, 그리고 〈금강삼매경〉의 논소를 만들어 왕비의 병을 치유한다는 이야기가 주된 중심설화로 묘사되어 있다. 의상과 헤어져 신라에 돌아온 원효는 경주의 분황사에 주거하면서 불법을 잊어버린 사람같이 자유분방한 생활을 보낸다. 원효 그림 권1 제2단에는 민중과 더불어 행동하는 원효를 매우 친근감 있는 인물로 묘사한다.…(중략)… 원효는 구내외의 모든 경전에 통달하고 지혜를 비교할 수 없을 정도의 고승이 되었지만, 어느 때는 저잣거리에서 거문고를 치며 노래하고, 어느 때는 산 속에서 좌선을 하는 등, 그 행동은 참으로 자유무애의 경지 그 자체였다. 여기서는 민중들이 알기 쉬운 노래와 춤을 통하여 민중포교와 구제에 힘을 기울여 민중불교에 커다란 영향을 끼친 점이 주목된다. …〈삼국유사〉 원효불기에도 일체무애인(一切無碍人), 일도출생사(一道出生死), 명명일무애(命名日無碍)라고 적혀 있어 원효는 자신만의 해탈을 추구하는 불도자가 아니라, 일반대중을 교화시키기 위한 방편으로 자유분방한 행동을 할 수 있었다고 본다.

〈금강삼매경〉 또한 본시이각(本始二覺)의 내용을 나타낸다. '본각(本覺)' 이란 중생에게 본래 갖추어 있는 청정한 깨달음의 지혜이고, 수행의 진전에 따라 본각을 분명하게 하는 것을 '시각(始覺)' 이라고 말한다. 다시 말하면 사람은 누구나 지혜롭고 청정한 본래의 마음이 있는데, 그것을 알아차리면 자신의 삶을 자유롭게 구현할 수 있고 그것이 곧 깨달음이라고 하는 것이다. 이것에 대하여 이기영 씨는 다음과 같이 알기 쉽게 설명하고 있다.

삶의 원리에 어두워 그 생활이 혼란 속에 있는 중생, 그들의 마음 속 깊은 곳에 본각이 있고, 삶의 도리를 알고 그렇게 생활하는 자의 마음 속에 시각이 활동(깨달음)한다. 그런 의미에서 본각은 인과의 그물에 얽혀 복잡한 생활이 전개되는 그 세속적 조건 속에 나타나지 않고 감추어 있는 진여라 할 수 있고, 시각은 그 얽힌 상태를 벗어난, 환멸(還滅), 적멸(寂滅)로 돌아가는 것. 곧 수행한 공덕으로 번뇌를 끊고 열반으로 향하는 인과(因果)이다. [출처] 유전문과 환멸문 작성자(산들바람)의 길에 나타난 진여라고도 부를 수 있는 것이다.

즉, 유고, 불교, 도교, 기독교 등 모든 종교의 근간이고 누구나 천부적으로 갖고 태어나는 인간의 양심, 참나를 바로 알자는 것이다. 이것이 내 본래의 마음이란 것을 깨달으면 나와 다른 사람들을 다르게 인정할 수 있다. 아름답게 수용하면서 배려하고 존중하게 된다. 방법적 서술적 이견에서 나오는 수백, 수천, 수만 가지 쟁송도 우리가 알고 있는 변화무쌍한 나가 아닌 본질적인 나를 깨달았을 때 비로소 화합을 이룰 수 있다(일심사상). 오죽하면 팔만 사천 가지 방편을 만들어 부처님 설법을 전달하였겠는가. 에고에서 생기는 편견이나 갈등, 개인의 주관과 개인적 사회 환경에 의해 형성된 방어기제로서의 에고에 휘둘리지 않고 걸림이 없는 자유를 누릴 수 있다고 가르치는 것이다(무애사상). 원효가 깨달은 것을 배우지 못한 백성들도 알기 쉽게 풀어서 가르침을 주려 했던 것이 바로 일심사상이고, 일심으로 인해 화쟁과 자유가 가능해진다.

위와 같이 문헌에 기록된 원효의 핵심사상인 화쟁사상, 일심사상, 무애사상을 살펴보았다.

Ⅲ. 맺는 말

제4의 물결, 4차 산업혁명, 플랫폼 혁명시대 등 시대는 날로 급변하고 있다. 지금 이 순간에 또 무엇이 사라지고 생성되는지 알지도 못한 채 우리는 불안의 시대에 살고 있다. 또한 누구나 원하는 정보들을 스마트폰 안에서 쉽게 얻을 수 있다. 이러한 때에 더 새로운 정보와 더 새로운 이론들이 우리의 마음을 교란시키고 혼란하게 하면서 분노조절장애인들을 점점 더 양산하는 사회가 되었다. 국민의 행복지수가 점점 낮아지고 설상가상으로 자살률은 높아지고 있으며 나라의 기둥인 젊은이들이 모든 것을 포기하는 사회가 되었다. 연애도 포기하고 결혼도 포기하고 아이도 포기하고 있다. 심지어 자신의 생명도 포기하는 지경에 이른 시대다.

종족번식을 포기하는 민족은 실패한 나라라고 했다. 인구학적으로 볼 때 없어질 나라 중의 첫 번째 나라라는 분석도 나오고 있다. 이러한 사회적 병폐현상을 어떻게 해결할 것인가. 경제성장을 목표로 경쟁적으로 앞으로만 달려가던 속도를 잠시 늦추어 우리가 어디로 가고 있는지, 무엇을 위해 달려가고 있는지, 얼마나 심각한 문제에 직면하고 있는지 점검을 하면서 나아가야 할 때다.

남의 철학, 남의 사상을 받아들이는 데에 급급한 대한민국은 일제강점기와 6.25, 그리고 산업화혁명시대를 거쳐 그 어느 나라도 따를 수 없는 속력으로 빨리빨리 서양화를 따라왔다. 이제는 명실공히 아이티 강국의 선두주자로서 전세계 정보혁명을 이끌어가고 있다 싶기가 무섭게 세상은 4차 산업혁명이니 제4의 물결이니 하면서 또 앞으로 달려가며 우리를 혼란에 빠뜨리고 있다. 혼란의 내면을 자세히 들여다보면 그 안에는 원효가 말한 일심사상이 결여되어 있다는 것을 알 수 있다.

급격한 기술 변화가 일어나면 사람들은 무엇이든 과장한다. 자동화라는 용어가 사람들에게 알려지기 시작한 1930년대부터 닷컴과 인터넷 붐이 일던 1990년대와 2000년대까지도 숨도 쉬지 않고 최신 기술을 설명하면서 큰 소리로 "이것이 모든 것을 바꿉니다!"라고 외치는 열광자들과 장사치들은 언제나 있었다. 우리는 이 책에서 플랫폼 혁명이 실제로 우리 세상을 상당히 흥미롭게 변화시킬 거라는 확신을 뒷받침할 증거를 독자들에게 제시했기를 바란다.

그러나 플랫폼 혁명이 바꾸지 못하는 것이 한 가지 있다. 바로 기술, 비즈니스, 전체 경제 시스템이 추구하는 궁극의 목적이다. 인간이 만들어 낸 모든 것에는 목적이 있어야 한다. 개개인의 잠재력에 물꼬를 터주고 모두가 부유하고 보람 있고 창조적이며 풍요로운 삶을 살 수 있는 기회를 주는 것, 그런 사회를 건설하는 데 목적을 두어야 한다. 플랫폼 혁명이 이러한 목적을 달성할 수 있을지는 전적으로 우리 모두—기업의 지도자, 전문가, 근로

자, 정책입안자, 교육자, 일반시민 — 에게 달려 있다.[9]

혼란의 근본적 원인을 망각한 채 계속 허상만 쫓을 것인가 아니면 사회병폐로 나타나는 여러 가지 경고의 본질을 탐구하고 수용하여 우리의 사상적 성숙을 양성할 것인가 그것이 문제이다. 시대가 어떻게 바뀌어도 지구 안 어디에 살아도 우리는 여전히 결핍된 무엇인가를 찾아야 한다. 잊고 있었던 진정한 우리의 것을 되찾아야 한다. 사람의 근본을 알고, 나아가 선진 한국이 되기 위하여 무엇을 얻고 무엇을 잃고 있는지 알아야 한다. 대한민국의 철학과 사상과 문화를 바로 인식할 필요가 절실하다.

강승환은 그의 저서 〈이야기 원효사상〉에서 다음과 같이 말한다. "종교적 갈등을 일으키는 사람들의 공통점은 자기들 교주의 가르침을 따르지 않는다는 것과 공부를 많이 하지 않는다는 것이라고 말한다. 예수와 석가의 가르침은 사랑과 자비다. 그런데 사랑과 자비보다는 예수와 석가를 더 좋아하고 예수와 석가보다는 예수교와 불교를 더 좋아하며, 예수교와 불교보다는 교회와 절을 더 좋아한다. 나아가 헌금이나 시주를 더 좋아하고 선교나 포교를 더 좋아하고 우람한 종교시설을 더 좋아한다. 곧 가르침은 없고 시설만 있으며 진리는 없고 말만 있다" 고.[10]

1350여 년 동안 대한민국을 떠돌던 원효의 화두 "내가 이 세상을 다녀간 뒤에 불도를 모르는 사람을 없게 하리라" 는 여전히 유효하다. 불도든 기독교의 교리든 유교의 도든 양심이든 원효의 일심사상에 포함되는 개념임을 바로 알고, 개개인의 천부적 역량을 바로 세우고, 곧바로 실천하는 21세기 한국형 인재를 양성하는 것이 시급하다. 부와 신분의 양극화를 극복하고 청소년은 물론 N포세대의 누구나 행복하게 살 수 있는 능력을 키우는 것이다. 이로써 4차 산업혁명의 선도뿐만 아니라 세계적 도덕성을 실현하는 새로운 시대를 선도할 수 있다고 본다.

9) 마셜 밴 앨스타인, 상지트 폴 초더리, 제프리 파커 지음 이현경 옮김, 『플랫폼 레볼루션』, 부키, 2016, pp.452~453.
10) 강승환, 앞의 책, pp.220~221.

세계적인 종교지도자 원효대사와 성지로서의 화성 당성

연구위원 _ 김 재 엽

1. 들어가며

우리나라 역사상 가장 위대한 정신적 종교지도자로서 세계사적 성자(聖者)의 반열에 올릴 수 있는 분이라면 원효(元曉)대사를 지목할 수 있을 것이다. 원효대사가 생존했던(617~689) 시기는 신라가 삼국을 통일해 가는 격변기로서 국내외적으로 매우 혼란스러워 육신은 물론 정신적으로 국민적 대화합과 단결이 절실하게 요구될 때로 추정되는데 이런 시대적 변혁기에 원효대사는 자신이 깊이 천착해 온 불교를 통하여 국민들의 정신적인 안정을 도모하고 교리적으로도 이상세계인 불국정토를 건설하고자 꿈꾸었을 것이다. 그리하여 원효대사야말로 전 국민이 안심입명(安心立命)하고 상락아정(常樂我情)하는 길을 선도하고자 큰 원력을 가진 선각자였으리라 생각해 보는 것이다.

화성 당성(당항성)은 1971년 4월 15일 대한민국 사적 제 217호로 지정된 신라성지로서 원효대사가 이곳 당성 인근에서 중국 당나라 유학길에 해골물을 마시고 "세상사 모든 것이 마음먹기에 달렸다(일체유심조; 一切唯心造)"라며 크게 깨달아 입당유학을 포기하고 귀향하여 신라불교를 중흥시킴으로써 종교적으로나 문화사적으로도 매우 의미 깊은 곳이다.

본고에서는 지난 2017년 4월 22일에 화성시 남양읍내 롤링힐스 호텔 그랜드볼룸에서 거행된 원효대사 탄신 1400주년 기념 제1회 화성불교문화유적 학술발표회와 2018년 4월 7일에 서화성농협 대강당에서 거행된 제2회 화성불교문화유적 학술발표회에서 다룬 내용을 근거하여 정신문화유산으로서의 원효사상, 특히 세계적인 종교지도자로서의 원효대사와 화성 당성이 갖는 의미를 필자 나름대로 정리하여 밝혀 보고자 한다.

2. 학자로서의 종교지도자 원효대사

학자로서의 원효대사를 거론하는 이유는 여러 사료에 나타나는 그의 방

대한 저술량이 대변해 주듯 그는 저술뿐만 아니라 당대 최고의 학문적 이론을 겸비했기 때문이다. 원효대사의 저술에서는 '대승 · 소승 · 경률 · 논(大乘 · 小乘 · 經律 · 論)' 모두를 빠짐없이 언급하고 있는데 '소 · 논 · 종요 · 별기 · 요약 · 사기 · 대의 · 장 · 요간(疏 · 論 · 宗要 · 別記 · 要略 · 私記 · 大義 · 章 · 料簡)' 등을 명료하게 주석(註釋)함으로써 그 누구도 넘볼 수 없는 독보적인 저술이라 칭송 받게 된 이유이다.

당시 내외 서목(書目)에서 신라대덕들의 저술을 비교해 보면 원효(元曉) 102부 303권, 경흥(憬興) 42부 262권, 대현(大賢) 55부 122권. 원칙(原則) 24부 99권, 의적(義寂) 27부 28권 등으로 100部 이상의 논주는 오직 원효대사 1인임을 알 수 있다. 그런데 불행하게도 현존하는 저술로는 법화종요(法華宗要), 열반종요(涅槃宗要), 대혜도론종요(大慧度論宗要), 금강삼매론(金剛三昧論), 기신론소(紀信論疏), 별기(別記) 등을 비롯한 18부 22권만이 잔존하고 있어 아쉬운 마음 금할 길 없다.

어쨌든 그의 방대한 저술활동 못지않게 그의 수행생활 또한 당시 사회에서는 상상을 초월하는 파격적인 행적이었다고 하겠다.

『삼국유사』에 의하면 원효대사의 어머니가 그를 잉태할 때 유성을 품는 꿈을 꾸었고 태어났을 때는 오색구름이 땅을 덮었다고 하며, 14~15세 때 출가하여 학업을 할 때는 특정한 스승에 의존하지 않고 스스로 깊은 뜻을 깨우치는 영특한 지혜가 있었다고 한다.

당시 신라사회에서의 불교는 원광법사와 자장율사의 교화에 큰 영향을 받고 있었지만 왕실 중심의 귀족불교화가 되어 서민불교와는 엄청난 괴리가 있었던 것이 사실이다. 원효대사는 나라가 강해지려면 국민이 하나로 뭉쳐야 한다는 절실함을 가슴에 품고 서민 속에서 활동하고 있는 혜공(惠空), 대안(大安) 등의 뒤를 이어 서민 속으로 파고들어 저자거리에서 무애호(無碍瓠)를 두드리며 "모든 것에 걸림이 없는 사람이 생사를 벗어났도다!"라고 노래를 지어 부르며 가무와 잡담으로 교화에 임하였다고 한다. 요사이 표현을 빌린다면 활발한 서민대중 및 시민단체를 위해 불법을 전하는 선구자였던 것이다.

궁중에서도 원효대사의 대중적 인기가 절정임을 알게 되고 그를 초청하여 당시 태종무열왕이 앞장서서 혼자 살고 있는 둘째 딸 요석공주와 연을 맺게 하였다. 이는 서민과 귀족이 하나 되는 차원 높은 정치행위이기도 해서 사회적으로도 합의된 물리적 활동이었다고 생각되는 것이다. 그 후 파계(破戒)의 멍에를 쓰고 원효대사 스스로가 소성거사(小姓居士)라 칭하고 서민 속에서 완전히 노숙자가 되어 자기를 버리는 무애인이 되어 '무애가' 를 부르며 "부처님을 알고 나무아미타불을 칭하면 부처가 되고 정토에 안주하게 될 것이다"라고 설하였는데 이것이 유심 정토사상이라 지칭되는 것이 아닌가 싶다. 그래서 원효대사는 서민과 함께 하나가 된 수행자로서 당시 민중에게 크나 큰 영향을 미칠 수 있었던 지도자였을 것이라고 추론해 본다.

더욱이 학자로서 강설 또한 대단한 실력의 소유자임을 알려주는 일화가 있는 바, 중국 당나라로부터 '금강삼매경' 을 입수하게 된 국왕이 국내 1백 고승대덕을 초청하여 국가의 안녕을 위한 인왕경 대회를 열게 하였는데 이때 원효대사도 포함시키자고 천거를 하자 참석자 대부분이 원효는 파계승이라며 벌떼처럼 들고 일어나 반대를 하였다고 한다.

하지만 금강삼매경을 누가 강설할 것인가에 대해서는 그 누구도 마땅히 강설할 스님이 없어 결국 원효대사가 하게 되었는데 며칠 사이에 황룡사에서 저술을 끝낸 원효대사는 매우 깊고 오묘한 금강삼매의 가르침을 받들어 강설하였으니 "바라건대 이 선근이 온 세상에 두루 펴져 빠짐없이 모두를 이롭게 하여지리다"라 결론지었다고 한다. 그야말로 부처님의 가르침으로 하여 상하(上下) 모두를 이롭게 하려는 자비로움을 소유한 위대한 성자였음을 알 수 있게 하는 대목이다.

당시 원효대사의 금강삼매론 강설이 시작되었을 때 오만과 독선에 사로잡혀 있던 고승대덕들이 한결같이 찬탄하는 환호가 이어졌고 수일간의 강설이 끝날 무렵 원효대사는 백고자의 사자좌에서 다음과 같이 노래하였다고 한다.

"그 옛날 백 가지 서까래를 고를 때는/ 비록 끼어들지 못하였지마는/ 오늘 가로 지르는 대들보가 되었으니/ 이는 오직 나만이 할 수 있는 일이로다."

그야말로 '천상천하유아독존' 이라고 외친 부처님의 탄생 게송처럼 원효대사 스스로가 당시 신라사회의 위대한 정신적 지도자임을 선언한 사자후였다고 생각해 볼 일이다.

3. 불교 성지로서의 화성 당성

원효대사가 살아있을 당시 신라사회에서는 불교를 배우려면 당나라에 유학 가는 것이 통례였으며 신라의 지식인들 또한 입당 유학을 통해 골품제 사회의 제약에서 벗어나려 했다. 원효대사는 숙세로부터 덕을 심었고 태어나면서 도를 깨우칠 정도로 영민하여 스스로 깨달음으로써 배움에 있어서는 일정한 스승을 따르지 않았다고 한다. 그러면서도 중생들의 고통과 액난을 뿌리 뽑기 위해 큰 서원을 일으켜 미세한 이치를 연구하고 분석하여 부처님의 마음을 전하려 매진하던 차 입당 유학의 필요성도 느끼게 되었고, 때 마침 인도로 유학했던 당의 현장법사(602~664)가 신역 경론을 번역하고 있다는 소식을 접한 의상대사(625~702)의 권유에 따라 입당 유학을 결심하게 되었다.

첫 번째는 650년에 고구려의 영토를 가로질러 압록강을 건너고 요동으로 가다가 변방의 순라군에게 잡혀 수십일 동안 감옥에 잡혀 있다가 가까스로 석방되어 신라로 되돌아옴으로써 실패하였고, 두 번째로는 문무왕 1년(661)에 의상대사와 함께 백제 멸망으로 열린 뱃길을 이용하여 당나라로 들어가기 위하여 당항성(지금의 화성 당성)으로 향하였던 것이다. 당성계로서 신라의 해문(海門)이 되는 당은포 인근에 도달할 무렵 비도 많이 오고 밤길이라 어느 땅막(土窟)에서 머물며 자다가 목이 말라 잠결에 머리맡에 있는 바가지 물을 마셨는데 아침에 일어나 보니 땅굴 무덤이었고 간밤에 마신 물이 해골에 고인 물임을 알고 구토를 하였다고 한다. '간밤 잠결에는 단물이었던 것이 해골물임을 알게 된 아침에는 어찌하여 구토가 나는 것일까?' 여기서 일체가 마음 먹는 대로 작용한다는 '일체유심조(一切唯心造)' 의 진리를 깨우치게 된 원효대사는 모든 것이 마음작용에서 이룩됨을 깨달았고 진리는 밖에 있는 것이 아니라 자기 자신의 마음에서 찾아야 한다며 지체없이 유학의 길을 포기하고 서라벌로 되돌아왔다는 기록을 영명연수선사(904~975)의 『종경록』(961년)을 비롯한 『임간록』『지월록』등 여러 문헌에서 보게 된다.

그런데 『송고승전』의 '의상전' 에 전하는 원효대사의 오도(悟道) 설화는 다음과 같다.

> 원효와 의상은 중도에 심한 폭우를 만나 길 옆의 토감(土龕) 사이에 몸을 숨겨 회오리바람과 습기를 피했다. 다음날 날이 밝아서 보니, 해골이 널려 있는 옛 무덤이었다. 궂은비는 계속 내리고 땅은 질척해서 한 발자국도 앞으로 나아갈 수 없었다. 또 연도의 벽 중에 머물렀는데 밤이 깊기도 전에 갑자기 귀신이 나타나 놀라게 했다. 원효는 탄식하며 말했다.
>
> "전날의 잠자리는 토감이라 편안했는데 오늘밤은 귀신의 집에 의탁하니 근심이 많구나. 알겠다. 마음이 일어나면 갖가지 법이 일어나고, 마음이 사라지면 토감과 무덤이 둘이 아님을. 삼계는 오직 마음이요(三界唯心), 만법은 오직 인식일 뿐이다(萬法唯識). 마음 밖에 법이 없는데 어떻게 따로 구하겠는가? 나는 당나라에 가지 않겠다."
>
> 그리고는 바랑을 챙겨 되돌아왔다.

이로써 원효대사는 '대승기신론' 의 핵심 구절을 통해 깨달았고 그의 오도처(悟道處)는 무덤 속인데 바로 그 무덤의 위치가 어디냐는 것이 문제다.

『월광산원랑선사대보선광탑비』에는 원효대사의 성도(오도)처가 직산

(檝山)이라고 적고 있다. 천안시 서북구에 있는 직산읍(稷山邑) 인근의 평택시 수도사가 원효대사의 오도처라고 주장하는 근거가 되고 있는데 한자 표기도 다를 뿐만 아니라 여타의 유물과 유적이 부재하여 오도처로서의 설득력이 매우 약하다. 이 와중에 최근 화성시 당성 인근의 마도면에서 직산의 소재가 드러나 확인과 고증의 단계에 있음을 제시하면서 화성 당성이야말로 원효대사의 오도처가 인근에 있는 불교 성지로서의 의미가 매우 큰 유적으로서 복원시킬 가치가 충분하다고 하겠다.

4. 나가면서

원효대사는 우리나라뿐만 아니라 중국에서도 해동성인이라 칭하였고 일본에서는 지금까지도 불보살이라 하여 불단에 모시고 있다.

4.27 남북정상회담에 이어 6.12 북미정상회담이 성공적으로 개최된 이 시점에서 종교를 떠나 우리의 정신문화유산으로서 세계적인 가치를 지니고 있는 원효사상, 그 사상의 장본인이신 원효대사께서는 오늘을 사는 우리에게 거부할 수 없는 명확한 메시지를 던져주고 계시다.

모든 중생은 하나다! 서민과 귀족이 하나요, 성(聖)과 속(俗)도 하나다. 지옥과 극락이 하나요, 부처와 중생 또한 하나다! 온 국민을 하나로 뭉치도록 평생 동안 일심(一心)으로 실천한 원효대사의 불국정토운동이 이제 2018년을 살고 있는 우리 모두에게 비로소 남북이 하나임을 알게 한다.

또한 세상사 모두가 마음먹는 데서 비롯된다는 일심사상(一心思想), 다툼을 종식시키고 하나로 화합시키는 화쟁사상(和諍思想), 일심을 알리고 화쟁을 실천하면 장애 없이 평등해져 일체의 걸림 없는 무애도인이 된다는 무애사상(無碍思想) 등은 극한적 어려움과 대립 속에 오늘을 사는 우리 모두에게 상생의 대도(大道)가 될 것임을 분명히 밝혀주고 있으니 원효대사가 더욱 존경스러워지는 이유이기도 하다.

제2부 _ 원효사상과 이옥의 문학세계 고찰

당성문화의 아이콘 원효(元曉), 그는 누구인가?

연구위원 _ 백 도 근

1. 풍류도 정신
2. 신라의 풍류도
3. 신라사회와 원효
4. 풍류도와 원효
5. 원효와 불교
6. 원효사상의 핵심

1. 풍류도 정신

1) 최치원의 〈난랑비서(鸞郎碑序)〉

"우리나라에 현묘한 도가 있었는데 이를 '풍류(風流)' 라고 했다. 그 가르침의 요지가 〈선사(仙史)〉에 자세히 기록되어 있는데, 유 · 불 · 도 세 종교의 가르침과 유사한 내용으로 사람을 감화시켰다. 이를테면, 집안에 들어와서는 부모에게 효도하고 밖에 나가서는 나라에 충성한다는 내용은 공자(孔子)의 가르침과 같고, 무위(無爲)로써 세상일을 처리하고 말없이 가르침을 행하는 것은 노자(老子)의 기본사상과 같고, 악한 일을 하지 않고 착한 일만 받들어 행하는 것은 석가(釋迦)의 가르침과 같다."[1]

〈삼국유사〉에서 우리의 역사는 단군탄생설화로부터 내려온다. 〈환단고기〉에 보면 단군은 요순시대 인물이다. 〈논어〉 자한편(子罕篇)을 보면 공자가 '중국에 도가 행해지지 않는다면 배를 타고 구이(九夷, 곧 東夷는 구이 중에 하나이지만 그 가운데 한반도의 동이가 중심이므로 이는 동이를 가리킨 것이라 할 수 있다)에 가서 살고 싶다' 고 표현한 곳이 있다. 중국의 상대문명(上代文明)이 요순시대부터 기술되고 우리 동이족의 문명이 단군으로부터 기술되는 것을 보면 공자가 활동하던 당시 중국사회와 마찬가지로 동이족 사회도 꽤 개명되었던 사회였음을 짐작할 수 있다. 때문에 최치원이 〈난랑비서〉에서 '풍류도에 유, 불, 도 세 종교의 가르침과 유사한 내용이 있었다' 고 한 말이 전혀 이상하지 않다.

이종익은 "풍류는 국선도를 가리키는데, 국선도는 본래 고신도로서 종교적 행사일 뿐만 아니라 도의의 실천과 무도(武道) 그리고 예술적 수련을 다 겸한 것으로 결코 음악 풍류란 뜻으로 말한 것일 수가 없다"[2]라고 했다. 그

1) 〈삼국사기 권제4, 신라본기 4 진흥왕 37〉: 崔致遠鸞郎碑序曰 國有玄妙之道 曰風流. 設教之源 備詳仙史 實乃包含三教 接化群生. 具如 入則孝於家 出則忠於國 魯司寇之旨也 處無爲之事 行不言之教 周柱史之宗也 諸惡莫作 諸善奉行 竺乾太子之化也 참조.

2) 이종익, 〈東方思想論叢〉, (서울, 보연각, 1992 재판).

는 또 '풍류'를 '부여', '부루' 등과 함께 '불(=火)', '밝(=光明)이 한자로 음역된 것에 다르지 않는 것으로 보았다.[3]

안호상은 풍류도의 명칭에 「풍월 · 풍월주 · 풍월도 · 풍류 · 풍류도 · 화랑 · 원화 · 화랑 · 화랑도 · 화도 · 랑도 · 향도 · 국선 화랑 · 국선 · 국선도 · 선화 · 선랑 · 선도 · 선인」 등 약 22가지가 있음을 말했다.[4] 그런데 1898년 초에 발견된 필사본 〈花郎世紀〉[5]에서 이 외에도 호국선 · 부풍월주 · 운상인 · 미륵선화 · 전방화랑 등의 이름 등이 새로 발견되었다.

김대문의 필사본 〈화랑세기〉, 서문을 보면 "화랑은 선(仙)의 무리였다.(=花郎者, 仙徒也)"고 하였다. 선(仙)은 신라 초기의 6부촌장이 대개 태양의 광명 곧 산꼭대기로부터 지상에 내리던 '밝'을 섬기던 제사장임을 감안하면 선(仙)이란 제사장과 함께 산당에서 '밝' 숭배를 봉행하던 이들이다. 이와 같은 내용을 보면 〈난랑비서〉의 '포함삼교'를 잘못 해석하여 마치 풍류도가 유, 불, 선 삼교의 내용을 취한 것으로 해석하는 것은 맞지 않는 것임을 알 수 있다.

2) 원광법사의 세속오계(世俗五戒)

〈삼국유사〉에 원광이 말하기를 "불교에 보살계가 있는데 그것은 10가지로 나누어진다. 너희 세속의 신하로서는 감당하지 못할 내용이다. 지금 세속에는 오계가 있다. 첫째는 사군이충(事君以忠)이다. 둘째는 사친이효(事親以孝)이다. 셋째는 교우이신(交友以信)이다. 넷째는 임전무퇴(臨戰無退)이다. 다섯째는 살생유택(殺生有擇)이다. 그대들은 이를 실행함에 소홀치

3) 이종익은 앞의 책, pp.427~428에서 그는 또 「불」과 「벌」이 「밝」과 동일 계통에서 나온 것으로 '불'이 한자로 음역된 것으로는 '夫婁 · 扶(夫)餘 · 不 · 弗 · 市 · 佛流 · 火 · 夫里 · 卑離 · 芬奴 · 赤 · 朱 · 朱留 · 陽 · 不兒 · 負兒 · 風流 · 佛' 등이 있고, '밝 또는 벌)' 등이 있고, 반차되어 쓰인 글자로는 '白 · 伯 · 發 · 撥 · 渤 · 明 · 泊 · 貊 · 代安 · 朱安 · 望' 등이 있다 하였다.

4) 안호상, 〈나라역사육천년〉, (서울, 한뿌리, 1987), p.205.

5) 1989년 2월 16일에 조선 후기 純祖 재위기간에 베껴 쓴 것으로 되어 있는 총 16페이지(가로10행*세로24자) 분량의 〈花郎世紀〉 필사본이 발견되었는데, 당시 서울 신문에 원문과 번역문 그리고 해설까지 자세히 게재되었음.

말라!" 고 하였다.[6]

이 이야기는 우리가 익히 알고 있는 것처럼 원광이 수(隋)나라에서 구법(求法)하고 귀국한 후, 잠시 지금의 경상북도 청도 운문사 북쪽계곡 '古尸寺(=곳절)이란 곳에 머물고 있을 때 사량부 사람 귀산(貴山)과 추항(箒項)이라는 화랑이 찾아와 일생을 두고 경계할 금언을 청하자, 원광이 일러주었다고 한다. 원광법사도 속성이 본래 원효와 같은 설씨(薛氏)였거나 박씨(朴氏)였다고 하니 초기 6부촌장의 후손으로 풍류도의 무리였을 것이다. 때문에 그가 귀산과 추항에게 권고한 말을 〈선사(仙史)〉에 기록되어 내려온 것을 조금 다듬어 세속오계라는 이름으로 주었을 가능성이 크다. 실제 각주 6에 기록된 내용을 상고하더라도 '지금 세속오계가 있다.(=今有世俗五戒)' '이는 세속의 좋은 계이다(=此是世俗之善戒也)' 고 한 데서도 볼 수 있듯이 불승인 원광법사가 창작했다는 말이 전혀 없다. 굳이 이설(異說)의 가능성을 제기한다면 당시 수(隋)나라에 호국불교가 성행했으니 원광이 거기서 배워온 것을 조금 참고했을지 모르겠다.

어쨌든 원광법사이든, 원효대사이든, 최치원선생이든 간에 김씨 왕조가 들어서면서 6두품으로 강등된 6부촌 출신의 신라 지성인들이 어느 특정종교에 매몰되지 않고 신라 초기의 풍류도 정신을 유지하려고 애쓴 흔적이 원광의 〈세속오계와〉 최치원의 〈난랑비서〉에 나타나 있음을 볼 수 있다.

2. 신라의 풍류도

1) 풍류도의 전신

신채호(申采浩)는 "단군 왕검이 '수두(神壇=蘇塗制) 教=古神道)' 를 창설하고, 그 수두교도를 '선배' 곧 이두자로 '선인(仙人, 先人)' 이라고 썼는

6) 〈삼국유사〉 권4 義解 제5 圓光西學: 光曰, 佛教有菩薩戒其別有十. 若等爲人臣子恐不能堪. 今有世俗五戒, 一曰事君以忠, 二曰事親以孝, 三曰交友有信, 四曰臨戰無退, 五曰殺生有擇. 若行之無忽……此是世俗之善戒也. 참조.

데, 후세에 수두 선배에 관한 기록이 없어져서 고신도를 알 길이 없다"[7]고 했다.

이종익은 〈후한서〉 기타(其他)의 기록을 참조하여 "부여의 「영고(迎鼓), 고구려의 동명(東明), 예(濊)의 무천(舞天)은 곧 무축 및 제신의 행사이자, 당시 신도의 명칭이었다."라고 하고 다시 그는 또 "단재 선생의 설과 같이 조선의 고신도로서 고구려·백제에 수두교가 성립되었다고 한다면 신라에서는 '부루도(=風流道)'가 있었다"[8]고 했다.

2) 신라의 풍류도

송항룡은 풍류도는 고신도를 모태로 하고 유불선 삼교를 포섭하여 군생(群生)에 접하여 교화하는 데 목적이 있는 것이므로, 엄밀히 말해 현대적 관점에서 보면 단일종교도 아니고 통합종교도 아닌, "고신도 사상에 의한 대화해(大和諧) 정신이요, 단순한 신도·선도 사상에서 벗어난 사회사상으로서의 철학체계요, 종교적 신념"과 같은 것이라 하였다.

3. 신라사회와 원효

신라는 〈삼국사기〉를 제외하면 경주일대를 중심으로 〈삼국지 위지 동이전〉에 진한의 소국 중 하나인 사로국이라는 이름으로 처음 등장한다. 초기의 신라는 급량부(及梁部), 사량부(沙梁部), 모량부(牟梁部), 본피부(本彼部), 한기부(韓岐部), 습비부(習比部)라는 여섯 부족이 모여 혁거세를 추대함으로써 성립되었다. 이 중 습비부(習比部)가 원효의 가계로 지금의 경상북도 자인면 북쪽 밤골 인근에 있었다. 그리고 원효는 617년에 이 곳에서 태어난다.

박혁거세부터 8대 아달라 이사금까지는 대부분 박씨가, 9대 벌휴 이사금

7) 신채호, 〈조선상고사〉, (서울, 종로서원, 1955). 참조.
8) 이종익, 앞의 책, p.471.

부터 16대 흘해 이사금까지는 대부분 석씨가 계승하였다. 신라는 처음에는 왕을 정점으로 6부의 연맹체의 성격을 띠었지만 4세기 중반 내물왕을 지나면서 김씨 중심의 중앙집권적 정치체제로 변모하기 시작했고 6세기 초에 이르면 중앙집권제가 거의 완성된 것으로 볼 수 있다.

그리고 6,7세기를 지나는 동안 6부 연맹체는 골품제에 의해 완전히 무너지고 내물왕계 김씨들은 골품제의 상층부인 진골과 성골의 신분을 갖게 되고 6부촌장들의 후손 중 제사장급 집안사람들이라야 6두품에 편입될 수 있었는데 6두품 신분으로서의 소년으로서는 화랑이 될 수 없었고 사회에서는 아무리 높이 올라가도 장, 차관직에 이를 수 없었다. 원광, 원효, 최치원 등이 다 이 같았다. 원효의 가계도 조부 적대공으로부터 풍류도의 제사장 신분을 빼앗기고 6두품으로 강등되었으며, 원효의 아버지는 군인으로 고구려와의 전선에서 이름 없는 장수로 죽었다. 신라 풍류도의 제사장신분에서 6두품으로 강등된 대부분의 지식인들은 이러한 현실에 대한 불만을 품고 있었으며(圓光, 大安, 元曉, 孤雲 등) 이는 그들의 행동이나 사상 속에서 지속적으로 표현되었음을 볼 수 있다.

4. 풍류도와 원효

1) 가계를 통해 본 원효와 풍류도의 관계

원효(617~686)의 먼 선조는 신라 개국 당시 진한(秦韓) '사로6촌' 중의 하나인 경주 명활산 고야촌(경북 월성군 천북면 일대)의 촌장 호진으로 다른 촌장들과 함께 하늘에서 내려온 혁거세를 임금으로 받들어 섬겼다. 서기 9년(瑠璃王 9년) 고야촌이 사성(賜姓)되어 호진 대신 설거백(薛居伯)으로 호칭된다. '설(薛)' 이란 글자는 쑥이란 의미가 있는 것으로 보아 단군설화의 '쑥' 이니 '마늘' 이니 하는 것과 어떤 연관을 가질 수도 있고, 명활산 고야촌에 쑥이 많이 있어서 그 성씨를 얻었을 수도 있다.

원효의 조부는 일명 '적대공(赤大公)' 이었는데 '적대' 란 말은 '밝한' 이니 투르크족의 'parkan' 과 음이 유사하고 이 두 말이 다 광명이나 광명을 숭상하는 제사장의 의미가 있다. 적대공 역시 우리말로 '밝안公' 이니 밝도의 제사장을 의미한다고 할 수 있다. 그런데 설씨 집안의 제사장의 전통은 딱 거기까지인 것을 알 수 있다. 이 당시 이미 불교가 신라의 국교가 되었고 국가종교로서의 '밝도(=風流道)' 가 폐기되었다는 것을 알 수 있다. 원효대사 조부의 또 다른 이름 '잉피공(仍皮公)' 인데 그 말에 세습적 지위를 그만두었다는 뜻이 들어 있기 때문이다.

그리고 원효의 부친은 6두품으로 내마(奈痲, 11관등에 해당, 6두품으로서 오를 수 있는 최고관등은 6등 아찬이었다.) 설담날(薛談捺)로 고구려와의 전쟁에 출전했다가 원효가 12살 때 세상을 떠나고 조부는 원효가 17세 되던 해에 세상을 떠난다.

2) 집터로 본 원효와 풍류도의 관계

원효는 지금의 경상북도 경산시 자인면 소재의 발지촌(發智村, 또 다른 이름 佛地村, 佛等乙村)에서 태어났다. '발지촌' 이란 배달(倍達)이란 말과 같이 '밝달' 곧 광명성지(光明聖地)란 뜻이다.[9] 이 또한 원효가 세습적 '밝도' 제사장의 후예라는 점을 뜻한다.

3) 소년시절 이름 서당(誓幢)으로 본 원효

원효의 어릴 적 이름에 서당(誓幢) 또는 신당(新幢)이란 이름이 있다. 서당은 기존의 중앙군 조직인 6정(停)과는 달리 귀족 출신의 무장이 개인적으로 군대를 가려 뽑은 소모병(召募兵)의 성격을 띤 군대였다. 원효의 소년시절에

9) 여기서 불지(佛地)의 불은 불교적 의미가 아니라 풍류도에서 광명을 의미하는 불, 밝, 벌의 한자어 음역이며, '地' 는 응달(=陰地), 양달(=陽地)이라는 우리말 '달(=地)' 의 한자어 표기이고, '智' 역시 땅을 의미하는 '地' 의 오기이다. 그리고 '等乙' 은 '달' 을 표기하기 위한 반차이다. 설거백(薛居伯)의 '거백(居伯)' 도 '밝으로 거느린다' 의 제정일치사회의 '밝' 도(道= 곧 밝(=風流)도(道)의 군장중의 1인 이라는 뜻으로 볼 수 있으며, 명활산(明活山)의 '명활(明活)' 도 '밝알 산' 곧 광명을 의미한다.

는 녹금서당(綠衿誓幢) 하나만 있었으므로 그의 이름을 서당이라 한 것은 아마 그 부대에 속해 있었음을 뜻한다. 이 당시 신라가 고구려, 백제와의 전쟁에 급속하게 휩쓸려 들어가면서 6두품의 자제들도 별 수 없이 확대된 군제에 편성되었는데 골품제가 강화되어 가던 당시 6두품 신분으로는 진골 신분과는 달리능력에 맞는 지위를 기대할 수 없었던 데 대한 불만으로 원효는 많은 재산을 헌납하고 군인의 신분에서 벗어나 출가의 길로 갈 수 있었다.

5. 원효와 불교

1) 묵호자(墨胡子=阿道)가 처음 불교를 전하다.

고구려와 백제에는 별다른 저항이 없이 불교가 받아들여졌지만, 반도의 동남쪽에 자리 잡아 대륙과의 소통도 없고 문화적으로 뒤떨어진 신라에는 백제보다 수십 년 늦게 불교가 전해졌다고 할 수 있다. 그 외에도 신라는 풍류도라는 종교가 확고히 국교로 자리하고 있었기 때문에 포교가 늦어졌으리라고 볼 수 있는 측면이 있다.

2) 천경림(天鏡林)이 풍류도와 불교의 각축장이 되다.

아도가 천경림에 절을 짓기 원하다.

이차19대 눌지왕(訥祗王, 재위 417~458) 때 묵호자(墨胡子)란 승려가 고구려를 거쳐 와서 선산 모례(毛禮)의 집에 머물면서 불교를 선양했다는 설이 일반적이다. 다만 민간의 승려가 공식적인 통로를 거치지 않고 포교를 했다는 점이 고구려와 백제의 경우와 달랐다고 할 수 있다. 불교의 포교 과정에서 토착종교인 풍류도와의 오랜 마찰이 있었다. 아도가 의술을 배우고 중이 되어 신라에 포교할 결심을 하고 경주에 와서 살았는데 마침 미추왕의 딸 성국공주의 병을 고쳐준 대가로 천경림에 절을 지을 수 있도록 허락해 주기를 바랐으나 거절되기도 했다.[10] 거기는 성내에 있는 풍류도 7 소도(蘇塗) 중 하나가 있는 곳이었기 때문이었다.(이기백, 1978)

이차돈이 천경림을 훼손하다.

법흥왕 14년 이차돈(506~527) 또한 이를 왕에게 요구하여 순교를 통하여 관철시켰다. 이차돈은 어려서부터 나라가 불교를 신봉한지 오래되었으나 국법으로 허용되지 않음을 한탄하였다. 마침 법흥왕도 불력(佛力)에 의해 외교력을 끌어올리고자 했으나 신하들의 반대로 공인할 수가 없었는데 이차돈이 순교를 각오로 절을 짓고자 한다 하고 천경림의 숲을 훼손하니 대신들이 분노하여 그를 죽이는 대신 불교를 공인받게 허용하였다.

지금의 경북 경주시 사정동 285-6번지에 있는 천경림 흥륜사지

〈도리사 아도화상(阿道和尙) 사적비〉에 천경림이 신라에서 비보(裨補)로 전해진 곳이라고 했으므로 이곳이 천신(天神)에 대한 숭배가 이루어졌음을 확인할 수 있다.[11] 대흥사(大興寺)는 법흥왕(法興王) 정미(丁未)에 짓기 기공하고 을묘(乙卯)(553)에 크게 공사를 벌여 진흥왕(眞興王) 때 마쳤다.

3) 신라의 불교수용 계기

신라에 불교가 국교로 수용되게 된 계기는 순전히 고구려, 백제와의 갈등관계 때문이었다. 신라는 고구려와 백제의 국경선 압박이 심해지자 외세를

10) 삼국유사』 권3 홍법3 阿道基羅 참조.

11) 최광식, 2007, 『한국 고대의 토착신앙과 불교』, 고려대학교 출판부. 관련원문 및 해석(『삼국유사』 권3 홍법3 阿道基羅). p.

끌어들여 이를 해결하고자 했다. 이리하여 스님들을 중국에 보내고 원광법사가 수문제에게 걸사표를 쓴 경우가 그 대표적이다. 불교를 국교로 끌어들이기 위해 이차돈은 순교까지 감행하였다.

원효는 신라에 불교가 수용된 지 200여 년, 공인된 지 90년 만에 태어났는데 원효가 태어났을 때는 그의 조부가 마지막 발곤(parkan, 八關)으로 그의 부친 때부터는 신분이 완전히 6두품 군직으로 바뀐 후였다.

4) 원효의 스승과 도반

불교적 교학의 성격이 본래 그러하기도 하지만 자질이 탁월한 원효에게 대단한 깨달음을 줄만한 스승이 있을 수 없었다. 다만 낭지(朗智)에게서 〈묘법연화경〉을 듣고, 혜공(惠空)에게서 경소(經疏)에 관한 지식을 배웠으며 완산주에 머물면서 고구려의 승려 보덕(普德)에게서 〈열반경(涅槃經)〉과 〈유마경(維摩經)〉 등을 배웠다는 기록이 있다. 특히 대안대사를 만난 것은 그에게 큰 행운이었다. 대안대사는 6두품 출신으로 당나라 유학까지 하고 돌아온 승려로 원효의 실질적인 스승이었다고 볼 수 있다.

원효의 『법화종요』는 『법화경』의 근본사상이 바로 '삼승(三乘)이 일승(一乘)으로 돌아가는 데 있다' 는 것을 밝힌 책이다. 부처의 가르침은 사람들의 자질이나 능력에 따라 성문승(聲聞乘; 불제자의 탈것), 연각승(緣覺乘;혼자서 깨달은 자의 탈것), 보살승(菩薩乘; 大乘求道者의 탈것) 등 삼승으로 나누어져 있는데, 이 삼승은 일승 쪽으로 이끌기 위한 방편에 지나지 않고, 궁극적으로는 모두 진실한 일승으로 귀착한다는 것이다.

〈열반경〉의 요지는 '모든 현상은 한시도 고정됨이 없이 변하는 것이 곧 생하고 멸하는 생멸의 법이니 생멸에 집착함을 놓으면 곧 고요한 열반의 경지에 이른다' 는 것이다.(諸行無常 是生滅法 生滅滅已 寂滅爲樂 참조)

〈유마경〉에서는 거사는 '중생의 고통은 보살도 앓게 한다' 고 말한다. 불전에 보이는 재가신자 곧 거사(居士)이다. 북 인도 바이샤리의 부호였으나, 대승 불교의 묘리인 공 반야(空 · 般若)에 통해, 그 방장(方丈)을 찾는 자는 불제자까지도 가책 받고, 지혜 제일의 사리불(舍利弗)조차 그의 상대가 될 수 없었다 한다. 마치 파계 후의 원효가 그러했으리라 여겨진다. 경의 이야기는 다음과 같다.

"문수보살이 부처님의 분부를 받들고 유마힐을 문병하기 위해 여러 사람들과 함께 바이샤리로 갔다. 그때 유마힐은 문수보살 일행이 오는 것을 알고 방안에 모든 가구를 치우고 시중드는 사람들까지 내보내고는 홀로 침상 위에 누워서 앓고 있었다. 문수보살이 들어서자 유마힐이 말했다.

"어서 오십시요. 문수보살님, 옴이 없이 오셨고, 봄이 없이 보십니다."

"그렇습니다. 거사님, 내가 왔다 해도 온 것이 아니며, 간다 해도 가는 것이 아닙니다. …병환은 좀 어떠십니까? 부처님께서도 안부를 전하셨습니다. 병은 어째서 생겼으며 얼마나 오래 되었으며, 어떻게 하면 나으시겠습니까?" 유마힐이 대답했다. "내 병은 무명으로부터 애착이 일어나서 생긴 것입니다. 모든 중생이 앓고 있으므로 나도 이렇게 앓고 있는 것입니다."

이 설은 대승의 세계는 조금도 차별 없는 절대 평등의 세계, 둘로 나눌 수 없는 경지이며 진정한 불국토는 오직 한 점 더러움 없는 마음으로만 볼 수 있다는 가르침이다.

5) 당성에서 깨달음을 얻다.

650년 의상(義湘)과 함께 현장(玄奘)이 인도에서 새로 들여온 신유식학(新唯識學)을 배우기 위해 당(唐)으로 가다가 붙들려서 돌아오고, 다시 661년(文武王 원년)에 다시 의상과 함께 당 나라로 떠나려 하였으나, 당항성(唐項城, 지금의 경기도 화성시 서신면 구봉산일대의 1,2km의 산성) 인근 백곡리 백제고분에서 해골물을 마시고 대오(大悟)한 후 가던 길을 멈추고 되돌아온다. 이 때 다음과 같이 읊었다고 한다. '이 세상의 온갖 현상은 모두 마음에서 일어나며, 모든 법은 오직 인식일 뿐이다. 마음 밖에 법이 없는데, 어찌 따로 구할 필요가 있겠는가?(心生卽, 種種法生. 心滅卽, 龕墳不二. 三界唯心, 萬法唯識. 心外無法, 胡用別求.: 출전 〈宋高僧傳〉 元曉大師의 悟

道詩)'

6) 원효의 파계(이광수의 소설 〈원효대사〉에서)

김춘추가 왕위(시호 武烈王)에 오른 후 과부였던 춘추의 딸 요석 공주는 원효에게 사랑을 고백한다. 요석공주를 사모하는 마음과 승려의 신분 사이에서 많은 갈등을 겪던 원효의 마음을 꿰뚫어 본 대안은 다음과 같이 말한다. "진리는 마음 따로 몸 따로 가는 것이 아니다. 요석이 꾀거든 하루 밤을 보내면서 목탁을 쳐 주거라 그리고 그걸 뛰어 넘어라."

다음날 원효는 "누가 내게 자루 없는 도끼를 빌려 주겠는가? 내 하늘을 고일칠 기둥을 깎으리라."(誰許沒柯斧 我斫支天柱)라는 노래를 지어 부르며 저자 거리를 돌아다닌다.

원효가 자신의 사랑을 받아들인 줄로 안 요석공주가 원효를 요석궁으로 모셔서 사흘을 동거한다. 이로 인해 원효는 승적을 벗게 되고 공주는 설총을 낳는다. 그러나 이는 불교 쪽에서 보자면 파계이겠으나 풍류도의 입장에서 보면 전혀 파계가 아니다.

7) 원효는 스님(=僧)이 아닌 거사(居士)였다.

당나라 유학길에서 되돌아온 원효대사는 요석(瑤石)공주와의 일이 있은 후에도 분황사(芬皇寺) 등에 머무르며 불경의 연구나 저술활동에 힘쓰기도 했으나 승복을 벗고는 다시 입지 않았으므로 신분은 분명히 거사(居士)였다. 또 스스로도 요석공주(瑤石公主)와의 사이에서 설총(薛聰)을 낳은 뒤에는 스스로 소성거사(小性居士), 복성거사(卜性居士)로 차처하면서 서민 속으로 들어가 불교의 대중화에 힘썼다. 광대들이 가지고 노는 큰 박으로 도구를 만들어 무애행(無碍行)에 전념하였다. 그는 사람들에게 본래의 마음을 깨달으면 정토(淨土)를 이룰 수 있으며, 입으로 부처의 이름을 외고 귀로 부처의 가르침을 듣는 것만으로도 성불할 수 있다고 가르쳤다. 이러한 원효의 활동으로 신라의 백성들은 모두 부처의 이름을 알고 '나무아미타불' 의 염불을 외우게 되었다고 전해진다.

6. 원효사상의 핵심

1) 일심(一心) 사상

'일심(一心)' 은 원효 사상의 밑바탕을 이루고 있다. 원효는 인간은 누구나 불성을 가지고 있으며, 이러한 마음의 근원을 회복하면 누구나 부처가 될 수 있다고 하였다. 이 마음의 근원이 바로 '일심(一心)' 이다. 원효에 따르면 일심은 모든 법(法), 즉 모든 존재와 현상의 근거이며, 일심이 구현된 세계가 바로 정토(淨土)이다. 일심은 평등하고 무차별하며, 일심에서 보면 진여(眞如)와 생멸(生滅)이 다르지 않다. 따라서 마음의 근원을 회복한다는 것은 일체의 차별을 없애고, 만물이 평등하다는 것을 깨우치고, 차별 없이 사랑하는 자비의 마음을 얻는 것이다. "이와 같이 마음을 다스리는 중생은 반드시 큰 깨달음을 이룰 수 있다."(〈涅槃經宗要〉 참조)

2) 화쟁(和諍) 사상

원효는 어느 한 종파에 치우치지 않고 〈화엄경〉, 〈반야경〉, 〈열반경〉, 〈해심밀경〉, 〈아미타경〉 등 대승불교 경전 전체를 섭렵하고 통효(通曉)하여 전체 불교를 하나의 진리로 회납하여 자기 분열이 없는 보다 높은 입장의 사상체계를 확립했다. 이러한 그의 조화사상을 화쟁사상(和諍思想)이라고 한다. 〈십문화쟁론(十門和諍論)〉은 바로 이러한 화쟁사상을 단적으로 보여주는 그의 핵심적인 저술이다. 그는 여러 이설(異說)을 십문으로 모아 정리하고 회통함으로써 일승불교(一乘佛敎)의 건설을 위한 논리적 근거를 제시하였다.

3) 무애(無碍) 사상

신라의 승려인 원효(元曉, 617~686)는 어느 한 종파에 치우치지 않고

《화엄경》·《열반경》·《반야경》·《심밀경》·《미타경》·《능가경》 등 대승 불교 경전 전체를 섭렵하여 그 뜻을 깨우쳤다.

이러한 깨우침을 바탕으로 원효는 불교의 가르침 전체를 한 가지 이치에 귀납하고 종합정리하여 내적 분열이 없는 보다 높은 입장에서 불교 사상 체계를 세웠다. 이러한 그의 조화적인 불교 사상을 화쟁(和諍) 사상이라고 한다. 원효의 저서인 〈십문화쟁론(十門和爭論)〉은 이러한 화쟁 사상을 잘 보여주는 그의 핵심적인 저술이다. 원효는 〈십문화쟁론〉에서 여러 다른 불교 교의를 10문(十門)으로 모아 정리하고 회통(會通)함으로써 일승불교(一乘佛敎)의 건설을 위한 논리적 근거를 제시했다. 원효의 이와 같은 통불교적 귀일사상은 한국 불교에 커다란 영향을 끼쳤다.

4) 당성(唐城)[12]

화성시 서신면 구봉산에 위치한 석축 산성인 당성(唐城)은 수년 째 역사고고학적 발굴로 뜨거웠다. 당성에 대한 역사고고학적 관심은 당성이 삼국시대 신라가 서해를 통하여 당과 교역할 수 있도록 개발했던 유일의 해문(海門)이기도 했고, 신라의 수도였던 경주에서 육로로 700리를 와서 배를 타고 등주(登州, 지금의 산동성 봉래시)에 도착한 후 중국 등주에 도착하여 육로로 다시 청도 → 양주 → 소주 → 항주 → 선성 구화산 → 서주 → 개봉 → 정주 → 낙양 → 서안에 이르기까지 실크로드 옛길 약 4천km의 출발점이라는 의미 때문이다. 비단길을 통한 교역은 거기가 끝이 아니었다. 다시 시안을 출발해서 한참을 더 가서 지중해를 건너 이집트의 알렉산드리아[13]

12) 당성은 둘레 1,200m로, 당항성(唐項城)이라고도 한다. 1971년 사적 제217호로 지정되었다. 테뫼형(山頂式)과 포곡형(包谷形)을 결합한 복합식으로, 현재 동문 · 남문 · 북문의 터와 우물터, 건물지가 남아 있다. 원래 백제의 영역에 속하였던 지역이었는데, 한때 고구려가 점령하여 이 지역을 당성군이라는 지명을 붙이기도 하였다. 백제시대에 테뫼형 산성이 축조된 후 신라가 이 지역을 점령하였을 때, 백제의 영향을 받아 복합형 산성으로 축조한 것으로 추정되고 있다.

13) 알렉산더리아는 BC 331년 알렉산더대왕이 이집트로 원정갔을 때그의 명령으로 나일강 하구에 건설되게 된 도시로 나중에 프톨레마이오스왕조가 다스리는 이으로서 발전하였다.

까지 가서 멈추게 된다.

신라는 당성지역을 손에 넣음으로써 당과의 통교를 위한 해로를 확보할 수 있었고, 고구려와 백제 간의 협력을 차단시키는 등 그 군사적, 외교적, 경제적 이익이 막대하였다.

경기도 화성시 서신면 상안리 구봉산(九峰山) 위에 있는 삼국시대의 석축산성. 둘레 1,200m로, 당항성(黨項城)이라고도 한다. 1971년 사적 제217호로 지정되었다. 테뫼형(山頂式)과 포곡형(包谷形)을 결합한 복합식으로, 현재 동문 · 남문 · 북문의 터와 우물터, 건물지가 남아 있다.

당성과 주변지역 발굴에 대한 학자들의 관심이 역사고고학적 의의를 밝히는 데 있었다면, 지난 2012년부터 2027년까지 15년에 걸쳐 기본계획을 수립하고 지금까지 국내외 학술자료 조사와 1 · 2차에 걸친 당성의 발굴과 복원, 학술세미나 등을 개최해 온 화성시의 관심은 화성시 문화의 새 아이콘을 확보하려는 데 있었다고 할 수 있다.

그러나 당성의 발굴로서는 무언가 부족하여 다시 주변에 있었을 바다의 관문으로서의 해문(海門, 화성시 마도면 해문리) 탐사를 계획하게 되었다.

5) 해문(海門)

당성이 있는 구봉산과 마도면 사무소가 있는 슬항리 사이에는 과거에 바다였던 해문 1리와 해문 2리가 있다. 이곳에 '해문(海門)' 이라는 이름의 행정구역 명칭이 있다는 것은 옛날에 서해바다로 나아가는 바다의 관문으로서의 항구가 있었다는 방증(傍證)이다. 다만 그 경우 당성을 주 관청으로 하면서 선착장으로서의 기능만을 가졌던 '해문' 이었는지 아니면 당성과는 독립된 별개의 행정부서를 가진 항구도시였는지는 더 연구할 필요가 있다고 할 수 있다. 어쨌든 해문이 단순히 고깃배들이 드나드는 항구가 아닌 중국 등 외국으로 나아가는 국경선의 역할을 했던 항구였던 것은 분명했기 때문에 당시 바다를 통해서 신라로 들어오거나 나가는 수많은 상인들, 외교관들, 승려들, 유학생들은 반드시 이곳의 검색대를 통과해야만 출입할 수 있었을 것이다.

원효가 의상과 함께 당나라로 떠나는 배를 타기 위해 기다리던 과정에서 백곡리의 고분에서 잠을 자다가 해골에 고인 물을 마신 후 득도를 하고 혼자 경주로 되돌아간 사실만으로도 바다로 난 관문이었던 '해문'의 존재는 너무나 의미가 깊다. 그러나 원효뿐 아니라 원효 이전이나 이후에도 불교승려들이 불법(佛法)을 구하러 반드시 드나들던 곳이 해문이었다. 오늘날 우리에게도 널리 알려진 의상(義湘), 신라불국토설의 창시자 안홍(安弘)[14], 불국토설의 완성자 자장(慈藏)[15], 지장보살 김교각(金喬覺)[16] 등이 모두 해문을 통해 드나들었다. 불교승려들 뿐만 아니라 유교를 배우거나 도교를 배우기 위해, 당에서 벼슬을 하기 위해, 돈을 벌기 위해 바다로 나갔던 신라인들이 대부분 해문을 거쳐 오고갔다. 그들 중에 최치원이나 김운경, 최광유 등 수·당의 과거시험에 합격한 이들만 89명이었다.(《增補文獻備考》, 選擧考1 참고)

해문항을 통해서 드나드는 것은 사람만이 아니었다. 해문을 통해 오가는 사람들의 행낭(行囊) 속에는 멀리는 아프리카, 중동, 로마제국으로부터 금

---

14) 밀교승이던 안홍(安弘)은 불국토설의 창시자로서 선덕여왕 때 경주의 첨성대와 분황사 및 황룡사 3층탑을 세운 것으로 유명하다. 그는 선덕여왕의 통치를 비난하는 세력들을 제압하기 위해 선덕여왕이 도리천에서 내려온 신성한 혈통의 성녀(聖女)라 하여 '성조황고(聖祖皇姑)'라는 존호를 부여하기도 했다.

15) 자장율사(慈藏律師)는 진골(眞骨) 출신으로 중국유학을 한 후 귀국하여 대중 교화운동을 벌였다. 그는 신라 불국토(佛國土) 사상의 신봉자이자 완성자이기도 하다. 신라는 진덕여왕 때 중국의 의관(衣冠)에 당나라의 연호를 사용했던 것은 자장율사의 권유에 의한 것이었다.

16) 신라 제33대 왕인 성덕왕의 첫째 아들로, 어린 나이에 왕실의 권력 다툼에 염증을 느끼고 당나라로 건너가 득도한 후 구화산(九華山)에 자리를 잡고 사람들을 구제하고 불법을 베풀다가 794년 입적했는데 사후에는 지장보살로 추존되었다.

은보석, 비단, 모직물과 면직물, 상아, 호박, 거울, 청동기, 9세기 신라 고분군에서 출토된 로만글라스(Roman glass) 등과 같은 귀중품이 오갔다. 행낭 속에는 우리가 익히 알고 있는 유교, 불교, 도교와 관련된 온갖 서적과 종교적 물품들도 대량 반입이 이루어졌다. 이는 변방의 소국에 불과했던 신라가 삼국통일의 대업을 이룩하고 석가탑, 다보탑, 황룡사 9층탑, 에밀레종 등을 창출한 문화대국으로 성장하는 계기가 되었다. 또 지금 대부분의 현대인에게는 생소하게 들릴 수도 있지만 당나라 초기에 유행했던 '네스토리우스파 기독교(=景敎)' 승려나, 배화교 문서와 포교사들도 해문나루를 통해 신라로 묻어 들어오기도 했다.

이로 인해 해문항 광장이나 주변의 여관, 마구간에는 언제나 인마의 왕래로 부산했고 그들이 내는 소리로 시끄러웠다. 이런 이유 때문에 오늘날 문화도시로서의 화성의 이미지를 새로이 제고하려면 당성과 해문의 재건만큼 좋은 아이템이 없다.

당성과 해문은 이미 말했다시피 신라와 당을 오가던 무수한 사절들이 긴 시간을 유숙하면서 초조하게 해풍을 체크하던 곳이고, 유학생과 승려들의 애환이 묻어 있는 곳이며, 그들의 가족들, 하인들, 상인들 그리고 수많은 물자들, 여관들, 해문을 오가는 자들을 감시하던 군인들로 시끌벅적하던 곳이다. 그리고 해문을 통해서 바다 저편으로 나가면 거기는 신라관(新羅館)이니, 신라방(新羅坊)이니, 신라소(新羅所)니, 신라원(新羅院)이니 하는 곳이 기다리고 있었다. 오늘날의 화성시가 당성이나 해문을 고증해서 복원시키고 다시 그 이웃에 신라관, 신라소, 신라원을 옮

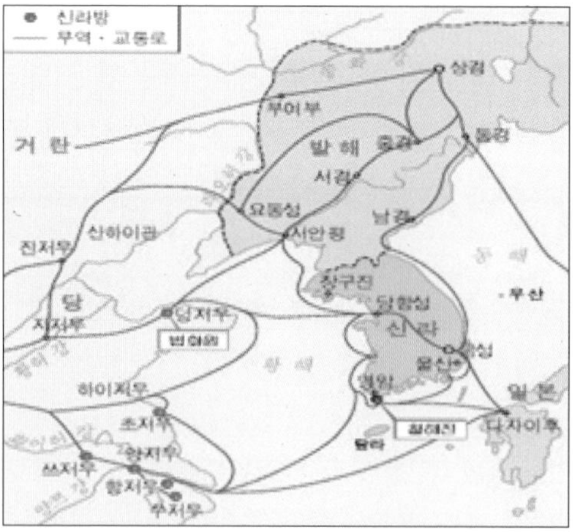

신라방과 신라 · 발해의 무역 · 교통로

겨와서 복원시킨다면 화성은 명실상부하게 역사성과 시대성을 함께 가지는 세계적 명소로 거듭날 수 있지 않을까?

그러나 이로써 아쉬움이 모두 해소될 수는 없다. 그것은 화성시가 아무리 당성과 해문발굴을 통해 옛 도시를 복원해 낸다 할지라도 과연 거기서 화성시의 미래적 가치를 담보해 낼 수 있을까 하는 의문이 남기 때문이다.

6) 원효(元曉)

그러나 실망할 필요는 없다. 바로 곁에 원효대사의 오도처(悟道處)로 유명한 백곡리 고분군이 산재해 있었기 때문이다. 백곡리 고분은 원효 대사의 오도처이고 거기서의 깨달음이 있었기 때문에 일심(一心), 화쟁(和諍), 무애(无碍) 같은 원효의 중심사상이 탄생할 수 있었고 또 세계불교사의 한 획을 그은 신라불교가 탄생한 것이다. 그렇다면 원효를 그토록 유명하게 하고 한국불교 1천6백년 찬란한 불교를 있게 한 원천인 원효의 일심사상, 무애사상, 화쟁사상 복원을 통해서 당성연구의 화룡점정(畵龍點睛)을 찍으면 어떨까?

물론 원효를 지금처럼 불교라는 유애(有碍)의 울타리 안에 가두고, 또는 고색창연한 내륙의 도시들로 원효에게서 무엇인가를 끄집어내라고 한다면

당성 백곡리 고분에서의 元曉와 義湘

당연히 한계가 있겠지만 첨단 산업도시로서의 엄청난 인프라를 가지고 있고 좁은 바다 넘어 무한한 잠재력을 가진 대륙과 마주하고 있는 우리 화성시라면 원효의 사상을 당성문화의 아이콘으로서 성장의 새로운 기제로서 그 가치를 충분히 활용할 수 있을 거라고 생각된다.

7) 새삼 원효를 말하는 이유

지금의 한국종교는 여전히 계율에 갇혀서 시대적 변화에 민감하지 못하다. 그 결과 종교는 어떠한 시대의 문제도 해결하지 못한다.

노조문제나 빈부문제, 정치적 갈등문제, 남북통일문제 등에서 완전히 뒷짐만 지고 지켜보고 있을 뿐이다.

사회 제 세력 간 이해의 충돌이 극에 달해도 종교는 더 이상 개입하지 못한다. 시대의 길을 밝히는 등불이 되기는커녕 어디 빛이라도 나타나게 되면 이단이 아닌가 하고 도끼눈을 뜨고 감시하는 것이 고작 종교가 하고 있는 일인 듯하다.

정치권뿐만 아니라 종교계조차 아무런 손도 쓰지 못하는 지경이 되자 착한 사람은 독선(獨善)에 빠지고 악한 사람은 종악(縱惡)에 빠진다. 가난한 사람은 가난한 데 빠져 비관하고, 부자는 혼자 독차지하려고 든다. 여성들은 왜곡된 여성성(女性性)으로 빠져들고 남성들은 그런 여성들을 적대시해서 바라보게 됨으로써 과거의 성범죄보다 해악이 더 크다. 그럼에도 불구하고 종교 또한 자체 내부의 균열도 다스릴 수 없을 만큼 무기력하다. '이게 나라냐?' 는 말이 그냥 나온 게 아니다.

우리의 단군탄생설화에는 원초적인 통합사상이 녹아있었다. '홍익인간(弘益人間, 재세이화(在世理化)' 의 결구(結句) 속에는 애니미즘(animism)과 토테미즘(totemism), 샤머니즘(shamanism)과 마나이즘(manaism), 천신숭배와 일신숭배를 폭넓게 수용하여 초기 우리 민족의 통합에 기여했었고, 원효는 또 이를 포함하고서 고유종교와 외래종교, 성과 속, 욕망과 비움, 종족과 종족을 아우르는 이념을 창안해서 신라가 삼국통일을 한 이후의 사회를 안정시켰다. 그러나 그 후 고려의 불교나 조선의 유교 그리고 지금의 자유민주주의에 이르기까지 어느 종교도 어느 사상도 원효의 사상을 능가하여 진정으로 사회의 안정을 가져온 사상도 없고 종교도 없었다. 조선성리학의 '사문난적(斯文亂賊)' 이니 '이단(異端)' 이니 '우상숭배(偶像崇拜)' 니 하여 다른 한편을 희생의 제물로 삼아 사회를 통제하려 함으로써 화합의 정신을 피폐하게 만드는 경우가 다반사였다. 우리가 원효성사를 새삼 치켜세우는 것은 바로 원효성사의 통합사상을, 이용하여 오랜 우리 사회의 원한과 살등의 문제를 치유하고 또 이를 이용하여 우리 사회와 세계의 밝은 미래를 견인할 방정식으로 활용할 충분한 가치가 있다고 보기 때문이다.

화성시도 전국의 어느 타시도보다 사회적 문화적 경제적으로 월등한 인프라를 가지고 있지만 그러한 시세(市勢)에 비해 전국적으로 감당하는 몫이 그다지 크지 않음을 느끼는 시민이 많다. 이는 화성을 이끌어가는 인사들의 역량과 관계가 있다. 지도층이 고만고만한 사람들로 채워지고 그 영향으로 공무원들이 매너리즘에 빠지게 된다면 화성시는 덩치에 비해 전국적으로 존경받는 도시가 되기는커녕 별로 하는 일 없이 좋은 차나 타고 다니면서 건들건들하는 팔자 좋은 사람과 무엇이 다르겠는가?

확신컨대 정조와 융, 건릉이란 문화코드가 화성으로 하여금 종전의 농촌도시로서의 촌티를 벗고 젠틀하고 똑똑한 이미지를 높여주는 데 기여했다면, 당성에서의 깨달음을 통해 대중을 향해 나아갔던 원효의 이미지는 첨단 산업도시 화성으로 하여금 한 단계 더 도약하는 이미지, 세계사에 우뚝 선 첨단산업도시이자 문화도시 화성의 이미지를 제고하는 데 기여할 것이다. 그리고 무엇보다 화성을 새로운 관광도시, 교육도시, 환경도시의 이미지를 높여주는 데 더없이 좋은 문화코드가 될 것이다.

李鈺의 『鳳城文餘』의 분석을 통한 현대문학적 조명

연구위원 _ 이 경 렬

I. 서론

李鈺이 살던 18세기 正祖 연간에는 조선 후기를 대표할 만한 燕巖 朴趾源과 茶山 丁若鏞이라는 거대한 문호들이 함께 활동하던 시대였다. 신분적, 사회적 위치로 보나 국가와 정책을 주제로 하는 거대한 담론을 펼치던 그들과 비교하면 李鈺은 신분이나 벼슬, 학문적 성과가 지극히 미약하고 거의 영향력이 없는 존재라 해도 무방하다.

이러한 李鈺이 현대에 이르러서 문학적으로 재조명되고 평가를 받는 까닭은 무엇인가. 여러 가지 요인이 있겠지만 아마도 그의 글에는 그 시대의 문학적 풍조와 어울리지 않는 "문학적 공간의 현장성과 일상성"이라고 감히 말하고 싶다. 李鈺의 문여(文餘), 전(傳), 이언(俚諺), 그리고 희곡인 『동상기(東床記)』에서나 『백운필(白雲筆)』에서 보이는 주제 또는 소재들이 燕巖이나 茶山이 보여주던 유교적 전통 가치 중심인, 그리고 사회에 영향을 주는 거대 담론이 아니기 때문이다. 다시 말해 시정세태(市情 世態)나 미세한 자연 현상 또는 자연물이 그의 눈에 포착이 되고 그의 감수성을 자극하는 지극히 '현대적' 감각의 작품을 남겼기 때문이다.

문학이 당시 사회를 반영하는 것은 문학으로서 가장 큰 기능 중에 하나이다. 한 작품이 그 시대의 개연성(蓋然性)을 획득할 때 문학으로서 가치가 있고 문학으로서 효용이 있는 것이다. 문학이 사회를 반영한다는 것은, 낱낱이 사실이 움직이는 큰 흐름을 구체적 세부를 통해 드러낸다는 것을 의미한다. 이 때 구체적 세부란 그 흐름의 구조적 축약으로서 이른바 전형이 된다. 좋은 문학이란 그런 의미에서 시대의 흐름을 잘 읽어내는 지점에서 나온다.[1]

유감스럽게도 李鈺은 燕巖이나 茶山처럼 큰 주목을 받지도 못하였고 그들이 쓴 글에 대한 연구만큼 李鈺의 글은 거의 연구되지 않았음을 부정할 수 없다. 18세기 조선 후기의 문학 양상은 소설이나 가사, 수필, 판소리 등

---

1) 신영명, 『고전문학 사회사의 연구』, 2005, 7쪽 요약.

에서 평민 위주의 작품이 대거 등장하기 시작했고, 비현실적이고 충, 효, 예에 한정된 유교중심문학의 굴레에서 서서히 벗어나는 변화 속에서도 李鈺은 여전히 주목을 받지 못하였다.

李鈺은 부(賦), 서(書), 서(序), 발(跋), 기(記), 논(論), 설(說), 문여(文餘), 傳(全), 이언(俚諺), 희곡(戲曲) 등 다양한 업적을 남겼음에도 불구하고 그의 작품은 거의 알려지지도 않았다.

더구나 李鈺의 평민적이고 일상에 바탕을 둔 많은 작품들은 주목을 받지 못하면서, "文體反正" 이란 정조의 혹독한 정책으로 인하여 더욱더 소외당하였다. 그나마 작품들이 흔적도 없이 사라질 뻔하다가 친구인 김려(金鑢)의 『담정총서』[2]에 의해서 가까스로 전해지는 위기를 겪게 되기도 한다.

본고는 李鈺이 살던 시대상황에서, 당시의 문학 풍토 속에서 반시대적이라 할 수 있는 일상적이고 현실감이 있는 시점(時點)으로 글을 쓸 수 있었던 점과 "성리학적 사유체계를 부정하고 개인의 구체적 경험과 인식을 중시한다"[3]는 근대적 문학관(文學觀)을 갖게 된 단초와, 고립 또는 소외된 환경에서도 끊임없이 자신만의 문학적 성과를 이룩한 점에 주목하고자 한다.[4]

뒤늦게 알려진 만큼 학계의 주목을 받게 된 것도 근래의 일이며, 다른 고문들과 비교하였을 때 신선하고 이속적(俚俗的)인 느낌으로 다가오기에 충분하고, 근대 혹은 현대적 문학요소를 함유하고 있다는 가설 아래 더욱 연구할 가치가 있다 하겠다.

---

2) 김려(金鑢)는 성균관 유생으로서 이옥과 친하게 지내던 사람이다. 신유사옥으로 유배생활도 하였으나 해배 후 연산현감과 함양군수를 지냈다. 문집으로 『담정유고』가 있는데 이는 자신을 비롯한 16인의 글이 실려 있고 그 가운데 이옥의 유고 11편을 편집 수록하고 그 제후(題後)를 써서 전한다. 또한 이옥의 사후 아들 이우태가 부친의 유고를 김려에게 들고 와서 교정을 부탁했다고도 한다.

3) 신익철, 「이옥 문학의 일상성과 사물 인식」 논문, 한국실학학회, 2007, 3쪽.

4) 여기에서 고립과 소외란, 정조의 문체반정 정책으로 인한 편적, 충군의 시련을 겪으며 친구와 동문수학하던 성균관 유생들로부터의 격리로 사실상 이옥은 낙향자로서, 친구가 없는 유배자로서의 세월을 보내게 된다. 이옥의 글은 장르와 관계없이 자기 주관을 극도로 삼가고 담담히, 객관적으로 쓰려고 하여 어떤 주관적인 생각이나 판단이 보이질 않는다. 『鳳城文餘』에서는 〈追記南征始末〉이 대표적이다.

아쉬운 점은 李鈺의 〈傳〉, 〈俚諺〉의 연구는 많으나 〈文餘〉에 대한 연구는 비교적 소홀하기 때문에 〈文餘〉를 연구 대상으로 하여 〈文餘〉에 나타난 현대문학적 요소를 분석하고 조명하는 데 의의를 두고자 한다.

II. 예비적 고찰

1. 李鈺의 생애

李鈺의 생애에 대해선 그동안 많은 조사와 연구가 되어 있고 여러 문헌에도 자세히 소개되었는 바, 본고에서는 작품을 쓰는 데 연관이 있거나 영향을 받은 부분을 염두에 두고 간략히 정리해 보고자 한다.[5]

李鈺은 1760년에 진사 李常五와 南陽 洪씨 사이에서 태어났는데, 경기도 남양의 매화동에서 태어났지만 주로 서울에서 생활했으며 비교적 부유하였다. 고조부 이기축(李起築)은 인조반정의 공으로 승적(承嫡)되었으나 원래 얼자(孼子)였음이 기록되어 있다. 이기축 이후 아버지 이상오와 李鈺만이 과거에 합격하였을 뿐으로 관료생활을 한 적이 없는 것과 李鈺의 일생을 보면 한미한 가문에 대한 심각한 콤플렉스가 있었을 것이라 추측된다.

그의 자(字)는 기상(其相)이고 호는 문무자(文無子), 매사(梅史), 경금자(絅錦子), 화석자(花石子), 청화외사(青華外史), 매화외사(梅華外史), 도화유수관주인((桃花流水館主人), 탕치농(宕癡儂) 등이다.

20세에 서출 출신의 정씨와 결혼하였으며 아들 우태(友泰)와 딸 넷을 두었다. 훗날 아들 우태는 아버지의 유고(遺稿)를 들고 李鈺의 친구인 김려(金鑢)를 찾아간다. 22세 때부터 글을 짓는 기록이 나오며 1790년(정조 14년) 31세가 되던 해에 생원에 급제했고, 그 후 몇 년 간 성균관 유생으로 서

5) 화성시(2012), 『이옥 문학 세계의 종합적 고찰』에서 pp.28~42의 이옥 연보를 참조하였고 실시학사 고전문학연구회(2009), 『완역 이옥 전집 2』에서 pp.10~13의 이옥의 생애를 참조하였음.

울에서 거주하였다.

33세 때 그는 응제순어(應題旬語)에 패관문체를 사용하였는데, 여타 선비들도 이 문체를 답습하는 유행이 번졌다. 이에 정조는 성균관 선비들의 일과로 사륙문 50수를 채우게 하여 패관 문체를 바꾼 후 과거에 나아가도록 명하였다. 이후 김려(金鑢), 강이천(姜彝天), 김선(金璿) 등과 어울리며 북한산, 호서지방 일대를 유람하며 글을 썼다.

36세에 성균관 유생으로 영란제(임금의 행차 시에 시행되는 백일장)에 응하였는데 임금께서 그 문체가 괴이하다 하여 정거(停擧 : 조선시대에 일정 기간 과거(科擧)에 응시할 자격을 박탈하던 일)를 명하였다가 곧 개명하여 충군(充軍 : 죄를 범한 자를 억지로 군역(軍役)에 복무시키는 제도)하게 되었다.

정조의 문체반정(文體反正)에 따른 정책적 조치였는데 李鈺은 여전히 자신의 문체를 고치지 않아, 충청도 정산현(지금의 충천남도 청양) 군적에 편입되었다. 곧 돌아와 그 해 9월 다시 과거에 응하도록 하였는데, 문체의 경박함이 더욱 심해졌다고 하여 다시 영남 삼가현(지금의 합천군 삼가면)으로 이적되어 충군하였으나 3일 동안 그곳에 머물렀다가 돌아왔다. 그 사연의 일부를 추기남정시말(追記南征始末)에서 볼 수 있으며 그 글은 『鳳城文餘』 67편 중 해배되어 돌아와서 쓴 문여의 하나이다.

37세 2월에 그는 별시 초시에서 수석을 차지하였으나, 아직도 문체가 어긋남이 있다 하여 방의 끝자리로 강등되었다. 3월에 남양 집으로 낙향하였고 5월에 부친상을 당했다.

38세 봄에 충군에 대한 정소를 하지 않았던 것 때문에 삼가로부터 소환을 받았는데, 그때야 형부, 병부, 예부에 소를 올렸지만 허락을 받지 못했다. 41세가 되던 해인 2월 18일에 서울로 돌아왔으니, 삼가현에 머물렀던 기간은 1799년 10월 18일부터 만 118일 동안이었다. 이 해 5월, 삼가현에 있을 때 지은 글에 소서(小敍)를 붙여 『봉성필(鳳城筆』을 탈고하는데 李鈺이 죽은 후 친구 김려가 『鳳城文餘』라고 바꾸어 그의 문집 『담정총서(藫庭叢

書)』에 수록하게 된다. 이후 과거를 포기하고 남양으로 돌아와 정착하게 되는데 여기까지의 기록은 李鈺의 〈추기남정시말(追記南征始末)〉에 상세히 기록되어 있다.

42세에 〈삼도부〉(三都賦 : 고구려, 백제, 신라를 대표하는 가상의 인물을 내세워 세 나라의 수도였던 지금의 평양, 부여, 경주에 대해 각각 자랑하는 이야기)를 지어 역사에 해박한 지식이 있음을 보여주었고, 신유옥사가 일어나 친구인 강이천은 고문으로 죽고 김려와 김선이 유배를 떠난다. 李鈺이 교류할 만한 친구들도 이때부터 모두 사라진 것이다.

그 이후 1815년 56세에 세상을 뜨기 전까지 李鈺은 그의 고향인 남양 매화동에서 이른바 낮에 농사를 짓고 밤에는 저술에 힘쓰며 여생을 보냈다.

李鈺의 일생을 요약해 보면 충군(벌 받고 저항)—또 충군(벌 받고 저항)—과거시험 수석에서 꼴찌(저항)—행정 문제로 삼가현 머물며 글쓰기—낙향—글쓰기로 삶의 과정을 정리할 수 있다.

2. 李鈺의 개인적 환경

(1) 가정환경

앞에서 李鈺의 생애에서 밝혔듯이 무반 출신의 한미한 서족 가문이었으므로 대단히 콤플렉스가 많았을 것이다.

그러나 경제적으로는 부유했음을 간접적인 자료를 통해서 알 수 있다. 서울에서 생활할 때는 함벽정(涵碧亭)이라는 정자가 있다거나, 정자가 딸린 남판서의 고택을 구입했다는 기록이 그 예이다.

남양 매화동에서 살 때는 연못을 파서 만드는데 오십여 명이 아흐레 동안 공사를 했다는 글이 있고 〈종어피기(種魚陂記)〉, 차조 밭을 일구는 데 여덟 명의 종복을 동원했다는 글이 보인다(잡제의 〈차조이야기〉).

시골에서 여유 있게 살면서 별다른 장애 없이 독서를 하거나 글쓰기를 할 수 있었을 것이다.

(2) 교우관계

李鈺이 교유한 인물은 그리 많아 보이지 않는다. 대부분 성균관 재생으로 상사(庠舍: 오늘날의 기숙사 같은 곳)에 있을 때 만난 유생들로 『담정총서』를 통해 李鈺의 유고 11종을 편정하고 그 제후(題後)를 써서 후대에 알려지게 한 김려가 대표적이며 동생 김선이 있다, 李鈺의 『梅花外史』의 제후를 김려가 쓰면서 "붓 끝에 혀가 달렸다(筆端有舌)"라고 극찬한 강이천의 말을 소개했는데 역시 친우로서 죽을 때까지 관계를 이어갔다.[6]

또 李鈺의 이종사촌으로 유득공(柳得恭)이 있는데, 서계(庶系)이면서도 문명이 높아 세 차례나 사행단으로 중국에 다녀오면서 李鈺에게 많은 영향을 끼친 것으로 보인다. 그 외의 인물들은 李鈺에게 문학적으로 큰 영향을 줄 만한 사람은 발견되지 않는다.

(3) 유배지 생활

『鳳城文餘』 중 해배하여 집으로 돌아와 쓴 〈追記南征始末〉에 보면 자신의 감정을 극도로 자제하면서 담담하게 서술한 글에, "나는 스스로 성문 밖 박대성의 주막에 머물면서 방을 빌려 자고 밥을 사서 먹었다"라고 말한 것으로 보아 경제적으로 어려움 없이 지냈을 것이라 여겨지며, 1박 2일 동안 봉성에서 삼십 리 떨어진 곳에 있는 황계비폭(합천군 용주면 황계리 소재)을 여럿이 구경갔다 온 기행문 〈觀瀑之行〉, 날씨가 화창한 날 산보하며 숲과 시냇가를 걸어다닌 이야기 〈盧生〉, 한겨울에 꽃이 피어 산중으로 보러 간 이야기 〈花開占豊〉, "12월 27일 장날에 나는 무료하기 짝이 없어 종이창 구멍을 통해서 밖을 엿보았다"는 기록 〈市記〉, 사흘 밤낮 동안 마을 사람들에게 입춘첩(立春帖)을 써준 이야기 등으로 보건대 李鈺의 생활은 매우 자유롭고 한가롭게 지냈음을 알 수 있다.

6) 강이천의 『重菴稿』에 이옥의 『南程十篇』에 제후가 있고, 강이천의 외가가 가까운 지금의 안산에 있어 평소에도 많은 교류가 있음을 알 수 있다. 이옥이 부친상을 당해 있을 때 김려는 유배되고 강이천은 고문을 못 이겨 옥사하는 불행을 겪게 된다.

또 인간관계에서도, "밤낮으로 찾아와 노닐던 마을의 부로(父老)와 동자(童子)들이 삼사십 명이었는데, 내가 떠난다는 말을 듣고 잔치를 베풀어 전송해 주었다. 드디어 떠날 때 관인(館人)과 이원식 등 십여 명이 십오 리 밖까지 송별하면서 모두 울었다"〈追記南征始末〉라고 기록하고 있다.

118일간 머무르면서 노소 구별 없이 매우 친밀하게 지낸 것으로 보이며, 『鳳城文餘』 중 2편을 뺀 65편을 모두 현지에서 쓸 수 있었던 것은 그런 환경이었기에 가능했을 것이다.

참고로 李鈺과 茶山 丁若鏞의 유배문학에 대한 견해를 소개한다.[7]

> 다산은 추방된 그 자리에서, '추방당하지 않기 위해', 거의 편집증적이랄 정도로 독서와 저술활동에 매진한다. 그러면서 한편으로는 자식들, 형제들과의 끈을 역설적이게도, 세상으로부터 부여잡은 채로 추방된 시간을 견뎌낸다.
>
> …(중략)… 이옥 역시 쉼없이 글을 썼다. 그러나 같은 '유배지에서의 글쓰기'임에도 불구하고, 두 사람의 글쓰기는 천양지차이다.
>
> 〈남정십편〉이 유배길에 보고 들은 풍광과 지방의 풍속, 언어 등 총 10편으로 구성된 일종의 '로드 무비' 형식이라면, 〈봉성문여〉는 삼가의 풍속이나 언어 외에도 오가며 듣고 겪은 인물들의 이야기나 사건이 더 큰 비중을 차지한다. 특이한 것은 두 작품 어디에서도 '유배생활' 이라는 걸 알아차릴 수 없다는 사실이다.

3. 正祖의 문체반정(文體反正)과 李鈺의 문학관(文學觀)

(1) 문체반정의 배경

정조는 『주자대전(朱子大全)』 한 질을 암송할 정도로 완고한 주자학자이다. 어떤 신하보다 독서량이 많고 박학다식하였다.

7) 채운, 『글쓰기와 반시대성, 이옥을 읽다』, 북드라망, 2013, pp.77~78

이러한 정조가 세상에 번져가고 있는 패관문학이나 소품체의 글, 그리고 중국에서 들어오는 소설류에 대해 방관하고만 있을 수 없었을 것이다.

1792년 본격적인 문체 정책이 시행되기 전부터 초계문신(抄啟文臣)[8]이나 성균관 유생들에게 여러 차례 문체를 언급하였다. 이에 정약용이 올린 문체개혁책의 일부를 살펴보자.[9]

> 패관잡서는 인재(人災) 중에서 가장 큰 것이라 생각합니다. 음탕한 말과 더러운 이야기가 사람의 심령을 방탕하게 하며, 사특하고 요사스런 내용이 사람의 지식을 미혹에 빠뜨리며, 황당하고 괴이한 이야기가 사람의 교만한 기질을 신장시키며…… 신은 지금부터라도 국내에 유행되는 것은 모두 불사르고 북경에서 사들여 오는 자를 중벌로 다스린다면, 거의 사설(邪說)들이 뜸해지고 문체가 한 번 진작될 것이라 생각합니다.(정약용, 문체개혁책)

정조도 문체가 어지러워진 원인이 명말청초(明末青初)의 소품과 패관소설이라는데 정약용의 생각과 일치한 것이다.

패관(稗官)이란 일반 백성의 풍속과 사건, 항간에 떠도는 이야기같이 '자질구레한 것' 들을 기록하는 관리를 말하고, 소설(小說) 역시 "자질구레한 이야기"를 통칭하는 말이다.

이 무렵, 김조순에게 자송문(自訟文)을 쓰게 하는데, 사건은 5년 전으로 거슬러 올라간다. 김조순이 예문관에서 이상황과 숙직을 하고 있었다. 정조는 공부하는 문신들을 아껴 가끔 간식이나 선물을 하사하곤 했는데, 그날도 정조는 주서를 시켜 그들을 보고 오라고 하였다. 주서가 가서 보니 책을 잔뜩 쌓아 두고 열심히 읽고 있었다. 정신없이 책에 빠진 모양새가 흐뭇하여 정조에게 알리려고 돌아서던 주서의 눈에 책의 제목이 보였다. 『평산냉

8) 초계문신 : 조선 전기의 사가독서제를 이어받은 것으로, 37세 이하의 참상 · 참하의 당하문신 중 승문원의 분관인 자를 뽑아 규장각에서 교육시키고 40세에 졸업시키는 제도.
9) 채운, 앞의 책, pp.50~52 요약.

연(平山冷燕)』이라는 청나라에서 들어온 연애소설이었던 것이다.

정조가 당황한 것은 당시의 주류였던 노론(김조순) 세력은 성리학의 규범을 잘 지키고 엄격하게 고전문체를 따를 줄 알았다. 그리고 새로운 학문에 관심이 많은 남인 세력이 더 패관잡기를 좋아할 줄 알았는데 그 반대였다는 점에서 놀라웠다.

또 하나는 1791년에 일어난 이른바 '진산사건'이다.[10]

조상의 신주를 불살라 버린다는 것은 당시 유교중심사회에서는 조정을 발칵 뒤집어 놓는 충격이었다. 정조는 이 사건을 처리하면서 해당자를 처벌하고 천주교 서적을 불살라 버렸는데 이것이 문체반정의 시작이라고 볼 수도 있다. 서학도 패관잡기와 연관시켜 정학과 반대되는 것으로 여겼고 정학을 바로 세우면 자연히 없어질 것이라는 입장이다. 진산사건에 따른 빗발치는 상소에 대해서도 정조실록에 의하면 "서학을 금하려면 먼저 패관잡기부터 금해야 하고 패관잡기를 금하려면 먼저 명말여초 문집부터 금해야 한다"[11]라고 하였다.

패관잡기를 읽으면 문체가 무너지고 문체가 무너지면 풍속이 나빠지니 패관잡기의 문체를 바로잡아야 한다는 말이다.

그러나 진산사건에 대해 정조는 크게 사태를 확대시키지 않고 신속히 마무리한다. 여기에는 어느 정도 정치적인 이유가 있다고 보는 시각이 있다. 정조는 남인과 주도세력인 노론의 탕평을 염두에 두고 있어서, 김조순을 비롯한 노론 세력에 대해 견책을 하면서 진산사건으로 남인을 누르려는 노론의 의도를 잠재우려 했다는 시각이다.

하지만 근본적으로는 성리학적 지배 질서와 사유체계를 위협하는 조짐

---

10) 진산사건 : 1791년 신해(辛亥)박해의 계기가 된 사건으로 전라도 진산(珍山)에서 천주교인 윤지충(尹持忠)과 권상연(權尙然)이 제사를 폐하고 신주(神主)를 불태워 버린 폐제분주(廢祭焚主) 사건을 말한다. 최초의 천주교 박해 사건이라 할 수 있으며 유학의 이념으로는 패륜적 행위이므로 전국에서 상소가 빗발쳤다. 정조는 서학을 일종의 학문으로 보고 유연하게 대처했는데, 정학을 바로 세우면 사학(서학)은 저절로 사그라질 것이라고 믿었다.

11) 채운, 앞의 책, p.44.

들을 잠재우려는 정책의 일환이라 볼 수 있다.

(2) 문체반정과 李鈺[12]

정조16년(1792) 10월, 드디어 '문체반정' 의 시작이며 李鈺의 수난이 시작되는 해이다. 이 회오리에 말려든 후 1800년 완전히 해배될 때까지 李鈺은 젊은 날을 희생하고 불혹을 넘긴 나이가 되어 명예롭지 못하게 낙향을 하게 되며, 이제는 과거를 완전히 포기하고 은둔자와 같은 말년을 보내게 된다.

생원 급제 후 성균관 상재생(上齋生)으로 있으면서 과거 준비를 하던 일개 유생인 李鈺은 정조가 내린 책문에 대한 응제문(應製文)이 문제가 되었다. 문체가 패관소설체를 답습하고 있다는 지적이다. 李鈺뿐만 아니라 노론의 신진 관료인 남공철, 심상규, 이상황, 김조순 등이 견책을 받았고 이런 문풍을 주도한 인물이 연암 박지원이라고 거론되었다. 연암과 교류가 있는 박제가, 유득공, 이덕무, 이서구 등도 관련되었다.

남공철은 '패관소설을 배척하는데 자신의 임무' 라고 하며 재빠르게 상황을 모면하고 이상황은 패관소설을 비난하는 글을 올렸고, 김조순과 심상규는 자송문을 써 바쳐서 이 상황을 모면하였다.

연암은 문장력을 높이 평가하고 있던 정조가 결자해지의 협상안을 보냈으나 반성문을 바치지 않았고, 이덕무, 이서구 등도 쉽게 부정하지는 않고 불완전한 상황 그대로 넘어갔다.

문제는 李鈺이었다. 그는 끝내 반성하지 않은 채로 불안한 그대로 머무른 것이다. 다른 사람들은 속내야 어떠하든 반성문을 써서 바치며 속죄의 머리를 숙였고, 연암은 끝까지 자기 주장을 견지하며 버티기를 하였다. 하지만 李鈺은 그러지도 못하고 그저 고개를 숙이고 처분만 바랄 뿐이었다. 정조도

12) 문체반정과 관련한 이옥의 관계는 다음에 제시한 참고문헌을 종합하여 정리하였다.
김영진 외, 『이옥 문학세계의 종합적 고찰』 화성시, 2012, pp.28~42.
신익철, 「이옥 문학의 일상성과 사물 인식」, 한국학 중앙연구소, "문체반정과 이옥" 논문.
정출헌 외, 『고전문학사의 라이벌』, 한겨레출판, 2013, pp.217~219.
채운, 앞의 책, pp.19~48.

그에게 특별히 무엇을 바라지 않았다. 정작 강한 자들은 슬쩍 건드리기만 해놓고 약자에게는 폭력적인 태도로 나왔다. 매일 50수의 사륙문(四六文)을 지으라면 짓고, 정거하라면 하라는 대로, 충군하라면 정산현도 가고 삼가현도 갔다.

노론계의 남공철 등과 벌열가문 출신의 연암계는 상징적 처벌에 그쳤는데 李鈺만이 실질적인 처벌을 받은 셈이다. 이렇게 불공평한 처벌을 눈으로 보면서 李鈺의 심정은 어떠했을지 짐작이 간다. 한미한 가문에 대한 아픔이나 자신의 신분적 한계를 이미 예감했는지도 모른다.

네 차례에 걸친 정조의 거듭된 견책과 충군의 처벌에도 불구하고 李鈺은 끝내 자신의 독특한 문체를 고치지 않았다.

이상의 경과를 시기별로 정리해 보았다.(李鈺의 생애 참조)

- 정조 14년(1790) : 31세 나이로 증광시에 합격, 생원이 됨.
- 정조 16년(1792) : 응제문이 소설체라는 이유로 사륙문 50수 매일 짓기
  –남공철, 李鈺을 언급하며 불경한 문체를 금하라고 함.
  –李鈺의 글이 재차 문제됨. 율시 100편 지어 올리게 함.
- 정조 19년(1795) : 성균관 상재생으로 영란제(임금의 행차시 시행되는 백일장) 응시, 충군으로 정산현에 편적됨.
  –과거 응시하였다가 글이 초쇄하다고 하여 삼가현으로 충군됨.
- 정조 20년(1796) : 별시 초시에 응시하여 수석이었으나 정조는 방말(傍末)로 강등함.
- 정조 23년(1799) : 부친상을 치르고 삼가현에서 유숙함.
- 정조 24년(1800) : 41세. 사면령이 내려졌음을 알게 됨.
- 이후 과거에 나가지 않고 남양 매화동으로 내려와 정착하였으며 패사소품체 문체를 죽을 때까지 고수하며 글을 씀.

(3) 李鈺의 문학관(文學觀)

다음 李鈺의 글쓰기에 대한 평을 읽어 보자.[13]

"자신은 지금 사람이니 선진양한(先秦兩漢)이나 위진삼당(魏晉三唐)의 글에 구애받지 않겠다는 다짐에서 직감할 수 있다. '문장은 반드시 선진양한을 본받고, 시는 반드시 성당을 본받아야 한다(文必秦漢, 詩必盛唐)'는 말은 당시 문인들에게 불변의 진리에 가까웠다. 그때의 문인 대부분은 한나라 때 사마천이 지은 『사기』의 문장이라든가 당나라 때 이백과 두보가 지은 시를 본받고자 노력했으니, 그런 글쓰기야말로 진정한 문장, 곧 고문에 이르는 왕도라 여긴 것이다. 그런데 '지금 여기'에 살고 있는 자신은 '과거 거기'에 연연하지 않겠다며 거부하고 있으니, 참으로 당차다. 정말 그러했다. 그런 당돌한 선언과 도전적 글쓰기로 말미암아 그의 인생은 온통 뒤죽박죽되고 만 것이다."

李鈺은 문체반정으로 어려움을 겪으면서도 패사소품체를 끝끝내 고수하게 되는 원인은 무엇일까. 사소한 문체에 집요하게 시비를 거는 정조도 그렇지만 李鈺의 글쓰기는 참으로 이해하기 어렵다. 이미 신분적으로나 자신만이 실질적 벌을 받는 것에 대한 소심한 저항일 수도 있으나 아무래도 패사소품체가 자신을 투영하는 데 적절할 수 있다는 생각을 했을 수도 있다. 왜냐하면, 패사소품체는 당시의 정치 질서를 지탱하는 성경현전(聖經賢傳)의 사상 및 문체에서 벗어나 사회적 소외현상과 그러한 소재의 인물을 선호하고, 개인의 내면세계를 섬세하게 묘사하여 독특하고도 개성적인 면모를 드러내는 데 치중하는 특징이 있기 때문이다.

李鈺이 삼가현에서 돌아와 『鳳城文餘』를 정리하고 마지막으로 〈小敍〉를 썼다. 우선 그 일부를 보면,

나의 동인(同人) 중에 걱정이 많아 술 좋아하기를 일삼는 사람이 있는데, 술이

13) 정출헌, 앞의 책, '당돌한 선언과 도전적 글쓰기', p.215.

맑아도 마시고 흐려도 마시고, 달아도 마시고 시어도 마시고, 진해도 마시고 묽어도 마시고, 많아도 마시고 적어도 마시고, 벗이 있어도 마시고 벗이 없어도 마시고, 안주가 있어도 마시고 안주가 없어도 마신다.

내가 물었다.

"왜 술을 마시는가?"

"내가 마시는 것은 맛을 얻으려 하는 것이 아니요, 취함을 얻으려 하는 것도 아니요, 배부름을 얻으려 하는 것도 아니요, 흥을 얻으려 하는 것도 아니요, 이름을 얻으려 하는 것도 아니다. 걱정을 잊기 위하여 마시는 것이다."

…(중략)…

"신변에 걱정이 없어지고 처한 곳에 걱정이 없어지고 때를 잘못 만난 것에 대한 걱정이 없어지니, 이것이 내가 술을 마시면서 걱정을 잊는 방법이요, 술을 많이 마시는 까닭이다."

나는 그의 말을 옳게 여기고, 그의 심정을 슬프게 생각한다. 아아! 내가 봉성에서 지은 글이 또한 동인이 술을 마시는 것과 같은 것인가.

한 마디로 걱정을 없애기 위해 술을 마신다는 말이고 나아가 자신도 걱정을 잊기 위해 글을 짓는다는 고백이다. 여기서 동인(同人)이라 함은 자기 자신의 다른 이름일 뿐. 李鈺이 봉성(삼가현)에서 할 수 있는 일은 아무 것도 없고 어디를 가고 오고 할 수 없는 몸이라는 절망에서 할 수 있는 일이란 글 쓰는 것 밖에, 글을 씀으로 해서 근심을 잊을 수 있다는 토로이기도 하다.

이 글에서도 李鈺은 충심연군(忠心戀君)이나 그 시대의 거대담론이나 또는 성리학적 이념의 글은 전혀 찾아볼 수가 없다. 자잘한 토속적인 일과 사물을 보고 들으며 일상의 하나를 포착하여 철저히 개인적이고 고립된 차원에서 창작행위를 할 뿐이다. 피할 수도 없고 피하지도 않는 어쩌면 무저항의 저항으로 현실을 대하며 자기만의 독특한 문체를 고수하였다. 당시의 억압(유배, 충군)에서 견뎌내기 위해서는 이러한 글쓰기는 일종의 돌파구였던 것이다.

다음으로, 글을 읽고 쓴다는 것에 대한 인용 글을 보자.

이 글을 읽는 자가 그 누구인들 취하지 않으리오. 나도 이에 진실로 몸을 가눌 수 없을 만큼 취하게 되었다. 크게 취해서 취함이 극에 달한 자는 반드시 토하게 되는 것이니, 마치 옛날에 이불에 토했다는 것과 혹 수레의 깔개에 토했다는 것이 그 예이다. 그런데 나는 술에 있어서 취하면 토하지 않을 수 없는 사람이니, 나의 주벽이 그런 것이다. 내가 이 글을 읽고서 이것을 지은 것은 또한 내가 취하여 토한 것이다. …(중략)… 토하는 것은 진실로 취한 사람의 보통의 일인데, 위가 약하거나 결벽증이 있는 자는 남이 토하는 것을 보고 또한 그 때문에 토하기도 한다. 나는 남들이 나의 이 『묵토향』편을 보고 땅바닥에 손을 짚고 꽥꽥 구역질을 하지 않으리라고 말할 수 없다. 「묵토향전서(墨土香前敍)」

글을 읽는다는 것은 취하는 것이고, 글을 쓴다는 것은 토하는 것이다 앞의 〈小敍〉에서 "걱정을 잊기 위해 술을 마시듯 걱정을 잊기 위해 글을 쓴다" 고 했던 것보다 사뭇 진전된 모습으로 보인다.

다음 글은 李鈺의 문학관을 들여다보는 데 시사하는 바가 크다 하겠다.

"그에게 책을 읽고 글을 쓴다는 건 관념이나 의식의 문제가 아니라 신체와 무의식의 문제다. 술이 의식을 조롱하듯 글은 우리의 관념을 조롱한다. 기존의 앎을 확인시켜 주는 것이 아니라 앎을 무효화시키는 글 읽기, 지성을 북돋우는 글이 아니라 지성을 배반하고 고장 나게 만드는 글 읽기, 나를 더 견고하게 만드는 글이 아니라 다수의 자아를 잉태시키는 글 읽기, 그게 바로 '취(醉)의 독서라 하겠다." [14)]

소재적인 측면에서 李鈺의 글쓰기의 대상 중에는 일반 백성을 주인공으

14) 채운, 앞의 책, pp.156~157.

로 하는 이야기가 많이 등장한다. 〈俚言〉 중 〈二難〉에서, "사람의 정에도 진짜와 가짜가 있어, 어느 것이 진실이고 어느 것이 거짓인지 모두 그 정의 진실됨을 살펴볼 수가 없다. 그런데 유독 남녀의 정에 있어서만은 곧 인생의 본연적인 일이고, 또한 천도(天道)의 자연적인 이치인 것이다"라고 하였다. '남녀의 정' 이야말로 '진실' 을 살펴볼 수 있는 시험대처럼 여긴 것이다. 이는 유교적 도덕관념과 정면으로 배치되는 관점이었으므로 유교 논리의 허위성을 논파하는 역할을 했다.[15]

다시 정리하자면, 이념적으로 바른 것(正)이 아름다운 것이 아니라 인간의 가식 없는 정감이 지니는 진실성(眞)이 더 아름답다는 것이며, 여성의 사랑과 욕망은 바로 그 진실성을 소유하고 있기 때문에 최선의 문학적 소재라는 것이다.[16]

결국 李鈺의 〈俚言〉이 갖는 가치는 18세기에 새로운 전환을 맞는 세계관과 그에 따른 미학의 변화를 특징적으로 구현한다는 점이고 李鈺의 〈文餘〉에서도 여성적 감성과 평민적 일상에 대해서 관심을 갖고 있음을 보여준다.

4. 18세기 조선 후기의 문학 환경

조선의 후기사회, 즉 임진왜란과 병자호란을 겪으면서 정치, 경제, 사회 등의 급격한 변화과정을 피할 수 없게 된다. 정치 주체인 왕과 기득권의 양반층은 일반 백성들로부터 신뢰가 떨어지고, 사대부층의 계층 분화가 더욱 심화되고 극소수 상층 벌열에 권력이 집중되면서 소외된 양반 계층이 늘어나게 되었다. 이와 함께 주목되는 현상은 이 시기에 중인층이 하나의 사회세력을 이루면서 중간계급 중심으로 부상해 갔다. 신분제의 혼란으로 서서히 평민들의 의식이 성장해 나아갔음을 볼 수 있는 현상이다.[17]

15) 이지양, 『새민족문학사 강좌』, 조선 후기의 시정과 문학 속의 풍속」, 민족문학사연구소, 2009, p.395.
16) 박무영, 「18세기 정감의 풍속화」, '한국의 고전을 읽는다' 의 논문 해설 부문.

창작의 주체가 양반 외에 중인, 몰락양반, 서얼, 상인층까지 점차 확대되고 문학의 형식에 있어서도 국문소설이 유행하였고 상인이나 광대들에 의해서 판소리가 번져나갔다. 양반이나 사회에 대한 신랄한 비판이나 풍자가 자연스러워졌고 부정과 비리에 대한 고발의식이 일반 백성들을 통쾌하게 해 주었다. 전통적인 성리학적 문학세계에서 서서히 벗어나며 인간 감정의 표현, 인간성에 대한 근대적 의식이 자연스럽게 스며들게 되었다.

또 하나 주목할 것은 여항인(閭巷人)들의 문예운동이 활발해진 것이다.[18]

여항인들은 대체로 역관이나 규장각 서리로 업무상 글에 대해 소양이 필요했고 유능하여 산문이나 한시를 짓고 즐기는 이른바 시사(詩社) 모임이 발달하였고 여기서 정례적으로 시선집이 편찬되기도 하였다.

여항문학을 대표하는 시인 홍세태(洪世泰)는 『해동유주(海東遺珠)』 서문에서 "우리 같은 미천한 이들의 시는 학식이 넓지 못하고 소양이 원대하지는 못하다. 그저 마음 속 깊숙이 느낀 바를 읊어낸 것이다. 모두 천기 가운데 저절로 흘러나온 것이기에 '진시(眞詩)' 라 할 만하다" 고 언명하였다. 즉 자신들의 시는 천성의 진솔한 표현으로서, 상투와 가식에 빠지기 쉬운 사대부문학보다 고귀하다는 논리를 폈다. 자기 존재에 대한 자각과 독립을 지향하는 근대적 의식이었던 것이다.[19]

주제면에서도 전형적인 충, 효, 무위자연, 안빈낙도의 유교주의 주제에서 평민이 중심이 되는 작품들이 등장하기 시작하면서, 그 주제 영역이 크게 넓어진다. 전란의 극복과정을 영웅적 인물의 활동을 통해 보여주는 작품들이 등장하였으며, 가족구성원의 갈등을 통해 윤리적 규범을 제시한 가정소설이 널리 읽혀진다. 그리고 궁정안의 사건을 이야기로 만든 소설도 등장한다. 조선 후기에는 판소리의 사설을 바탕으로 이야기를 만들어낸 판소리

---

17) 권영민, 『한국 현대문학의 이해』, 태학사, 2010, pp.21~22. 참조.

18) 여항인(閭巷人)이란 사회의 중간계층으로 서리(胥吏), 중인(中人), 평민 등을 통틀어 일컫는 말인데, 위항(委巷) 또는 이항(里巷)이라고도 한다. 산문보다 한시가 대부분이었는데 이런 부류의 문학을 여항문학이라 한다.

19) 한영규, 『새민족문학사 강좌』, 「조선 후기의 여항문학」, 2009, pp.339~353. 요약 발췌.

계 소설들이 널리 읽힌다. 현실적인 삶의 고통과 마주선 인간의 생생한 모습을 구수한 해학과 신랄한 풍자를 수반하여 서술함으로써 조선 후기 사회의 생활상을 폭넓게 형상화 하고 있다.[20]

이렇듯, 소설이나 시조, 수필, 판소리 등이 점차 구체적인 삶을 추구하는 평민 중심, 또는 반 유교적 제재와 주제로 변모해 가면서 패관문학의 유행은 커다란 변화의 조짐을 보이기 시작한다.

좀 더 구체적으로 들어가 보자.

문학사적(文學史的)인 차원에서 조선 전기에는 문학과 유교는 매우 밀착된 관계를 보여주게 된다. 시조, 가사, 경기체가 사대부의 의식과 이념, 가치관을 구현해 주고 있다고 하겠다. 그러면서 한 편으로 필기(筆記), 패설(稗說), 소화(笑話), 또는 전기소설(傳記小說), 몽유록(夢遊錄), 가전체(假傳體) 산문(散文)이 등장하는데, 유교적인 것도 있으면서 유교적이라 할 수 없는 것도 있음을 유의해야 한다.[21]

드디어 조선 후기에 이르러 경기체가는 소멸되고 시조는 중인층에서 크게 유행하게 되며 일반 평민에게도 영향을 주게 되나 여전히 사대부 냄새를 벗어나지 못한다. 또한 가사나 여성의 규방가사도 유교적 한계를 벗어났다고 할 수 없었다.

조금 주목받은 것은 사설시조이다. 주로 중인 계층이 창작한 것으로 보이는데, 탈유교적이면서 정신성과 대립되는 육체적 욕망과 같은 일차원적 관심에 있음을 주목해야 한다. 한시의 영역에서도 변화를 보이는데 李鈺의 〈이언〉을 주목해야 한다. 유교적 금욕주의나 엄숙주의가 아닌 인간 본연의

20) 소설 장르에서는 사회소설(홍길동전), 군담소설(임진록, 임경업전 등), 가정소설(장화홍련전, 사씨남정기 등), 풍자소설(배비장전, 이춘풍전 등)이 나오며 본격적인 소설시대가 열려 많은 읽히게 되었으며, 시조 문학에서도 시조창과 전문 가객이 등장하여 평민들의 참여가 활발해졌고, 궁정수필(계축일기, 한중록 등)과 일기(산성일기, 의유당 일기) 등이 등장하였다. 또한 판소리가 등장하여 서민의식을 극명하게 드러내는 작품이 유행하였음을 볼 수 있다.

21) 박희병, 『유교와 한국문학의 장르』, 한영문화사, 2008, pp.136~137.
필자는 유교와의 관련성보다는 조선 전기와 후기의 발전 양상에 더 중점을 두고 서술하였다.

감정을 직설적으로 표현하고 있다.

전통 산문의 영역에서는 좀 더 많이 창작되고 있었는데, 대체로 유교적 글쓰기의 범주에서 벗어나지 않는다.[22]

한편, 정조가 유의해서 보고 있는 패사소품체에 대한 견해를 소개하면서 李鈺이 관심을 두었던, 어쩌면 자연스럽게 관심을 가졌을 소재 또는 주제에 대한 연구자의 피력을 들어본다.[23]

> "소품적 글쓰기로 유명한 인물로는 이옥을 들 수 있다. 고문이 재도론을 근간으로 삼는다면, 소품은 교화(敎化)나 재도(載道) 등 문학의 공능(功能)에는 관심이 없고 이른바 '쾌락'으로서의 문학에 관심을 두었다. 그러므로 소품은 그 문예적 성취에 대한 평가와는 관계없이, 유교적 엄숙주의로부터 이탈한 점, 문학의 관심을 개인의 자잘한 일상사로 돌린 점, 전통에 구애되지 않고 새로운 표현을 개척한 점 등에서 그 의의를 인정받을 수 있다."

이상과 같이 17세기 정조시대의 문학적 환경은 매우 다양하게 변화를 하는 만큼 혼란도 컸을 것이다. 소품체 문학이 확산되고 이를 즐기는 사람도 많아지면서 의식의 변화가 생기고, 그에 따라 주재와 소재의 변화, 즉 근·현대문학적 요소가 서서히 출현하여 거듭되면서 문체반정의 한 단초가 되기도 했고 李鈺이라는 특이한 작가가 출현하는 요인이 되기도 했다.

5. 근·현대문학의 일반적 성격

다음의 인용문을 먼저 보자.[24]

22) 박희병, 앞의 책, pp.138~142. 요약.
23) 박희병, 앞의 책, pp.142~143. 요약.
24) 김광순 외, 『한국고전문학사의 쟁점』, 새문사, p.15, 2004.

근대문학의 기점에 대한 이론은 분분하지만 18세기 영조 때부터 보고자 하는 것이 학계의 통설이다. 그것은 지금까지의 문학사 연구를 의식함이고, 영조 때부터 자본주의의 맹아, 신분제의 붕괴, 실학의 대두, 서민의식의 성장 등이 나타났기 때문이다. 따라서 완전한 근대화라기보다는 근대화의 형성 과정, 근대이행기, 곧 근대 초기로 간주할 수 있다. 이러한 의식은 연암 소설, 판소리계 소설, 사설시조 등 당시의 문학작품에 잘 반영되고 있다.

일반적으로 우리의 고전문학이라 함은 시가, 고전소설, 가사, 시조, 판소리계 소설에 이르기까지 종합적인 영역으로 확대해서 볼 필요가 있다. 또한 설화, 야담, 전(傳)과 같은 유사 장르 또는 인접한 장르를 모두 포함시켜도 무방하다고 본다. 이런 유형들은 독자적으로 발생하고 존재해 온 것이 아니라 서로 영향을 주고받으며 발전해 왔기 때문이다.

이러한 전통적인 장르는 앞의 인용문에서 보듯이 18세기의 급격한 사회의 변화와 함께 문학의 영역도 필연적인 변화를 겪게 된다.

또한 연암 박지원의 여러 작품에서 보이는 변화의 조짐이나 정약용의 이른바 고품격의 글이 등장하기도 하고 패사소품체 문장들이 대거 유행하면서 매우 다양하게 장르의 혼재, 또는 새로운 장르의 유입되는 시기이기도 하다.

이러한 현실에서 정조로부터 완전히 소외된 상태로서의 李鈺은 자신의 존재가치를 생각하면 무척이나 처량했으리라. 李鈺의 글에 대한 방향성이 조금은 짐작할 수 있는 단초로 볼 수 있다.

정통적 유교문학(또는 사대부문학, 양반문학)에 대한 가치관을 거부하고 주제, 소재를 향한 시선을 아래로 내려 저잣거리에서 살아가는 사람에게 눈이 가고 신분이 낮은 사람에게 눈이 가고 설움 받고 무시당하는 천한 백성에게 눈이 갈 수밖에 없다. 그의 관심 분야는 한문 문학의 오랜 전통을 타파하는 것이 본의든 아니든 진행되고 있었고 이것이 근대문학적 특성으로 전개되었다.

이에 덧붙여 현대문학 역시 근대문학에서 발전되고 분화된 한 양상임을 보여주며 있는데, 본고에서는 고전문학의 전통적 특질인 유교주의와 더불어 효열사상, 귀족적 영웅, 자연 풍류, 연군 등과 상대적으로 대비되는 근대문학의 개념과 궤를 같이하고자 한다.[25]

또 한 가지 근현대문학의 특징은 '리얼리즘'의 확고성에 있다. 리얼리티는 동시대에 사는 현장성과 함께 현실주의적 배경에서 문학적 주제를 구현하기 때문에 고전문학과 구별하는 하나의 준거가 되기도 한다.[26]

> 리얼리즘이야말로 이전의 문학과 근대문학을 구분할 수 있게 하는 중요한 지표라는 것이다. 이와 같은 인식은 우리나라도 예외는 아니다. 고전문학과 근대문학을 구분할 때 흔히 내세우는 기준 중의 하나인 '리얼리티'는 리얼리즘에서 가장 중시하는 덕목 중의 하나이다. 리얼리티의 획득 여부가 곧 문학의 근대성을 판단하는 기준으로 작용하는 것이다. 이는 물론 '근대'라는 시대 또는 가치가 자연과학적 합리성과 연관되면서 발생한 자연스러운 현상이다.

거듭 강조하지만 조선시대에 유학자들의 글쓰기는 신분적 억압체제와 민족의 역사적 환경(사대주의적)으로 인한 한(恨)의 정서가 그 하나이고, 주로 평민들에 의해서 발생한 현실적 고통과 사회 부조리에 대한 해학과 풍자가 또 하나이며, 고고한 상류층의 자연과의 조화와 풍류, 그리고 대의 명분에 충실한 양반 계급의 선비 기질이 그것이다.

그래서 문장은 반드시 선진양한(先秦兩漢)을 본받지 않으면 글이라 할

25) 왜냐하면 1930년대 모더니즘 문학의 등장과 더불어 순수와 주지주의 경향이 나타나고, 해방 전후일제 시대에는 좌우익 대립 과정에서나 전후 전쟁으로 인한 역사와 현실인식에 대한 새로운 시각이 등장하고, 1960년대, 70년대에 이르러 자유와 평등의 가치 지향, 경제적 근대화, 사회적 모순에 대한 비판과 풍자는 근대문학에서도 나타나는 현상이다. 다시 말해서 근대문학과 현대문학의 특성의 공통점을 공유하는 개념이다. 이는 고전문학에서도 일부 나타나는 현상이다. 춘향전을 예로 들면 사회 비판과 풍자, 조선 중기의 현실사회를 배경으로 한 점, 신분의 평등성, 인간 감정의 발현 등이 그것이다.

26) 이재봉, 『한국 근대문학과 문화체험』, 국학자료원, p.109, 2011.

수 없었고, 시는 반드시 성당(盛唐)을 본받아야 한다는 말은 불변의 진리에 가까웠다. 그런데 18세기에 이르러 李鈺과 같은 한미한 집안의 소외 계층이나 상업의 발달로 인한 중인계급의 성장, 그리고 이들의 현실인식은 유교적 사유체계에서 벗어나 인간성의 본래적 측면에 대한 관심을 바탕으로 개성의 가치를 존중하는 시각으로 발전하였다.

각계각층 신분의 인물들을 등장시키는가 하면 인간적인 대접을 받지 못하던 천한 신분에 대한 애정 어린 시각으로 등장시키기도 한다. 그런가 하면 욕설이나 음담패설, 속담 등을 구사하고 불륜이나 도둑, 사기 사건들도 자유자재로 그려낸다. 그 각각의 내면을 섬세하고도 개성적으로 묘사하는 데 치중하는, 이른바 소품문이 유행하였다. 李鈺 역시 이러한 소품체를 구사하던 한 사람이다.

李鈺 문학의 패사소품체는 좀 더 자세히 살펴볼 필요가 있다.

"패관들이 민간에서 수집한 이야기에 내용을 더하거나 빼거나 하여 새로운 형태로 발달시킨 문학"이라 정의하지만, 패사적 경향은 당시의 시정 현실에서 사회의 부조리나 모순을 찾아내어 비판하고 고발하는 의미가 있고, 소품체는 "일정한 형식이 없이, 일상생활에서 보고 느낀 것을 간단히 쓴 짤막한 글"로서 매우 일상적이며 세부적 해체의 특성을 지니고 있다. 李鈺의 글에서는 이러한 섬세하고 생활 주변에서 흔히 만나는 '별것이 아닌 일', '지나쳐 버리기 쉬운 것' 등에 시선을 두고 있다.

III. 『鳳城文餘』의 現代文學性 考察

1. 『文餘』의 개념과 문장 구조

李鈺의 아들 이우태는 아버지의 유품을 정리하다가 유고를 발견하여 가장 친하게 지냈던 김려에게 가져갔다고 했다. 김려는 받은 11편의 글들을

정리하고 편집을 하여 그의 문집 『담정총서(潭庭叢書)』에 실었다.[27]

김려가 『鳳城文餘』의 뒤에 다음과 같이 제후를 달았는데 '文餘' 의 의미를 잘 표현하고 있다.

> "……지금 그 남겨진 글 가운데 『봉성필(鳳城筆)』이라는 것이 있는데, 그가 유배되었을 때 토속과 고적을 기록한 약간의 항목들이다. 문장이 자못 아름답고 사랑스럽다. 이에 베껴서 『봉성문여(鳳城文餘)』라고 이름 지었다. 옛사람들이 사(詞)를 지어서 시여(詩餘)라고 하였는데, 아마도 시(詩) 같으면서도 시가 아니기 때문이지만 기실 시의 나머지이다. 나 또한 이 책을 비록 문(文)의 정체(正體)는 아니라고 여기지만, 기실 문의 나머지라고 말해 둔다.
>
> 기묘년(1819) 늦여름 말복 다음날인 신해 일에, 담사(潭士)는 쓴다."
>
> 〈제봉성문여권후(題鳳城文餘卷後)〉

'문의 나머지' 라는 말이 흥미롭다. 李鈺의 문장이 문(文)이라 말할 수 없을 만큼 고문의 정체(正體)에서 탈피하고 있음을 지적한 것으로 보인다. '문여' 라는 명칭은 李鈺 특유의 소품체적 특성을 이르는데 그 내면에는 전통적 사유나 시각에서 벗어나 개별적이고 미시적으로 바라보는 李鈺만의 개별성을 인정하고 있다.

〈문여〉의 소재가 봉성에서 보고, 듣고, 직접 경험한 기이한 사건이나 인물, 전설, 만난 사람들, 복식, 방언, 습속 등 다양한 내용을 담고 있음을 암시하는 듯하다.

〈문여〉의 문장 구조는 거의가 비슷비슷하다. 문장의 '앞부분' 에는 보고 듣고 경험한 일이나 사건, 이야기 등을 소개하고 '끝부분' 에 자신의 느낌, 생각, 감탄, 존경, 칭찬, 탄식 등을 주관적 관점에서 기술하는 방식이다.

---

27) 『담정총서』에 실린 李鈺의 글은 아래 11편이다. 『묵토향초본』, 『문무자문초』, 『매화외사』, 『화석자문초』, 『중흥유기』, 『도화유수관소고』, 『경금소부』, 『석호별고』, 『매사첨언』, 『봉성문여』, 『경금부초』.

67편 전체 중 55편이 모두 같은 형식을 취하고 있다.
몇 편의 예를 보자.

(앞부분)

산청의 열부 하씨는 거창 호장의 여식이다. 어려서 부모를 여의고 조모에게서 자라, 조모 모시기를 어머니처럼 하였다. 열여섯 살에 산청의 송씨에게 시집을 갔는데, 송씨 또한 호장의 자식이었다. 혼례를 치르고 아직 신행을 못하고 있은 지 한 달 남짓 한데, 남편이 병으로 죽게 되었다. …(중략)…

그러나 시가에서는 이는 예가 아니라고 하여, 하씨를 남편의 묘 발치에 장사 지냈다.그러자 하씨가 호장의 꿈에 나타나 원망하는 말을 많이 하였는데, 호장은 이내 병을 얻어 죽었고, 호장의 다른 자식도 병으로 죽고 말았다. 집안사람들은 두려운 나머지 이장하여 한 구덩이에 묻어 주었다. 이 무덤을 직접 본 어떤 사람이 이 사실을 자세히 알려주었다.

(끝부분)

나는 일찍이 연암 박지원(燕巖 朴趾源)이 지은 〈열부전(烈婦傳)〉을 보았는데, 그 여자가 또한 산청의 지인 홍씨의 아내였다. 산청은 외진 고을이요, 지인은 보잘것 없는 작은 백성이다. 그런데도 이곳 부녀들은 삶을 버리고 남편을 따르는 자가 한둘이 아니다. 우리 왕도(王道)의 교화가 어찌 다만 한광(漢廣) 뿐이겠는가? 아, 거룩하도다! 〈山淸烈婦〉

산청의 열부 하씨(河氏)가 조모 모시기를 어머니처럼 하다가 시집가서 남편이 이내 죽었는데 장례를 치르기도 전에 조모가 죽자 조모의 염(殮)과 장례를 맡아 처리한 과정과, 기년(朞年)이 되어 시댁에 돌아와서의 행동을 상세히 긴 문장으로 묘사한 다음에 그런 사실을 본 사람에게 들었다고 객관적으로 말하는 것이 앞부분이고, 〈열부전〉의 예를 들어가며 백성들의 교화됨을 칭찬하는 자신의 의견을 덧붙인 것이 끝부분이다.

(앞부분)

읍지에 절 이름이 많이 실려 있는데, 무릇 십여 곳이다. 그중 묵방, 금곡, 두려 등 세 곳은 관동(官倲)들 중에 노약자가 모두 그 절의 한창일 때의 규모를 보았다고 하는데, 지금은 남아 있지 않고 오직 두려에 암자 하나만 남아 있다. 그곳 중은 종이 만드는 일을 하고 있는데, 얼마 안 있어 또한 떠난다고 하였다. 평민으로 머리를 깎고 중이 된 자들은 편안히 백성 노릇을 하기 위함인데, 막상 중이 되고 보면 요역(부역)이 도한 빈번하고 관의 주구(誅求)와 서리의 침탈이 날로 심해질 뿐이다.

(끝부분)

그래서 중들은 다시 흩어져 일반 백성으로 돌아가 버리니, 이곳의 절이 대부분 폐쇄된 까닭이다. 백성 되기도 이미 어려운데, 중 되기도 또한 어렵구나! 〈僧寺興廢〉

앞부분에서 삼기의 읍지(邑誌)를 보고 절이 폐쇄된 까닭의 전말을 소개하듯 서술하고 역시 끝부분에 관의 가렴주구로 백성들은 중 되기도 어렵고 환속하여 살기도 어렵다며 사회를 비판하고 있다.

한 편을 더 예를 들면,

(앞부분)

대나무는 본디 우리나라 동남 지방의 미관(美觀)인데, 조령 이남에서 생산되는 것이 더욱 흔하다. 산언덕에는 화살대 같은 것이 종종 숲을 이루고, 큰 대나무는 가꿔주지 않아도 절로 대밭이 된다. 웬만한 백성들의 집에도 오히려 수백 그루의 대나무가 둘러 있으므로 그 백성들이 중하게 여기지 않는다. 그들의 집을 살펴보면 울타리, 처마, 창문, 사립문이 모두 대나무이다. 열말들이 광주리와 몇 척이 되는 삼태기가 모두 집에서 쓰는 유용한 물건이고, 심지어 밤에 다닐 때 대나무에 불을 붙여 횃불을 만들어, 그 불이 퍼렇게 빛나기도 한다.

(끝부분)

아! 대나무의 쓰임이 어찌 이러할 뿐인가? 흔하면 귀한 것도 천하게 되는 것이 물건의 실정인가 보다. 〈竹〉

대나무의 생산지와 쓰임, 중요성, 유용성을 자세히 서술하고 마지막에 '흔하면 귀한 것도 천하게 되는 것' 이라며 백성들의 의식을 은근히 나무라며 비판한다.

그런가 하면, 많지는 않지만 보거나 들은 대로 기술하고 자신의 생각이나 의견은 일체 말하지 않는 완전히 객관적 시점으로 쓴 글도 12편이 있다.

11월에 약간 따뜻했는데, 나무하는 아이가 대평산 골짜기에서 돌아와 말하기를, "산중에 꽃이 피었습니다"라고 하였다. 내가 무슨 꽃이냐고 물었더니, "참꽃이 피었습니다"라고 하였다. 일찍이 보지 못한 꽃이라 생각되어 찾아가 살펴보니, 바로 두견화(杜鵑花)였다. 이 고장 사람들은 "두견화가 참 꽃(眞花一)이기 때문에 참꽃이라고 부른다"고 하였다. 주인 노파가 듣고는 기뻐하며, "겨울에 붉은 꽃이 붉게 피었으니, 내년에는 풍년이 들겠구나"라고 하였다. 〈花開占豊〉

소문을 듣고 직접 꽃을 보러 산으로 갔다 와서 쓴 글이다. 오직 들은 대로, 본 대로만 썼을 뿐 자신의 느낌이나 감상 등 주관적인 부분은 하나도 없다. 다만 제목과 사람들의 대화를 옮겨와 기쁜 일이라는 전체적인 의미를 짐작하게 할 뿐이다.

2. 종합적 분류와 분석

(1) 분류와 분석의 관점

▶ 제목 : 원제를 택하였으나 예시를 하는 작품에서는 원제와 번역자가 붙인 제목을 연구의 편의상 병기하였다. 일련번호도 『鳳城文餘』에

는 실려 있지 않으나 본고에서는 분류의 편의를 위해 수록된 순서대로 번호를 부여하였다.

▶ 유형 : 작가에게 어떤 형태로 입수되었나 하는 유형 분류로, 예부터 전해내려 오는 옛이야기는 전래(傳來), 근래에 인근에서 떠도는 이야기라면 야설(野說), 작가가 행동을 하면서 겪은 일은 경험(經驗), 직접 보고 관찰하여 기록한 일은 관찰(觀察)로 분류하였으나 어느 쪽도 해당이 안 되거나 양쪽에 다 해당되는 애매한 작품은 해당사항에 더 가깝다고 판단되는 쪽으로 분류하였다.

▶ 소재(배경) : 글에 나타난 가장 중심이 되는 소재를 택하였으며, 괄호 안의 배경은 지역을 말하며 李鈺의 문학적 공간이라 할 수 있다. 삼가현(三嘉縣)을 李鈺은 삼기(三岐)로 표기하거나 봉성(鳳城), 가수현(嘉樹縣) 등으로 써서 그대로 살렸으며 합천(陜川)이라 한 곳도 그대로 살렸다. 합천과 삼기는 이웃이지 같은 지역이 아니었기 때문이다.

▶ 주요 내용(인물) : 이야기의 주요 내용을 요약했으며, 인물은 이름이 아니라 연구 편의상 '직업' 이나 '신분' 으로 분류하였다.

▶ 주제의식 : 앞에서 논한 문장의 구조에서 끝부분에 나타난 李鈺의 생각이나 느낌 등에서 발췌 또는 요약하는 형식으로 주제를 정했으나 애매하거나 복합적인 주제, 객관적 서술인 것은 필자가 정확하게 하려고 노력하였다. 그리고, 주제의식과 상통하는 의미로써 근대, 현대문학적인 특성이나 가치를 추출하였다.

▶ 문학요소 : 문학의 성격적 특성을 중심으로 현대문학적 요소를 열거하였다. 그 준거로는 앞서 논술한 여러 각도의 문학적 요소를 사회비평적 요소, 등장인물적 요소, 소재 선택적 요소, 배경적 요소, 작가정신적 요소로 분류하였으며 각각의 하위 개념을 '문학 요소' 라 하여 제시하였다.

(2) 종합적 분류와 분석표[28)]

동시대에 퍼져 있던 설화, 야담, 전(傳)은 고전소설과도 닮아 있어 어떤 경우는 구별하기 어려울 정도이다. 인접한 장르의 하나라고 볼 수 있으며 서로가 영향을 주고받는 데 의의가 있다. 『鳳城文餘』의 낱낱의 글도 여기에 해당한다. 어떤 글은 설화일수도 있고 어떤 글은 야담일 수가 있다. 그 구분이 어렵다. 전(傳)은 전의 속성을 그대로 드러내고 있어 '짧은 전' 이라고 명명하고 싶을 정도이다.

그 외에도 자신의 경험담, 유람기, 타인의 글을 옮겨 적은 것 등 매우 다양한 일상성을 담고 있어 18세기 당시의 시대상과 생활 주변의 모습을 그대로 담고 있는 '표본실' 이라고 부를 만하다.

이상의 내용을 준거로 하여 〈표1〉과 같이 분류하고 분석하여 제시한다.

---

28) 실시학사 고전문학연구회에서 완역한 책(『완역 이옥 전집』 2, 휴머니스트출판그룹, 2009)을 본 연구의 자료로 이용하였으며 〈봉성문여〉편 pp.51~168에 수록된 67편이 그 대상이다.

〈표1〉『봉성문여』에 수록된 67편에 대한 종합적 분류와 분석표

제목	유형	소재(배경)	주요 내용(인물)	주제의식	문학요소
1. 白衣裳	관찰	저고리와 치마(영남우도)	영남은 남녀가 모두 흰옷을 입는다(평민 남여)	흰색 옷을 숭상한다.	토속성 생활상
2. 童子戒酒	전래	금주령(진양)	금주령을 어긴 수령을 혼내다.(동자와 수령)	준법의식	풍자 도덕성
3. 曺將軍劍	전래	조장군의 칼(삼기)	의병의거와 전공에 찬양(의병)	용맹함이 잊혀져 아쉬움.	비판, 지향정신
4. 鄭仁弘像	전래	음사(합천)	사묘를 없앴다가 화를 당함(합천군수)	미신을 안 믿으나 기이함.	풍속 기이성
5. 納田鄕校	야설	유산 상속(합천)	불효에 실망하여 전답을 향교에 바침(부녀)	불효와 불신을 비판함.	풍자 윤리 도덕
6. 白碑	전래	몰자비(삼기)	널리 알려져 글자를 새길 필요도 없다(청백리)	좋은 일이나 기이하다.	비판 기이함
7. 能詩妓	야설	기생이야기(삼기)	기생이 쓴 시를 감상함(기생)	모방시라고 평가함	애정 표현
8. 盧生	경험	손님맞이(삼기)	선비의 집에서 극진한 예를 받음(작가, 선비)	예속을 찬양함	생활경험 건강성
9. 唐人乞粮文	경험	중국 유민의 글(삼기)	중국 유민의 호소문을 읽음(나, 유민)	유민의 고난에 마음 아파함	생활상 감정 표현
10. 社黨	관찰	사당패(합천)	사당패의 문란한 행적과 들은 이야기(작가, 사당패)	법을 집행하지 않음과 책임을 따짐	풍자 해학성
11. 筆製	관찰	영남의 붓	붓의 모양을 관찰함(붓)	영남의 붓은 이상하게 생김	비평
12. 陜川孝婦	야설	효부행적(합천)	효부의 행실과 관의 포상 이야기(효부)	효성심을 칭찬함	효도 도덕성
13. 僧獄	야설	중의 불륜(삼기)	중과 여인이 남편을 죽이려 한 사건(중, 부부)	불륜 사건의 괴이함을 비판함	통속성 도덕성
14. 湖陰先生	전래	유허비의 내력(합천)	문씨 성의 조상이 거짓 행적을 말함(문씨 사람)	뇌물을 써서 보존함	풍자 해학성

제목	유형	소재(배경)	주요 내용(인물)	주제의식	문학요소
15. 白棗堂	야설	효자의 대추(삼기)	효자 대추 이야기(효자)	효자를 찬양함	효도 지향정신
16. 錯呼雲得	경험	동자이야기(봉성)	죽은 동자와 봉성에서 만난 동자의 이야기(童奴)	죽은 동자에 대한 애정과 그리움	애정표현 감정표출
17. 生菜髻	관찰	아낙들의 머리 모양(합천)	생채계한 아낙의 머리 모양을 관찰함(영남 아낙)	생채계는 매우 지저분하고 난삽함	생활상 토속성
18. 女子名心	관찰	여자들의 이름(봉성)	여자들의 이름은 마음 신(心)자를 대부분 씀. (봉성 여자)	심자 이름을 많이 듣게 됨	생활상 사회반영
19. 逍遙子詩	경험	소요자의 시문(삼기)	소요자의 시를 얻어 두 편을 감상함(아전)	배움으로서 교양이 있다.	지향정신
20. 老婢紅裙	관찰	노비(老婢)의 의복(합천)	붉은 치마를 입는 풍속을 보다(노비)	영남의 볼만한 풍습	생활 풍습 토속성
21. 淨襟堂	관찰	삼기의 풍경(삼기)	정금당 누각과 주변의 풍경 감상(작가)	삼기의 풍경을 설명함	토속성
22. 司馬所	야설	사마소 유래(봉성)	사마소의 유래를 말함(사마소)	유래와 현재의 모습 설명함	현장성
23. 山淸烈婦	야설	열부 이야기(산청)	열부 하씨가 남편과 조모를 모시다 죽은 이야기(하씨 여인)	외진 고을에서도 열부가 있음을 찬양함	구체성 시대성 도덕성
24. 郭氏旌閭	야설	곽씨 정려이야기(고령)	효자와 열녀가 많은 곽씨 집안 이야기(효자, 열녀)	가훈의 유풍의 거룩함을 말함	도덕성
25. 鄕飮酒醴	야설	향음주례(삼기)	향음주례의 잘못됨을 비판함(고을의 선비)	작은 고을에서도 파당의 갈등이 있음을 통탄함	비판, 풍자 갈등구조
26. 花開占豊	경험	두견화(삼기)	11월에 핀 두견화로 풍년을 점치다(주인 노파)	겨울에 핀 꽃을 보고 기뻐함	생활상 일상성
27. 佛頭花	경험	불두화(삼기)	읍지에는 있으나 아는 사람이 없다(작가)	읍지의 허술함과 오류를 지적	비판

제목	유형	소재(배경)	주요 내용(인물)	주제의식	문학요소
28. 僧寺興廢	관찰	폐쇄된 절(합천)	절이 많이 폐쇄되는 사연(작가)	관의 가렴주구로 절이 폐쇄되고 중이 환속함	사회고발, 평등, 사회반영
29. 除夕祭先	경험	영남의 정초 풍속(삼기)	영남의 하층민은 정초 제사에 떡국을 쓰지 않음을 말함(하층 백성)	풍속의 다름	해학 통속성
30. 盤果犒饋	관찰	미풍양속(삼기)	혼례나 제사에 음식을 서로 보내는 풍습(백성)	서로 부조하는 미풍을 찬양함	사회반영 현재성
31. 打空戲	관찰	타공놀이(삼기)	아이들의 타공놀이에 대한 설명(아이들)	타공놀이 하는 법	생활상 사회반영
32. 方言	관찰	여러 가지 방언(영남)	점점 익숙해지는 방언의 모음(작가)	격설의 뜻이 있고 이해 못하는 방언이 있다.	생활상 현재성
33. 市記	관찰	시장을 오가는 사람들(삼기)	세모에 시장을 오가는 사람들을 문구멍으로 내다봄(나)	시장사람들을 관찰하며 행장, 모습, 행동을 묘사함	총체적 요소 포함
34. 春帖	경험	춘첩 써주기(삼기)	마을사람에게 춘첩을 써주는데 사흘낮밤이 걸림(작가)	마을 사람들을 축원해줌	사회반영 통속성 현재성
35. 冬暵	경험	따뜻한 겨울(봉성)	겨울이 따뜻하여 옷의 솜을 줄이다(백성)	춥지 않은 겨울을 보내다	일상성
36. 魅鬼戲	관찰	매구굿(봉성)	정초의 매구굿을 묘사(고을 사람)	세시풍속을 소개함	생활풍속
37. 乞供	관찰	걸공(삼기)	걸공의 폐해도 있어 관에서 다스림(걸공)	세시풍속의 지나친점을 비판함	사회반영비판 현장성
38. 六足鼠	야설	여섯발 달린 쥐(삼기)	불난 집에서 발이 여섯 개인 쥐가 나오는 이야기	괴이한 이야기를 들음	기이함
39. 星主衣	관찰	성주저고리(성주)	성주저고리의 자세히 묘사함(성주사람)	고용살이에 대한 배려를 하는 주인	미풍 건강한 민중
40. 忌狗	야설	개고기(삼기)	겨울과 뱃일하는 사람은 개고기를 삼간다(백성)	개고기를 꺼리는 이유	풍속성

제목	유형	소재(배경)	주요 내용(인물)	주제의식	문학요소
41. 生海蔘	경험	생해삼 (삼기)	생해삼을 보고 먹다 (작가)	생해삼의 소개	구체성 일상성
42. 菊花酒	경험	국화주 (봉성)	새로 생긴 국화주를 마시고 실망함(작가)	헛된 명성에 사람들이 속는 일	비판 갈등구조
43. 祈棉占稼	야설	기면 (경상우도)	보름날 머슴에게 잘 먹이는 풍습(백성)	머슴에게 잘 대해 주는 미풍을 소개함	생활풍속
44. 巫祝	관찰	무당굿 (삼기)	무당굿의 전말을 자세히 묘사함(백성)	무당굿의 황당한 폐해를 지적함	풍자, 비판
45. 巫歌之訛	관찰	엉터리 무당 (삼기)	무당이 엉터리 주문임을 말하다(무당, 작가)	무당의 폐해	풍자, 비판
46. 影等神	관찰	영등굿 (영남)	영등굿의 과정과 잘못된 점을 지적(작가, 무당)	영등굿이 음사로 변하는 것을 걱정함	생활상, 비판
47. 剪燈新話註	경험	전등신화 (삼기)	전등신화의 주석의 잘잘못을 말하다(작가)	잘못된 주석을 평하다	비평 지향정신
48. 諺稗	경험	언문소설 (삼기)	언문소설의 폐해를 지적함(소대성전)	패사가 언문소설보다 더 나쁘다고 평가함	비평 시대성
49. 愛琴供狀	경험	애금의 공장 (삼기)	우스운 애금의 공장을 읽고 고쳐 씀(작가)	포복절도할 글이라 이야깃거리로 고침	사회반영 해학성 인물상 구체성
50. 九夫冢	야설	열 개의 봉분 (삼기)	무덤이 열 개가 된 사연을 말하다(과부)	지금은 없는 기이한 풍속 이야기	기이함
51. 乘轎賊	야설	도적의 행적 (김천)	도둑의 행위와 그들의 은어를 소개함(도둑)	도둑의 행동을 비판없이 묘사함	통속성
52. 漁者毁網	전래	고기삽이 (단성)	호랑이와 이무기의 위협에 어부되기를 포기하고 그물을 찢어 버림(어부)	그물을 찢어버린 어부는 보지 못하였다 함	저항, 운명의식, 인물상, 자의식, 감정표현
53. 墨房寺鼓	전래	북 옮기기 (합천)	북을 분해하여 옮기다 훼손되자 꾸짖음을 들음(병사)	사람들이 문졸의 순진함에 모두 웃음	해학성

제목	유형	소재(배경)	주요 내용(인물)	주제의식	문학요소
54. 石窟盜鑄	야설	주전도적(고성)	주전을 하는 도둑떼에 죽을 뻔한 이야기(토포꾼)	도적과 토포꾼의 긴장된 상황을 소설처럼 꾸밈	사회반영 시대성
55. 必英將辭	전래	필영의 진술서(서울)	전등신화를 모방한 남녀상열지사의 글을 읽음(작가, 필영)	아무런 비평없이 내용을 소개하고 수정하였다 함	생활상, 연애 감정
56. 市倫	야설	잡힌 도둑(삼기)	도둑질을 하다 잡혀서 벌을 받는 도둑의 습성(도둑)	중벌을 주지 않음을 한탄함	풍자, 비판 현장성
57. 張翼德保	야설	장교와 보인(삼기)	장익덕의 보인인 조자룡과 삼국지 조자룡을 빗댄 이야기(포졸)	장비와 조자룡의 비유가 안 어울린다고 말함	풍자, 비판 해학성
58. 愼火	야설	신화와 환곡(삼기)	환곡을 받을 때 창고지기의 이중성을 비판함(신화)	신화는 도둑이라 말함	비판
59. 俗吝於財	관찰	주막의 음식값 흥정(삼기)	손님의 주막에서 인색한 예(손님)	재물이 풍족해도 체면을 모르는 사람을 경계함	비판 통속성
60. 俗喜爭訟	관찰	송사(합천)	하찮거나 손해가 나도 소송을 한다(백성)	풍속이 억세고 융통성 없음을 비난함	사회반영 비판
61. 埃金	야설	캐간 금덩어리(밀양)	백성이 지나가다가 금을 캐감(백성)	금이 아니고 운모일 것이라고 추측함	생활상
62. 鵲巢	경험	까치둥지(삼기)	까치둥지를 보고 입춘시를 지음(작가)	신년은 징험하리라고 자축함	감성표현 자의식
63. 觀瀑之行	경험	폭포로 소풍감(합천)	친구들과 황계폭포를 본 이틀간의 전말(작가, 친구, 승려)	오고가는 중 여러 가지 이야기를 기행문으로 쓴 글	고발, 사회반영, 개성, 현재성
64. 龍穴	야설	용혈(합천)	용이 오르는 것을 보았다는 이야기(백성)	기이한 일로 믿기 어렵다고 함	기이함
65. 竹	관찰	대나무(삼기)	대나무는 흔하고 여러 가지로 유용함(백성)	대나무처럼 흔하면 천하게 된다고 한탄함	일상성 지향정신

제목	유형	소재(배경)	주요 내용(인물)	주제의식	문학요소
66. 追記南征始末	경험	편적과 충군의 시말기(남양)	문제반정의 결과로 정산과 삼가현으로 충군으로 편적되었다가 사면된 시말기	객관적으로 서술하고 개인적 감정을 숨기고 현지인과의 여러 경험을 기술함	자의식, 작가의 감정, 현실인식, 등
67. 小敍	경험	술 마시는 이유(남양)	친구가 술을 마시는 이유는 걱정을 잊기 위해서라고 이야기 형식으로 말함(친구, 나)	봉성에서 많은 글을 쓴 까닭과 친구가 술 마시는 까닭이 같음을 말하며 슬퍼함	자의식, 감정표현 지향정신

3. 유형에 대하여

〈표2〉『봉성문여』의 유형별 분류표

유형	제목의 일련번호	편수
전래형	2, 3, 4, 6, 14, 52, 53, 55.	8
야설형	5, 7, 12, 13, 15, 22, 23, 24, 25, 38, 40, 43, 50, 51, 54, 56, 57, 58, 61, 64.	20
경험형	8, 9, 16, 19, 26, 27, 29, 34, 35, 41, 42, 47, 48, 49, 62, 63, 66, 67.	18
관찰형	1, 10, 11, 17, 18, 20, 21, 28, 30, 31, 32, 33, 36, 37, 39, 44, 45, 46, 59, 60, 65.	21

전체적인 분포를 보면 전래형은 예부터 인근에서 전해 내려오는 이야기에 한정되어 있지만 야설형이나 경험형, 관찰형은 엇비슷한 편수로 분포되어 있다. 李鈺이 삼가현과 그 일대에서 듣거나 행동한 일이 대부분이기 때문에 현장성이 느껴지고 세밀한 묘사와 함께 주변의 현상을 그림 보듯 상상할 수가 있다. 전체적으로 보면 삼기현의 '사람 사는 이야기' 와 고을의 자연환경, 고을의 산물 등 '당시 사람들의 일상성' 을 고스란히 보여주고 있다.

(1) 전래형

금주령을 어기고 동자에게 혼났다는 수령, 이백년 전의 의병의 공이 잊혀져가서 안타까워하는 이야기, 미신, 비석의 내력, 도둑 등 삼기 고을이나 합천 인근에서 전해 내려오는 이야기들을 들은 대로 기술하였으며 자신의 느낌이나 생각을 약간씩 첨부하였다. 한 가지 예를 들어보자.

> 삼기읍(三岐邑)에는 이씨(李氏) 성으로 인천을 본관으로 한 사람이 많은데, 지체가 맑은 사람은 선비가 되고, 아랫사람은 아전 노릇을 하고 있다. 스스로 말하기를, "그들의 먼 조상은 고려말을 당하여 벼슬을 버리고 삼기로 돌아왔으며, 곧장 삼기 땅에 묻히게 되었는데, 청백하고 겸직한 행실이 많았다" 고 한다. 고려왕이 그를 위해 비(碑)만 세우고 묘를 만들지 않았는데, 그 덕이 널리 알려져서 찬양할 필요조차 없기 때문이며, 또한 글이 없더라도 그 사람을 칭송할 수 있기 때문에 비만 세우고 글을 짓지 않았다고 한다. 지금까지 이를 일컬어 백비(白碑)라고 한다.
>
> 일찍이 당나라 때 몰자비(沒字碑)가 있어, 이 일과 유사하다고 들었으나 나는 고루하여 기억하지 못한다. 그 말을 그대로 믿는다면, 또한 기이한 포장(褒奬)이라고 할 만하다. 〈白碑〉

실제로 삼가면(현재의 주소)에 가면 백비가 있어 필자도 직접 가서 본 경험이 있다. 李鈺도 직접 가서 보고 들었는지는 알 수 없으나 백비가 있다는 사실과 그 유래를 듣고 기록한 일은 틀림없는 사실이다. 이렇게 실제로 유적이 남아있는 것이나 이야기로만 전해 내려오는 것이나 담담하게 기록하고 자신의 의견을 첨부하였다. 전래된 이야기를 통해 당시 사람들의 의식구조와 사고방식, 가치관을 간접적으로 엿볼 수 있는 자료가 되고 있다.

(2) 야설형

한 가족의 이야기, 삼기에서 만난 기생 이야기, 효부 이야기, 불륜 사건, 발이 여섯 개 달린 쥐, 개고기 풍습, 도둑, 무당 등 글의 소재는 아주 다양하다.

효부는 성이 박씨인데, 함양 향리의 딸이다. 나이 열일곱에 합천 아전의 자식에게 시집가서 이씨의 며느리가 되었다. 시어머니가 이틀거리에 걸려서 매우 위중하게 되자 부인은 몰래 자신의 넓적다리를 베어 소고기와 섞어 익혀 올리니, 병이 곧장 나았다. 그 일이 알려져 복호되었고, 명절 때마다 관에서 쌀과 고기를 제공하여 그를 표창하였다. 스물다섯에 남편을 잃고, 지금까지 홀로 사는데, 몸가짐이 매우 깨끗하고 엄정하다고 한다. 〈陜川孝婦〉

먼 과거의 이야기인 전래형과는 달리 현재 또는 근래에 있었던 일이 풍문처럼 고을에 퍼져 있는 이야기를, 기사를 채록하듯 적은 글이다. 도덕적이거나 비도덕적이거나 가리지 않았으며 신분이 높고 낮고를 가리지 않았고, 효부효자부터 도둑이나 불륜사건까지, 기이한 이야기까지 이옥에게는 모든 것이 글의 소재가 되었다.

(3) 경험형

삼기고을에 와서 유유자적하듯 생활하며 직접 경험한 일들을 쓴 글이다. 선비의 집에서 극진한 대접을 받은 일, 개인적으로 슬프고 그리운 일, 시문이나 글을 읽고 쓴 독후감 형식의 글도 보이며 삼기 고을에서 본 복식, 날씨 등 매우 자세하게 기록하였다.

나는 평생 서법에 익숙하지 못한 데다 또 기억력이 없어, 외우는 당송(唐宋)의 시구가 십여 구에 지나지 않으며, 붓을 잡아도 감히 배권(杯圈) 만한 크기도 그리지 못한다. 매양 춘첩(春帖)을 만들려고 할 때는 반드시 남의 손을 빌려야 했다. 금년 봄 객지에서 입춘을 맞게 되었는데, 마을 사람들이 내가 글씨를 잘 쓸 것이라 생각하고 사흘 전부터 종이를 들고 찾아온 자들이 발을 이었다. 처음에는 기쁜 마음으로 받아 써 주었으나, 십여 폭이 넘어가자 그만 사양하려 해도 되지 않아 밤을 이어 써야 했다. 모두 사흘 낮밤동안 차 한 잔 마실 시간도 없었고, 서서 준 것이 몇 백 폭인지 알 수도 없었다. …(중략)…

대개 이 고장의 춘첩하는 법은 당(堂)이나 마구간, 부엌이나 뒷간을 가리지 않고 기둥이 있고 종이가 있으면 써서 붙이면 그만이다. 비록 달팽이처럼 작은 집에서도 이 습속을 면치 못하고 있다. 요컨대, 종이는 흔한데 글씨는 귀한 까닭이다. 〈春帖〉

이와 같이 고을 사람들에게 춘첩을 써준 일이나 억울한 여인의 공장을 읽고 애통해 한다든가 여러 사람들과 소풍을 갔다 온 이야기들은 李鈺이 현지에서의 생활 모습이 그대로 드러나고 주변 사람들과의 교류가 얼마만큼 친밀하였는지를 잘 보여주고 있으며, 그 사람들의 생활이나 의식, 풍습 등을 엿볼 수 있는 자료가 되고 있다.

(4) 관찰형

매우 섬세하게 관찰하여 기록하였는데, 꽃과 같은 자연물, 기후, 여자들의 복식, 삼기의 풍경 묘사, 백성들의 생활상인 풍습, 놀이, 시장풍경, 무당의 굿 등을 동영상을 보듯 묘사하였다. 특히 〈시기(市記)〉가 압권인데, 저잣거리를 오가는 50여 명에 대해 창구멍을 통해서 보고 묘사하고 있다. 물건을 사거나 팔아서 들고 오는 사람들과, 서로 인사하거나 서로 희롱하는 두 명 이상의 관계를 나타내기도 하였고, 이어서 집단으로 여자들이나 어린이들을 묘사하였다. 전체적으로 보면 개별적으로 묘사하다가 두 명의 관계로, 단체로, 결국은 시장 전체를 관찰한 기록이라 할 수 있다. (〈市記〉는 여러 요소를 복합적으로 지니고 있어 등장인물의 요소에서 자세히 기술하였다.)

우리나라는 푸른색을 숭상하여 백성들이 대부분 푸른색을 입는다. 남자는 겹옷과 장삼이 아니면 일찍이 이유 없이 흰옷을 입지 않았고, 여자는 치마를 소중히 여기는데, 더욱 흰색을 꺼려 붉은 색과 남색 이외에 모두 푸른 치마를 둘렀으며, 상의는 한 가지 색깔이 아니지만 삼년 복을 입지 않으면 또한 일찍이 이유없이 흰옷을 입지 않았다.

그러나 유독 영남의 우도(右道)만은 남녀가 모두 흰옷을 입으며, 아녀자들 중에 비록 …(중략)… 그 사람들은 대개 푸른색을 천시하고 흰색을 숭상하기 때문이다. 〈白衣裳〉

관찰의 방법은 1인칭 객관적 시점이라 할 수 있으며 자세한 관찰과 묘사를 한 후 자신의 의견이나 비판을 조금씩 첨부한 특징을 지니고 있다. 李鈺이 귀양살이를 한다는 느낌을 전혀 주지 않으며, 현지인처럼 오래도록 그곳에서 살아온 사람으로 봐도 전혀 어색하지가 않게 서술하였다.

4. 소재에 대하여

『봉성문여』 전편의 소재를 분류한다는 것은 매우 어려운 문제일 수 있다. 왜냐하면 인물과 생활상이 혼재되어 있거나, 사건이 있으면 거기에는 반드시 인물이 있는 경우, 미풍양속이거나 악풍의 경우에도 사건과 인물이 등장하는 경우가 있는 복합적인 것이기 때문이다.

예를 들어 〈納田鄕校〉의 내용을 보면, 아버지와 딸들의 등장인물과 효성을 시험해 보는 이야기로 딸들의 여러 가지 이야기를 통해 당시의 생활상이

〈표3〉『봉성문여』의 소재별 분류표

번호	소재	빈도	번호	소재	빈도
1	복식	3	6	인물	15
2	미풍	3	7	생활상	14
3	악풍	2	8	무당굿	6
4	자연물	7	9	효열	4
5	사건	11	10	기타	2

나 가치관, 일반적 풍습을 간접적으로 알 수 있는 매우 복합적 소재를 지닌 경우이다. 다만 이와 같이 혼재되어 있을 경우는 전체적인 소재의 '경향성'(傾向性)이 어느 쪽으로 더 기울였는가를 판단하여 분류하였다.

〈표3〉에서 보는 바와 같이 사건(11회), 인물(15회), 생활상(14회)이 가장 많은 빈도로 나타나고 있다. 이는 『봉성문여』를 통하여 그 당시의 상황이나 사람들의 생활 모습들이 직접적으로나 간접적으로 독자가 경험하는 듯한 현장성과 일상성을 지니고 있다는 데 의의가 있다.

불미스런 '사건' 의 한 예를 보자.

봉성의 주민 노대천은 그 집이 명적암 가까이에 있어, 절의 중인 한영과 더불어 친하였다. 중은 대천의 집을 오고 가며 대천의 처와 정을 통하였다. 대천의 처는 중과 더불어 대천을 죽일 것을 도모했는데, 중은 대천과 더불어 저자에 가서 대천에게 술을 많이 마시게 했다. 대천이 몹시 취하게 되자 중은 대천을 부축하여 대천의 집으로 돌아와, 대천이 깊이 곯아떨어지기를 기다렸다가 부엌칼을 가지고 대천의 목을 찔렀다. 칼끝이 무딤으로 인해 숨통은 끊어지지 않고 피가 흘러 방안에 가득하였다. 대천이 비로소 잠에서 깨어나 급히 일어나서 중의 입을 깨무니, 중은 드디어 처와 더불어 도망쳤다. 대천은 이 사실을 관에 알리니, 관에서 뒤쫓아 초계당에서 그들을 체포하여 돌아왔다. 대천의 처는 장살되고, 중은 오래도록 감옥에 갇혔으나 옥사가 결말이 나지 않은 채, 또 달아나 도망쳤다. 또한 하나의 괴이한 일이다. 〈僧獄〉

따스한 남쪽 지방의 기후를 말하면서 복식을 더불어 설명한 예를 보자.

나는 10월 그믐날 봉성에 도착하여, 겨울을 여사(旅舍)에서 보냈다. 여사의 종이창이 매우 엉성하였고, 흙벽에는 틈이 난 곳이 많아, 매양 바람이 불면 등불이 흔들리곤 하였다. 또 옷과 이부자리의 따듯함과 포근함이 집에 있을 때만 못하였다. 그래서 추위를 크게 걱정하였으나 겨울이 다 지나가도록 춥지 않았다. 마을 아이들은 바지도 입지 않은 채 달리며 장난을 쳤다. 때때로 눈이 내리는 날도 있었으나 그 눈은 모두 공중의 꽃일 뿐이요, 땅에 떨어져서는 녹아 없어졌다. 삼동을 지내는데 추위 때문에 한 번도 걱정된 적이 없었다.

이 고장 사람들의 말에 "이곳은 서울에 비해 겨울이 따뜻하여, 매양 서울에서 오는 사람들은 이곳에 이르러 옷의 솜을 줄였다"고 한다. 〈冬援〉

5. 인물에 대하여

〈표4〉『봉성문여』에 등장하는 인물 유형

번호	인물	빈도	번호	인물	빈도	번호	인물	빈도
1	평민	18	7	나(이옥)	8	13	노비	3
2	동자	4	8	무당, 기생	6	14	어부	2
3	수령	2	9	도둑	3	15	병사	다수
4	의병장	1	10	효부효자	4	16	시장인	다수
5	벼슬아치	3	11	중	4	17	기인, 당인	3
6	선비	5	12	아낙(과부)	5	18	사당패	다수

역시 한 편에 두세 명씩 등장인물이 나오는 경우를 포함하여 십수 명이 떼로 몰려다니는 인물(사당패), 또는 오십여 명이 등장하기도 한다.(〈市記〉, 저잣거리를 오가는 사람들)

李鈺이 관찰하여 기록한 자연물이나 시설물에는 등장인물이 나오지 않는 경우도 많다. 주목을 끄는 것은 신분과 관계없이 다양한 사람들이 등장한다는 점이다. 양반인 수령이나 선비도 있고 천민이라 할 수 있는 노비나 사당패, 무당뿐만 아니라 유교적 가치관 속에서는 있을 수 없고 글자화 될 수 없는 불륜을 저지르는 중과 아낙의 이야기, 사당패 여자와 동침하며 사기 치는 이야기까지 거리낌 없이 등장시키고 있다.

李鈺의 의식 속에는 고고한 양반에서부터 당시로는 천대받는 신분의 사람들과 아녀자, 과부, 거리에서 노는 아이들까지 모두 글의 대상이며 묘사와 서술의 대상이었다. 예사롭지 않은 두 편의 글을 보도록 하자.

어떤 어부가 그물 하나로 생업을 삼았는데, 단성 쟁탄의 굽이에 그물을 쳐놓고 여울가에 있는 반석 위에 앉아 고기를 기다리고 있었다. 날이 이미 저물자 웬 횃불이 번개처럼 번쩍거리며 다가왔다. 어부는 그것이 호랑이인 줄 알았으나 피할 수가 없어서, 드디어 알몸으로 물속에 뛰어들어 여울목으로 헤엄쳐 갔다. 호랑이는 어부가 앉아 있던 곳에 걸터앉아 자리를 지키고 떠나지 않았다.

얼마 후에 물 밑에서 꿈틀거리며 뭔가 다가오는 것이 있음을 깨닫고 만져보니 이번에는 이무기였다. 달아나기도 전에 이무기가 재빨리 어부의 다리를 감았는데, 굵기가 허벅지만하고 조이는 것은 쇠로 감는 듯하였다. 어부가 급히 손으로 이무기의 턱을 잡고 대가리를 바위에 쳤는데 단단하여 깰 수가 없었다. 곧바로 바위 위에 누워 이무기의 다리를 바위의 모서리 진 곳에 매우 급하게 갈았더니, 드디어 이무기가 네다섯 토막으로 끊어졌다.

이무기가 죽고 호랑이도 떠나고 나서야 어부는 물에서 나와 하늘을 우러러 통곡하며, "하늘은 내가 고기 잡는 것을 바라지 않는구나. 내 차라리 집에서 굶어 죽으리라" 하고는 그물을 찢어버리고 떠나갔다.

아! 어떤 산인들 호랑이가 없으며, 어떤 물인들 이무기가 없겠는가마는 어부 중에 그물을 찢어버린 사람은 나는 보지 못하였다. 〈漁者毁網〉

이 글에 등장하는 인물은 분명 어부이다. 그런데 이 어부는 호랑이에게 쫓겨 물속으로 피했고, 물속에서는 이무기를 만나 죽을 뻔하다가 탄식하기를 "하늘은 내가 고기 잡는 것을 바라지 않는구나. 내 차라리 집에서 굶어 죽으리라" 하고는 그물을 찢어버리고 떠났다고 하였다. 그뿐 아니라 "어부 중에서 그물을 찢어버린 사람을 보지 못하였다" 고 말한다.

이 글은 전래형의 글이지만 거의 창작에 가까운 글이다. 알레고리를 함유한 상징성이 강하고 李鈺 자신의 처지에 대한 비유의 의미로서 매우 문학적인 모티브라고 할 수 있다. 李鈺 스스로도 '길 잃은 사람', 또는 '초야에 사는 백성' 이라 하며 자조적인 말을 하였는데, 문체반정 이후 충군의 처지로 낯선 남쪽으로 귀양을 온 그는 '글쓰기' 외에는 할 것이 없었다. 어부가 되려고 해도 어부가 될 수 없는 사람처럼 이옥에게는 입신출세나 사회적으로 인정받는 무엇인가를 할 수 없는, '국외자' 에 지나지 않는다는 것을 이 작품을 통해 보여주고 있는 듯하다.

그물을 찢어버린 어부는 보지 못하였다고 하지만, 李鈺은 자신이 그물을 찢어버린 어부에 지나지 않음을 자탄하고, 소외되어 버린 자에 지나지 않음을 문학적 메타포어로 전하고 있다.

또 한 편의 글을 자세히 읽어 보자.

내가 머물고 있는 집은 저자와 가까운 곳이다. 매양 2일과 7일이면 저자에서 들려오는 소리가 왁자지껄하였다. 저자 북쪽은 곧 내가 거처하는 남쪽 벽 아래인데, 벽은 본래 바라지도 없는 것을 내가 햇빛을 받아들이기 위해 구멍을 뚫고 종이창을 만들어 놓았다. 종이창 밖, 채 열 걸음도 되지 않는 곳에 낮은 둑이 있는데, 저자에 가기 위해 드나드는 곳이다. 종이창에는 또한 구멍을 내어 좋았는데, 겨우 한쪽 눈으로 내다볼 만하였다. 12월 27일 장날에 나는 무료하기 짝이 없어 종이창의 구멍을 통해서 밖을 엿보았다. 때는 금방이라도 눈이 내릴 것 같고 구름 그늘이 짙어 분별할 수 없었으나, 대략 정오를 넘기고 있었다.

소와 송아지를 몰고 오는 사람, 소 두 마리를 몰고 오는 사람, 닭을 안고 오는 사람, 문어를 들고 오는 사람, 멧돼지 네 다리를 묶어 짊어지고 오는 사람, 청어를 묶어 들고 오는 사람, 청어를 엮어 주렁주렁 드리운 채 오는 사람, 북어를 안고 오는 사람, 대구를 가지고 오는 사람, 북어를 안고 대구나 문어를 가지고 오는 사람, 잎담배를 끼고 오는 사람, 미역을 끌고 오는 사람, 섶과 땔나무를 메고 오는 사람, 누룩을 지거나 이고 오는 사람, 쌀자루를 짊어지고 오는 사람, 곶감을 안고 오는 사람, 종이 한 권을 끼고 오는 사람, 짚신을 들고 오는 사람, 미투리를 가지고 오는 사람, 큰 노끈을 끌고 오는 사람, 동이와 시루를 짊어지고 오는 사람, 돗자리를 끼고 오는 사람, 나뭇가지에 돼지고기를 꿰어 오는 사람, 강정과 떡을 들고 먹고 있는 어린아이를 업고 오는 사람, 병 주둥이를 묶어 휴대하고 오는 사람, 짚으로 물건을 묶어 끌고 오는 사람, 버드나무 상자를 지고 오는 사람, 광주리를 이고 오는 사람, 바가지에 두부를 담아 오는 사람, 사발에 술과 국을 담아 조심스럽게 오는 사람, 머리에 인 채 등에 지고 오는 여자, 어깨에 무엇을 얹은 채 어린아이를 이고 오거나 머리에 이고 다시 왼쪽에 물건을 낀 남자, 치마에 물건을 담고 옷섶을 잡고 오는 여자, 서로 만나 허리를 굽혀 절하는 사람, 서로 이야기를 나누는 사람, 서로 화를 내며 발끈하는 사람, 손을 잡아끌어 장난치는 남녀, 갔다가 다시 오는 사람, 왔다가 다시 가는 사람, 갔다가 또 다시 바삐 돌아오는 사람, 넓은 소매에 자락이 긴 옷을 입을 사람, 저고리와 치마를 입은 사람, 좁은 소매에 자락이 긴 옷을 입는 사람, 소매가 좁고 짧으며 자락이 없는 옷을 입는 사람, 방갓에 상복을 입은 사람, 승포와 승립을 한 중, 패랭이를 쓴 사람 등이 보인다.

여자들은 모두 흰 치마를 입었는데, 혹 푸른 치마를 입은 자도 있었고, 아이로서 의대를 갖춘 자도 있었다. 남자가 머리에 쓴 것 중에는 자줏빛 휘항(주: 방한모)을 착용한 자가 열에 여덟아홉이며, 목도리를 두른 자도 열에 두셋이었다. 패도(주: 칼집이 있는 작은 칼)는 어린아이들 역시 차고 있었다. 서른 살 이상 된 여자는 모두 조바위를 썼는데, 흰 조바위를 쓴 이는 상중에 있는 사람들이다. 늙은이는 지팡이를 짚었고 어린아이는 어른들의 손을 잡고 갔다. 행인 중에 술 취한 자가 많아, 가다가 엎어지기도 하고 급한 자는 달려갔다. 아직 다 구경을 하지 못했는데, 나무 한 짐을 짊어진 사람이 종이 창밖에서 담장을 정면으로 향한 채 쉬고 있었다.

나 또한 궤안에 의지해 누웠다. 세모(歲暮)인 터라 저자가 더욱 붐비고 있다.

〈市記〉

유배지의 저잣거리와 가까운 방에서 햇빛을 받아들이기 위해서 종이창을 낸다(바라지). 게다가 겨우 한쪽 눈으로 밖을 내다볼 수 있는 작은 구멍을 뚫는다. 무료하기 짝이 없어 그 구멍으로 밖을 내다본다.

李鈺은 방안에 앉아서 밖(세상)을 내다보고 있는 행위는 세상에 나가 살고 싶어도 그럴 수 없는 자신의 처지와 비유된다. 한없이 궁상맞고 초라한 샌님으로 보이기도 하고 '소외된 자의 외로움' 이 그대로 묻어나는 환경 설정이고 그런 애틋함이 엿보인다.

장에 볼일을 보러 오고가는 사람들의 묘사가 자그마치 51명에 이른다. 대부분 한 개인에 대한 묘사이지만 가끔은 두 사람 사이의 관계를 나타내기도 한다.(서로 만나 허리를 굽혀 절하는 사람, 서로 이야기를 나누는 사람, 서로 화를 내며 발끈하는 사람 등) 이어서 집단으로 묘사한 부분도 있는데 여자들, 아이들, 남자들이 등장한다. 인물의 묘사라는 관점에서 보면 단순한 행동과 표정에 지나지 않지만 시장을 오고가는 그 많은 사람에 대한 관찰과 묘사는 당시의 시대상을 생생히 보여주고 반영시켜 주는 기능을 하고 있다.

끝부분에 "아직 다 구경을 하지 못했는데, 나무 한 짐을 짊어진 사람이 종이창 밖에서 담장을 정면으로 향한 채 쉬자, 나 또한 궤안에 의지해 누웠다" 며 끝나고 있다. 무기력한 모습이며 소극적이다. 무저항이며 운명에 순응하는 이미지이다. 그것이 李鈺의 생애를 바라보는 핵심이다.

그러나 문학적인 관점에서 본다면 작가로서의 李鈺은 그것만큼 큰 고통은 없을 것이고 그것을 견뎌내야 하는 자신의 처지가 한없이 부끄러웠을 것이다. 그런 무기력한 글쓰기, 무저항의 글쓰기가 현대에서도 통하는 작가적 문제의식의 하나라고 제시해 본다.

6. 주제에 대하여

앞에서 고전문학과 근·현대문학의 일반적 특성에 대해서 비교하고 논의해 보았다. 문학적 요소가 고전, 근대, 현재로 확연히 구별되는 성격의 것이 있는가 하면, 전 시대에 거쳐 문학성을 지닌 요소가 공존하고 있음을 이미 밝힌 바 있다. 〈표5〉에서 제시한 것처럼 문학적 요소의 추출과 분류의 편의를 위해서, 사회 비평적 요소, 작가 정신적 요소로 나누고 그 준거를 밝히고, 하위 요소를 네 가지씩 설정하였다. 그에 따른 대표적인 〈문여〉의 글을 한두 편씩 소개하고자 한다. 물론 주제 의식이 애매하거나 객관적 시점의 글은 가능한 한 생략하였다.

〈표5〉 주제의 현대 문학적 요소

분류	1. 사회 비평의 요소
준거	사회의 반영, 민중생활, 저항의식, 고발과 비판, 현실 인식
하위요소	① 사회의 반영 ② 풍자, 비판 ③ 해학성 ④ 현실 인식
분류	2. 작가 정신의 요소
준거	비인간화, 현실 참여, 작가의 심정, 개성, 지향정신, 도덕성, 자의식
하위요소	① 자의식 ② 지향정신 ③ 도덕성 ④ 작가의 감정

(1) 사회 비평적 요소

① 사회의 반영

당시 사회의 일상성, 또는 사회상을 직접적이거나 간접적으로 엿볼 수 있는 작품들은 많으나 〈僧寺興廢〉, 〈女子名心〉, 〈春帖〉, 〈乞供〉, 〈愛琴供狀〉, 〈觀瀑之行〉, 〈市記〉 등이 해당된다.

매구굿을 하며 촌락을 돌아다니면서 살과 돈을 요구하는 것을 또한 걸공(乞供)이라 한다. 정월 열 이튿날, 큰 둑 아래에서 걸공을 하는 이들이 있었다. 한 사람은 흑의(黑衣)에 전립을 쓰고 큼지막한 푸른 색 기를 든 채 앞장을 섰고, 한 사람은 백로 깃털의 지화를 꽂은 갓을 쓰고 흰옷을 걸쳤으며, 다섯 사람은 전립을 쓰고 검은 겹옷을 걸치고 춤을 추었고, 또 두 명의 아이는 전립을 쓰고 꽹과리를 들었고, 세 사람은 전립을 쓰고 징을 들었으며, 한 사람은 전립에 흰 겹옷을 입고 큰 죽통을 들었으며, 한 사람은 개가죽 모자를 쓰고 짧은 옷에 조창(화승

총)을 들었다.…(중략)…

징과 북이 땅을 울리니 마을 사람들은 모두 놀랐다. 현감은 그 우두머리 세 사람에게 매를 때려 놀이를 하지 못하도록 하였고, 조창과 나팔을 몰수하여 병고(兵庫)에 넣어버렸다. 〈乞供〉

여섯 편 정도가 무당 또는 사당패를 소재로 한 글이 나오는데, 이 글도 매우 섬세하고 구체적이며 열서넛 명의 등장인물의 면면을 자세히 묘사하였다. 사당패들이 돌아다니며 하는 여러 유형의 행동을 객관적으로 서술하고 설명하면서 당시의 시장 분위기나 살아가는 모습 〈乞供〉, 그리고 관청에서 보이는 반응, 걸공들에 대한 백성의 관심도나 도덕적 판단, 관에서 판단하는 관리의 문제, 이것을 받아들이는 백성의 반응이 잘 설명되고 있다. 그 당시 사회에서의 무당이나 사당패, 또는 그에 비견되는 샤머니즘적 신앙행위가 실제로 본 그대로 설명하고 묘사하여 사회의 진면목과 풍속을 그대로 잘 드러나 있다.

② 풍자, 비판

〈納田鄕校〉, 〈鄕飮酒禮〉, 〈佛頭花〉, 〈巫祀〉, 〈巫歌之訛〉, 〈諺稗〉, 〈愼火〉, 〈俗喜爭訟〉 등이 해당된다.

국가에서 향음주례(鄕飮酒醴)를 하여 여러 고을에 반포하여, 고을마다 많이 이를 시행하고 있었다. 삼기의 선비들이 향교의 교문을 신축하면서 향음주례를 행하여 낙성식할 것을 청하였다. 이에 현감이 향대부(鄕大夫)로서 주인의 일을 맡았으나, 고을에 빈(賓)으로 모실 만한 사람이 없었다. 고을 향교에는 또한 붕당(朋黨)이 있어 서인과 남인으로 나뉘어 있었다. 나이로 치면 남인의 선비가 마땅히 빈이 되어야 하는데, 주인이 무리들에게 이끌린 바가 되어 서인의 선비를 끌어다가 빈으로 앉히니, 남인의 선비들이 원망하며 이 모임에 참석하지 않았다. 들으니 향음례가 시작되었을 때 빈으로부터 이하 사람이 두서없이 움직여

예를 이루지 못한 자가 많았다고 한다.

아! 다만 개를 잡았을 뿐, 왕도(王導)가 쉬이 행해지는 것을 나는 보지 못하였다. 편벽되도다. 작은 현(縣)의 향교에서 또한 어찌 서와 남으로 갈린단 말인가!

〈鄕飮酒禮〉

이 글에서는 서인과 남인으로 갈려 갈등을 벌이고 있는 현지 고을에 대한 풍자와 비판이다. 자신이 직접 목격하고 느낀 향음주례의 행사에 대해 구체적인 비판을 하고 있지만 李鈺은 관찰자 내지는 객관적 화자이지 직접 개입하거나 간섭하지 않는다. (이는 李鈺의 한결 같은 글쓰기의 관점이다.) 작은 마을에서조차 서인과 남인으로 갈려 제대로 된 고을 행사를 하지 못하고 있음은, 현대 사회에서도 거의 비슷한 갈등구조로서, 지연, 혈연, 학연의 갈등과 다를 바가 없는 개연성을 보여준다. 다른 작품에서도 딸들의 효성을 시험해 보는 아비나 그 딸들의 문제 〈納田鄕校〉, 관리들의 횡포와 부조리 〈愼火〉, 불필요한 송사를 일삼는 백성들 〈俗喜爭訟〉, 무식한 무당들과 그를 모르고 따르는 백성들에 대한 안타까움 〈巫祀〉, 〈巫歌之訛〉 등이 절절하게 묘사되고 당시 사회의 어둠과 아픔을 적절한 풍자와 비판으로 표현해 내고 있다.

③ 해학성

〈社黨〉, 〈湖陰先生〉, 〈除夕先祭〉, 〈愛琴供狀〉, 〈墨房寺鼓〉, 〈張翼德保〉 등이 해당된다.

묵방사(墨房寺)에 잘 어울리는 오동나무 북이 있었다. 절이 없어지자, 고을 원이 현(縣)의 문루를 새로 단장하고 그 북을 가져다 걸려고 하였다. 북은 매우 커서 직경이 구척쯤 되고, 높이는 직경의 반이었다. 여러 사람들이 같이 메고 올 것을 상의하였는데, 그래도 모두 어렵게 여겼다. 문졸(門卒) 중에 혼자서 가져 오겠다는 자가 있어서, 가더니 북을 분해하여 오동나무 북 조각을 가죽으로 싸서 돌아왔는데 겨우 한 짐이었다. 북을 가져왔으나 다시 북을 만들 수가 없었다. 원이 화가 나서 그를 꾸짖으니, 문졸은 골이 난 듯이 말하였다.

"가져오기는 어렵지 않았지만 참으로 고생은 되었습죠. 그리고 한 조각도 멋대로 훔치지 않았습니다."

사람들이 모두 웃었다. 〈墨房寺鼓〉

〈봉성문여〉의 많은 글 중 특별히 해학성을 지닌 글은 그리 많은 편이 아니다. 아마도 전래나 풍문처럼 들은 이야기를 사실적이고 객관적으로 옮기다 보니 약간의 허구적 요소를 배제한 까닭이라 판단한다. 또 당시의 시대상에서 李鈺이 듣고 글로 옮길 수 있는 한계일 수도 있다.

하지만, 위의 글에서처럼 평범한 문지기 병사가 하는 행동이나 이를 나무라는 원님과 동료들의 반응에서 느긋한 여유를 읽을 수 있고 인간적이고 서민적인 모습을 볼 수 있다.

몸을 팔고 사는 여자를 오히려 사기를 치는 일이나 〈社黨〉, 무식하여 조상에 대한 전래되는 사연이 왜곡되는 일 〈湖陰先生〉, 영남의 하층 백성들은 정월 초하룻날 제사에도 떡국을 쓰지 않는 풍습에서 떡국을 먹지 않으니 한 살을 헛먹었다는 이야기 〈除夕先祭〉는 웃음을 절로 나오게 만든다.

또, 애금이라는 여자는 시집을 갔다가 남편으로부터 홀대를 받고, 산 중에서 겁탈을 당하는 사건이 벌어지고, 재혼하였더니 겁탈한 남자가 찾아와 자기와 살기로 했다고 사기를 치자 이를 억울하다고 공장(供狀)을 내게 되는 사연인데, 그 문장은 고서의 문장을 적재적소에 인용하는 李鈺의 박학다식함을 유감없이 발휘하는 글이다. 그러면서 李鈺은 이 사연을 무료할 때 이야깃거리로 삼고자 한다고 말하였다.

④ 현실인식

〈觀瀑之行〉, 〈俗喜爭訟〉, 〈方言〉, 〈市記〉 등이 해당된다.

어떤 세 사람이 동헌에 소송을 하여, 섬돌 앞에 나란히 꿇어앉았다. 그들이 소

송하는 것은 삼백 전짜리 송아지 한 마리였다. 원이 책망하기를,

"그대들은 이 고을 양반이 아닌가? 또한 노인인데, 송아지 한 마리가 무슨 대단한 것이라고 세 사람씩이나 와서 이렇게 하는가?"

라고 하자, 그들은 사과하면서

"부끄럽습니다. 그렇지만 소송할 일은 반드시 해야지요."

하고는 말을 마치고 돌아갔다. …(중략)…

그들의 풍속이 매우 억세고 융통성이 없어, 단지 다툴 일이 있기만 하면 꼭 소송을 하는 것이다. 〈俗喜爭訟〉

"그들의 풍속이 매우 억세고 융통성이 없어, 단지 다툴 일이 있기만 하면 꼭 소송을 하는 것이다"라고 한 말이 이 글의 결론이다. 당시의 시대 풍속이나 사람들의 가치 인식이 그대로 드러나는 사연이다. 소송에 드는 비용보다 소송에서 이기는 일이 더 중요하다는 그들의 현실 인식을 그대로 반영해 주고, 작가인 李鈺이 보는 현실도 그대로이다.

〈觀瀑之行〉에서 보이는 적나라한 기행문적(記行文的) 사실을 섬세하게 묘사한 내용은 李鈺이 보여주는 가장 특징적 작품의 하나이다. 합천의 황계폭포를 이틀에 거쳐서 구경하고 오는 내용인데 거기에 등장하는 열네 명의 동행자와 마을 사람, 중과 하인들의 일들을 낱낱이 묘사하고 있다. 그 과정에서 생긴 우습고 재미있는 이야기, 힘들고 무서운 이야기를 자세히 서술하여 당시의 생활 모습이나 신분에 따른 사람들의 역할을 확연히 엿볼 수가 있다.

李鈺은 이런 글을 쓰면서 이 글을 거울삼아 훗날 낭패당하는 사람이 없기를 경계한다고 하였다. 〈方言〉에서는 61개의 방언을 예로 제시하면서 이해하기 힘들다고 하면서도 이 고장에 와서 한 달 남짓이 되자 점차 익숙해지고 이해할 수 있게 되었다고 말한다. 특히 〈市記〉에서는 당시의 저잣거리를 묘사한 작품으로는 압권이라고 할 수 있다.(앞의 글 참조)

(2) 작가 정신의 요소

① 자의식

〈市記〉, 〈漁者毁網〉, 〈鵲巢〉, 〈追記南征始末〉, 〈小敍〉 등이 해당된다.

> 내가 머무르고 있는 집 바로 남쪽 문 밖에 둑이 있고, 둑 위에는 나무가 있는데, 나무 꼭대기에 까치가 둥지를 틀었다. 나의 방에서는 남작(길조)이 되는 것이다. 마을의 부로(父老)들이 와서 축하해 주는 이가 많았다.
>
> 내가 입춘에 시 한 연을 써서 벽 위에 걸었다.
>
> 젊은 날 웅대한 계획은 (少日雄圖)
> 북해의 큰 봉새를 잡는 것이었는데 (搏鋸鵬於北海)
> 신년의 길어는 (新年吉語)
> 남쪽 까치집에서 신령스런 까치로 징험하리라 (驗靈鵲於南巢)
>
> 〈鵲巢〉

까치가 둥지를 틀고 그 길조로 인해 축하를 받았고 '나'는 시를 써서 벽에 걸었다는 내용이다. 젊은 날엔 무언가 큰 벼슬을 하면서 출세를 하여 세상을 휘잡는 붕새가 되고 싶은 꿈이었지만, 현실은 그렇지 못하고 유배생활을 하는 자신을 비유하고 꿈속, 또는 간접적인 경험이라도 하고 싶은 마음이 드러나 있다.

앞서 제시한 〈市記〉, 〈漁者毁網〉에 나타나는 李鈺 자신에 대한 입장과 작가적 시점은 더 부연하지 않기로 한다(앞의 글 참조). 李鈺의 현실적인 문제에 직면한 사항에서도 마찬가지이다. 李鈺은 많은 글(文餘, 傳, 俚諺 등) 중에 자신의 이야기를 심각하게 토로, 또는 자술하는 글은 거의 없다. 그 중 〈小敍〉는 李鈺의 자의식, 또는 그의 글쓰기의 연유를 가장 잘 알 수 있는 '고백서'라 할 수 있다.

나의 동인 중에는 걱정이 많아 술 좋아하기를 일삼는 사람이 있는데, 술이 맑아도 마시고, 달아도 마시고 시어도 마시고, 진해도 마시고 묽어도 마시고, 많아도 마시고 적어도 마시고, 벗이 있어도 마시고 벗이 없어도 마시고, 안주가 있어도 마시고 안주가 없어도 마신다.

…(중략)…

나는 그의 말을 옳게 여기고, 그의 심정을 슬프게 여겼다. 아아! 내가 봉성에서 지은 글이 또한 동인이 술을 마시는 것과 같은 것인가.

봉성에서 돌아온 후 경신년(1800년) 5월 하순에 화석정사(花石精舍)에서 쓴다.

〈小敍〉

② 지향정신

〈白棗堂〉, 〈逍遙子詩〉, 〈剪燈新話註〉, 〈竹〉, 〈小敍〉, 등이 해당된다.

소요자(逍遙子) 윤주첨은 본래 호남 사람이다. 떠돌아다니다가 영을 넘어 우거하였는데, 가난하여 삼기에서 아전 노릇을 하며 부모를 봉양하였다. 부모가 돌아가자 다시 아전 노릇을 하지 않았다. 그에게 시문(詩文) 두 권이 있어, 그 집에서 소장하고 있는데, 나는 그 손자 덕준을 통해 얻어서 읽어 보니, 또한 '혼원(渾圓)하여 쓸 만한 것이었다.

…(중략)…

또 〈행화(杏花)〉의 시에

정원의 바람은 가볍고 해그림자 돌아드니(庭院風輕日影回)

꽃잎은 어지러이 날리고 동구 문은 열렸네(飛花撩亂洞門開)

우습구나. 봄 경치를 찾는 저 유람객이(笑他遊俠探春子)

잘못 산가를 향해 술을 물으러 오네(誤向山家問酒來)라고 하였다.

그는 일찍이 마을 글방에 노닐면서 문학에 뜻을 두었으나 집이 가난하여 뜻을 이루지 못한 것이다. 그 집에는 아직도 전하는 교양이 있어서, 여느 아전들과는 다르다고 들었다. 배움이 사람에게 영향을 끼침이 이와 같도다. 〈逍遙子詩〉

보통의 아전들과는 다르게 교양이 있고 시문도 쓸 줄 아는 한 사람을 인물평을 하듯이 쓰고 있다. 부모를 봉양하기 위해 아전 노릇을 하는 매우 효성스런 모습을 보여주며, 3편의 시를 소개하고 그의 박식함을 칭찬하는가 하면, 가도(家道)를 바르게 하거나 수령들의 지침이 될 만한 글을 옛날 책에서 뽑아 모은 책을 썼다고 소개하였다. 비록 가난하여 문학을 크게 이루지 못하였어도 그 배움의 영향이 얼마나 큰 것인가 하는 내용이다.

李鈺의 여러 글에서, 이옥 자신도 매우 다양하고 깊고 넓은 독서량을 지녔음을 알 수 있는데, 위의 윤주첨이란 사람과 자신을 동일시하며 그의 박학함을 자신과 견주어 보는 뜻을 지니고 있다.

지극한 효성은 허황된 이야기라 하여도 믿을 수 있다는 이치를 내세워 효심을 칭찬하거나 〈白棗堂〉, 〈전등신화〉에 대해 매우 해박한 설명을 하고 주석의 잘된 점과 잘못된 점을 일일이 열거하며 우리나라에서는 쉽고 속된 작품을 읽는다는 비판을 곁들인다〈剪燈新語註〉. 또 대나무는 매우 유용하게 쓰여 귀한 나무인데 흔하다 보니까 사람들은 천하게 여긴다는 비판을 하는데 〈竹〉, 당시 사회에서의 전통적 가치관을 옹호하거나 칭찬하고 여기에 비판을 곁들여 하고자 하는 자신의 의견을 보태기도 하였다.

작가로서의 李鈺은 사람이 나아갈 길이 무엇이고 지향해야 할 것이 무엇인지를 암시 또는 전례처럼 작품으로 내보이고 있다.

③ 도덕성

〈童子戒酒〉, 〈僧獄〉, 〈郭氏旌閭〉 등이 해당되나 따지고 보면 거의 모든 글이 해당된다고 볼 수 있다. 여기서는 효열, 준법성, 윤리에 대해서만 언급하고자 한다.

현풍(玄風) 곽씨(郭氏)의 정려(旌閭)의 성대함은 진작 세상에 알려져 있었다. 나는 고령에 사는 곽씨를 만나 보니 " 정문(旌門)에 든 분이 모두 열 셋인데, 존재 곽준과 그 두 아들과 두 며느리는 한 집안에서 삼강(三綱)을 이루었습니다.

그 후 형제 네 분도 모두 효로 정문에 올랐으며, 나머지 분들도 모두 효자나 열녀였습니다. 또한 곽씨 집안사람으로 시집을 가서 열녀로 정문에 든 분도 또한 십여 집이나 됩니다"라고 한다.

아, 거룩하도다! 서울 자연향의 이씨 집안에 여덟 사람이 홍살문에 들어 사람들이 모두 장하게 여겼는데, 곽씨는 이보다 더 많다. 혹시 씨족이 남들과 달라서인가? 또한 가훈의 유풍이 예로부터 전수되어서인가? 또한 거룩하도다.

〈郭氏旌閭〉

곽씨 집안에서 많은 효자와 열려가 났음을 크게 칭찬하며 매우 거룩한 일이라고 말한다. 전통적 도덕의식인 효열을 주제로 한 글은 몇 편 더 소개하고 있다(〈納田鄕校〉, 〈陜川孝婦〉, 〈山淸烈婦〉 등).

그런가 하면 금주령이 내려져 있는데 수령이 몰래 술을 마시고 있음에 어린 동자가 시를 지어 꾸짖었다는 내용은 신선하면서도 풍자성이 돋보인다〈童子戒酒〉. 또 당시의 불륜 사건을 소개하였는데, 암자의 중이 가까이 사는 여인과 정을 통하고 여인의 남편을 죽이기로 공모하였다가 남편을 살해하는데 실패하여 도망을 갔지만 붙잡혀 여인은 장살(杖殺)되고 중은 감옥에 갇혔다가 도망갔다는 내용으로 매우 괴이한 일이라고 한탄한다〈僧獄〉.

이와 같이 부도덕한 일에 대해서는 비판하고 풍자하면서 열녀나 효자에 대해서는 매우 거룩하다고 찬사를 보낸다〈郭氏旌閭〉.

④ 작가의 감정

〈唐人乞糧文〉, 〈錯呼雲得〉, 〈漁者毁網〉, 〈鵲巢〉, 〈追記南征始末〉, 〈小敍〉 등이 해당된다.

내가 임자년 봄, 성균 생원으로 있을 때 매양 상사에 가서 유숙하였다. 양운득이라는 아이가 있어 당시 나이가 겨우 열두 살이었는데, 성품이 매우 총명하였고, 체구는 단소하지만 그래도 예쁘장하게 잘 생겨 사랑할 만하였다. …(중략)…

내가 시갑을 사랑함은 단지 시갑을 사랑할 뿐만 아니라 운득을 사랑함으로써 시갑을 사랑한 것이다. 내가 이미 그를 운득으로 보았으니, 그러므로 매양 새벽 꿈이 아직 깨지 않을 즈음, 일이 있어 급히 부를 때 부지불식간에 그를 운득이라 불렀다. 자주 그런 식으로 부르게 되자 그도 또한 대대로 응하게 되니, 곁에 있는 사람들이 모두 이상하게 여겼다. 나 또한 스스로 잘못 부른 것을 부끄럽게 여기나 내가 운득을 사랑함이 깊고, 시갑이 운득을 닮음이 흡사하기 때문이다.

〈錯呼雲得〉

李鈺이 성균관에 있을 때 자신이 아끼고 사랑했던 운득이라는 아이의 총명함과 성실함을 추억처럼 얘기하고, 운득이 병으로 죽었으나 아직도 잊지 못하고 애석해 한다. 봉성에 와서 마을의 동자인 시갑을 만나게 되었는데, 과거 운득처럼 말씨와 행동이 흡사하게 닮다 보니 가끔 시갑을 운득이라 잘못 부른다고 하였다. 그래서 시갑을 사랑함이 운득의 사랑함과 같다고 작가 스스로의 감정을 토로한다.

〈唐人乞糧文〉에서는 당인(중국 명나라 사람)이 양식을 구걸하는 내용의 글을 두 편 소개하면서 이 나오는데, 그 정황이 가엾기 때문에 수록한다고 하였다. 그리고 두 사람을 소개한 후에는 명나라에서 청나라로 넘어갈 때의 비참함과 혼란을 상상하고 "읽어보면 사람으로 하여금 눈물이 뚝뚝 떨어지게 하여, 스스로 자기 마음을 달랠 수 없을 것이다. 아! 또한 마음이 아프다!"라고 절절하게 자신의 마음 상태를 표현하고 있다.

〈漁者毁網〉에서처럼 자신의 처지를 은근한 빗대기로 나타내거나 〈追記南征始末〉에서 보여주듯 유배의 전 과정을 기록하면서 자신의 감정을 드러내지 않고 객관적으로 서술하려고 노력하였으나 행간에 숨어있는 李鈺의 아픔을 볼 수 있다. 『鳳城文餘』의 대부분의 글은 앞서 문장의 구조를 언급하며, 느낌, 생각, 감탄, 존경, 칭찬, 탄식 등의 감정을 숨김없이 나타내고 있는 특징을 지니고 있다.

Ⅳ. 결론

1. 요약

본 연구는 李鈺의 『鳳城文餘』를 다양한 관점에서 분석하여 보고 거기에 나타난 현대 문학적 요소를 찾아내어 고찰해 봄으로써, 李鈺 문학의 현대성과 문학적 가치를 모색하여 봤다.

이를 논의 된 순서대로 요약하면 다음과 같다.

(1) 소재 선택은 주로 일상에서 듣거나 경험한 이야기가 대부분이다.

충효, 윤리, 사상과 같은 고전적 담론이 아닌 평범히 사는 사람들의 작은 이야기나 주변의 자연 환경이나 동식물 등 '작가 주변과 작가의 일상성' 이 중심이 되었다.

(2) 생활 주변의 모든 일들을 가리지 않고 소재로 다양화 하였다.

무당이나 도둑, 사기꾼을 가리지 않고 등장시키며 작은 꽃이나 까치, 날씨와 같은 자연물과 자연현상, 그리고 불륜 사건에서 사기꾼에 이르기까지 글이 되는 이야기를 모두 망라하였다.

(3) 글의 지역적 배경은 작가가 살고 있는 지역이 대부분이다.

『鳳城文餘』 총 67편 중 작가가 유배를 와서 살고 있는 지역이 배경이 된 것은 모두 51편이다.(삼기33, 합천12, 봉성6) 대부분의 유형이 경험형, 관찰형, 야설형이 여기에 해당됨을 알 수 있는데, 이는 작가가 현장성과 실제성을 바탕으로 글을 썼음을 알 수 있는 부분이다.

(4) 다양한 인물의 군상(群像)을 섬세하게 표현하였다.

고전소설의 정형화된 인물이 아닌 양반부터 천민에 이르기까지, 어린이부터 노인, 아녀자에 이르기까지 주변에서 본 모든 사람들이 글의 대상이며 서술의 대상이 되었다. 때로는 수십 명의 행동과 일을 묘사하여 당시 생활 모습을 그대로 드러낸다.

(5) 작가가 살던 당시의 사회 현실을 반영하고 있다.

고전소설에서 볼 수 있는 비현실적이거나 몽유적 글이 아니라, 사회상을 직접적으로나 간접적으로 엿볼 수 있는데, 등장하는 인물을 통하여 그들의 도덕적 판단이나 행동 유형, 삶의 행태를 통하여 있는 그대로의 사회상을 반영하고 있다.

(6) 당시의 사회현실을 객관적으로 풍자하고 비판하였다.

사람들의 갈등 구조를 제시하고 객관적으로 비판을 하거나 가족의 문제, 관리들의 횡포와 부조리, 무식한 사람들에 대한 안타까움, 도둑이나 사기꾼에 의한 안타까움 등 부조리한 사회와 모순을 대체로 객관적 시점으로 지적하여 보여준다.

(7) 하층민의 애환과 해학성을 보여준다.

글에 등장하는 하층민(사당패, 중, 무당 등)은 대개 무식하고 억울한 일을 당하는 사건으로 그들의 애환을 보여주면서, 한 편으로는 인간적이고 서민적인 사람들의 웃음을 엿볼 수 있게 하였다.

(8) 작가 개인의 현실 인식이 나타나 있다.

작가는 여러 편의 글에서 당시의 시대 풍습이나 사람들의 의식을 통하여 매우 친밀하고 서민적인 모습을 보여준다. 특히 시장 풍경이나 시장을 오고 가는 수많은 인물을 관찰하고, 작가가 직접적으로 경험하고 만난 사람들에 대한 섬세한 묘사를 통하여 그 사람들에 대한 애정을 확인할 수 있다.

(9) 작가 자신의 자의식을 보여준다.

작가가 살아온 노정을 담담하게 객관적으로 보여주며, 그 행간에 숨은 아픔을 말하면서 자신이 글을 쓸 수밖에 다른 할 일이 없다는 정도로 말하고 있다. 이는 작가가 지닌 여러 가지 한계와 역할에 대한 인식을 갖고 있으며 이는 자신에 대해서 만큼은 직접적으로 저항하거나 비판하지 않고 객관성을 유지하는 방식이기도 하다.

(10) 작가 정신을 바탕으로 자신의 가치를 추구한다.

작가는 다양하고 넓은 독서량을 보이고 있는데 여러 경험을 통하여 타인의 시문이나 문장을 평가하면서 자신의 지향점을 드러낸다. 그러면서 사람이 지녀야 할 도덕성이나 사람이 지향해야 할 점을 작가 자신에 대비하여 짐짓 보여주고 있다.

(11) 사람의 도덕성이나 전통 윤리에 대해 그 가치를 주장한다.

사기를 치는 남자, 도둑질하는 남자, 불륜을 저지르는 남녀, 법을 어기는 수령 등 부도덕한 일에 대해서는 단호하게 꾸짖으면서, 효자 열부에 대해서는 찬사를 아끼지 않는 일반적 가치 규범에서 벗어나지 않는다.

(12) 인간 감정의 발현을 숨기지 않는다.

자신을 수발하던 동자에 대한 애틋한 그리움을 숨김없이 나타낸다거나, 나라가 망하고 우리나라에까지 와서 걸인으로 살아가는 중국인에 대한 눈물어린 동정심의 표현을 통하여 작가가 지닌 감정을 그대로 나타내고 있다.

2.『鳳城文餘』의 문학사적 의의

李鈺이 살던 정조시대에도 여전히 유교적인 국가 체제와 가치관이 절대적이었으며 그런 배경에서 보면 정조의 문체반정도 일종의 견제이면서 탄압의 수단으로 작용하였던 시대이다.

李鈺이 체제를 비판한 것도 아니고 불경한 글을 쓴 것도 아니며 단지 문체가 문제되었을 따름이다. 패사적이고 대화체나 기이한 글이 많아 당시로서는 파격적이라서 '정체와는 거리가 있는 글' 이라는 이유로 탄압을 받은 것이다. 물론, 사상이나 문화, 윤리의식 등이 조선 후기사회의 특성과 맞물려 서서히 민중화 되고 일상성을 소재로 하는 글쓰기가 나타나기 시작하면서, 지식인 집단(양반 사대부)의 사회적 위상이 낮아지고 그들만의 독점적 문필활동이 소외되는 분위기에 대한 위기의식도 작용했으리라 본다.

이러한 시대적 배경에서 李鈺은 사대부 문인을 따르고자 하지 않았다. 연암 박지원의 글처럼, 다산 정약용의 글처럼 신랄하게 사회를 풍자하거나 국가 정책적 담론을 내세우는 공적인 글도 쓰지 않았다.

李鈺의 시선은 위에 있지 않았고 아래에 있었다. 임금이나 국가에 있지 않았고 일반 백성에게 눈이 가 있었다. 상민이나 천민에게 눈이 가 있었다. 뿐만 아니라 풀이나 나무, 벌레에 이르기까지 아주 작은 미물에게도 그의 시선이 닿아 있었다. 현대문학에서의 문제의식과 하나도 다를 바가 없으며 현대문학과의 연결고리로서도 의의가 있음을 보여준다.

소외받으며 살아간 李鈺은 누구보다도 진한 아픔과 고통을 글쓰기로 감내했을 것이며, 외로움을 견뎌내는 힘도 글쓰기였을 것이다. 그래서 기뻐하고 슬퍼하는 사람들의 삶을 그려냈고 아파하고 버림받는 존재들, 울고 웃으며 살아가는 존재들, 억울하게 당하고 사는 존재들, 사랑하고 사랑받기를 원하는 존재들에 대하여 李鈺은 애정을 품고 글을 썼다. 그것이 글의 소재였고 글의 주제였다.

李鈺이 현대의 작가와 같은 의식을 지녔다고는 할 수 없다. 그의 글에 깊은 개인적 통찰이나 사유, 사회적 의식이나 이념은 별로 보이지 않으며 인간적은 감동을 크게 주는 글도 아니다. 그렇지만 자기가 살던 동시대를 있는 그대로 그릴 수 있었고, 그 시대에서 숨 쉬고 살아가는 여러 계층의 사람들에게 차별 없이 관심과 애정을 보여주었다. 자기 자신이 살아가는 모습 그대로를, 자기 자신이 살아가던 그 사회, 그 사람들을 있는 그대로의 존재 의미로 그려 내었다. 이것이 李鈺이라는 '작가'는 가능했던 것이다.

현재 우리시대의 작가들이 지녀야 할 문제의식을 그 누구보다도 많이 지니고 한 시대를 살다 간 작가가 바로 李鈺이다.

〈참고 문헌과 논문〉

곽승미, 『1930년대 후반 한국문학과 근대성』, 푸른사상사, 2003.

권영민, 『한국 현대문학의 이해』, 태학사, 2010.

김광순외, 『한국고전문학사의 쟁점』, 새문사, 2004.

민족문학사연구소, 『새 민족문학사 강좌1』, 창비(주), 2009.

박무영, 「18세기 정감의 풍속화」, 한국의 고전을 읽다 3, 교보문고, 2014.

박현숙, 「이옥 소품문의 작품 세계」, 서울대 석사 논문, 2004.

박희병, 『유고와 한국 문학의 장르』, 한영문화사, 2008.

신익철, 「이옥 문학의 일상성과 사물 인식」, 한국실학학회 논문, 2007.
이보라, 『고전 문학사의 라이벌』, 한겨레출판(주), 2015.
이상택 외, 『한국 고전소설의 세계』, 영신사, 2014.
오생근 외, 『문예사조의 새로운 이해』, 문학과 지성사(주), 2004.
이재봉, 『한국 군대문학과 문화체험』, 국학자료원, 2011.
우한용 외, 『현대소설의 이해』, 새문사, 2003.
전경원, 「이옥의 한시에 나타난 부부 윤리의 성격과 의미」, 인터넷 검색 논문
채운, 『글쓰기와 반시대성, 이옥을 읽다』, 북드라망, 2013.

〈자료〉
김영진 외, 『이옥 문학 세계의 종합적 고찰』, 화성시, 2012.
이옥 저, 실시학사 고전문학연구회 역, 『完譯 李鈺全集 2』, 휴머니스트 출판그룹(주), 2009.

※ 본 논문은 2017년 『畿甸文化』에 상재한 논문입니다.

이옥의 주변 인물들

연구위원 _ 황 금 모

1. 이옥(李鈺, 1760~1815)
2. 김려(1766~1821, 1792년 진사)
3. 김선(金𤩃, 1772~1833)
4. 강이천(姜彛天, 1769~1801, 1786년 진사)
5. 김조순(金祖淳, 1765-영조 41)~(1832-순조 32)
6. 남공철(南公轍, 1760~1840)
7. 민사응(閔師膺, 1750~?)
8. 박상좌(朴尙左, 1766~?)
9. 박제가(朴齊家, 1750(영조 26)~1805(순조 5)
10. 박지원(朴趾源, 1737~1805)
11. 서유진(徐有鎭, 1768~1821, 1790년)
12. 심상규(沈象奎, 1766. 영조 42)~1838(헌종 4)
13. 양운득(梁雲得)
14. 만송(晩松) 유당(柳戇, 1723~1794)
15. 유정양(柳鼎養, 1767~1833, 1801년 생원)
16. 유득공(柳得恭, 1747~1807)
17. 이덕무(李德懋, 1741~1793)
18. 이상황 1763(영조 39)~1841(헌종 7)
19. 최구서(崔九瑞, 1762~1800)

1. 이옥(李鈺, 1760~1815)

정조 16년(1792) 10월 19일 『조선왕조실록』에 이옥이라는 이름이 처음으로 등장한다. 본격적인 '문체반정'의 시작을 알리는 기록이자, 이옥의 수난이 시작되는 순간의 기록이다.

이옥은 1760년 경기도 남양 매화동에서 태어났다. 이옥의 집안은 제법 먹고살 만큼은 부유했던 것 같다. 그러나 가문은 효령대군의 후손으로 왕족이긴 하였으나 고조(高祖)인 이기축부터 서얼이었고 집안은 무반으로 굳혀져 갔다. 당색은 노론은커녕 소론이나 남인도 못 되는 '소북'이었다. 권력의 핵심에서 한참 떨어져 아무 기반도 없는 당파에 속했다는 것이 이옥의 불운이라면 불운이었다.

하지만 정조 14년, 이옥은 생원시에 너끈히 합격을 하고, 이듬해에 당당하게 유생으로 성균관에 들어간다. 그러나 이옥은 소설문체를 써서 정조에게 꾸지람을 들었고 하루에 50개씩 사륙문을 쓰라는 벌을 받았다. 이런 문책에도 불구하고 이옥은 변함없이 '소품스러운' 문체를 계속 써서 문제를 일으켰다. 문체반정이 일어나고 3년이 지난 1795년 8월, 과거시험에서 스리슬쩍 소품체 문장을 썼다가 정조에게 딱 걸린 것이다. 이로써 이옥은 군대에 충원되는 충군의 명을 받았다.

정조는 다시 한 번 이옥에게 혜택을 베풀어 과거시험을 보도록 했는데, 으뜸으로 올라온 이옥의 시험지를 읽어 본 정조는 여전히 소품체를 쓴다고 꼴찌 처리를 해 버렸다. 이옥은 이후 전보다 더 극진한 소품체를 썼다. 문체반정 때문에 쫓겨 가는 사람이 임금이 명한 바른 문체를 쓸 생각이 추호도 없어 보였다.

이옥은 교유의 경우를 보더라도 대단히 제한된 사귐을 했던 것으로 보인다. 교유자의 대부분은 성균관에 함께 재학하고 있던 인물들이었으며, 당색이 같은 소북계열의 인물들이 많았다.

2. 김려(1766~1821, 1792년 진사)

김려는 노론 계열인 김재철의 장남으로, 15세에 성균관에 들어가 27세에 진사시에 합격한 꽤 전도유망한 청년이었으며, 아버지를 이어 문장에 재능이 있었다고 한다.

1779년에 유언비어 사건에 연루된 이후 부령으로, 이어 진해로 보내져 10년간 유배생활을 했다. 신유년(1801)에는 신유사옥에 얽혀 의금부에 끌려가 모진 고문을 받기도 했던 인물이다. '김려체' 라는 말이 있었을 정도로 문장에서는 이옥보다 훨씬 존재감이 있는 문인이었다. 그가 해배되어 돌아온 것이 1806년, 이후 성균관 시절 동료였던 김조순의 도움으로 첫 관직생활을 시작한 게 1817년, 연산현감을 거쳐 함양군수로 재직하다가 1821년 56세의 나이로 세상을 떠났으니, 이옥과 비슷한 세월을 살다 간 셈이다.

김려는 이옥의 절친한 지기(知己)라고까지 할 만한 인물로 둘의 교유는 김려가 이옥의 소집(小集) 11편에 붙인 〈제후(題後)〉에 잘 드러나 있다. 이 둘의 교유는 성균관 재학시뿐 아니라 만년까지도 지속되었음을 알 수 있다.

관직 생활을 하던 말년에 김려가 주력한 일은 이옥을 비롯한 벗들의 시문 정리작업이었다. 그를 생각하면 그래도 이옥은 불행한 와중에도 행운아였다는 생각이 든다. 이옥의 흩어진 원고를 모아 가록하고, 후기를 달고, 문집으로 엮어낸 김려가 아니었다면, 이옥의 글쓰기는커녕 그의 불운조차 아무도 기억할 수 없었을 것이다.

김려는 1818년부터 1820년까지 이옥의 글들을 정리하고 필사하고 편집하는 일을 진행하였다. 그 결과물이 바로 『담정총서(潭庭叢書)』다. 여기에는 『묵토향초본(墨吐香草本)』, 『문무자문초(文無子文鈔)』, 『매화외사(梅花外史)』, 『화석자문초(花石子文鈔)』, 『중흥유기(重興遊記)』, 『도화유수관소고(桃花流水館小稿)』, 『경금소부(絅錦小賦)』, 『석호별고(石湖別稿)』, 『매사첨언(梅史添言)』, 『봉성문여』, 『경금부초(絅錦賦草)』 등 이옥의 글모음들이 실려 있다. 문무자, 경금자, 매화외사, 도화유수관주인, 화석자 등은 이옥이 사용하던 호다.

현재 전하는 이옥의 글은 김려 편집본 11권과 『이언(俚諺)』, 『동상기(東床記)』, 『백운필(白雲筆)』, 『연경(烟經)』이 전부다. 『이언』과 『동상기』 등도 이옥의 글쓰기를 볼 수 있는 중요한 자료이긴 하지만, 김려의 편집본이 없었다면 이옥은 정조 16년 기록의 '오명'으로만 존재했을 것이다.

3. 김선(金璿, 1772～1833)

이옥의 북한산유람기 〈중흥유기〉에 보면 김선은 김려의 동생으로 이옥, 민사웅, 김려와 함께 북한산 중흥동에 함께 유람했다고 나온다. 이옥과 김려가 절친했던 것으로 보아 김려의 동생인 김선도 이옥과 교분이 두터웠을 것으로 짐작된다.

4. 강이천(姜彝天, 1769～1801, 1786년 진사)－소북(小北)

역사나 고문학 연구자가 아니라면, 그의 이름을 기억하는 이는 없다. 강이천은 18세기 조선을 짧게 살다 간 이름 없는 인물이다. 훗날, 요즘 사람들이 기억하는 것은 표암 강세황(姜世晃)의 손자라는 것 정도이다. 당대의 소수 정파이긴 해도 북인(소북) 명문가 출신의 빼어난 문재였다. 18세 이후 성균관에서 공부하면서 김려, 이옥 등과 친밀하게 지냈다. 전도양양할 수도 있었던 그의 34년 삶은 그가 품었던 생각 탓에 '혹세무민'의 '불량선비'로 찍혀 비극적 죽음으로 종결됐다.

강이천이 살다간 서른네 해는 '조선 후기 마지막 문예부흥'을 이룬 왕으로 흔히 일컬어지는 정조(1752～1800)의 시대다. 강이천이 아홉 살 때 스물다섯 살 정조는 군주가 되었다. 강이천은 12살에 이미 빼어난 시를 써서 28살 정조에게 칭찬받았다. 성균관 유생 시절엔 명쾌한 식견으로 정조와 함께 인재등용의 원칙을 논했다. 강이천이 1801년 3월 '신유사옥'의 격랑 속에서 사망하기 1년 전인 1800년 6월 정조도 죽었다.

두 인물의 18세기 조선의 심장부에서 일어난 "문화투쟁, 즉 문화적 지배 권력을 둘러싼 싸움은 '구현 가능한 새 사회에 대한 사회적 상상력을 둘러싼 싸움' 이며, 정조를 상대로 문화투쟁을 벌인 강이천은 그 시기 지배층 내부에서 싹튼 일군의 불량선비들을 대변한다.

그 싸움이 수면 위로 떠오른 건 1797년 11월, 정조한테 한 유언비어 유포 사건이 보고된다. 천안에 머무르던 진사 강이천이 '해적들의 소설스러운 말로 시골 사람들을 속여 의혹시키고 있다' 는 것이었다. 이것이 '강이천 사건' 의 시작이다. 사건 연루자는 대부분 조선 최고 지배층 집안의 젊은 유생들이었다. 강이천과 함께 한 추종자는 노론 명문가 자제이던 김건순과 김이백, 김려 · 김선 형제 등이다. 정조는 조사를 명했는데 '사설을 지어내고 서로 비밀호칭을 썼다' 는 것이 드러났다. 강이천과 그 친구들은 조선의 멸망을 확신하고, 새 사회를 위한 전국적 비밀결사를 꿈꾸었다.

그러나 정조는 이 사건을 뜬말(유언비어)로 돈을 뜯은 단순 사기사건으로 처리한다. 노론의 자제 김건순의 죄행은 덮고 강이천 · 김이백 · 김려를 귀양 보내는 것으로 마무리했다. 정조 사망 뒤 1801년 순조 1년에 '강이천 사건' 은 재조사된다. 강이천 · 김건순이 청나라의 천주교 신부 주문모를 만난 것이 적발되고, 강이천은 조사중 옥중 사망, 김건순 · 김이백 등은 처형된다. 〈조선왕조실록〉에 기록된 강이천 사건의 전말이다. 강이천과 정조는 자신들이 처한 18세기 후반의 시대상을 정반대쪽에서 바라보았다. 강이천은 새로운 기회의 시대로, 정조는 위기의 시대로 파악했다.

강이천은 주류 학문인 성리학을 버리고 불교 · 도교를 가로질러 〈정감록〉이라는 정치 예언서와 서양 종교 천주교에서 새 지식을 받아들여 그 바탕 위에서 새 이상사회를 꿈꾸었다.

김려와 마찬가지로 이옥과 강이천과의 교유 역시 성균관에서 시작되었을 것이다. 사실 이 둘의 관계는 당색과 지연으로 일찍부터 연결되어 있었다. 이 둘은 모두 소북을 당색으로 하고 있었고, 이옥의 고향 남양과 강이천의 외가 안산(安山)은 매우 가까운 곳이었다.

강이천의 문집에는 이옥의 문제작 「남정십편」에 대한 제후(題後)가 실려 있고, 이외에도 서로 긴밀한 사이였음을 알려주는 단서가 여럿 엿보인다.

5. 김조순(金祖淳, 1765~1832)

본관은 안동(安東), 초명은 낙순(洛淳), 자는 사원(士源), 호는 풍고(楓皐), 영의정 김창집(金昌集)의 4대손이며, 할아버지는 김달행(金達行)이고, 아버지는 부사 김이중(金履中)이며, 어머니는 신사적(申思迪)의 딸이다. 순조의 장인이다.

어릴 때부터 기량과 식견이 뛰어났으며 성격이 곧고 밝아서 정조의 사랑을 받았다. 왕세자의 보도(輔導 : 보필하여 인도함)를 맡았고, 국구(國舅 : 왕의 장인)가 된 뒤로는 왕을 보필해 군덕(君德)을 함양시키는 일에 진력하였다. 그러나 요직이 제수될 때마다 사양하는 것으로 보아 권세를 누리기 위해 노력한 인물은 아니었음을 알 수 있다.

그러나 시벽의 당파나 세도의 풍을 형성하지 않으려고 노력했음에도 불구하고, 그를 둘러싼 척족 세력들이 후일 안동 김씨 세도정치의 기반을 조성하는 결과를 초래하였다.

김조순도 정조에게 자송문을 써낸 일이 있었다. 당시 김조순은 사신으로 청나라에 가는 중이었다. 그런데 정조는 5년 전 일까지 끄집어내어, 국경을 건너기 전에 자송문을 쓰고 가라는 엄명을 내렸다. 혼자 신나게 압록강을 건너려던 김조순은 덜컥 사신에게 잡혀 자송문을 써내고 만다.

5년 전인 정조 11년(1787), 김조순은 이상황과 함께 예문관에서 나란히 숙직을 섰다. 정조는 숙직을 서는 이들에게 간식을 내리려고 승정원 벼슬아치인 주서를 시켜 예문관을 살펴보게 하였다.

그때 김조순과 이상황은 불을 환하게 밝히고 청나라에서 들여왔다는 그 유명한 연애소설 『평산냉연』 읽기에 열중하고 있었다. 훤칠한 미남인 평여

형과 연백함, 그리고 아름다운 여인 산대와 냉강설, 네 명의 화사한 남녀가 주인공인 당대 최고의 인기소설이었다. 제목까지 오로지 아리따운 남녀 주인공들의 성을 따서 평, 산, 냉, 연 아니던가.

이는 대표적인 '재자가인(才子佳人)' 소설에 든다. 재자, 곧 재능 있는 남자와 가인, 곧 아름다운 여인이 나오는 소설. 이런 유의 소설은 그 내용이 이 책이고 저 책이고 다 똑같아서 '절세미남 능력 있는 주인공이 역시 절세미녀 여주인공을 만나 첫눈에 반해 사랑에 빠지고, 결국에는 주인공의 장원급제로 황제의 축복 속에 행복한 혼인을 하는' 흔하디 흔한 결말로 끝이 난다.

그 사실을 보고 받은 정조는 기가 막혀 그 자리에서 당장 그 잡서들을 불태워 버리라고 명하고, 두 사람을 불러다가 혹독하게 야단을 친다. 문체반정이 시작된 해의 5년 전에 있었던 일이다.

또한 김조순은 그냥 소설을 좋아하는 소설광 정도가 아니라 「오대검협전」이라는 소설을 직접 쓴 소설가이기도 하다. 눈부신 칼솜씨를 보여주는 젊은 검객의 묘사도 흥미롭고, 서생이 입을 딱 벌리고 놀라는 대목도 아주 생생하다.

그런데도 김조순은 '바른 문체를 써라' 라고 하는 임금의 명령에 바로 태도를 바꿔 납죽 자송문을 써낸다. 그것도 임금이 절대 자신을 속이지 않았다고 감탄할 만큼 훌륭하게. 그래서 뒷날 정조는 이 김조순의 딸을 기꺼이 자기 며느리로 삼았다.

6. 남공철(南公轍, 1760～1840)

남공철은 노론 명문가 자제로 당대의 문장가 남유용의 아들이다. 남유용은 예조 참판, 대제학, 대사헌을 지낸 고위 관리로 문장과 시, 서예에 뛰어난 학자이다. 무엇보다 겨우 세 살짜리 어린 세손이던 정조의 국사(임금의 스승)였다.

그의 아버지 남유용이 법도를 잘 지킨 전아한 고문의 명가로서 왕조의 이념을 대변한 것처럼 남공철 역시 고문의 법도를 준수하는 창작론을 표방하였다.

그럼에도 불구하고 젊은 시절부터 그는 당시에 만연하던 소품서(小品書)를 열심히 읽어 소품문의 미의식에 깊숙하게 젖어 들어갔다. 더구나 남공철은 18세기 후기 소품문의 대표적 창작자인 박지원, 이덕무, 박제가 등과 아주 가깝게 지냈기에 소품문의 영향을 받을 여건이 충분하였다.

그래서 고문을 표방하기는 하였지만 소품문의 본색을 드러내는 작품을 짓게 되었다.

그는 일상생활에서도 소품가다운 면모를 보였다. 정원을 아름답게 꾸미고, 차를 달이며, 향을 피우고, 고동서화를 집 안에 수장하며 감상하는, 고아하고 멋진 생활을 즐겼다. 이는 이른바 만명소품가(晩明小品家)의 전형적인 생활이다. 서화를 감상하고 느낌을 쓴 「서화발미(書畵跋尾)」에서 그러한 생활과 멋의 추구를 찾아볼 수 있다.

남공철은 지제교 벼슬에 있었다. 지제교는 왕이 내리는 문서들의 초안을 기초하여 짓는 벼슬아치다. 당연히 문장도 좋아야 하고, 임금의 신임도 깊어야 하는데, 그런 남공철이 문서를 쓰다가 그만 소품을 몇 구절을 인용하고 말았다.

1792년, 남공철은 정조에게 바친 책문에 '고동서화(古董書畵)'라는 말을 썼다. 정조가 그냥 지나칠 리가 없었다. 한낱 유생도 아니고, 이른바 '띠를 두르고 홀을 든 채 관직에 나오는 자'가 어찌 소품을 인용할 수 있느냐며 버럭 호통을 쳤다. 그리고 다음과 같이 명령하였다.

"공철의 지제교 벼슬을 당장 떼도록 하라!"

단순히 혼내는 것에 그치지 않고 막판에는 강하게 벼슬까지 자른 것이다.

이 일은 그 유명한 문체반정의 시발점이 되었다. 이 사건을 통해서도 소품문에 기운 그의 취향의 한 측면을 읽을 수가 있다.

7. 민사응(閔師膺, 1750~?, 자는 원모(元模), 1786년 생원)-소북(小北)

이옥의 『중흥유기(重興遊記)』에 보면 민사응(閔師膺)이란 이름이 나온다. 이옥과 민사응, 김려, 김려의 동생 김선 이렇게 넷이서 북한산 중흥동을 다녀와서 쓴 유람기이다.

삼각산(三角山) 중흥동(重興洞)

단풍도 아름답게 들고 있는 삼각산 중흥동으로 유람이나 떠나보자.
옛 사람들의 발자취를 좇아서 삼각산 중흥동으로 들어가 보자꾸나.

시일(時日) 2칙(二則)

계축년(1793년, 정조 17년) 가을 8월 22일 임오일에 회현방(會賢坊)에서 모여 북한산으로 유람할 것을 정하고, 25일 을유일에 맹교(孟嶠)에서 만나기로 약속하였다.

26일 병술일에 산으로 들어가 27일 정해일에 산에서 유숙하고, 28일 무자일에 동쪽 사잇길을 따라 내려와 맹교에 이르렀다. 29일 기축일에 돌아왔다.

가을 날씨가 계속해서 맑더니 정해일에 산중의 날씨가 흐렸고 무자일에는 흙비가 내렸다. 산이 높기 때문이다.

반려(伴旅) 2칙(二則)

자하옹(紫霞翁) 민사응(閔師膺) 원모보(元模甫)와 귀현자(歸玄子) 사정(士精) 김려(金鑢) 및 그의 아우 목서산인(木犀山人) 대홍(大鴻) 김선(金鐥)이 함께하였다. 나를 포함하여 단지 네 사람이다. 나는 기상(其相) 이옥(李鈺)이다.

처음 약속할 때에는 진사(進士) 서치범(徐稚范)도 동행하기로 하였는데 마침 일이 있어서 오지 못했다. 동자(童子) 봉채(鳳采)도 만나기로 약속해 놓고 오지 못했다. 그는 뒤에 후회하였다.

-〈중흥유기(重興遊記)〉 일부

8. 박상좌(朴尙左, 1766~?), 1800년 문과, 이름은 겸진(謙鎭)-소북(小北)

박겸진은 1800년 문과에 급제하였는데 『정조실록(正祖實錄)』에는 흥미로운 기사가 실려 있다. 정언(正言) 윤함(尹涵, 1744~?)이 이제 막 문과에 급제한 박겸진을 두고, "약간의 재주와 기예가 있으나 좋지 못한 무리와 긴밀하게 사귀었고, 또 작년 과거 시험답안에 불경한 말들을 늘어놓아 사람의 성토가 빗발쳤던 일이 있다."

그것을 들어 그를 삭방(削榜)하여 줄 것을 청했으나 정조가 불허하였다는 것이다. 여기서 좋지 못한 무리라 함은 1797년 유언비어옥(流言蜚語獄)으로 걸려 유배 중인 강이천, 김려 등을 지칭하는 것으로 생각된다. 이옥은 1797년 부친상 중이었기에 다행히도 이 유언비어옥에 휩쓸리지 않았을 가능성이 높다. 어쨌든 이들 그룹에 박겸진이란 인물이 끼어있음을 알 수 있다.

박겸진은 이옥의 「여병화자(與病花子) 최구서장(崔九瑞狀)」의 수신인 최학우와 인척간이기도 하다.

이옥은 성균관 재학시절 자신의 심부름을 해주던 양운득이란 아이가 매우 총명하여 사랑하였다. 자신이 충군에 처해짐으로써 성균관에서 쫓겨난 이듬해(1796년) 운득은 박상좌를 따라 금강산을 유람하고 돌아온 직후 죽었다고 한다(「봉성문여」〈착호운득, 錯呼雲得〉). 이 기사를 통해 이옥이 성균관에서 박상좌라는 유생과 친했으리라는 것을 유추해 볼 수 있다.

또한 이옥과 교유가 깊었던 김려의 작품 속에도 박상좌라는 인물이 등장한다. 이로 미루어 보아도 이옥과 박상좌는 친분이 있었던 것으로 보인다. 다음은 박상좌가 등장한 김려의 작품이다.

문여하소사(問汝何所思)77－김려(金鑢)
두꺼비 연적

問汝何所思(문여하소사) : 묻노니, 그대 무얼 생각하는가?
所思北海湄(소사북해미) : 내가 그리는 건 북쪽 바닷가라오
黃質黑斑玉硯滴(황질흑반옥연적) : 누런 바탕에 검은 얼룩 있는 옥 연적
訓戎高水巧彫劃(훈융고수교조획) : 훈융의 고수가 기교있게 조각하였지
前高後蹲踈兩胠(전고후준소량거) : 앞은 높이고 뒤는 낮추고 양 옆을 터서
水之出入口從呿(수지출입구종거) : 물이 벌어진 입마다 드나들게 만들었지
背有一孔掌呑吐(배유일공장탄토) : 등 뒤의 구멍이 삼키고 뱉는 걸 관장하는데
生意恰似眞蟾蜍(생의흡사진섬서) : 흡사 두꺼비를 닮았다고 생각했었지
由來此物歲月久(유래차물세월구) : 이 물건의 유래는 세월이 오래되었는데
令翊用之傳澹叟(영익용지전담수) : 영익이 쓰던 것이 나에게 전해진 것이지
我贈尙左鐫象管(아증상좌전상관) : 나는 박상좌에게 코끼리 새긴 피리 주고
換得蟾蜍置案右(환득섬서치안우) : 이 두꺼비와 바꿔 책상 오른쪽에 두었었지

訓戎(훈융) : 함경도 온성군에 있던 鎭의 이름
前高後蹲(전고후준) : 앞을 높이고 뒤를 쭈그리다
生意(생의) : (生心－어떤 일을 하려는 마음)
令翊(영익) : 이광사의 아들
澹叟(담수) : 담백한 늙은이(담옹 자신)
尙左(상좌) : 朴尙左

9. 박제가(朴齊家, 1750～1805)

본관은 밀양(密陽), 자는 차수(次修)·재선(在先)·수기(修其), 호는 초정(楚亭)·정유(貞蕤)·위항도인(葦杭道人), 박율(朴栗)의 6대손이며, 아버지

는 승지 박평(朴坪)이다.

박제가는 소년 시절부터 시·서·화에 뛰어나 문명을 떨쳐 19세를 전후해 박지원(朴趾源)을 비롯한 이덕무(李德懋)·유득공(柳得恭) 등 서울에 사는 북학파들과 교유하였다. 1776년(정조 즉위년) 이덕무·유득공·이서구(李書九) 등과 함께 『건연집(巾衍集)』이라는 사가시집(四家詩集)을 내어 문명을 청나라에까지 떨쳤다.

1778년 사은사 채제공(蔡濟恭)을 따라 이덕무와 함께 청나라에 가서 이조원(李調元)·반정균(潘庭筠) 등의 청나라 학자들과 교유하였다. 돌아온 뒤 청나라에서 보고 들은 것을 정리해 『북학의(北學議)』 내·외편을 저술하였다. 내편에서는 생활도구의 개선을, 외편에서는 정치·사회 제도의 모순점과 개혁 방안을 다루었다.

한편, 정조는 서얼들의 누적된 불만을 무마시키려는 정책의 하나로 1777년 3월에 서얼허통절목(庶孼許通節目)을 발표했으며, 1779년 3월에는 규장각에 검서관직(檢書官職)을 설치해 박제가를 비롯한 이덕무·유득공·서이수(徐理修) 등의 서얼 출신 학자들을 임명하였다.

이로부터 13년 간 규장각 내·외직에 근무하면서 여기에 비장된 서적들을 마음껏 읽고, 정조를 비롯한 국내의 저명한 학자들과 깊이 사귀면서 왕명을 받아 많은 책을 교정, 간행하기도 하였다.

1786년 왕명으로 당시 관리들에게 시폐(時弊)를 시정할 수 있는 「구폐책(救弊策)」을 올리게 하였다. 이 때 진언한 소는 주로 신분적인 차별을 타파하고 상공업을 장려해 국가를 부강하게 하고 국민 생활을 향상시켜야 한다는 내용이었다. 그러기 위해서는 청나라의 선진적인 문물을 받아들이는 것이 급선무라고 주장하였다.

그 뒤 1790년 5월 건륭제(乾隆帝)의 팔순절에 정사(正使) 황인점(黃仁點)을 따라 두 번째 연행(燕行)길에 오르고, 돌아오는 길에 압록강에서 다시 왕명을 받아 연경에 파견되었다. 원자(元子: 뒤의 순조)의 탄생을 축하한 청나라 황제의 호의에 보답하기 위해 정조는 한낱 검서관인 박제가를 정3품 군기시정(軍器寺正)에 임시로 임명해 별자(別咨) 사절로서 보낸 것이다.

1793년 정원에서 내각관문(內閣關文)을 받고 「비옥희음송(比屋希音頌)」이라는 비속한 문체를 쓰는 데 대한 자송문(自訟文)을 왕에게 지어 바쳤다.

1794년 2월에 춘당대 무과(春塘臺武科)를 보아 장원으로 급제하였다.

1798년 정조는 선왕인 영조가 적전(籍田)에 친경한 지 회갑이 되는 날을 기념하기 위해 널리 농서를 구하였다. 이 때 박제가도 『북학의』의 내용을 골자로 하는 「응지농정소(應旨農政疏)」를 올렸으며, 『소진본북학의(疏進本北學議)』는 이 때 작성한 것이다.

그리고 1801년(순조 1)에는 사은사 윤행임(尹行恁)을 따라 이덕무와 함께 네 번째 연행길에 올랐다. 그러나 돌아오자마자 동남성문의 흉서 사건 주모자인 윤가기(尹可基)와 사돈으로서 이 사건에 혐의가 있다 하여 종성에 유배되었다가 1805년에 풀려났으나 곧 병으로 죽었다.

박제가가 죽은 연대는 1805년과 1815년 설이 있다. 그런데 스승이며 동지인 박지원이 죽었다는 소식을 듣고 상심해 곧 죽었다는 기록과, 1805년 이후에 쓴 글이 보이지 않는 점 등으로 보아 1805년에 죽었다고 볼 수 있다. 묘는 경기도 광주에 있다.

아들은 박장임(朴長稔)·박장름(朴長廩)·박장엄(朴長馣) 등 셋인데 막내아들 박장엄은 유득공의 아들 유본예(柳本藝)·유본학(柳本學) 형제와 함께 순조 때 검서관이 되었다.

시·그림·글씨에도 뛰어난 재질을 보여, 청대(淸代) 『사고전서(四庫全書)』 계열 학자들과의 교류를 통해 우리나라에 처음으로 대련형식(對聯形式)을 수용하였다. 뿐만 아니라 글씨는 예서풍을 띠고 있으며 조선 말기의 서풍과 추사체의 형성에 선구적 구실을 하였다. 구양순(歐陽詢)과 동기창(董其昌)풍의 행서도 잘 썼으며 필적이 굳세고 활달하면서 높은 품격을 보여준다.

그의 글 어디에서도 흔해빠진 주제, 식상한 표현, 진부한 사상은 찾아볼 수 없다. 박제가의 산문은 강개한 정서와 예리한 시각, 명징한 논변과 산뜻한 수사의 면에서 빼어난 산문으로 자리매김할 수 있다.

그림은 간결한 필치와 맑고 엷은 채색에 운치와 문기(文氣)가 짙게 풍기는 사의적(寫意的)인 문인화풍의 산수 · 인물화와 생동감이 넘치는 꿩 · 고기 그림을 잘 그렸다.

유작으로 「대련글씨」 · 「시고(詩稿)」 · 「목우도(牧牛圖)」 · 「의암관수도(倚巖觀水圖)」 · 「어락도(魚樂圖)」 · 「야치도(野雉圖)」 등이 있다. 저서로는 『북학의(北學議)』 · 『정유집(貞蕤集)』 · 『정유시고(貞蕤詩稿)』 · 『명농초고(明農草藁)』 등이 있다.

10. 박지원(朴趾源, 1737~1805), 안의현감(安義縣監)

박지원은 명문 반남 박씨의 후손이다. 5대조 할아버지는 선조의 사위였고, 팔촌형은 영조의 사위가 될 정도로 명문 집안이었다. 하지만 연암은 거의 평생을 높은 가문과 권위에서 떠나 살았다. 학문은 누구도 따르지 못할 만큼 높았으나 공연히 학자랍시고 으스대는 관리들이나 거들먹거리는 양반들을 몹시 싫어하였다.

팔촌형인 박명원을 따라 중국 사신단에 끼어 청나라를 여행할 기회를 얻은 적이 있다. 넉 달에 걸친 북경 여행 기간 동안 박지원은 생기 넘치고 호기심 많은 눈으로 아주 사소한 곳도 허투루 놓치지 않은 채, 날카로우면서도 호탕하고 발랄하면서도 유연하게 새로운 풍광을 눈부시게 기록해 내었다. 그것이 바로 그 유명한 『열하일기』이다.

이 새로운 글쓰기는 사람들을 열광시켰다. 한 마디로 통쾌한 책이요, 신선한 문체였다. 수천 년을 이어온 딱딱하고 지루한 고전 문체를 확 던져버리고 그 대신 생생한 묘사와 살아있는 대화를 집어넣고, 파격적인 구성에다 웃음과 질타와 해학을 뒤섞어 쓴 멋지고도 맛있는 여행기였다.

사람들은 기꺼이 『열하일기』에 빠져들었고, 책에 나온 싱싱한 문체를 다투어 흉내내기 시작했다. 그것을 두고 이른바 '연암체' 라는 말까지 나왔으니 정조의 눈에 띄는 것은 시간문제였으리라.

정조는 『열하일기』의 성취를 높이 평가했다. 그러나 이 책이 갖는 신선함과 통찰력을 높이 평가하는 것과는 별개로, 한 나라의 군주로서 고전 문체를 바로 세우려는 자신의 문체반정에 이처럼 자유롭고 파격적인 문체가 얼마나 해액을 끼칠 수 있는가를 정확히 알고 있었다.

그리하여 정조는 박지원에게도 자송문을 요구했다.

"신속히 순수하고 바른 글 한 편을 지어 급히 올려 보내 『열하일기』의 죗값을 치르도록 하라!"

이옥과 박지원의 만남은 이옥이 삼가현(三嘉縣)으로 충군 가던 길에 안의현감(安義縣監)으로 있던 연암을 만났을 가능성이 높다. 『남정십편(南程十篇)』 중 「옥변(屋辨)」 등이 있다.

11. 서유진(徐有鎭, 1768~1821)

1790년 진사, 자는 태악(太嶽), 호는 종원(鍾園).

서유진은 1790년에 증광시 진사시 3등 18위로 합격하였다. 1801년에 당숙부인 동지겸진주사행 부사 서미수(徐美修)를 따라 북경에 다녀왔다.

저서로는 〈종원유연록(鍾園遊燕錄)〉과 〈종원만필(鍾園漫筆)〉이 전해진다.

이옥이 1802년(순조 2) 봄에 서유진의 서울 집을 찾아갔으나 서유진이 중국 사행에 자제군관으로 동참하여 아직 돌아오지 않은 터라 만나지 못했다. 그해 10월 이옥은 서유진의 〈종원유연록(鍾園遊燕錄)〉(전3책)을 빌려와 남양 백운헌(白雲軒)에서 세 편의 서(序)를 썼다.

12. 심상규(沈象奎, 1766~1838)

본관은 청송(青松). 초명은 상여(象輿). 자는 가권(可權)·치교(穉教), 호는 두실(斗室)·이하(彝下). 정조의 지우(知遇)를 받은 뒤 상규라는 이름과 치교라는 자를 하사받았다. 이조판서 심성희(沈聖希)의 증손으로, 할아버지는 심공헌(沈公獻)이고, 아버지는 규장각직제학 심염조(沈念祖)이다. 어머니는 이조판서 권도(權導)의 딸이다.

1789년(정조 13) 춘당대문과에 병과로 급제했고, 강제문신(講製文臣)에 선임되었다. 그리고 교서관정자(校書館正字)·규장각대교(奎章閣待教)로 관직 생활을 시작하였다. 1796년에 문체가 순수하고 바르지 못하다 하여 웅천현감(熊川縣監)에 외보되기도 하였다. 그러나 이는 심상규의 재주가 지나치게 나타나는 것을 걱정한 정조의 배려로서 후일 크게 쓸 재목을 만들려는 의도였다고 한다.

아버지 심염조에 이어 사명(賜名)을 받을 정도로 총애를 받았다. 정조가 죽은 뒤 신유년(1801) 정치 파동 때 채지영(蔡趾永) 등의 무고로 홍원(洪原)·남원(南原)에 잠시 유배되기도 하였다. 1804년(순조 4) 안동 김씨 세도 정권이 들어서자 『정조실록』 편수당상관에 임명되었다. 이조·호조·형조 참판과 전라도관찰사를 거쳐서 1809년 예조판서·홍문관 직제학에 올랐다.

2년 뒤에는 병조판서로서 홍경래(洪景來)의 난을 수습하였다. 다음 해 성절사(聖節使)로서 연경(燕京)에 다녀왔고 1821년 대제학이 되었다. 그 뒤 예조·이조·공조 판서를 거치면서 궁방전(宮房田)의 면세지 5,000결을 감축하기도 하였다. 1825년 우의정이 되어 백성을 다스리는 방법으로서 기강과 풍속교정을 말하여 경장(更張)보다 운영의 측면을 강조하였다.

심상규는 어릴 때부터 뛰어난 재질을 보였는데, 시문의 내용이 깊고 치밀하여 18세에 이미 타인의 입에 오르내렸다고 한다. 문장은 간결하고 자연스러웠는데, 이는 아버지가 모은 수만 권의 장서를 어려서부터 즐겨 읽은 때문이라 한다.

심상규도 이상황과 마찬가지로 엄청난 장서가로 유명한데, 서울 종로구에 커다란 저택을 지어 놓고 여러 가지 책들을 산더미처럼 수집해 두었다.

'비록 우리나라가 좁고 작다지만, 심상규의 집에 쌓아 놓은 책은 거의 4만 권이 넘는다' 는 기록이 남아있을 정도다. 그 많은 책들 안에 어찌 소설이 없었겠는가.

심상규는 정조에게 자송문을 쓸 때 말이 딱 떨어지지 않으니 "언문으로 번역하고 주해를 달아라!" 하는 명령까지 들었다. 결국 글자마다 한글로 주해를 단 뒤에야 정조의 용서를 받았으니, 그 정도면 얼마나 뼛속 깊이 패설체에 녹아 있었는지 짐작이 간다.

13. 양운득(梁雲得)

양운득은 1792년(정조 16), 이옥이 33세 되던 해 봄, 성균관 재생으로 상사(庠舍)에서 유숙할 때 수발을 들던 아이다. 운득은 동재東齋의 재직(齋直)으로 당시 나이가 열두 살로 총민하여 이옥이 매우 아꼈다. 그러나 운득은 이옥이 성균관에서 축출된 뒤인 1796년 봄 박상좌(朴尙左) 이름은 노연(魯燕) 또는 겸진(謙鎭)를 따라 금강산을 다녀와서는 병이 들어 그해 겨울에 죽었다.

14. 만송(晩松) 유당(柳戇, 1723~1794)—윗 연배의 교유자

본관은 전주(全州), 자는 직보(直甫), 감사 유색(柳穡)의 후손이며, 유몽협(柳夢協)의 증손이다. 할아버지는 유완(柳完)이고, 아버지는 수찬(修撰) 유겸명(柳謙明)이다. 어머니는 이인함(李仁涵)의 딸이다. 이재(李縡)의 문인이다.

생애 및 활동사항으로는 1753년(영조 29) 정시문과에 병과로 급제하고, 주서(注書)를 거쳐 1756년에는 지평이 되었다. 이때 박세채(朴世采)를 문묘에 배향하자는 의논에 반대하다가 삭직당하였다. 1776년에 정조가 즉위하자 부수찬으로 다시 등용되고, 이어 동부승지 · 안동부사 · 병조참의를 거쳤으며, 대사성 · 이조참의 · 형조참판 · 도승지 등을 역임하였다.

한때 파직을 당하였다가 다시 강계부사에 복직되어 인삼공출의 부정을 시정하기도 하였다. 그 뒤에 안변부사에 전직되었다. 1780년(정조 4)에 홍국영(洪國榮)이 실각하자, 이명제(李明濟) 등으로부터 홍국영 · 송덕상(宋德相)의 일파라는 무고를 받아 또 다시 파직되었다.

1788년에 특지가 되고 이어 형조참판을 역임하였다. 1793년에 지중추부사로 기로소에 들어가고 공조판서에 이르렀다. 시호는 효간(孝簡)이다.

아들 유정양(柳鼎養)은 이옥과 친분이 있는 사이이다. 이옥은 유정양을 위해 〈해관(海觀)〉 3편을 지어주었다.

15. 유정양(柳鼎養, 1767~1833, 1801년 생원)

1809년 문과, 자는 석로(錫老), 생원으로서 1809년(순조 9) 증광문과에 갑과로 급제하여 사관을 거쳐서 홍문관에 등용되었다. 1811년 태천현감으로 있을 때 홍경래(洪景來)의 난을 만나 진무하지 못하고 영변으로 도망한 죄로 한때 파직당하였으나, 정상이 참작되어 다시 재등용되고, 이어 수찬 · 집의 등을 역임하였다. 1813년 10월에는 동지사(冬至使)의 서장관으로 정사 한용탁(韓用鐸)과 부사 조윤수(曺允遂)와 함께 청나라에 다녀왔다.

1818년 영변부사로 재직 중, 앞서 홍경래의 난이 있었을 때 도피하였다가 평정된 뒤에 돌아와 무고한 사람들을 잡아들여 도륙하고, 그것을 공으로 내세운 것이 발각되어 지평 조영걸(趙永傑), 영변부안핵어사 한용의(韓用儀), 평안감사 이조원(李肇源) 등의 끊임없는 탄핵을 받아, 6월 장흥부에 유배되었다.

그 뒤 석방되어 1828년 동지사의 부사로서 정사 홍기섭(洪起燮), 서장관 박종길(朴宗吉)과 함께 청나라에 다녀왔으며, 2년 뒤인 1830년에 양사와 옥당(玉堂)에서 함께 연서한 탄핵을 받았으나 받아들여지지 않았다. 그 뒤 1831년 2월에는 오히려 호군이 되었다.

이옥은 강화유수로 재직 중인 부친 유당(柳戇)을 뵈러가는 벗 유정양(柳鼎養)을 위해 〈해관(海觀)〉 3편을 지어주었다. 그 3편은 〈송유석로왕유심도(送柳錫老往遊沁都)〉, 〈마상란전 보유(馬湘蘭傳 補遺)〉, 〈황학루사적거증(黃鶴樓事蹟攷證)〉이 그것이다.

16. 유득공(柳得恭, 1747~1807)—이옥과 이종사촌

조선 후기의 실학자 · 문인, 자는 혜보(惠甫) · 혜풍(惠風)이고, 호는 영재(泠齋) · 영암(泠庵) · 고운당(古芸堂)이며, 본관은 문화(文化)이다. 문양부원군 유자신의 8세손으로 아버지는 류춘(柳瑃)이다. 군자동 산뒤마을에서 출생했다. 영조조에 진사시에 합격하고 시문에 뛰어난 재질이 인정되어 정조 3년(1779)에 규장각검서(奎章閣檢書)로 들어가 활약이 컸다.

그 뒤 제천 · 포천 · 양근 등의 군수를 거쳐 말년에 풍천부사를 지냈다. 선생은 박지원(朴趾源)의 제자로서 이덕무(李德懋) · 박제가(朴齊家) 등과 함께 실사구시(實事求是)의 학문과 중국의 문물 수입을 적극 주장하였고, 당대의 사검서(四檢書) 혹은 한학4가(漢學四家)의 한 사람으로 불리었다.

선생의 저서로는 『경도잡지(京都雜志)』, 『발해고(渤海考)』, 『사군지(四郡志)』, 『영재집(泠齋集)』, 『고운당필기(古芸堂筆記)』, 『이십일도회고시(二十一都懷古詩)』, 『앙엽기(盎葉記)』 등이 있다. 특히 『경도잡지』는 우리나라 민속학 연구에 귀중한 문헌으로 기 록이 드문 조선시대의 풍속과 세시를 이해하는 데 큰 도움을 주는 자료이다. 이 책은 같은 세시기(歲時記)인 『열양세시기』 · 『동국세시기』보다 먼저 집필되었다. 모두 2권 1책인 이 책은 제1권에서는 문물제도를 주로 기술하였는데, 그 내용은 주로 사대부의 생활문화에 국한되어 있고, 일반 백성의 생활상에 대한 기록은 없다. 제2권은 당시의 세시를 서술하되 해박하게 많은 문헌을 인용하여 고증하고, 연원과 유래까지 밝히려고 노력하였다.

『발해고』는 과거 고려에서 체계적인 발해사 서술이 이루어지지 않은 데 대한 저자 자신의 강력한 비판 위에서 쓰여졌다. 선생은 『신당서(新唐書)』 등 17종의 중국서적과 『삼국사기』 등 한국사서, 『속일본기』 등 모두 22종을 참고하여 이 책을 썼다. 종래 발해에 대하여는 『삼국사기』 · 『동국통감』 · 『동사강목』 등에서 단편적으로 서술되어 오다가 허목(許穆)의 『기언(記言)』과 이익(李瀷)의 『성호사설』, 이종휘(李種徽)의 『동사(東史)』에서 독립된 항으로 서술된 적이 있었으나, 서술의 분량이 보잘것 없었을 뿐만 아니라 한국사의 범주에 적극적으로 수용하지 않았다. 그러다가 선생이 처음으로 서술의 분량과 성격에 있어서 발해사를 본격적으로 한국사화(韓國史化)하려는 시도가 나타났다.

그 뒤 한치윤 · 홍석주 · 정약용 · 김정호 등에게 그러한 성격이 일정하게 전수되었다. 선생은 발해가 고구려의 후계자임을 분명히 밝혀 우리 민족사의 범주로 끌어들였다. 또한 고려가 발해사를 찬수하지 않았기 때문에 고구려 · 발해 영토를 점령하고 있는 여진 · 거란에 대하여 영토적 권리주장을 내세우지 못하게 되었다고 주장하였다. 이러한 점에서 볼 때 『발해고』의 사학적 위치는 매우 중요하다고 생각된다.

『사군지』는 선생이 편찬하고 서유구(徐有榘)가 교정, 필사한 것으로 한사군에 대한 총체적인 사실정리를 한 책이다. 특히 이 책 건치연혁에서 선생은 한사군은 본래 우리나라의 땅임을 전재하고 사군의 위치비정을 하였는데, 선생의 한사군의 위치 비정 중 가장 큰 특징은 사군의 위치에서 가장 의견이 분분한 진번군에 대하여 북방 고구려설을 주장한 데 있다. 선생은 정묘호란과 병자호란에서 받은 민족적 치욕과 우리 민족의 역사활동의 무대였던 북방지역을 상실한 데 대해 우리나라 상사의 역사에 대한 재인식을 통하여 자국사를 새롭게 이해하고 북방도 역시 우리 역사의 주 무대였음을 강조하여 우리 민족의 발전방향을 제시하였다.

『영재집』은 선생의 시문집으로 15권 4책의 필사본이다. 이 문집은 전체적으로 완성되지 않은 원고의 상태로서 편집을 위해 여기저기 부전(附箋)이 붙어 있고, 시(詩)도 선생이 중국에 다녀오며 지은 시가 여기저기서 발견되고 있다. 선생의 시명(詩名)은 일찍부터 중국에 알려져 있었는데, 시 중에는 중국의 이조원(李調元), 반정균(潘庭均)으로부터 재기종횡(才氣 縱橫)·재정부유(才情富有)하다는 평가를 받았다.

특히 「과폐책(科弊册)」은 과거의 종류, 과거 응시과목, 시관(試官)과 거자(擧子)의 부정행위 등을 열거한 것으로 과거에 대한 연구에 귀중한 자료로 평가받고 있다.

『이십일도회고시』는 7언절구의 한시로 모두 43수가 수록되어 있다. 이 책은 선생이 31세였던 정조 2년(1778)에 『동국지지(東國地志)』를 읽고 한 수 한 수 틈틈이 지은 것인데, 어린 아이와 어린 계집종조차 듣고 외울 정도로 마음을 썼다고 한다. 내용은 단군의 왕검성에서 비롯하여 고려조의 송도에 이르기까지 21개의 왕도를 읊은 작품이다.

여기에 수록된 43수는 우리 역사의 지나간 모습, 즉 민족적 삶의 총체적 양상을 각국의 왕도를 통하여 제시함으로써 우리 것을 새롭게 인식하려고 하는 역사적 대응방식을 명쾌하게 보여주고 있다. 특히 우리 역사의 신비하고 장엄한 여명을 노래한 단군조선의 내용과 고구려 신화를 읊은 것은 더욱 돋보인다. 결국 이 시는 선생의 참신한 역사의식이 강렬한 시의식으로 변용되면서 형상화한 것으로 내 것과 나를 찾으려고 하는 주체적 의식을 노래한 것이라는 사실을 알 수 있다.

다음의 시(詩)는 선생이 고향인 시흥시 군자동 산뒤마을(山北里)에서 살 때 「산북리의 사(北山鳥)」란 주제로 읊은 작품이다.

산북리 뒷산에 기이한 새 한 마리
털과 깃은 어찌 그리 곱기도 한지
훌쩍 날아 하늘로 솟아오르다
여섯 개 날갯죽지 부러졌구려
온갖 새 모두 다 비웃건마는
다른 한 새 이를 보고 탄식한다네.

날아가 날갯죽질 접고 나서는
슬프게도 나무 끝에 힘없이 앉네.
한 마리는 서남으로 날아가면서
구슬피 우는 소리 애닯게 하네.

타고난 재주와 능력은 뛰어났으나, 서얼로 태어나 뜻을 접을 수밖에 없는 작가의 실의와 아픈 좌절을 곡진하게 그린 한 장의 자화상 같은 시이다. 정조에게 발탁되어 규장각의 검서관으로 벼슬에 나가기 이전에 선생은 고향 산뒤마을에서 상처받은 한 마리 새의 아픔을 자신의 처지로 의인화시켜 이처럼 아름다운 시를 남겼다. 시기적으로 보아 20세를 전후한 시로 보인다. 상처받은 새를 향하여 연민의 정을 보내는 또 다른 한 마리 새는 마치 같은 서족 출신으로 선생과 평생 우정과 뜻을 같이했던 글벗(文友) 박제가(朴齊家)를 그리고 있는 듯하다.

유득공은 이옥과는 이종사촌간이다. 이옥의 조부인 이동윤(李東潤)은 동래(東來) 정응상(鄭應祥)의 딸과 혼인하여 독자를 두었다. 왕족이긴 하나 서얼에다 무반으로 전락한 이 가문의 유일한 진사 합격자(1754년 합격) 이상오(1722~1796)이다. 이상오(李常五)는 초취를 남양(南陽) 홍이원(洪以源)의 딸(1721~1758)을 맞았다.

그러나 그녀가 38세에 죽자 홍이원의 사촌인 홍이석(洪以錫, 1687~1742, 무과, 이성현감(利城縣監)의 딸(1738~1812)을 재취로 맞아 옥과 집(鏶)을 낳았다.

「남양홍씨참의공파보(南陽洪氏參議公派譜)」(1898년 감행)을 보면, 홍이석은 병마절도사를 지낸 홍시주(洪時疇, 1638~1707)의 서자로 올라있다. 2남 3녀를 두었는데 첫째 사위는 유춘(柳瑃) 영재(泠齋) 유득공(柳得恭)[1748~1807]의 부친), 셋째 사위가 이상오였다. 이로써 이옥과 유득공은 이종사촌이 되는 것이다.

17. 이덕무(李德懋, 1741~1793)

이덕무는 조선의 제2대 정종의 열다섯째 아들인 무림군 이선생의 14세손이었다. 조부는 강계부사 이필익이고, 아버지는 통덕랑 이성호였다. 어머니는 반남 박씨로 토산 현감 박사렴의 딸이다. 1741년(영조 17년) 한성 중부 관인방에서 태어났다. 부친의 꿈에 신인이 나타나 '종대'라는 이름을 주어서 어릴 때는 그 이름으로 불렀다. 어릴 때부터 글을 배우기 시작했는데 부친에게서 『십구사략(十九史略)』을 배웠다. 『십구사략』은 중국의 태고에서부터 원나라까지의 19사를 요약한 사서였다. 이덕무는 어려운 사략을 배울 때마다 완전하게 이해하여 부친을 놀라게 했다.

이덕무는 고금의 기문이서(奇文異書)에도 달통하고 문장에 개성이 뚜렷해 문명을 일세에 떨쳤으나, 집안이 가난했기 때문에 정규 교육을 받을 수 없었다.

"나는 어려서부터 몸이 약하여 질병이 많았으므로 독서를 부지런히 할 수 없어 강론하고 학습하는 것이 고루하였으며, 교도(敎導)하여 주는 사우(師友)도 없었고, 또 집안이 빈한하여 장서를 갖지 못하였으므로 지식을 기를 수 없었으니, 제아무리 깊이 즐긴다 하여도 그 학문은 민망할 정도였다."

이덕무가 『관독일기(觀讀日記)』에서 스스로 고백하고 있듯이, 그는 가난과 질병 속에서 어린 시절을 보냈다. 그의 재산은 쌀 십여 섬을 수확하는 천안군의 전장이 고작이었다. 그런데도 이 전장마저 소작을 주고 있었기 때문에 두 동생과 부모까지 모시고 있는 이덕무는 가난한 삶을 영위할 수밖에 없었다. 그의 집안이 언제부터 무인이 되었는지는 알 수 없으나, 조부 이필익과 막내동생마저 무과에 급제한다. 그러나 통덕랑을 지낸 부친 이성호는 세 아들에게 학문을 가르쳤다. 이덕무는 집안이 가난하고 서자였기 때문에, 스승도 없이 혼자서 학문에 전념했다.

이덕무는 어려서부터 지혜롭고 공부하는 것을 좋아했다. 하루는 그가 보이지 않아 집안사람들이 찾아다녔는데, 저녁때에야 관청의 벽 뒤 풀더미 속에서 겨우 찾을 수 있었다. 이덕무는 벽에 바른 고서(古書)를 보는 데 몰두해 날이 어두워지는 것도 몰랐던 것이다.

어른에게 글을 배우면 자획과 음의(音義)를 반드시 자세하고 분명하게 탐구하여 뜻을 알아야 했다. 이해되지 않는 문장이 있으면 울기도 했다. 벽에다 남몰래 해시계를 그려놓고, 아이들과 정신없이 놀다가도 시간이 되면 단정히 앉아 책 읽기에 여념이 없었다.

그는 이 무렵부터 박제가, 성대중, 오정근, 유득공, 홍대용 등과 교유하게 되었다. 박제가, 성대중, 오정근은 서자들이었다. 그러나 유득공, 홍대용 등은 서자들과도 기꺼이 교분을 나누면서 북학파로 불리는 실학자들이었다. 이덕무는 16세에 동지중추부사 백사굉의 딸과 혼례를 올렸다. 이덕무의 부인은 무인으로 유명한 야뇌 백동수의 누이다.

박지원과 이덕무는 이옥에 앞서 이미 소품체 산문을 짓고 있었으므로, 이옥과 직접적인 교유는 없었더라도 이옥의 글쓰기에 상당한 영향을 미쳤을 것으로 보인다.

18. 이상황(1763~1841)

본관은 전주(全州). 자는 주옥(周玉), 호는 동어(桐漁) 또는 현포(玄圃). 태종의 둘째아들인 효령대군(孝寧大君)의 14대손으로, 아버지는 승지 이득일(李得一)이며, 어머니는 현감 유성모(柳聖模)의 딸이다.

이상황은 1787년 김조순과의 일에 연루되어 5년 뒤 자송문을 썼다. 명문 노론가의 자식으로 서울에서 대대로 살아온 권문세족으로서 이 가문이 누리는 권력이 보통이 아니었다.

1786년(정조 10) 사마시에 합격해 진사가 되고, 이 해 정시 문과에 병과로 급제해 검열에 임명되었다. 1789년 정언이 되고, 1792년 영남에 암행어사로 나가 역전(驛田)의 세금과 시노비(寺奴婢)의 신공을 줄일 것을 청하였다.

1795년 대사간을 역임하고, 1804년(순조 4) 황해도관찰사를 거쳐, 한성부우윤 · 개성유수가 되었다. 1810년 전라도관찰사가 되고, 1812년 한성부판윤 · 형조판서를 거쳐 이듬 해 사은사로 청나라에 갔다가 돌아와서 호조판서가 되었다. 1816년 평안도관찰사로 나가 홍경래(洪景來)의 난 이후 마비된 장중위(壯中衛)를 폐지하고, 별친기위(別親騎衛)를 설치하였다.

1820년 이조판서를 거쳐 홍문관제학 · 평시서제조(平市署提調) 등을 지냈으며, 1824년 좌의정이 되어, 1828년 재용 절약이 백성을 사랑하는 근본임을 강조하였다. 1830년 세손사부(世孫師傅)를 겸하였다. 이해 주청정사(奏請正使)로 부사 이지연(李志淵), 서장관 윤심규(尹心圭)와 함께 청나라에 다녀왔다.

1831년 서울과 지방의 무뢰배가 궁방과 아문을 빙자해 쌀 · 소금 등의 매매를 침탈하는 것을 금하도록 주장하였다. 1829년 문안사로 청나라에 다시 다녀왔고, 1833년 영의정에 올라, 수령은 백성을 다스리는 근본이므로 선택을 신중히 할 것을 청하였다.

1835년(헌종 1) 실록총재관에 임명되어 『순조실록』 편찬을 주재하였다. 1838년 영의정을 사직했으나, 이듬해 다시 영중추부사가 되었다. 성품은 검소했으며, 업무 처리는 정성을 다해 주도면밀하게 말없이 실시했다고 한다. 헌종의 묘정에 배향되었고, 시호는 문익(文翼)이다. 저서로는 『동어집』 · 『해영일기(海營日記)』가 있다.

이상황은 중국소설 애호가였다. 그것이 어느 종류인지 따지지도 않고 닥치는 대로 모으는 수집광이었으며, 겉으로는 유학자로서 소설을 배척하고 헐뜯어도 속으로는 소설의 재미에 흠뻑 빠져서 제대로 된 비난을 하지 못할 지경이었다.

이를 두고 '소설과 반소설 사이에서 엉거주춤 고의춤을 잡고 서 있는 모습' 이라는 재미있는 표현까지 나왔다.

19. 최구서(崔九瑞, 1762~1800)

이름은 학우(鶴羽)-소북에 연결되어 있는 남인.
정조(正祖) 22년(1798) 무오(戊午) 식년시(式年試)[생원] 3등(三等) 16위(46/100)-선발 100명(1等5 · 2等25 · 3等70)

[가을 가고 봄이 오니 계절이 바뀌어 가는 것을 아쉬워하고, 산 높고 물길 아득하니 매화 소식(이른 봄을 이름)으로 편지를 붙이고자 합니다. 천리 머나먼 길을 마음이 달려가기에 한 통의 편지로 얼굴을 마주보는 것을 대신하고자 합니다. 생각해 보니 그대는 붉은 난새의 맑은 운치며 황학(黃鶴)의 뛰어난 재주를 지녔습니다. 마치 푸른 물속의 연꽃이 낙포(落浦)에서 고운 빛을 떨치고 단사로 된 죽전(竹箭)이 형산(衡山) 봉우리에서 맑은 기운을 받은 격이지요. 봉혈(鳳穴, 봉황새가 출현하는 곳)에서 깃을 떨쳐 가문을 떨치는 영예를 드러내었으며, 용문(龍門)에 오르려다 실패하여 여러 차례 임금님이 계시는 서울에 발걸음을 하였지요. 예전에 인재를 선발하는 과거시험장에서 그대를 따라 외람되게도 구앵(求鶯, 벗을 구하는 것)의 우정을 나눈 이후 한 마디 말로 서로 뜻을 합하여 결연은 마치 맺음이 금란지교(金蘭之交)보다 두터웠습니다. 하지만 모든 일이 내 마음과 같지 않아 의지함은 참으로 옥수(玉樹, 용모와 재능이 뛰어난 사람)에게 부끄러울 따름입니다. 꽃피는 아침, 달뜨는 저녁, 백발이 되도록 변치말자고 깊은 맹서를 하였고, 먹으로 춤추며 붓으로 노래부르며 함께 홍심(紅心, 과녁의 정곡)을 맞추었습니다. 성 서쪽에서 만난 것이 다하지도 않았는데, 갑자기 남쪽 끝으로 떠나시게 됨을 탄식하게 되었습니다.

-〈여병화자최구서장(與炳花子崔九瑞狀)〉 일부

성균관에서 함께 수학한 최구서(崔九瑞)에게 보낸 편지다. 이옥은 시종일관 4 · 6 변려문의 부(賦) 형식으로 벗에게 편지를 적고 있다. 일반적인 편지와 달리 글 곳곳에 고사가 있는 단어를 배치하여 말하고자 하는 바를 표출하고 있다. '매화소식', '봄혈', '등용문', '구앵', '금란지교', '옥수' 등은 모두 고사가 있는 단어들이다. 고사를 이해하지 못하면 단어의 뜻은 물론이며, 편지에서 말하고자 하는 의미를 제대로 이해할 수 없다. 고사를 사용하지만 자신이 말하고자 하는 바와 자신의 정감을 있는 그대로 전달하고 있다. 성균관에서 함께 수학한 벗에게 우정을 못 다하고 떠난 진한 아쉬움을 꾸밈없이 전하고 있는 것이다. 사실 젊은 시절 이옥은 생원시에 합격하여 성균관에서 수학하다가 정조의 문체반정(文體反正, 문체를 바르게 돌리는 정책)에 걸려 타락한 문체의 주모자로 낙인찍힌 문제의 인물이자 문전의 이단아였다.

이후 이옥은 과거시험을 포기하고 사망할 때까지 자신의 문체를 포기하지 않고 자신의 글쓰기를 지키며 개성적인 문체를 고집하였다.

〈참고문헌〉
안대회, 『고전산문산책』, (주)휴머니스트, 2011
채운, 『글쓰기와 반시대성』, 북드라망, 2013
김영진 외 5인, 『이옥문학세계의 종합적 고찰』, 화성시, 2012
한국민족문화대백과사전

정조대왕의 문체반정과 실학자 박지원 · 선비 이옥

《문체반정 나는 이렇게 본다》를 읽고

연구위원 _ 고 광 준

1. 정조의 문체반정

화성지역학연구소 회원들이 그동안 문체반정과 이옥에 대해 공부를 해 왔다. 하여 나는 김용심 글 〈문체반정 나는 이렇게 본다〉라는 책을 읽고 독후감을 쓰기로 했다.

문체반정이라는 역사 속의 사건, 그 사건이 전해 주는 진실, 그리고 그를 통해 새롭게 읽을 수 있는 문화의 흐름과 그 속에서 우리가 나아갈 곳은 어디인가 하는 질문과 대답, 그리고 역사를 배우는 까닭이 과거를 더 잘 알기 위해서가 아니라, 현재를 반성하고 미래를 가꾸어 가기 위함이다, 라고 생각한다. 글쓴이는 정조가 소설을 좋아하지 않고, 더 나아가 '마음을 방탕하게 하는 사람에게 해가 되는 것' 으로 보는 것은 참말이며, 평생 소설책이라고는 "구경도 안 해 왔다" 는 말은 거짓말이라고 했다.

적어도 정조는 소설이 무엇인지, 소설의 문제점이 과연 무엇인지 알 만큼은 소설을 읽었다는 것이다. 정조는 종종 "속된 소설책들은 어려서부터 한 번도 본 적이 없다" 는 말을 강조한다. 그만큼 소설과 자신 사이에 '거리 두기' 를 하는 것이고, 이 거리 두기의 정점에 있는 것이 바로 '문체반정' 이라고 생각하는 것이다.

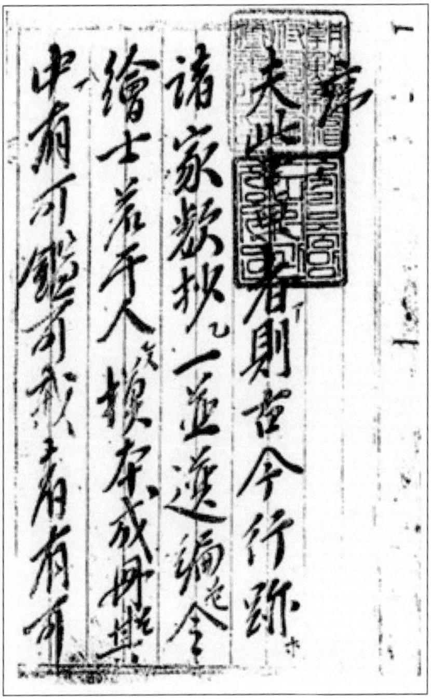

문체반정은 당시 유행하던 소설 문체를 나쁜 문체로 몰아 엄격히 금하는 정책이다. 조선의 마지막 개혁 군주라 불리는 정조가 이런 시대를 거스르는 정책을 펼쳤다.

과연 정조는 무슨 생각으로 문체

반정을 일으켰을까? 그렇게 정책으로 펼치면 과연 문체가 바뀔 거라고 믿었을까?

정조는 왜, 그토록 소설을 싫어했을까? 그 이유 중 하나로 영조 때 나온 《중국역사회모본》이라는 책을 들 수 있을 것이다. 이 책은 글과 그림이 함께 있는 가벼운 화첩이다. 《수호지》, 《서유기》 같은 중국 소설을 소개하고, 그 내용에 맞는 생생한 그림들이 100여점 넘게 들어가 있어 보기도 편하고, 재미도 있고, 내용도 쏙쏙 들어온다고 한다.

그림은 궁중 화원에게 그려 넣도록 하였는데, 이 책을 엮은이가 바로 정조의 아버지 사도세자인 것이다.

영조의 노여움을 사 뒤주에 갇혀 죽기 직전인 조선시대 화첩 '중국역사회모본' 서문 1762년 임오년 윤 5월에 이 화첩을 엮고 서문을 썼다고 한다.

사도세자는 소설이라는 '꾸며진 이야기' 속으로 도망치고 싶었는지 모른다. 정조는 사도세자가 소설에서 받았을 위안과 웃음과 사랑스러움을 조금도 인정하지 않는다. 오히려 이렇게 말하는 것이었다.

"소설을 보면 나는 춥지도 않은데 몸이 떨린다."

과연 소설의 무엇이 정조로 하여금 몸을 떨게 했을까? 혹시 정조는 소설의 내용보다는, 소설을 볼 때마다 죽어간 아버지의 기억을 떠올렸던 것은 아닐까? 그래서인지 "정조가 소설 탐독을 '폐단' 으로 몰아 비난한 것은 아버지 사도세자의 소설 애호와 무관하지 않다"는 연구 결과도 나온 것 같다.

문체반정의 여러 배경 중에 사도세자의 소설 애호에 대한 반발이 한 축을 차지했을지도 모른다는 의견도 있다.

정조가 일으킨 문체반정은 이유를 어느 딱 하나로 규정할 수 없는, 여러 가지 복잡한 사정과 상황들이 얽혀 있다고 본다. 물밀 듯 밀려오는 자유로운 소설에 대항해 성리학의 고전 정신을 지키려 했다던가, 탕평책의 일환으로 문체반정을 이용했다던가, 과거제도의 문제점을 고치고자 문체 개혁을 내세웠다던가 하는 모든 것들이 다 그 사정에 들것이다.

무엇보다 문체반정은, 비록 시작은 정조가 하였지만 마무리는 결코 정조가 할 수 없었던 정책이다. 정조조차 이 문체반정의 진짜 주인공은 아니다.

시대는 자유로움을 원하는데 체제는 옛것만을 고집할 때 과연 어떤 일이 일어날까? 그래서 문체반정의 거센 흐름 속에서도 결코 자신의 목소리를 잃지 않았던, 실학자 박지원과 선비 이옥의 이야기는 귀담아 들을 만한 아주 중요한 내용을 품고 있다.

정조만큼이나 이들의 이야기도 많은 흥미를 갖고 읽어 보아야 할 것이다.

정조는 18세기 말 조선의 마지막 르네상스를 이끌었던 어진 군왕이자, 학문과 문화와 백성을 사랑한 모범적인 통치자였다. 비록 정조가 꿈꾸었던 많은 것들이 다 이뤄지지 못했지만 여전히 정조는 조선 역사에서 세종과 더불어 가장 '존경 받는 임금' 에 들 것이다.

하지만 정조 앞에 붙는 '문화' 나 '개혁' 이라는 말이 전혀 어울리지 않는 정책이 하나 있으니 바로 문체반정이다. 당시 유행하는 소설 문체를 금지하는 정책이라고? 왜? 소설이야말로 그때의 시대와 생활을 가장 잘 볼 수 있는 큰 문화 현상인데 권하지는 못해도 억눌러야 하다니, 왜?

대답은 문체반정의 '반정' 에 있다. 반정(反正), 곧 "바른 것으로 되돌아간다" 는 뜻은 결국 지금은 "바르지 못하다" 는 뜻을 품고 있기 때문이다. 말하자면 소설 문체는 바르지 못한 것이고, 고쳐야 하는 것이고, 그렇기 때문에 바른 문체로 되돌아가야 하는 것이 문체반정의 가장 중요한 핵심인 것이다. 이때 바른 문체는 고전 문체를 이른다.

그때까지 문체라 하면 대개 고전에서 쓰는 문체를 최고로 쳤다.

이른바 '사서삼경' 같은 유교 서적들, 곧 《논어》 나 《맹자》, 《중용》, 《시경》 같은 책들에서 보이는 딱딱하고, 반듯하며, 형식을 갖추어 쓰는 글을 좋은 문체라 보았던 것이다. 이런 문체들은 사람의 감정보다는 인, 의, 예 같은 도덕이나 이성을 드러내는 데에 더 큰 효과가 있다.

고전 문체를 말할 때 흔히 '문이재도(文以載道)' 라는 말을 쓴다. 곧 "문장은 도를 담아야 한다" 는 것이다. 문장, 곧 글을 쓰는 이유가 다름 아닌 도를 말하기 위해서라는 것이다. 그렇다면 도를 담지 않은 문장이나 문체는 당연히 문장이 아니다. 도를 담기는커녕 희로애락, 인간의 사랑이나 갈등, 분노나 기쁨 들을 담은 문장이 있다면 문장은커녕 사람의 마음을 해치는 아주 몹쓸 것이 될 뿐이다.

소설 문체는 바로 그런 문제점을 모두 가졌다. '있어야 하는' 이야기가 아니라, '있을 법한 이야기를 있을 법하게 꾸며서 쓰는' 소설은 고전에 견주어 훨씬 생기가 넘친다. 딱딱하기보다는 경쾌하고, 어떤 틀이나 형식에 갇혀 있기보다는 그 어떤 것에도 얽매이지 않는 자유로운 상상력을 보여준다. 그래서 차가운 이성이나 논리보다는 슬픔, 기쁨, 사랑 같은 다채롭고 풍부한 사람의 감정을 다루는 데 훨씬 걸맞은 것이다.

소설을 읽다가 울고, 웃고, 화내고, 또 웃고, 우는 까닭이 다 거기에 있다. 사람으로 비유하자면 가볍고, 촐싹대고, 잔망스럽지만 재미있는 이야기꾼이 눈앞에서 수다를 떨고 있는 느낌이라고 할까. 그래서 정조는 소설 문체를 두고 "어수선하고, 경박하고, 괴상하고, 야릇하고, 날카롭다" 고 말했을 것이다. 정조에게는 문체는 군자의 것이어야 했다. 당연히 그렇게 바르고 반듯한 것이어야 했다. 그런데 소설문체는 그런 생각을 완전히 뒤집는다.

문체를 백성의 것으로 만들어 버린 것이다. 도를 말하고 법도를 지키기보다는 거리낌 없이 감정을 드러내거나, 팔팔 뛰며 화도 내고, 울거나 웃게 만든다. 정조에게 군자의 모습을 한 책은 자세를 똑바로 하고 읽어야 하는 마음의 양식인데, 사람들에게 백성의 모습을 한 책은 방바닥을 뒹굴뒹굴하면서 낄낄거리며 읽는 즐겁고 신나는 오락거리에 지나지 않는다.

그래서 정조는 고전을 닮아 반듯해야 할 선비들의 문체가 갈수록 가벼워지고 감정적이 되는 이유가 바로 소설에 있다고 보았다. 재미있다고 자꾸 보다 보니 문체까지 닮아 가고 가치관까지 흐려진다는 것이다. 해서 정조는 중국 잡서와 당판 경서의 수입을 금하는 것으로 문체반정의 포문을 연다.

앞으로 중국에서는 그 어떤 소설책도, 그 어떤 문고판도 수입해서는 안 된다고 못을 박은 것이다. 거기에서 멈추지 않고 정조는 한 걸음 더 강한 방법을 취한다. 바로 선비들에게 과거응시 기회를 빼앗는 것이다.

정조의 불호령은 비단 유생들에게만 떨어지지 않았다. 이미 벼슬에 오른 관리라고 그냥 넘어가지 않았다. 가장 먼저 지제교 벼슬에 있는 남공철이 철퇴를 맞았다. 지제교는 왕이 내리는 문서들의 초안을 기초하여 짓는 벼슬아치였다. 당연히 문장도 좋아야 하고 임금의 신임도 깊어야 하는데, 그런 남공철이 문서를 쓰다 그만 소품을 몇 구절 인용하고 말았다. 정조의 빨간 펜이 당장 그 구절에 북북 선을 그었다. 그리고 한낱 유생도 아니고, 이른바 '띠를 두르고 홀을 든 채 관직에 나오는 자'가 어찌 소품을 인용할 수 있느냐며 버럭 호통을 친다. 그리고 다음과 같이 명령한다. "남공철의 지제교 벼슬을 당장 떼도록 하라!" 단순히 혼나는 것에서 그치지 않고 막판에는 강하게 벼슬까지 자른 것이다.

남공철에 이어 이상황, 김조순, 심상규 같은 젊은 관리들이 줄줄이 정조에게 혼이 난다. 이들은 있던 벼슬을 잘리기도 하고, 자신의 잘못을 절절이 후회하는 자송문(自訟文), 반성문을 써내는 벌도 받는다.

정조는 여기에서 한 걸음 더 나간다. 문체반정의 크고 바른 뜻에 가장 걸림돌이 되는, 아니 가장 큰 장애물이 되는 한 사람이 남았던 것이다. 바로 당대 최고의 지식인이라 할 연암 박지원이었다.

2. 실학자 박지원과 선비 이옥

박지원은 팔촌형인 박명원을 따라 중국 사신단에 끼어 청나라를 여행할 기회를 얻었다. 넉달에 걸친 북경 여행 기간 동안 박지원은 생기 넘치고 호기심 많은 눈으로 아주 사소한 것도 허투루 놓치지 않은 채, 날카로우면서도 호통하고 발랄하면서도 유연하게 새로운 풍광을 눈부시게 기록해 내었다. 그것이 바로 그 유명한《열하일기》이다.

이 새로운 글쓰기는 사람들을 열광 시켰다. 한 마디로 통쾌한 책이요, 신선한 문체였다.

정조는 물론《열하일기》의 성취를 높이 평가했다. 좋은 글을 결코 몰라볼

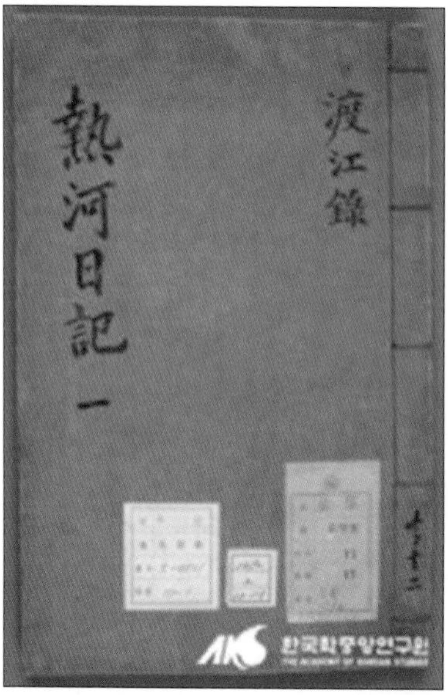

리 없는 뛰어난 학자 임금이 아니던가. 그러나 이 책이 갖는 신선함과 통찰력을 높이 평가하는 것과는 별개로, 한 나라의 군주로서 고전 문체를 바로 세우려는 자신의 문체반정에 《열하일기》의 자유롭고 파격적인 문체가 얼마나 해악을 끼칠 수 있는지를 또한 정확히 알고 있었다.

그리하여 정조는 "신속히 순수하고 바른 글 한 편을 지어 급히 올려 보내 《열하일기》의 죗값을 치르도록 하라!"는 벌을 내렸다. 정조는 박지원에게 자송문을 요구한 것이다. 박지원은 순수한 글을 써내지 않았다.

반성문을 잘 써내 정조의 눈에 들었던 김조순 같은 사람도 있었다. 김조순은 자송문을 통해 정조의 마음에 들어 순조롭게 출세하여 대제학을 지내고 마침내는 정조와 사돈까지 맺었다.

그러나 전혀 다른 모습을 보여 주는 사람이 딱 두 명 있었다.

한 명은 당대의 문장가 박지원이요, 또 한 명은 불우한 유생 이옥이다. 특히 이옥은 문체반정의 가장 큰 희생자로 꼽히면서 문체반정을 이야기할 때 결코 빼놓을 수 없는 중요한 인물이다. 이 두 사람은 다른 이들과는 달리 임금이 써내라는 자송문을 끝까지 쓰지 않았다.

박지원은 문체를 바르게 하려는 임금의 의도에 납죽 엎드리지도 않았고, 그렇다고 완벽하게 거스르지도 않았다. 박지원은 자신의 문체가 연암체라고 불리든, 소품체라고 불리든 크게 개의치 않았다.

중요한 것은 문체가 아니라 그 문체에 담겨 있는 실용의 의미, 백성들의 삶에 가장 도움이 되는 '이로움'을 찾는 일이었다.

사람들은 이옥을 두고 문체반정의 최대 피해자라고 한다.

똑같이 임금의 꾸중을 들었으나 자송문을 써서 도로 벼슬을 찾은 관리들이나, 끝까지 자기 생각을 버리지 않고 다른 글을 써낸 박지원이나 따지고 보면 크게 손해 본 것이 없다.

하지만 이옥은 장원급제를 하고도 도리어 벌을 받아야 했고, 그것으로도 모자라 끝내는 관직에 나가지 못하고 말년을 시골에 처박혀 살았다.

아무리 당신이 왕이더라도, 아무리 당신이 문체반정을 일으켰더라도, 초라한 백성으로 살면서 그들을 기록하는 저를, 눕거나 서거나 웅크리거나 하면서 자유롭게 쓰고 싶은 글을 쓰는 저를 당신이 어찌하시겠습니까? 아무리 거대한 흐름이더라도 물은 물, 결국에는 돌을 스쳐 흘러갈 뿐이지요. 라고 이옥은 말했다.

3. 문체반정의 의의

세 사람이 있었다. 같은 시대를 살았지만 전혀 다른 삶을 살았던 정조와 박지원과 이옥, 1800년을 기점으로 세 사람의 운명은 바뀌었고, 그들의 삶과 죽음도 달랐다. 그들과 함께 파란의 18세기도 서서히 기울어가고 격동의 19세기가 시작되고 있었다.

문체반정을 일으킨 정조, 문체반정의 거물로 꼽혔지만 유연하게 비켜갔던 박지원, 문체반정으로 거듭해서 세상에서 밀려난 이옥.

그들에게 과연 문체란 무엇이었을까? 같은 시대를 살았으되 참으로 다른 생각을 품고 그 생각대로 또박또박 살아간 세 사람에게 과연 문체란, 문장이란, 글이란 어떤 의미였을까?

이제 문체반정의 이야기를 마무리하면서 세 사람의 발자취를 잠시 따라가도록 하자. 세 사람이 저마다 지닌 문장론, 문체론, 시대론을 함께 살펴보자는 말이다. 그러노라면 분명 저 수백 년 전 과거를 살아간 사람들 삶의 자취 속에서 지금 여기를 살아가는 우리들 삶의 모습을 새롭게 다시 볼 수 있을 테니까. 치열한 그들의 삶과 글을 엿봄으로써 이 시대를 사는 의미와 다가올 시대에 더 나은 길로 나아갈 바른 지혜를 또한 얻을 수 있을 것이다. 정조는 문체의 문제를 해결함으로써 정치와 경제, 사회, 문화 같은 모든 문제를 한꺼번에 고칠 수 있다고 믿고 싶었던 모양이다.

그러나 또한 정조처럼 문체를 과소평가한 임금도 없다. 정조는 위로부터 개혁을 통해 얼마든지 문체가 바뀐다고 보았기에 문체반정을 일으킬 수 있었다. 그러나 문체라는 것이 마치 살아 있는 생물처럼 스스로 움직인다는 사실, 임금 개인의 힘만으로 되는 것이 아니라 무수히 많은 사람들의 힘과 의지가 들어가야 비로소 변화한다는 사실을 정조는 간과하고 있었다. 문체가 가지고 있는, 스스로 살아 숨 쉬는 힘을 결정적으로 과소평가한 것이다.

정조에게는 반듯함, 바름은 숙명과도 같은 것이었다. 오죽하면 시호에도 바를 정(正)자가 들어갈까. 정조는 삶도 바르고, 정치도 바르고, 문체도 바르고, 모든 것이 바르게 정도를 향해야 비로소 마음이 놓이고 보람을 느끼는 보기 드문 사람 중의 하나이다.

그래서 소설과 같은 글은 패관 잡서요, 소설 문체는 바르지 못한 것이라고 생각했다. 오직 자신이 읽은 고전만이 바른 문체요 최고라고 생각했다.

정조는 문체가, 곧 글쓰기가 사람들의 생각을 바꾼다는 것을 알고 있었다. 그래서 자유로운 소설 문체를 완고한 고전 문체로 바꾸려 하였다.

정조는 문체를 바르게 바꿔서 세상을 바르게 만든다는 원대한 꿈을 결코 버리지 않았던 것이다. 죽을 때까지 정조, 그에게 글은 '바른' 것이었다. '바른' 것이어야 했다.

1800년 정조가 죽던 해, 박지원은 양양 부사로 승진했다. 하지만 이듬해 곧바로 양양 부사를 그만두고 평범한 선비로 돌아와 몇 해 뒤 1805년 집 안 사랑에서 조용히 죽었다. 다른 허식은 전혀 필요 없고, 다만 깨끗이 씻어 달라는 유언만을 남겼다.

이 희대의 문장가요 사상가인 박지원에게 글이란, 또한 문체란 어떤 의미였을까? 옛것을 따르는 것과 새로운 것을 만드는 것. 이것은 누구나가 한 번쯤 해 보았을 질문이다.

정조가 옛 고전을 따르자는 쪽이라면, 소품체의 극치를 보여 주는 이옥은 새롭게 다시 쓰자는 쪽일 것이다. 그리고 바로 그 사이에 박지원이 있다. 물론 문체 타락의 주범으로 몰려 있는 박지원으로서야 정조보다는 이옥 쪽에 더 가까울 것이다. 그렇다면 박지원은 당연히 새로움에 손을 들어 주었을 듯하지만 실제로는 그렇지 않다.

박지원은 글이란 정확히 "뜻을 나타내면 그만이다"라고 주장한다. 그리고 "글은 오로지 진실해야 할 뿐이다"라고 한다.

진실이 가장 설득력이 있으며, 오로지 진실만이 비판에 대응할 수 있는 확실한 방법임을 박지원은 알고 있었다.

멋진 문구를 늘어놓거나 현학적인 설명을 줄줄이 써 댄다고 좋은 글은 아니다. 오히려 소박하고 아이들 같은 말이라도 그 말을 제대로만 쓴다면 훌륭한 글이 나온다고 박지원은 말하는 것이다.

"그래야만 붓과 먹이 날카롭고, 글자와 글귀가 날고 뛸 수 있는 것이라네"라고 말했다.

대체 어떻게 해야 글자와 글귀가 날고 뛰는 경지에 이를 수 있는 것인지 어렵지만, 어쨌거나 박지원다운 생기발랄한 문장론이요, 문체론이다.

거기에다 박지원은 한 가지 더 덧붙인다. "무엇보다 중요한 것은 자기 자신의 글을 쓰는 것이네"라고 말한다.

박지원은 옛것과 새것을 조화롭게 섞는 것이 가장 중요하다고 본 것이다. 하지만 이 말은 "옛것도 따르고, 새것도 따른다"는 뜻은 아니다. 오히려 "옛것을 따라서 새것을 만든다"는 전혀 다른 주장이다.

옛것도 늘어놓고 새것도 늘어놓아 무작정 섞자는 뜻이 아니고, 옛것과 새것을 자연스럽게 조화시켜 마치 처음부터 하나였던 듯 새로운 어떤 것을 만든다는 뜻이다.

말하자면 고전을 양식 삼아 자기만의 새로운 문체를 만들어 내는 것, 옛것과 지금 것의 조화, 우아한 고전과 참신한 신문체의 어울림, 그것이 가장 훌륭한 문체라고 박지원은 본 것이다. 그리고 실제로도 그렇게 썼다.

이옥, 뛰어난 재주와 굳은 기상은 가졌지만 가문이 한미하고 뒷배가 없었다. 임금조차 그의 재능을 인정은 하되, 그의 문장은 위험한 것으로 몰았다. 그래서 으뜸으로 장원을 했음에도 꼴찌로 밀렸고, 몇 번이고 벼슬에 오를 기회를 잃었다.

이옥은 정조나 박지원과는 달리 거창한 문장론이나 문체론을 거의 쓰지 않았다. 그저 자신이 쓴 글로 자신이 생각하는 바를 드러낼 뿐이었다.

이옥은 남들이 비난하는 소품을 오히려 일찍부터 짓지 못해서 안타깝고, 잘 짓지 못해서 한스럽다고 말하는 것이다.

그렇다. 이옥은 문장이 뛰어나고 재주가 멋져 마치 붓이 달리는 듯 글을 써냈다. 하지만 거대한 정치 이야기보다는 작은 나무, 예쁜 꽃, 먹는 곡식 이야기를 하기 좋아했고, 반드시 정의롭고 바르게 써야 할 문체 대신에 농담하고, 되풀이하고, 비웃고, 따끔해 하는 문장들을 쓰면서 감정을 있는 그대로 드러내는 것을 좋아했다.

4. 문체반정의 역사적 의미

한 시대가 있었다. 그리고 그 시대를 함께한 세 사람이 있었다.

한 사람은 임금이요, 또 한 사람은 당대를 울린 문장가, 또 한 사람은 그저 이름 없이 초야에 묻혀 살다 간 선비였다. 그러나 그들은 자신들의 시대를 자신들의 방법으로 가장 치열하게 살다 갔다.

언제나 바름을 앞세웠던 반듯한 정조도, 어떤 일이나 유연하고 자유로웠던 연암도, 늘 작디작은 것에 마음을 두었던 멋진 이옥도 모두 자기들의 시대에서 가장 열정을 다해 할 수 있는 일을 하였고, 지킬 수 있는 것을 지켰다. 그런 이들이 있어서 우리는 그 시대를, 그 시대의 온기를 기억하는 것은 아닐까.

그렇게 같은 시대, 다른 문체, 뜨거운 세 사람을 만나는 것만으로도 우리는 그 시대와, 그 시대 사람들의 생각과, 또한 이루지 못한 꿈을 기억하는 것은 아닐까. 그리고 그 꿈은, 지금도 여전히 우리에게 의미를 전해 주고 있는 것은 아닐까.

이쯤에서 문체란 과연 무엇일까? 정의를 내려 보면 좋을 것 같다.

사람에게는 누구나 고유한 '말투'가 있다. 부드럽게 조근 조근 설명하는 말투도 있고, 또박 또박 따지며 가르치는 말투가 있는가 하면, 유난히 거칠게 욕을 섞어 하는 반말투도 있고, 토박이말을 섞어 구수하게 푸는 사투리 말투도 있다. 말투에 따라서 그 사람의 첫인상도 달라지고, 상대를 대하는 태도도 달라진다. 말투는 그 사람만이 지니는 특성이자 개성이며, 남을 향해 보여 주는 또 다른 자신의 모습인 셈이다.

그처럼 글에도 자기의 '투'가 있다. 화려하게 이야기를 전개하는 만연체, 짧고 담백하게 뜻을 표현하는 간결체, 문장을 우아하고 부드럽게 만드는 우유체들처럼 같은 내용을 쓰더라도 어떤 문체로 쓰느냐에 따라 전하는 바는 크게 달라진다. 말에 나타난 특성이 말투라면, 이렇듯 글에 나타난 특성은 '글투'이다. 그렇게 저마다 다른 글투가 바로 문체인 것이다.

좀 더 정확한 뜻을 알아보기 위해 국립국어원 《표준국어대사전》을 살펴보자.

문체 : 문장의 개성적 특색, 시대, 문장의 종류, 글쓴이에 따라 그 특성이 문장의 전체 또는 부분에 드러난다.

문체에는 그 시대가, 그 시대의 경향이, 그 시대의 사람이 드러난다고 할 수 있다. 곧 그 시대의 '현실'이 고스란히 드러난다는 말이다. 그러므로 문체를 바꾼다는 것은 다른 무엇도 아닌, 현실을 바꾼다는 것과 같은 뜻이 된다. 그래서 그토록 정조는 문체를 바꾸려 했는지 모른다.

정조의 바른 문체는 기울어 가는 조선 왕조를 지키려는 유교의 세계관을 담은 고전 문체였다. 그러나 지금 이 시대의 바른 문체는 결코 그런 것이 아님을 우리는 잘 알고 있다.

그렇다면 과연 무엇이 바르고 좋은 문체일까?

답은 참으로 쉽다. 이미 모두 그 답을 알고 있다. 다만 너무 쉬워서 잊고 있을 뿐, 바로 '말하듯이' 쓰는 것. 그렇다. 그것이 바로 가장 중요한 답이다. 말하듯이 쓰는 것이 왜 좋은 문체냐고? '정직하기' 때문이다. 그리고 또 다른 좋은 점은 누구나 다 '함께할 수 있다'는 것이다. 꼭 많이 알아야만 멋진 글이 나오는 것은 아니다. 말은 누구나 편하게 하지 않던가? 많이 배운 학자라고, 못배운 노동자라고 더 잘하거나 더 못할 것이 없다.

그리고 이 글을 쓴 이는 정조만 문체반정을 할 것이 아니라, 우리도 문체반정을 해야 한다고 했다.

차별과 불평등을 불러오는 문체가 아니라, 공평함과 평등을 일으키는 문체로 반정, 바르게 바꾸어야 한다고 했다.

아름답고 평등한 세상이 이루어질 때까지….

이 글을 읽으면서 나는 많은 부분에 공감을 가졌다.

특히 바름을 앞세웠던 정조도, 어떤 일이나 유연하고 자유로웠던 연암 박지원도, 작은 것에 마음을 두었던 멋진 선비 이옥도 모두 자기들의 시대에서 가장 열정을 다해 할 수 있는 일을 하였고, 지킬 수 있는 것을 지켰다는 말에 공감을 한다.

이 시대를 살아가는 나는 이렇게 생각한다.

정직하고 진솔하게 그리고 말하듯이 글을 쓰는 것이 가장 좋은 글을 쓰는 것이라고.

(공동 조사 : 황금모, 고광준, 임철빈)

〈참고문헌〉

《중국역사회모본》 서문, 인터넷 네이버, 네이버 뉴스

《열하일기》 표지, 인터넷 네이버, 지식 백과

제3부

화성시의 역사 인물 탐구

고독한 선비 졸수재(拙修齋) 조성기(趙聖期)

연구위원 _ 홍 승 녕

〈**참고사항**〉

조성기애 대한 자료는 『창선감의록』과 거기에서 언급된 부분이 대부분이며 왕조실록과 여타의 글에서 언뜻 나타나고 있을 뿐이다.

조성기의 묘가 화성시 봉담읍 유리에 있고, 매년 시제를 지내고 있으나 후손들은 정확한 학문적 자료를 갖고 있지 못함.

최근의 조사 연구를 하며 얻은 성과는 오는 11월 19일에 시제를 지낸다는 정보를 얻었고, 종친자와의 대화를 통해 화성사 봉담에 묘를 쓰게 된 연원을 알아야 할 과제를 부여받은 의의가 있다.

—아래에 상재된 글은 이승수가 쓴 졸수재 전집(『拙修齋集Ⅰ·천년 뒤 지기를 기다리다』도서출판 박이정, 2001년)에서 번역한 시를 자료로 활용하였으며, 번역문에서 필자의 중점 선택사항에 따라 약간의 관점의 차이가 있음.

졸수재의 『창선감의록』에 대한 연구가 많으나 절구와 율시를 대상으로 한 문학성에 대한 학문적 연구가 매우 미진한 상태임을 밝히며 차후의 과제임을 제시함.

I. 졸수재 조성기, 그는 누구인가

경기도 화성시 봉담읍 유리. 화성의 주산인 건달산 남쪽에 있는 자연취락의 오래된 마을이다. 북쪽으로는 건달산을 배산으로 하고 남쪽으로는 좌우에서 흘러들어온 냇물이 모인 저수지가 있다. 좀 더 자세히 지리를 살펴보면 오른쪽과 왼쪽의 산세가 좌청룡과 우백호의 형상으로 명당 중의 명단인 자리다. 그렇다. 그 위치엔 유리(柳里 ; 버듸)라는 마을이 있고 이 마을의 맨 위쪽에는 예사롭지 않은 고분이 자리 잡고 있다.

"朝鮮國 拙修齋先生 趙公 聖期之墓"가 묘비명이다.

대개의 사대부 집안은 어떤 벼슬을 하거나 사후 추증을 한 벼슬이 있어 수사가 매우 길지만, 아무런 벼슬을 하지 않은, 벼슬을 할 수 없었던 이 묘비명은 너무나 소박하고 단순하다.

이 묘지의 주인공이 바로 졸수재 조성기(拙修齋 趙聖期)이다.

졸수재, 17세기 조선의 대학자였던 인물이 우리 화성의 명당자리인 건달

졸수재 묘지 전경. 배산은 건달산의 지산인 골무산이다

산 남쪽 양지 바른 곳에 영면하고 있다니 처음 듣거나 보는 사람은 뜻밖의 사실이면서 놀랍고 반가운 일이 아닐 수 없다.

우리에게는 별로 알려져 있지 않은 졸수재 조성기는 누구인가. 당대의 인물로는 『구운몽』으로 잘 알려진 서포(西浦) 김만중(金萬重)이 있어, 동시대의 사람으로 자주 비교가 되고 있으나 그의 개인적인 이력으로 보아 친분을 쌓거나 교류를 하며 살아가지는 않은 인물로 보인다.

다음의 소개글은 여러 사람의 글을 요약한 것이다.

본관은 임천(林川), 자는 성경(成卿), 호는 졸수재(拙修齋). 아버지는 군수 시형(時馨)이며, 어머니는 청송심씨(青松沈氏)로 참의에 증직된 정양(廷揚)의 딸이다. 어려서부터 학문에 힘써 일찍이 성리학을 깊이 연구하였고, 아버지의 뜻에 따라 과거에 응시하여 사마시에 여러 번 합격하였으나, 몸에 고질이 생겨 학문에만 전심하였다. 사람들과 접촉을 끊고 심실(深室)에 들어앉아 공부하기를 30년간이나 계속하여 천지만물과 우주의 이치에 통관하였다고 한다. 어렸을 때 이미 「이기설(理氣說)」을 지어 이(理)와 기(氣)에 대한 고차원적인 정의를 내려 이기(理氣)는 서로 혼합되어 분리할 수 없음을 주장하였으며, 20세에는 「퇴율양선생사단칠정인도이기설후변(退栗兩先生四端七情人道理氣說後辨)」을 지어 이황(李滉) · 이이(李珥)의 학설을 논변한 바 있다. 숙종실록의 졸기(卒記)에 그는 경사(經史)를 두루 꿰고 있었으며 말이 찬연하고 조리가 있어 상대방이 압도될 정도였다고 기록하고 있다.

조성기의 생애는 이야깃거리가 그리 많지 않다. 앞에서 언급한 것처럼 몸이 허약해 어려서부터 병치레를 많이 했는데, 특히 낙마로 인해 팔이 부러질 정도로 다치고 나서부터 증상이 더 심해졌다고 한다. 그의 병이 결정적으로 깊어진 것은 20세 때인데, 조수삼의 『송남잡지』에는 이 병이 곱사등이었다고 기록되어 있다. 아마도 낙마와 관계가 있거나 원인이 밝혀지지 않았으나 20대 남성들에게 잘 발병하는 강직성 척추염 같은 질병과 무관하지 않으리라고 추측된다. 더구나 그의 편지를 보면 그는 나이 들어 위비(중풍)를 앓은 것으로 보인다. 말하자면 그는 병 때문에 3백 년 동안 대대로 녹을 받은 명문 집안의 후손이면서도 관직에 나가지 못한 채 유폐의 세월을 견딜 수밖에 없는 삶을 살았다.

그런가 하면 『홍재전서』 171권 인물 편에 다음과 같이 소개하고 있다.

> 졸수재(拙修齋) 조성기(趙聖期)는 기걸찬 선비로 웅대하고 해박한 논변으로 당세를 압도하였고, 우옹(尤翁)의 산이 우뚝 선 듯한 기상[山峙]에는 미치지 못하지만 수해(叟海), 등파(騰波)와는 병칭되었다. 또 그의 묘지문(墓誌文)에 이런 말이 있다. "삼황(三皇)과 삼왕(三王), 오제(五帝)와 오패(五伯)여 일월과 성신이로다. 울울한 뜻 뱃속에 가득하고 마음 속에는 굉대한 포부 있도다. 땅에는 베풀 곳 없어 높은 하늘 더위잡고 올랐네. 애석하도다, 끝내 필부로 마쳤음이여."

1세기 후에 연암 박지원의 『허생전』에서도 인용이 되고 있다. 『허생전』에서 보면, 허생에게 돈을 꾸어 주었던 부자 변씨와 꾼 돈을 갚으러 온 허생의 대화 내용에 이런 장면이 있다.

"방금 사대부들이 남한산성에서 오랑캐에게 당했던 치욕을 씻어 보고자 하니, 지금이야말로 지혜로운 선비가 팔뚝을 뽐내고 일어설 때가 아니겠소? 선생의 그 재주로 어찌 괴롭게 파묻혀 지내려 하십니까?"

"어허, 자고로 묻혀 지낸 사람이 한둘이었겠소? 우선, 졸수재 조성기 같은 분은 적국에 사신으로 보낼 만한 인물이었건만 베잠방이로 늙어 죽었고.…(이하 생략)…

(원문 : 拙修齋 趙聖期 可使敵國而老死布褐)

이렇듯 조성기는 학자로서 조선 후기에는 널리 알려져 있던 인물이다.

그가 명문 양반가의 가문임에도 불구하고, 일찍이 과거에도 합격하였음에도 불구하고, 30년 학문의 신실함에도, 벼슬을 하지 못한 것은 순전히 그의 병약한 체질 때문이라는 안타까움이 있다. 거꾸로 말하면 학문에만 전념할 수밖에 없는 그의 처지가 그의 운명이라 말할 수도 있다.

그는 위에서 소개한 그의 학문적 깊이나 위대성은 차치하고라도 '골방의 선비' 로만 남아있지를 않았다. 조선 후기 임진, 병란 이후 사회적으로 큰 변화를 맞으면서 패사문학(稗史文學)이나 소설류(小說類)가 유행하며 우리 민족에게는 '소설의 시대' 로 불릴 만큼 크게 번창하기 시작하였다.

이 때 김만중의 『사씨남정기』, 조성기의 『창선감의록』과 같은 조선의 소설과 중국에서 들여온 여러 소설들이 양반이나 중인, 여성독자들에게 큰 인기를 얻게 되는 소위 '규방소설' 이 등장하게 된다.

이런 중에서 조성기의 『창선감의록』은 동시대 여타의 고전소설과는 구별되는 점이 있다. 200종이 넘는 이본(유사본)이 있을 정도로 인기가 많았음을 알 수 있고, 이 소설에 등장하는 인물이 50여명에 이르며 그 인물의 개성이 각각 잘 드러나 있다.

하지만 고전 소설의 등잔인물이 대개는 충, 효, 열과 같은 전형성(典型性)을 갖추고 있듯 『창선감의록』도 그 범주에서 벗어나지는 못하는 아쉬움이 있다. 당시의 시대 환경에서는 그 시대의 가치관이나 사람들의 인식을 잘 반영하였기에 큰 인기를 누렸고 이와 유사한 소설류가 번창한 것도 그의 영향이 컸다고 보여 지며, 이후 조선 후기의 장편소설(구운몽, 홍루몽, 사씨남정기 등)과 판소리류 이야기(춘향전, 홍부전, 심청전, 등)가 태동하는 시발점이기도 했을 것이라 판단한다.

이러한 시대적 배경에서 조성기는 『창선감의록』을 썼다. 일설에는 『사씨남정기』가 그것의 모방 작품이라 할 정도로 인기가 많았나 보다.

조성기는 학자로서 20세 이전에 이미 크고 깊은 학문의 영역 속에 있었던 듯하다. 『졸수재집』에는 시(詩), 서(書), 변(辯), 설(說), 등 12권 6책이 있다고 한다. 퇴계와 율곡의 사상을 풀이하고 정리할 수 있을 학문적 깊이를 지닌 학자임은 분명한 것이다.

신체적인 조건이 불우하여 세상에 나아가 뜻을 펴지 못했을지언정, 안으로 안으로 내재한 능력을 키우며 학문을 쌓아갔던 치열함이 있을 것이며, 아픔을 견디고 이기며 학문적 세계를 구축하였을 것이다.

여러 번 급제의 길이 있었으나 그는 나아가지 못하였다. 세상에 할 말이 많고 할 일이 많았으나 그는 할 수 없었다. 그가 가지고 있는 것은 머릿속의 이(理)와 기(氣)가 아니라 세상 살아가는 평범한 이야기였는지 모른다. 그저 인간적이고 작은 일에도 웃고 웃으며 살아가는 평범함이었는지도 모른다.

화성시 봉담읍 유리. 졸수재의 묘를 둘러보며, 자유롭지 못한 자신의 형편을 다스리며 이상 세계를 꿈꾸었을 조선시대 한 선비의 외로움, 그 아픔을 생각해 본다. 절뚝절뚝 지팡이를 짚고 양지 바른 언덕에 서서 장차 자신의 묘 자리를 둘러보고 있던 졸수재를 상상해 본다. 오른쪽에서 왼쪽에서 흘러와 바다로 나아갈 냇물의 흐름을 보고 있는 졸수재를 상상해 본다.

그리고 삼백년이 지난 지금, 이름 모를 어느 후손이 자신과 같이 서 있는 모습을 상상은 했을까.

Ⅱ. 졸수재(拙修齋) 조성기(趙聖期)의 고독한 시 세계

〈경세에 뜻은 있으나 신체는 불구〉

졸수재가 지은 500여 편의 시(5언 절구, 율시. 7언 절구, 율시 등)에는 자신의 신병(身病)에 대한 표현이 자주 나온다. '병이 있으니 늘 적막하여' '병 앓은 지 오래니 세속 일이 사라져', '늙은 데다 병든 지도 오래니' 와 같은 표현들이다.

그랬다. 졸수재는 자신을 가장 구속했던 것이 자신의 병이었고 불구라는 콤플렉스가 평생을 불우하게 만들었으며, 뛰어난 학식에도 불구하고 늘 '골방 선비' 처럼 세상으로 나아가지 못하고 사람을 그리워하며 외로운 삶을 살아야 했다.

「졸수재는 어려서부터 병치레를 많이 했는데, 특히 낙마로 인해 팔이 부러질 정도로 다치고 나서부터 증상이 더 심해졌다고 한다. 그의 병이 결정적으로 깊어진 것은 20세 때인데, 조수삼의 『송남잡지』에는 이 병이 곱사등이었다고 기록되어 있다. 아마도 낙마와 관계가 있거나 원인이 밝혀지지 않았으나 20대 남성들에게 잘 발병하는 강직성 척추염 같은 질병과 무관하지 않으리라고 추측된다. 더구나 그의 편지를 보면 그는 나이 들어 위비(중풍)를 앓은 것으로 보인다. 말하자면 그는 병 때문에 3백 년 동안 대대로 녹을 받은 명문 집안의 후손이면서도 관직에 나가지 못한 채 유폐의 세월을 견딜 수밖에 없는 삶을 살았다.」

(이상의 인용은 문화의 뜰 2016년 겨울호 졸수재 소개글에서 재인용함)

병은 졸수재가 벼슬을 하여 세상에 나아가거나 여행이나 친구와의 교류도 상대편에서 행동해야 하는 피동성을 면할 수가 없었다. 결국 집안이 그의 행동반경이었고 그가 만나는 사물은 일상에서 만나는 자연물, 즉 주변의 산천, 꽃, 나무, 등에 국한될 수밖에 없었다.

결과적으로 병과 불구의 몸은 그를 사회적 소외, 격리의 심리에 의해서 사물과 세상에 대해 배타적, 대립적 관계를 보여주기도 한다.

〈졸수재집〉

조성기의 문집으로 졸수재의 장남인 正禮가 1710년 경상도 봉화현감으로 재직 중일 때 간행하였다. 12권 6책. 목판본. 태백산 각화사(覺華寺)에 보관하였다고 기록되어 있다.

권1 · 2에 오언고시 14수, 칠언고시 3수, 오언절구 22수, 칠언절구 145수, 오언율시 100수, 오언배율 1수, 칠언율시 215수, 권3～10에 서(書) 92편, 권11에 잡저로서 변(辨) 1편, 설(說) 1편, 행장 2편, 제문 3편, 논 2편, 유문(諭文) 1편, 권12에 부록으로 저자 조성기에 대한 제문과 만사 · 행장 · 지명(誌銘) · 묘표 등이 수록되어 있다.

이 중에 시는 평소 교분이 두터웠던 임영(林泳) · 김창흡(金昌翕) · 유성운(柳成運) 등과 화답한 시가 많고, 서(書)는 임영과 문답한 서찰이 63편이나 되는데, 학문과 치도(治道) · 입언(立言) 등을 논하고 있다. 학문이란 분발로 시작하여 조화로움으로 끝맺고 한결같이 사색을 위주로 하여야 한다고 하였으며, 나라를 다스림에는 질(質)을 위주로 하여 처사(處事)에 신중하여야 한다고 하였다.

저자는 일찍부터 과업(科業)을 포기하고 학문에 전념하였기 때문에, 문집은 주로 학문의 이론을 집약시켜 놓은 글로 채워져 있다. 특히, 서(書)는 모두 시론과 학설을 담고 있어서 학자적인 면모를 잘 보여주고 있다.

규장각도서 · 국립중앙도서관과 성균관대학교 · 연세대학교 도서관 등에 소장되어 있다. 1984년에 여강출판사(驪江出版社)에서 저자의 소설인 『창선감의록(彰善感義錄)』과 함께 해제를 실어 영인, 간행하였다.(필자는 권1,2에 실린 고시, 절구, 율시만을 대상으로 하였다.)

〈시작(詩作), 자기 극복의 방편〉

졸수재는 현실적으로 아무런 행동을 할 수 없었다. 그가 위로받고 자위할 수 있는 일은 독서와 사색이었으며, 그로 인해 학문적 깊이를 쌓게 되고 그 깊이에 따른 자기 세계를 구축해 나갈 수밖에 없었다. 자기 세계의 구축은 아집이나 독선의 여지를 남길 염려가 있다. 그래서인지 졸수재는 교류하는 친구가 매우 적었고 오랫동안 교류한 친구는 더욱이 없었다.

그럴수록 그는 자기 세계에 집착하고 그 세계에서의 유희를 시작(詩作)이라는 행위에서 탈출구를 찾았으리라. 당시의 선비들이 즐기던 지적 유희, 또는 도가적(道家的) 초월의식, 무위자연적 인생관은 졸수재도 예외가 아님을 그의 시편을 통해 알 수가 있다.

그가 여러 형식의 시(오언 율시나 절구, 또는 칠언 율시나 절구, 그리고 지인과 오고간 화답의 글)에서 추구한 것은, 학문의 깊이에 대한 논의나 그의 학문적 주장이 많다. 그러나 필자는 그의 문학적 감수성과 그의 시에 나타난 인간적 서정성에 주목하였다.

졸수재는 그의 학문적 능력이나 가문, 당시 사회적 상황을 직시할 때, 단지 자신의 신체적 불구와 병으로 인해 막혀 있는 장애요소를 시작(詩作)을 통해서 극복할 수밖에 없는 운명이었다.

그것도 누구와의 교류가 아닌 오로지 '홀로' 라는 자의식에 갇혀서.

세상 만물은 어둠 속에 묻히고
작은 등불만 저 홀로 밝구나
쓸쓸하고 아무 일도 없으니
앉거나 눕거나 이 한 몸 가벼웁구나 〈獨坐〉

술이 있으나 누구와 마시나
뜨락의 꽃만 미소로 맞이하누나
나무 위 몇 가닥 새소리만
나의 한정(閑情) 아는 듯 〈春日〉

봄이 와도 깊은 산중엔 아무 일 없어
스님은 종일토록 연화경만 암송하네
누가 알랴, 세상 밖 청한(淸閑)의 즐거움을 얻으면
만호 녹을 받는 재상도 가벼이 여긴다는 것을 〈山僧〉

졸수재는 홀로 시간과 공간을 무시한 채 "앉거나 눕거나 이 한 몸 가벼웁구나(坐臥一身輕)" 라고 자족한다. "새 몇 마리만 나의 한정을 아는 듯(如識此閑情)" 하다며 은근히 외로움과 사람에 대한 그리움을 표현한다. 게다가 "누가 알랴. 세상 밖 청한의 즐거움(誰知世外淸閑樂)을 얻으면" 이라고 말하며 속세의 떠난 여유로운 자족의 생활을 노래한다.

그러나 그 이면에 감추어진 졸수재의 마음은 '나는 괜찮다. 나는 만족하게 살고 있다' 라고 되뇌이는 것만 같다. 왜냐하면 "쓸쓸하고 아무 일도 없으니" 라고 전제하였고(獨坐), "몇 가닥 새소리만" 이라고 한정하더니, "연화경만을 암송하는" 스님을 빗대어 스스로를 위로 하고 있다.

그렇지만 한정(閑情)과 청한(淸閑)의 경지를 졸수재는 스스로 느끼며 즐기고 있음을 약간의 씁쓸한 상태에서 이해하고 싶어진다. 그래서,

병이 있으니 늘 적막하여
함께 노닐 이가 없구나
가을바람에 기러기는 벌써 떠나가는데
노란 국화는 아직 남은 가을을 아끼네…(이하 생략)… 〈暮秋〉

라고 말하며, 다 떠나가고 나는 병들었지만 이 가을이(세월이) 떠나지 않기를 간절히 바라는 심상을 보여준다.

그러면서 한탄을 한다.

가난하고 병든 나그네 있어

나이 50이 되도록 소리 높여 노래만 부르네
…(중략)…
이렇게 허연 머리털만 자꾸 늘어가는구나
성남에서 종일토록 사립문을 닫고 있으니
어느 누가 문자를 물으러 들릴 것인가 〈放言〉

이제는 사람이 그립고 사람들과 반갑게 어우러지고 싶은 솔직한 인간적 소박함을 드러낸다.

10년을 궁벽한 마을에 살며 병치레하였지만
방안에서도 세상의 번거로움을 멀리 벗어났다오
…(중략)…
편지나 올까 하다가 발짝 소리 들림이 너무 기뻐서
어느 날 술상 앞에 두고 반가이 마주 앉아
떠들썩하게 고금을 논하고 시를 읊을 수 있을까요 〈和貞伯〉

정백이라는 사람에게 보내는 답신이다. '방안에서도 세상의 번거로움을 벗어날' 정도였지만, 여전히 그리운 것은 사람이고 사람의 정이다. 졸수재는 이를 감추려 하지만 감출 수 없음을 스스로도 알고 말하는 표현이다. 거의 평생을 집안에서만 생활하는 졸수재는 밖의 세계가 곧 친구들과의 교류이고 그 친구가 곧 세상 밖이기도 한 것이다. 그 절심함이 고스란히 나타나고 있다.

그러니 벗들이 찾아와 함께 어우러져 즐길 때는 어떠하겠는가.

가을도 어느덧 다 지나가
뜨락에는 낙엽 날리는 소리
주인은 가난과 병에 삶이 고달픈데

벗들은 잊지 않고 찾아주는구나
국화는 눈에 가득 만개하였고
미주는 술통에 찰랑거리는데
이 시절 풍경에 취해
백 번이나 꽃 주위를 둘러본다
흥에 따라 시를 주고 받으며
맑은 말을 다투어 토해낸다
이 때의 흥취를 가지고
꽃에게 물어보나 대답이 없다 〈菊花會〉

졸수재의 시는 전체적으로 약간은 음울하고 슬픈 정서가 기본적으로 깔려있다. 이는 그의 신체적 조건과 사회적 좌절의 운명을 타고 났기 때문이다. 그러나 졸수재도 한 사람이라는 작은 존재이다. 그가 치열하게 존재의 손짓으로 시를 쓰고 사람을 그리워하고 함께 즐기기를 원했던 것은 지금의 우리와 하나도 다를 바가 없다.

17세기의 한 시대를 건너며 아파하고 외로워했던 졸수재, 자신의 재능이 신체적인 장애로 인해 펼칠 수 없었던 불우함, 그의 탈출구는 문학(시)이었다. 자신이 자신을 위로하고, 자신이 자신을 돌아볼 수 있는 방법은 오로지 시를 통해서였다. 문학은 시대를 초월하는 인간 심성의 그릇이다.

Ⅲ. 서러운 자화상, 그리고 말년의 뼈아픈 슬픔

벽지에 숨어 사니 좇을 일도 적어
창밖을 슬피 바라보며 홀로 서 있는데
만리 벽공은 맑기가 물과 같고
구름은 그저 있고 석양은 더디 지네 〈山齋卽事〉

졸수재 조성기의 많은 시에서 나타나듯 외로움과 슬픔과 적요, 또는 아쉬움이 묻어있는 시 중의 하나이다.

삼백년세록지신(三百年世祿之臣)의 명문 가문에서 태어나 한 시대를 호령하며 살 수 있었을 환경이었다. 실제로 그의 형제들은 가문에 필적하는 활동을 하고 살았다. 그런데 졸수재는 예외였다. 그의 신체적인 불구는 위의 시에서 보여주듯 몸과 마음을 평생토록 자신의 감옥에 자신을 가두고 일생을 살았다.

세록지신 : 始祖는 송나라가 망하자 고려에 건너온 天赫이었고 관향은 林川. 가문이 번성하여 조선조에 들어와서도 크고 작은 벼슬을 끊이지 않고 300여년을 이어와서 이르는 말이다.

선대에는 조지서(趙之瑞 : 연산군의 스승), 조희일(趙希逸 : 인조 때 명신) 등 뛰어난 시서화가, 문장가가 많다.

졸수재는 다섯 명의 형제가 있다.

큰형으로 조원기(趙遠期), 둘째형 조현기(趙顯期), 졸수재 조성기, 동생 조창기(朝昌期), 막내 동생 조형기(趙亨期)가 그들이다.

원기는 출사하여 내외직을 두루 역임하였는데 당대의 명상 이경석(병자호란 때 삼전도 비문을 씀)이 일찍부터 사위로 지목할 만큼 똑똑하였다고 한다. 졸수재는 일곱 살이나 위인 형을 매우 어려워하고 존경하였던 것으로 보인다.

현기는 학문과 기상이 가장 뛰어났고 역시 여러 관직을 두루 거쳤으며, 시무와 경제에 밝았으며 개방적이고 진보적인 성향으로 의지가 강했다고 한다. 졸수재에게 학문과 사상에 가장 큰 영향을 주었다고 한다. 그가 죽었을 때 졸수재가 지은 애도의 시가 남아 있다.

동생 창기도 진사시, 병과에 급제를 하며 치도와 시무에 능했으나 37세에 죽는다. 막내 형기는 장원 급제를 하며 내직에서 참판, 외직에서 관찰사를 하는 등 주요 요직을 거쳤다.

이렇게 세록지신다운 명문가에서, 시골구석(山齋)에 묻혀 경세에 쓰이지도 못할 학문과 시문으로 세월을 보내던 졸수재로서는, 형제들이 출세가도를 달리고 있을 때 어떤 생각을 했을까.

우선 큰형이 동지사의 서장관이 되어 떠날 때 쓴 시이다.

> 남아가 두 눈을 가졌지만
> 한 평생 큰 세상을 보지 못하고
> 가슴 가득 울분을 담고 서창(書窓)에 앉아 있으니
> 무엇으로 이 마음을 시원하게 할까요
> 오늘 형님께서 중화에 사신으로 가시니
> …(중략)…
> 저야 시렁의 박처럼 쓸모없이 된 지 오래니
> 형님을 전송하며 공연히 마음만 강개해집니다.(허전하고 슬퍼집니다)
> 헤어지는 일은 또 정의 일이니
> 마주 잡은 손을 놓으려니 눈물이 나는군요 〈奉別伯氏赴燕〉

중원으로 떠나는 형이 부러우면서 자신의 처지가 처량하고 하잘것 없다는 자괴감을 갖는다. 졸수재도 중국의 역사를 알고 수많은 영웅호걸이 살다 간 현장에 대한 열망도 매우 컸을 텐데 불행한 자신의 처지가 얼마나 초라해 보였을까. 그러나 형과의 이별 또한 애틋하여 헤어지는 일은 어쩔 수 없는 정(情)의 일이니 눈물로써 보낸다고 노래하고 있다.

> 저 멀리 강 위에 구름이 일어납니다
> 저는 병든 몸이라 문을 나가기도 어렵군요
> 서풍이 이별의 한을 불러와서
> 곧장 물 서쪽 마을로 건너갑니다

저물녘 맑은 강물 위 배 한 척
가을바람에 아우는 형님을 배웅합니다
아무도 없는 집엔 읊조리는 병객 하나
홀로 누워있는 지금의 마음 〈奉別伯氏之任洪州〉

홍주로 부임하는 형을 떠나보내면서, 자신의 한을 하소연하듯 풀어내고 있다. 구름, 병든 몸, 서풍, 서쪽마을, 배 한 척, 병객, 홀로 등 졸수재의 마음 상태를 알 수 있는 단어들이 나열되어 있다. 형님을 배웅하고 있지만 가을 바람이 함께 하고 자신은 홀로 남는 병객일 뿐이라는 자조 섞인 말은 읽는 이의 마음까지도 처연하고 서글프게 만들고 있다.

그러면서 부러워하는 속내를 감추지 않는다.

술 익자 시 지어지고
매화 피자 눈 내린다
사군께선 별 일이 없으시니
관아는 선계(仙居)와 같으리라 〈春呈伯氏洪衛〉

관아가 신선이 거하는 선계의 세계라고, 술이 있고 시가 있고 매화가 있는 봄날이라고, 졸수재는 상상을 한다. 곧 부러움의 대상이며 자신은 하고 싶어도 할 수가 없는 현실 인식을 확실하게 내보인다.

이는 자신의 신세 한탄이면서 이룰 수 없는 꿈이고 지향하고픈 이상이기도 하다. 비극적 존재 인식의 발로면서 그의 시적 모티브를 제공하는 수단이 되기도 한다. 졸수재의 이같은 서러운 자화상은 그의 시 500여 편 곳곳에서 나타난다. 친구에게 보내는 화운의 곳곳에서, 비 오는 날이나 따스한 봄날이나 그의 시 행간에 묻어있는 서러움, 아픔, 외로움, 등은 피할 수 없는 운명처럼 그의 시를 이루고 있다.

그의 운명은 말년에 이르러 더욱 비극적이다.

큰형(1680년)과 둘째형(1685년)이 죽었을 때에도, 동생(1676년)이 죽었을 때에도 보이지 않던 참담함과 애통함을 며느리의 죽음(1688년)을 통해서 절절히 드러낸다. 불구의 몸으로 병약하게 살아가던 그는 40대 이후로 10여 년을 며느리의 수발과 병구완으로 버텨내며 살고 있었다. 그런 며느리가 덜컥 병이 들어 자신보다 먼저 가버리니 그 참담함이 오죽하겠는가.

졸수재는 절망적인 호곡을 하게 된다. 학문적으로는 불우한 자신을 극복하기 위해 노력해 왔고, 문학적으로는 초월의지를 내보였지만 결국 자신의 모습을 숨길 수는 없었다.

졸수재도 1년을 못 버티고 곧 세상을 떠나게(1689년) 된다.

며느리를 위한 제문을 손수 써야 했던 심정을 헤아리며 올린다.

유세차 무진년(1688) 5월 임신 삭 11일 임오, 시아버지 졸수 노인은 약간의 제물을 갖추어 아들 정서를 보내 죽은 며느리 함양박씨 영전에 술을 올리네.

나의 기박한 운명은 늙어서 더욱 심하여, 어진 며느리를 잃게 되었으니, 덕을 입었어도 갚지를 못하네.

모두 내 탓이니 누구를 원망할 것인가? 내가 병석에 누워 문밖으로 한 발짝도 나가지 못한 지가 벌써 열두 해라.

우리 며느리가 병들어 죽고 묻히게 되었는데도 한 번 가서 몸소 보고 어루만지며 목 놓아 이 정을 풀어내고 이 슬픔을 호소하지 못하니,

영원히 떠나간 사람의 혼백이 혹 컴컴한 저승에서도 이를 헤아려 주더라도, 내가 어떻게 마음이 편할 수 있으며 또한 어떻게 이를 참을 수 있겠는가?

아아, 10여 년 이래로 거듭 이런 참척을 만난 것이 서너 번인데 오늘 우리 며느

리가 죽음으로써 극에 달했네.

하물며 나는 늙어 병신으로 사는데 나이가 들수록 병은 더욱 고질이 되어, 늙으막의 조호는 전적으로 우리 며느리가 해 주었는데 오늘 또 나를 버리고 가버렸네 그려.

며느리를 잃는 고통이야 세상 누군들 없으랴만, 오늘 나처럼 참혹한 경우는 또 없을 것이네.

빈집에 홀로 누워 쏟아지듯 눈물을 흘리니, 하늘이여 사람이여 이 참혹함을 어쩌란 말인가? 아, 한잔 술과 조촐한 음식은 제수가 되기에 부족하고, 몇 줄 말이 글이 되기엔 부족하지만,

깊은 슬픔과 괴로운 가슴은 안에서 쌓여 밖으로 드러나니 물건이 아니어도 절로 무겁고 글이 아니어도 절로 드러나니, 정령이 있으면 와서 이 잔을 들어 주시게.

오호라, 이 술잔을 들어주게! 〈祭媳婦朴氏文〉

※ 이 글은 화성문화원의 2017년 봄 · 여름호 『문화의 뜰』에 상재된 글입니다.

귀족여성 염경애를 통해 본 고려시대 사회상

연구위원 _ 최 미 금

I. 서론

선덕여왕, 진덕여왕, 허난설헌, 신사임당, 황진이, 매창, 논개, 혜경궁 홍씨 등은 우리에게 기억되는 역사 속의 걸출한 여성들이다. 이들은 시문에 능하거나 자녀교육, 절개 등 시대상에 어울리거나 뛰어넘는 모습으로 세상에 이름을 남겼다. 그러한 여성 중에는 고려시대의 염경애를 빼놓을 수 없다. 한낱 전설처럼 "맨주먹으로 호랑이를 때려잡았다는 최루백이가…" 로 시작되는 『高麗史』에 '孝友傳' 과 조선시대 『三綱行實圖』에 등장하는 효자 최루백의 부인이기 때문이다.

글을 정리하는 데 제한이 따랐다. 우선, 자료부족(문헌사료)을 들 수 있으며, 남성이 중심인 시대흐름에 여성이라는 제약 때문에 찾아볼 수 있는 자료가 극히 드물었다. 그래서 이 글은 묘지명[1]과 다른 여성의 묘지명, 문집, 고문헌, 사찬들을 이용하여 접근했음을 밝힌다.

II. 본론

1. 염경애는 누구인가?

1) 명문가의 딸이다

조부와 부친, 외조부 모두 고위 관직에 이르렀으며, 형제도 수령이거나 진사시에 급제하여 출사한 명문가의 딸이다. 특히 어머니는 의령군대부인(1083~1162) 심씨로서 총명하고 부지런하고 검소하여, 아내와 여자의 일

1) 고려시대 묘지명은 죽은 이를 화장이던 매장이던 그 무덤에 가족관계나 평생의 일대기를 적는, 주로 돌로 만든 묘지명을 묻는 풍습이 있었다. 이중에서 현재 확인된 308개 중 생년월일과 자녀수가 확인된 것은 220여 개이고, 묘지명을 남긴 이들은 주로 왕족, 관료와 승려들이었다.(박종기, 1999).

에 소홀함이 없었다.

염경애의 가문은 서기 1100년대의 고려시대에 선대 조상계보 중에서 그녀의 남동생이 되는 7세 염신약(廉信若)께서 재상을 지낸 상류사회 가문 출신이다. 또한 염씨 문중은 그 후 공민왕 시절 충경공 염제신(忠敬公 廉悌臣)이 1인지하 만인지상의 문하시중(門下侍中=국무총리)을 두 번이나 역임하였고, 중시조 슬하의 삼형제(國寶, 興邦, 廷秀)는 모두가 과거급제 후 고위관직을 지내며 최고전성기를 누렸다. 그러나 고려말 혼란기인 우왕(1374~1388) 때 최영에 의해 1388년 권력형 부정부패자로 몰린 다섯 가문의 50여 명에 동정공 염흥방[2]과 연루되어 문중의 3형제와 일부 친족이 목을 베인 무진참화라는 불행한 가족사도 있다.(염태호, 2000)

파주염씨 6대조, 염덕방(德方)이란 분은 태부소경(종4품)을 지낸 것으로 되어 있다. 염덕방의 자녀들을 확인했다. 순약(順若), 신약(信若)이 나오고 경애(瓊愛), 분명 우리가 찾던 인물이었다.

여자를 위한 지석이 기존에 드물었던 것에 비해, 어머님이나 따님 모두에게서 발견되었다는 것은 놀라운 일이다. 파주염씨 족보에 실린 염경애 가족과 관련된 기록은 어머니 심씨의 묘지석을 통해 확인한 내용들이다. 이 묘지석을 통해 염경애와 그녀의 형제들 이름까지도 모두 밝혀낼 수 있었다. 더구나 염덕방의 장인이 되는 심후라는 분(덕방의 아내, 의령군 대부인 심지의 씨의 부친)은 승선(정3품)을 지냈다는 것을 보면, 결혼상대가 되는 집안도 꽤 가세를 이어온 집안이다.

염경애는 바로 이 염덕방의 6남매 중에 한 분이다. 그 중에서 충약(忠若)이라는 분은 충주수령, 신약(信若)은 과거에 급제했고 그래서 이부상서를 거쳐서 정당문학(政堂文學), 즉 종2품의 재상 벼슬에 올라간 것을 알 수 있다. 이런 집안의 내용을 볼 때, 염경애의 집안은 우리가 흔히 얘기하는 문벌

2) 1357년(공민왕 6) 과거에 장원급제하고, 홍건적을 평정하고, 개경을 수복한 공로로 2등공신이 되었고, 목호의 난 때 최영장군의 휘하에서 공을 세웠다. 그러나 이후 권세가들과 전횡을 일삼으며 토지와 노비를 빼앗는 등 횡포가 심해지자 적발되어 처형되었다.

귀족이나 대귀족이라고는 말할 수 없지만 그런대로 귀족가문으로서의 위치를 이어 간 그런 집안으로 생각된다.

2) 염경애의 성품

권세 있는 귀족 가문의 여인 염경애의 성품은 남편이 쓴 묘지석의 내용을 통해 그녀의 성품을 짐작해 볼 수 있다. 묘지석의 글은 다음과 같다.

"아내는 사람됨이 조심스럽고 정숙했으며 자못 문자를 알아 대의에 밝았고, 말씨, 용모, 일솜씨가 여느 여인보다 뛰어났다. 부녀자의 도리에 부지런히 힘써 나의 돌아가신 어머님을 효성껏 봉양했고, 친척들의 경조사에 힘써 살피니…(중략)… 훌륭하다고 하지 않는 사람이 없었다."

물론 묘지명은 부인이 죽은 뒤 남편이 썼기 때문에 가능하면 아름다운 추억이나 고운 말만 골라 썼을 가능성도 있지만, 그를 고려하더라도 최루백은 23년간 살면서 부인에 대해 못잊을 이야기들을 회고하는 데, 시부모에 대한 공양을 성심으로 하고, 돌아가신 후 시아버지를 위해 몸소 제사를 지내기도 하고, 스스로 길쌈한 옷으로 제단에 바치기도 하고, 제에 참여한 중들에게 양말을 나눠주는 등 헌신적인 효성을 한 것으로 쓰여 있다.

정숙하고 현명했던 아내가 먼저 세상을 떠나자 최루백은 매우 상심한다. 그는 슬픔을 글로 써 남기는데 이것이 묘지석에 새겨져 오늘까지 전해지고 있다.

3) 晩婚을 하다

고려시대는 15세 내지 18세가 결혼을 하는 주된 나이이다. 25세 만혼을 한 이유를 추론하면, 우선 家格을 따지는 신분사회이기 때문이다. 같은 계층끼리 혼맥을 맺는 시대풍조가 주류를 이루었다.

또 하나 이유는 고려시대는 조선시대와 달리 숭불사상이 팽배했다. 그리하여 집안마다 승려를 한 명씩 배출하여 남녀 성비가 불균형을 이루었다.

그리고 불교적 이념도 한 몫 한다. 혼인은 개인의 일로 생각하기에 사회적 다그침이 적었고, 출생을 윤회설이 바탕을 둔 계층별 환생설이며, 현재의 신분과 현재의 나의 업보가 개인의 것이므로 혼인의 필요성이 크게 강조되지 않았다. 또 부계혈통만을 강조하지 않았기 때문에 사위도 가계(家系)에 포함하였던 까닭이다.

고려시대의 결혼 풍속도를 살펴보면 지금과 마찬가지로 전근대적인 귀족사회인 고려사회에서도 결혼이 가지는 의미는 대단히 큰 것이다. 결혼상대자가 누구냐가 그 가문의 사회적 위세 척도를 나타내는 것이었기 때문이다. 귀족끼리 중첩된 혼인관계인 인연을 통해서 패쇄적인 통혼권을 형성했다. 출세를 위해서는 자신의 능력뿐 아니라 혈연이 매우 중요했던 사회, 그것이 바로 고려 귀족사회였다. 때문에 능력 있는 남성의 경우, 자신보다 좋은 가문의 딸을 배필로 맞는 경우도 잦았다.

한 가지 예를 들어보면, 『고려사열전』에 나오는 송유인은 원래 돈 많은 상인의 딸에게 장가가서 그 덕에 벼슬을 한 인물이었다. 그런데 무신 집권기가 되자 권력가였던 정중부의 딸과 결혼하기 위해 아내를 버린다. 자신의 출세를 위해 처가를 이용한 것이다.

4) 최루백을 선택하다

최루백은 음서[3]가 아닌 급제로 출사한 장래성이 있는 인물이다. 효의 지고지선의 가치를 실천하여 백성들에게 보편화시킨 사람이다. 뛰어난 인물을 곁에 두는 안목을 가진 여성으로도 볼 수 있다.

5) 결혼생활

최루백과 염경애의 결혼생활은 어땠을까? 묘지석의 내용을 통해 살펴보면 그다지 넉넉하지 않았던 것 같다.

관료로서 녹봉과 토지만으로는 생활하기 힘들었던 것이다. 토지의 경우

3) 고려사회는 문벌중심의 사회였다. 그래서 명문 가문의 자제는 과거시험이 없이 벼슬을 임명하는 음서제도가 성행하였다.

성인 3.6명이 1년 먹을 수 있는 식량을 받아, 녹봉은 2인이 조금 넘는 양을 받았다. 그러니까 하급관리의 경우는 성인 5명 정도가 1년간 먹을 수 있는 식량이었다. 하급관리의 생활은 어려웠을 것으로 짐작된다.

묘지석에 따르면, 의복과 식량을 구하는 일은 전적으로 염경애가 맡고 있었다. 이를 통해 가계를 책임자는 아내 염경애의 몫임을 알 수 있다. 그렇다면 그녀는 모자라는 생활비를 어떻게 충당할 수 있었을까? 길쌈 같은 일이 있겠지만 그들이 적극적인 경제활동을 해서 얻어지는 수입은 힘들었을 것이다. 알려진 바로는 고려시대는 재산상속에 있어서 남녀균분을 하고 여자도 재산권을 어느 정도 행사할 수 있었다. 염경애는 친정에서 도움을 받았을 가능성이 높다. 이 같은 아내의 내조를 바탕으로 최루백이 청렴한 관직생활을 할 수 있었을 것으로 보인다.

이상을 살펴볼 때 물려받은 재산이 적어 경제적으로 어려웠을 것이다. 경제활동에 있어서 당시 지배계급의 횡포와 수탈이 만연하던 흐름에 비추어 보면 적어도 수탈적 상행위(고리대금)를 하지 않았던 것으로 보인다. 남편을 의(義)로써 섬겨 관리로서 떳떳하고 청렴하도록 아내의 도리를 한 셈이다.

또 시모를 지극한 정성으로 봉양하였다. 개경에 거주하면서 사회적으로 불교적 사상이 만연했던 그 시대에 여성도 호주가 되고, 제사도 절에서 형제들이 순차적으로 나누어서 남녀를 따지지 않고 지낸 것을 보면, 당시는 조선 후기처럼 남성 중심의 사회구조는 아니었다.

850여 년 전, 염경애와 최루백의 결혼의 배경을 살펴보면 재미있다. '고려부인 염경애' 는 송도의 지체 높은 집안의 딸인데, 수원의 최루백과 결혼한다는 것은 남편이 당시 일등신랑감인 과거합격자라는 점이다. 최씨 집안에 들어가 현모양처로서 집안을 융성하게 만들며 삶을 살았던 한 여인의 재미있는 이야기이다.

염경애가 죽은 후의 가정은 어떠했을까. 그녀의 묘지석에서 몇 가지 단서를 찾을 수 있다. 최루백은 아내 사망 1년 전, 정6품의 '우사간', '좌사간' 지위에 올랐고, 아내가 죽던 해에 '시어사' 로 진급했는데 재미있게도 그 이듬해 '예부원외랑'으로 다시 한 단계 좌천했다고 적혀 있다.

그렇다면 아내의 빈자리가 그에게 어떤 영향을 끼쳤던 것은 아닐까? 묘지석의 내용들을 토대로 남편 최루백의 심정을 상상해 보면,

"아내의 이름은 경애였다. 병이 들어 세상을 떠나게 되니, 나의 한이 어떠하였겠는가? 믿음으로써 맹서하노니, 그대는 감히 잊지 못하리라. 무덤에 함께 묻히지 못하는 일 애통하고 애통하도다. 아들과 딸들이 있어 날으는 기러기떼와 같으나 부귀가 세세로 창성할 것이로다."

아내의 죽음을 안타까워하는 한 남자의 심정이 고스란히 새겨진 이 묘지석은 고려 때 사망한 여인의 무덤 속에 있었다. 무덤 앞에 세워두는 [묘비]와 [묘비석]은 망자와 함께 묻어둔 것인데 일반적으로 망자의 일생과 성품, 가족에 관한 이야기들이 적혀 있다. 묘지명에는 가족관계나 여성의 경제적 지위, 역할 등 많은 정보가 있는데 가장 주목되는 것은 염경애라는 이름이다. 조선도 마찬가지지만 고려도 여성들은 이름을 갖지 않는 것이 일반적이다. 결혼을 하게 되면 남편의 관료적인 지위에 따라서 군, 대부인, 현, 군과 같은 봉작호를 갖게 되는데, 염경애는 동시에 이름을 가지고 있고, 남편도 묘지를 쓰면서 아내의 이름은 경애였다고 했다.

그녀는 1145년 병을 얻어 1146년 음력 1월에, 47세로 세상을 떠났다.

2. 최루백은 누구인가?

한남 최루백(漢南 崔婁伯)은 바로 이 한남이라는 본관이 최루백의 실체를 찾아내는 중요한 단서가 될 것이다. 족보신문에서, 최루백의 본관으로 짐작되는 한남은 현재는 사용되지 않고 있다. 지금은 어떻게 바뀌었는지 확인해 보았다.

수주(水州)는 원래 수성(水城), 수주는 수원최씨, 한남(漢南)이 현재 수원(水原) 최씨의 옛 본관 중에 하나임을 알 수 있다. 그의 본관은 수원으로 호장을 지낸 수원최씨 시조 최상저(崔尙翥)의 아들이다. 그는 늦게서야 과거

를 보아 문과에 급제하였고 고려 의종 때 기거사인(起居舍人)에 승진되었다. 그 후 정언(正言), 좌우사간(左右司諫), 예부랑중(禮部郎中) 등 요직을 두루 거쳤으며, 동왕 7년(1153)에는 금나라에 들어가 용흥절(龍興節)을 축하하고 돌아왔다. 또 의종 9년(1155)에는 평장사 최자영, 지문하성사 양원중 등과 함께 국정에 관한 왕의 자문에 응하기도 했다. 같은 왕 12년(1158)에는 국자사업(國子司業)으로서 생원시(生員試)를 맡아보기도 했으며 뒤에는 한림학사(翰林學士)가 되었고, 사후에는 왕으로부터 효숙공(孝肅公)이란 칭호도 받았다.

효자 최루백(孝子 崔婁伯)은 수원최씨 집성촌이 있는 봉담읍이다. 사도세자 무덤에서 불과 1km 떨어진 이곳은 '효자문골' 이라 불린다. 수원최씨 후손들은 최루백을 잘 알고 있다. 수원최씨(水原崔氏) 시조가 바로 최루백의 부친이었다. 종손들은 최루백이 요즘 세대에선 보기 힘든 효자였고, 충효로서 벼슬을 했다는 것이다. 최루백은 고려사열전(高麗史列傳)에 효자로 널리 알려진 인물이다.

최루백은 고려시대 이후에도 조선 세종 14년(1432) 왕의 명을 받아 충신, 효자, 열녀를 뽑아 그 덕행을 찬양하는 '삼강행실도' 란 책을 편찬 · 발간할 때, 그의 행적이 수록되었다는 사실로서도 그의 효행에 대하여 능히 짐작할 수 있다. 그의 나이 겨우 15세 때의 일이다. 그의 아버지 상저(尙翥)는 호장(戶長)이라는 향리(鄕吏)의 으뜸 구실을 하는 직책에 있으면서 틈 있을 때마다 사냥을 다녔다. 그는 본래 성품이 어질며 재주가 있어 누구보다도 활쏘기를 좋아했을 뿐 아니라 근처 산에 돌아다니면서 활솜씨를 발휘하여 짐승을 자주 잡아오곤 했다.

그러던 어느 날이었다. 일기도 화창하여 활을 쏘아 짐승을 노리기엔 아주 좋은 날씨였다. 최상저는 평시와 같이 활을 메고 산에 올라갔다. 마을 어귀를 벗어나서 산으로 접어들어 이리저리 올라가고 있을 즈음이었다. 이때 활을 쏠 준비도 안 하고 태연하게 걸어가고 있는데 갑자기 호랑이 한 마리가 비호같이 날아들어 엄습을 해 오는 것이 아닌가. 그는 엉겁결에 몸을 피하려 했으나 이미 때는 늦었으며 급기야는 호환(虎患)을 당하고 말았다.

근처에서 나무를 하던 동네사람들이 있었지만 이 광경을 보고는 겁에 질려 떨고만 있다가 호랑이에게 물려 산 중턱으로 끌려가는 것을 보고는 그제서야 사람들은 집 근처로 뛰어가면서 소리를 질렀다. 동네사람들이 모여들고 아우성이 났다. 모두 연장을 들고 호랑이를 찾아가서 대항을 해서라도 죽은 육신이나마 찾아와야 하느니, 또는 호랑이에게 또 다른 변을 당할 것을 뻔히 알면서 어찌 대항을 하겠느냐 옥신각신하는 사이 시간이 흘렀고 의견은 분분했다.

이때 최루백은 집안에서 이러한 흉사(凶事)가 있었던 것도 알지 못한 채 글방에서 돌아와 보니 뜻밖에도 아버지가 호환을 당했다는 소식을 듣고는 앞이 캄캄해지는 것이었다. 그 소리는 청천병력이었다. 그러나 최루백은 정신을 가다듬고서는 산에 가서 아버지를 해친 호랑이에게 원수를 갚겠노라 했다. 그의 어머니나 동네사람들은 도저히 안 될 일이라고 말했으나 최루백은 말하기를

"하늘과 같은 나의 아버지가 범에게 해를 당했는데 자식 된 도리로서 그 호랑이에게 어찌 원수를 갚지 않으리오" 라고 했다.

그러자 그의 어머니는 말했다.

"네가 부모를 생각하는 효심에서 우러난 마음이라는 것은 가히 짐작할 만하다마는 네 나이 이제 겨우 15세로 그 용맹하고 포악한 짐승과 대결한다는 것은 강약(强弱)이 부동(不同)으로 당치 않은 일이니라."

하고 만류를 하였다.

그러나 최루백은 도끼를 들고 단신으로 호랑이가 간 곳을 추적하여 산으로 올라갔다. 그는 이 곳 저 곳 정신없이 헤매다가 호랑이를 발견했다. 그러나 호랑이는 이미 자기 아버지를 형체도 없이 다 먹고 배가 불러 누워있는 것이었다. 최루백은 기가 막혀 호랑이 앞에 다가서면서 꾸짖었다.

"하늘과 같이 받들고 있는 나의 아버지를 네가 무참하게 해쳤으니 나는 너를 마땅히 잡아먹어야겠다."

하고 호령을 하니 호랑이는 그 자리에서 이내 꼬리를 흔들고 사죄라도 하는 듯이 엎드리는 것이었다. 그 순간 최루백은 천붕지통(天崩之痛)의 분노가 하늘까지 치솟았다. 그래서 들고 간 도끼를 높이 들어 호랑이의 머리를 힘껏 내려찍으니 호랑이는 단번에 그 자리에서 죽고 말았다.

그런 후, 호랑이의 배를 갈라서 자기 아버지의 유골과 살을 꺼내어 정결한 그릇에 담고 홍법산 서쪽에 안장하여 드렸다. 그리고 그는 아버지 산소 옆에 초막을 짓고 하루도 거르지 않고 삼년간 시묘살이를 했다.

최루백이 시묘살이를 하던 어느 날이었다. 잠시 졸음이 와서 잠이 들었는데 그 아버지 혼령이 나타나더니 시를 읊어 말하기를,

"가시덤풀 숲을 헤치고 효자의 여막에 이르니 정이 많아 느끼는 눈물이 다함이 없구나. 흙을 져서 날마다 무덤에 보태니 마음을 알 자는 밝은 달과 맑은 바람뿐이다. 살아서 잘 봉양하고 죽어서 지키니 그 누가 효에 처음과 마침이 없다 하랴" 라고 하였다.

최루백은 삼년 시묘살이에 거상을 마치고 항아리에 묻었던 호랑이 고기를 꺼내어 모두 먹어 버렸다고 한다.

후에 세종14년(1432)에 세종대왕은 최루백의 효행을 기리는 글을 내렸으며, 또한 조선조 숙종 때는 선생의 효자비를 세운 것으로 알려져 있다. 효자비는 원래는 봉담읍 수기리 '효자문골' 에 위치했었으나 현재는 분천리에 세워져 있다. 비석 앞면에는 '고려효자한림학사최루백여(高麗孝子翰林學士崔婁伯閭)' 라 새겨져 있고, 뒷면에는 '탁행기부시이도(卓行記附二道)' 라 하여 그 내용이 새겨져 있다. 그리고 바로 뒤편에는 '고려양광도수주부재호장상저유허(高麗楊廣道水州府在戶長尙翥遺虛)' 로 된 비석이 나란히 서 있다. 그러나 너무나 유명했던 최루백과 그의 아버지의 묘소는 알 길이 없다.

1) 최루백의 성품

최루백의 성품 : 최의 성품은 염경애의 묘지석을 통해 몇 가지 단서를 얻

을 수 있다. 그의 관직은 대부분이 명예를 중시하는 청요직이었다. '정언'이니 '사간', '시어사' 벼슬을 지내는데, 그것은 왕에게 정책을 건의하고 왕을 보조하는 벼슬이다. 또 하나 국자사업이나 국자제주니 하는 교육관의 지위에 있었고, 예부낭중 등의 예를 다루는 직에 근무하였다.

이를 감안해 볼 때 최루백이 예절이 바르고 충성스러우면서도 청렴한 생활을 한 중견 관료로 생각된다. 젊어서는 효성으로 이름을 드높였고, 관리가 된 후에는 청렴한 생활로 일관했던 염경애의 남편 최루백은 아내에 대한 애절한 사랑을 글로 남김으로써 이렇게 죽어서까지 우리에게 감동을 주고 있다.

2) 최루백의 묘지석

묘지석에는 염경애가 사망한 후에 최루백은 재혼한 것으로 나타났다. 최루백의 묘지석의 탁본은 매우 심하게 손상되어서 알아보기가 쉽지는 않은데, 여기에 매우 놀랄 만한 내용이 들어 있다. 염경애 외에 유씨라는 여자와 또 결혼을 해서 세 명의 아들을 두었다는 것이다. 고려시대에는 오늘날처럼 일부일처제가 일반적이었으나 최루백과 염경애 부부가 살았던 시대로부터 200년 후 원의 간섭기에 일부다처제가 나타났다.

묘지석에 따르면 염경애와 최루백 부부 사이에 첫째 딸 귀강이 남편과 사별한 후에 집에 돌아와 있다고 기록되어 있다. 이 딸을 포함해서 모두 여섯 자녀가 있었는데, 또 한 명의 딸은 아직 어리다고 적혀 있다. 네 명의 아들 중 첫째부터 셋째까지는, 모두 유학에 뜻을 두어 공부하고 있다고 기록되어 있다. 그런데 특이하게도 넷째 아들 '단지'는 출가한 걸로 되어 있는데 당시 불교 중심의 사회 환경으로 볼 때 승려가 되었다는 추측이 가능하다. 그 후 다시 환속하여 아버지의 음덕으로 벼슬을 하였다.[4]

4) 고려나 조선에서는 앞에서 소개한 대로 음서제도가 있었다. 거기다가 고려는 귀족가문의 자제가 출가하는 일이 많았다. 사례를 보면 확인가능한 아들의 숫자가 731명인데 그 중 74명이 출가한 것으로 기록되어 있다. 고려의 대승 의천은 왕자였고 지눌도 귀족가문이었다.

Ⅲ. 맺음말

최루백과 염경애의 이야기는 850년의 세월을 뛰어 넘어 우리 앞에 모습을 드러낸 한 장의 묘지석 때문에 가능한 일이이었다. 기록에조차 남겨져 있지 않는 고려시대 사람들의 삶을 엿볼 수 있게 해 주는 비밀의 문, 바로 그것이 고려시대의 묘지석인 것이다. 고려의 귀족이었던 염경애는 남편의 애절한 사랑이 새겨진 묘지명과 함께 땅속에 묻혔고, 곁에서 영원한 안식에 들어갔던 것이다.

20세기 후반에 들어 신문화사적인 활동의 흐름이 전개되고 있다. 사소한 것, 특히 당대사회에서 지배적인 아닌 것을 통해 새로운 의미를 찾는 일이 그것이다. 불교와 비부계족 사회구조의 고려시대의 사회상을 염경애를 통해 일별함은 매우 의미 있는 일이다. 현재의 양성평등과 여성호주상속, 만혼 등이 이미 800여 년 전에 사회흐름이 있었다는 것은 매우 흥미로운 일이다. 시대를 밝혀간다는 것은 예측이나 통찰을 통해서 이루어지기도 하지만 옛것을 공부하여 오늘을 새롭게 한다는 온고지신의 진부한 이야기만은 아닌 듯싶다. 염경애를 만난 나의 작은 소회이다.

끝으로 조혼제도와 여성을 통해 바라본 삼국, 고려, 조선에 이르는 여성을 통해 사회구조를 살피는 과제가 남았다.

〈참고문헌〉

홍완표 · 권순형, 「고려시대 귀족 여성의 혼인 생활 연구: 염경애 묘지명을 중심으로」, 한경대학교, 국내학술기사 논문집, 제37집, 정기간행물(524호), 2005

박종기, 『고려 5백년』, 고려사, 1999

광진자 홍유손을 말하다

— 조선시대 진정한 반골정신의 소유자 홍유손을 조명하다

연구위원 _ 김 민 흡

1. 홍유손

홍유손(洪裕孫, 1431(세종13)~1529(중종24)은 조선 전기 세종13년 지금의 화성(남양)에서 태어나 99살까지 장수를 누렸던 입지전적인 인물이다. 본관은 남양(南陽), 자는 여경(餘慶), 호는 소총(篠叢)·광진자(狂眞子)이다. 그의 부친은 홍순치(洪順致)이고 아들은 홍지성(洪至誠)이다.

홍유손의 아버지 홍순치는 남양 고을 관아의 아전 집안 출신으로 가세가 청빈하였다. 유손은 타고난 총명함으로 5살 때 학업을 시작하여 경(經)과 사(史)를 섭렵하고 10세 때에 경전을 통독하니 주위로부터 칭송이 자자하였다. 성인이 되어서는 품성이 반듯하고 방달(放達)한 기질에 얽매임 없는 은군자(隱君子)로 고상하게 세상을 살았다. 또한 영리를 추구하지 않았으며 과거에 관심을 갖지 않고 향리의 역(役)을 벗고자 꾀하지도 않았다.

광진자라는 호에서도 알 수 있듯이, 그는 청한자 김시습처럼 방외인(方外人)으로 살며 미친 사람 행세를 하였다. 방외인 문학은 김시습 이후 치열한 저항의식에도 불구하고 계속되는 암울한 정치현실로 인해 허무주의적 경향을 띠었다.

2. 젊은 시절의 홍유손 –시로 세상에 명성이 자자하다.

생육신으로 유명한 추강 남효온은 홍유손을 "문장은 장자(莊子)와 같고, 시는 황산곡(黃山谷 : 중국 송나라의 유명한 시인인 황정견)과 같고, 재주는 제갈공명과 같으며, 행동은 동방삭(東方朔) 같았다"라고 평하였다.

무주화(無主花) _ 홍유손

깊고 깊은 산속에 주인 없는 꽃이 피었네.
벌 나비도 거들떠보지 않고, 지나가지도 않는구나.

꽃 피우는 봄바람도 종일 불다 이제 그치려는데
녹음이 곱게 이루어지니, 이 일을 어찌 할거나 어찌 할거나.

1481년(성종12) 남양군수 채수(蔡壽)가 그의 문장이 능한 것을 보고 향리의 역을 면하게 해 주었다. 그러자 홍유손은 곧 영남으로 김종직(金宗直)을 찾아가 문인이 되었다. 문벌을 중시 여기는 조선시대에 미천한 아전 집안 출신으로 태어나 김종직의 문인(門人)이 되었으니, 그 문장력이 얼마나 뛰어났는지 짐작이 가는 일이다.

홍유손은 김종직에게서 두시(杜詩)를 배웠다. 이로 보아 그는 당시와 송시를 두루 배웠음을 알 수 있다.

강가의 돌에 적다(題江石) _ 홍유손

濯足淸江臥白沙(탁족청강와백사)
맑은 강에 발 담그고 흰 모래에 누우니
心神潛寂入無何(심신잠적입무하)
심신은 고요히 잠겨들어 무아지경일세
天敎風浪長喧耳(천교풍랑장훤이)
귓가에는 오직 바람소리 물결소리
不聞人間萬事多(불문인간만사다)
번잡한 인간속세의 일은 들리지 않는다네

세조 찬위 후 세속의 영화를 버리고, 1482년(성종13)부터 남효온 · 이총 · 이정은 · 조자지 등과 모임을 갖고 죽림7현을 자처했다.

이 시는 그가 벼슬에 대한 뜻을 버리고 강호에서 노닐며 중국 위진 때의 죽림칠현을 모방하여 노장의 무위자연을 논하던 시절에 지은 칠언절구로 가(歌)운이다.

탁족청강와백사—맑은 강에 발 담그고 흰 모래에 누우니

기구는 강호에 노니는 자신의 모습이다. 강물에 발을 담그고 모래 위에 편안하게 몸을 누이고 있다.

그는 세조의 찬탈을 못마땅하게 생각하여 벼슬길에 나가지 않은 사람이다. 그래서 불만을 가진 친구들과 어울리며 청담과 시주로 세월을 보냈다.

심신잠적입무하—심신은 고요히 잠겨들어 무아지경일세

승구는 마음의 상태다. 탁족을 하고 모래에 누우니 마음이 가라앉으며 자연과 물아일체의 경지에 든다는 것이다. 무하(無何)는 무하유(無何有)의 땅, 곧 무위자연의 경지라는 말이다.

천교풍랑장훤이—귓가에는 오직 바람소리 물결소리

전구는 강물에 이는 바람과 물결이다. 또한 자신의 마음 속에 이는 번뇌의 투사다. 바람과 물결이 일어 귀를 시끄럽게 하듯 마음 귀퉁이에서 세상에 대한 불만이 꿈틀거리기도 한다는 것이다.

불문인간만사다—번잡한 인간속세의 일은 들리지 않는다네

결구는 이러한 마음 속 번뇌가 사라진 상태다. 강물에 발을 담그고 몸을 모래밭에 누이면 마음을 괴롭히던 세상사에 대한 분노도 사라진다는 것이다.

〈해동이적(海東異蹟)〉에 행적과 시가 전하는데 김종직은 "이 사람은 이미 안자(顔子)가 즐긴 바를 알고 있으니 학자들은 모두 본받을 것이다"라고 하였다고 한다. 이처럼 탁월한 문장력을 가진 뛰어난 인재임에도 불구하고 홍유손은 김시습과 마찬가지로 세조의 왕위찬탈 이후 벼슬길에 나가기를 포기하고 세상을 등지고 살았다.

불의(不義)를 미워하고 권력에 아부하지 않으며, 세속적 영화를 버리고 명예와 이익을 구하지 않았다. 부와 권력을 탐하지 않고 세상을 대수롭지 않게 여기는 기질(氣質)이 청한자 김시습과 비슷하였다. 그리하여 죽림칠현을 자처하며 시와 술로써 풍류의 세월을 보낸 청담파(淸談派)의 한 사람이었다.

연산군 때는 점필재 김종직의 제자로 1498년(연산군 4) 무오사화(戊午士禍)에 연루되어 제주도에 11년간 관노로 유배되었다가 1506년 중종반정으로 풀려나왔다. 죽림칠현을 자처하며 시와 술로써 풍류의 세월을 보낸 홍유손이었지만, 1510년(중종 5)에는 주변의 권유로 진사시에 응하여 장원으로 합격하였다. 대과(大科)를 권하였으나 이미 나이 76세가 되었고 또한 벼슬에 뜻이 없으니 대과에는 응시하지 않았다.

홍유손이 젊었을 적에 원각사에 들어가 공부한 적이 있었다. 김수온과 서거정이 왕을 조회하고 나오면서 절에 들러 홍유손에게 시를 짓자고 하고 운자를 불러 주니 바로 시를 지었다.

> 청산녹수(靑山綠水)는 내 집안의 경계러니,
> 명월청풍(明月淸風)은 그 누가 베풀었나

그때 김시습이 자리에 있다가 그 시를 보고 눈물을 흘리며 "강중(剛中, 서거정의 별칭), 자네도 이렇게 시를 지을 수 있는가?"라고 비아냥거렸다는 말도 전한다. 그 시절 또 한 수의 시를 지었다.

濯髮飛泉落不收	콸콸 솟는 샘물에 머리를 감노라니
雪莖隨向海東流	눈 같은 머리칼이 바다를 향해 흘러가네
蓬萊仙子如相見	봉래산 신선님네 만약에 본다면
應笑人間有白頭	인간에 백두가 있다 비웃을 걸세

홍유손은 노자와 장자를 논하며 술과 시로 세월을 보내 청담파로 불렸다.

김수온 · 남효온 · 김시습 등과는 특히 자주 어울렸다고 하는데, 어느 때는 기행을 펼치기도 했다. 남효온이 금강산에 놀러간다는 말을 듣고 먼저 가서 놀고 있다가 절벽 아래에 높은 나무가 있는 것을 보고 그곳에 올라가 절벽 위에 시를 썼다.

生先檀帝戊辰歲　단제께서 등극하신 무진년보다 먼저 나서
眼及箕王號馬韓　기왕에 이르러 마한이라 이름하는 것까지 보았도다
曾與永郎遊水府　일찍이 영랑(신라의 신선)과 함께 수부에서 놀다가
又牽春酒滯人間　봄술에 이끌려 인간세상에 머물렀구나

홍유손은 시를 쓴 후 나무를 뿌리째 뽑아버렸다. 후에 남효온이 그곳에 이르러 그 시를 보았는데, 바라만 볼 수 있을 뿐 절벽에는 오를 수 없었으므로 매우 신기하게 생각하고 飛仙의 시라고 여기고 자신의 풍악록에 실었다.

이처럼 홍유손의 글은 매월당 김시습에게서도 극찬을 받았고, 또한 세조의 손자이자 성종의 형인 월산대군 이정이 직접 홍유손을 풍월정으로 맞아 공부를 했다고 할 정도로 그 명성이 자자했다.

내 젊었을 적엔 _ 홍유손

삼십 년 전에 넘치는 기운을 막을 수 없어
높은 산 큰 강에 즐겨 놀았지.
사방으로 달리는 길은 내 신에 들었고
만권의 옛 말씀도 내 가슴에 쌓았지.
자잘한 세상일이야 어찌 나를 얽맸으랴,
한가로운 정취를 오직 시구에 담았네.
요즘처럼 뜻 못 이루고 늙어만 가니
고요한 방 하나에 깊이 들어앉고파라.

3. 말년의 홍유손

독신의 홍유손은 76세 되던 해, 처음으로 장가를 들어 포천 불정산 아래 오인포(五仁浦)에서 생활하였다. 결혼 4년째 되던 80세 때 아들을 낳았다. '지성이면 감천' 이라 하여 아이의 이름을 홍지성이라 하였다. 남자는 문지방 넘을 힘만 있어도 자식을 생산할 수 있다는 말이 이때부터 생겨났다고도 전해진다.

네 가지 운(四韻)

人頌政平遠邇同
蠶桑勤課勸耕農
村墟吏影無狵吠
門戶蛛絲有燕通
里老巷兒歌舞競
耘夫織婦懶眠空
龔黃卓茂彼何者
若有遊魂媿熱濃(篠叢遺稿 下)

좋은 정치를 칭찬하기는 원근이 다 같구나.
부지런히 누에치며 농사일도 권하네
마을에 관리가 와도 삽살개가 짖지 않고
문 위의 거미줄에도 제비가 날아다니네
마을의 노인과 거리의 아이가 노래와 춤을 겨루고
김매는 남편과 베 짜는 아내도 게으르게 잠잘 새가 없네
공수(龔遂)와 황패(黃霸), 탁무(卓茂)는 어떤 사람들인가
만일 떠도는 넋이 있다면 부끄러움의 열기가 짙으리

이 시는 같은 제목의 아홉 수 중 여섯째 수인데, 중종반정 이후에 그가 마음을 돌려 회시에 나가 진사가 되었던 시절에 지은 작품인 듯하다. 새로운 정치에 대한 희망이 드러나 있기 때문이다. 또 그 자신도 귀양살이 후에 방외인적인 삶을 버리고 과거에 응시하고 결혼을 하는 등 현실 긍정적인 태도를 보여주기 때문이다. 이 시는 칠언율시로 새롭고 좋은 정치가 펼쳐져서 농촌의 생활이 평화롭고 사람들이 부지런해졌다는 희망찬 감회를 읊은 것이다.

좋은 정치를 칭찬하기는 원근이 다 같구나
부지런히 누에치며 농사일도 권하네

수련은 새 정치에 대한 찬사다. 백성이 근심 없이 생업에 종사하는 정치가 펼쳐졌다는 말이다.

마을에 관리가 와도 삽살개가 짖지 않고
문 위의 거미줄에도 제비가 날아다니네

함련은 농촌 사회의 희망찬 분위기다. 연산군의 폭정이 지나가고 중종반정 이후에 사회적 분위기가 쇄신된 것이리라. 이제 관리도 무섭지 않고 거미줄 쳐진 퇴락한 마을에도 생기가 감돈다고 하였다.

마을의 노인과 거리의 아이가 노래와 춤을 겨루고
김매는 남편과 베 짜는 아내도 게으르게 잠잘 새가 없네

경련은 활기가 넘치는 마을 풍경이다. 노인과 아이가 어울려 춤추고 노래하며, 젊은 부부는 농사와 길쌈에 여념이 없다. 이렇게 되기를 간절히 바라는 시인의 열망이 투영된 것이기도 하다.

공수(龔遂)와 황패(黃霸), 탁무(卓茂)는 어떤 사람들인가
만일 떠도는 넋이 있다면 부끄러움의 열기가 짙으리

미련은 놀고 먹는 한량들로 불의의 연애에 빠진 사람들을 나열하여 그런 사람의 넋이라도 오늘에는 부끄러워할 것이라고 하여 이때의 농촌 분위기가 매우 건실해졌음을 강조하였다. 그러나 중종의 중흥에 대한 꿈도 사화(士禍)로 얼룩지고 말았으니, 이 시의 분위기는 반정 이후의 일시적인 희망이었을 것이다.

4. 홍유손의 저서 《소총유고(篠叢遺稿)》

홍유손의 저서로는 《소총유고(篠叢遺稿)》가 있는데, 국화에 비유하여 선도(仙道)의 양생법(養生法)을 잘 설명하였다.

병(病)을 다스리는 방법은 혈기(血氣)를 잘 조절하고 보호하는 데에 있다. 온몸에 가득한 혈기를 잘 조절하고 보호하면 5장 6부가 튼튼해지고 5장 6부가 튼튼해지면 객풍(客風)이 내부에 엉기지 못해 혈기가 차갑거나 부족한 폐해가 없어진다. 의가(醫家)의 모든 처방과 선가(仙家)의 온갖 비결들이 모두 양생술(養生術)인데, 음식의 절제를 먼저 말하고 정신의 보호를 뒤에 말하였다.

그러므로 음식을 절제하지 않고 정신을 보호하지 않으면 혈기(血氣)가 들뜨고 허해 객풍을 불러들이며, 몸이 위태한 지경에 빠지고 만다. 국화가 늦가을에 피어 된서리와 찬바람을 이기고 모든 꽃 위에 우뚝한 것은 일찍 이루어져 꽃을 피우지 않았기 때문이다. 무릇 만물은 일찍 이루어지는 것이 재앙이니, 빠르지 않고 늦게 이루어지는 것이 그 기운(氣運)을 굳게 할 수 있는 까닭이다. 서서히 천지(天地)의 기운(氣運)을 모아 흩어지지 않게 하고, 억지로 정기(精氣)를 강하게 조장하지 않으면 세월이 흐름에 따라 자연히 성취된다.

국화는 이른 봄에 싹이 돋고 초여름에 자라고 초가을에 무성하고 늦가을에 울창하므로 이렇게 되는 것이다. 대저 사람이 세상에 살아가는 것 또한 어찌 이와 다르지 않으니, 옛 사람들이 일찍 벼슬길에 올라 영달하는 것을 경계했던 까닭도 이 때문이다. 대저 수명(壽命)이 길고 짧음은 모두 자기 스스로 취하는 것이지 남이 그렇게 되도록 시키는 것이 아니며, 하늘이 주고 빼앗는 것이 아니다. 내가 이와 같이 오래 사는 것은 하늘의 이치에 거역하지 않고 순응했기 때문이다. 다만 하늘이 나에게 내려 준 일신(一身)의 원기(元氣)가 본래 그다지 강건하지 못하였기 때문에 오늘에 이르러 이와 같이 늙고 말았다. 그러나 만약 이런 방법을 버리고 급급히 다른 데서 장수(長壽)의 방법을 찾았다면 이렇게 늙은 나이까지 살지도 못했을 것이다. 내가 지금 칠순인데도 머리털이 검고 가는 바늘에 실을 꿸 수 있으니, 나만한 사람도 없을 것이다.

5. 홍유손의 또 다른 일화

홍유손은 늙은 나이에 조씨(趙氏) 여인을 맞아들여 두 아들을 두었으며, 중종24년(1529) 78세에 세상을 떠났다. 홍유손의 문집 〈소총유고〉에 보면 재미있는 야사가 있는데, 홍유손이 나이 90에 후사를 위해 아내를 구하는데, 중매쟁이가 중매를 서는데 다들 몽둥이를 휘두르지 않는 자가 없었다고 한다.

그런데 한 처자가 있어 부모한테 말하기를 "비록 홍모를 지아비로 시집가서 설사 하루에 과부가 된다 해도 원컨대 현자를 위해 아내가 되고 싶습니다"라고 하자 부모가 허락을 하였고 아들을 얻었다고 한다. 둘째아들 지성(至誠)이 학문을 계승하여 문하에서 수업한 자가 80여 명에 달하였다.

아들 지성 또한 천성이 고결하여 아버지 유손이 사화로 고초를 겪었던 사실에 영향 받아 관직에 나가지 않고 향리에 은거하여 후진을 교육하는 데 힘을 다하였다.

또한 80세까지 장수하여 훗날 '불정산인(佛頂山人)' 이라 불리는 대학자가 되었다. 고문에 정통하여 어떤 난해한 구절도 조리 있게 해석하였다. 전해 오는 이야기로는 홍지성은 임진왜란 때 80여 세의 나이로 의병을 일으켜 싸우다가 1597년(선조 30) 정유재란 때 왜병에 의해 해를 입어 죽었다.

그런데 문인들이 시체를 거두어 보니 얼굴빛이 조금도 변하지 않았다고 한다. 보통 우리나라에서는 집안 대대로 차력 약방문이나 축지법 같은 비술이 가문의 비방으로 내려왔다는 일화가 많은데, 아마도 홍유손은 김시습으로부터 배운 단학인물로서 그 아들에게까지 그 비법이 전해진 것이 틀림없는 것 같다. 그 후손이 지금의 포천시 내촌면 진목리 오림포에 자작일촌하여 살고 있다고 한다.

〈참고문헌〉

한국민족문화대백과사전

다음백과

장수의 한(恨)이 묻힌 남이 장군(南怡將軍) 묘

연구위원 _ 서 석 붕

白頭山石摩刀盡　　백두산석 칼 갈아 다 없애고
頭滿江水飮馬無　　두만강물 말 먹여 다 없애니
男兒二十未平國　　남아 스물에 나라를 평정치 못하면
後世惟稱大丈夫　　후세에 누가 대장부라 하리오.

이름하여 '南怡將軍 豪征詩' 또는 '北征歌'로 알려진 기개 넘치는 이 시로 인해 조선의 대표적 무인이 될 수 있었던 한 인물은 억울하게 죽고 만다. 이 시의 3연 "남아이십미평국(未平國)"을 "남아이십미득국(未得國)"으로 바꿔 당시 훈구파의 중심인물이었던 유자광이 모함하고 이에 예종과 한명희, 신숙주 등의 질시로 역모라는 누명으로 능지처사되었다.

550년이 지난 지금은 경기도 화성시 비봉면 남전리의 야산에 묻혀 세월과 권력의 허망함을, 인간 욕망의 부질없음을 말없이 보여주고 있다.

1. 南怡는 누구인가

남이(1441~1468)의 본관은 의령(宜寧)이다. 할아버지는 태종의 부마인 의산군 남휘(南暉)이고 어머니는 태종의 넷째 딸 정선공주(貞善公主)이다. 정선공주는 남이의 아버지인 남빈(南份)을 낳았는데 21세에 일찍 사망하였다. 태종과 오빠인 세종대왕이 무척 사랑했는데 그녀가 일찍 죽자 세종은 무척 슬퍼하였다고 한다. 남이는 태종의 외증손이며 조선 초기의 대표적인 명문가라 할 수 있다. 그러한 연고로 1457년(세조3) 17세 때 무과에 급제하여 세조의 총애를 받으면서 여러 무직을 역임했다.

이시애의 난(1467)이 일어나자 출전하여 용맹을 떨쳐 진압하여 적개공신 1등에 봉해진 후, 여진(女眞)의 건주위(建州衛)를 정벌할 때에도 선봉으로 적을 무찔러 이등군공에 올랐으며, 그 뒤 공조판서에 임명되었다. 1468년에는 오위도총부 도총관을 겸했으며, 이어 26세에 병조판서에 발탁됐다.

그러나 예종이 즉위하면서 신숙주·한명회 등에 의해 이시애의 난을 평정하고 등장한 신진세력이 제거될 때 형조판서 강희맹(姜希孟)이 지중추부사 한계희(韓繼禧)에게 남이의 사람됨이 군사를 장악하기에는 마땅치 않다고 말한 것을 한계희가 예종에게 아룀으로써 병조판서에서 해직되어 겸사복장(兼司僕將)으로 물러났다.

2. 남이는 어떻게 모함으로 죽게 되었는가

예종이 세자일 때부터 크게 믿지 못했던 세조는 누나의 손자이며 능력이나 인물됨이 뛰어난 남이를 무척 총애하였다. 그래서인지 예종은 9살 형뻘인 남이의 인기에 대해 달가워하지 않았을 뿐더러 시기와 질투의 마음을 지니고 있었다. 때마침 세조가 죽고 예종이 즉위하자, 공신들은 크게 2가지 세력으로 나뉘어졌다.

계유정난을 주도했던 정난공신(한명회, 신숙주 등)과 이시애의 난을 평정하며 등장한 적개공신(남이, 강순 등)이었다.(계유정난의 명분이 약한 세조는 공신의 수를 크게 늘려 세력을 강화하고, 정난공신에 대한 견제책으로 귀성군 이준을 영의정으로, 남이를 병조판서로 임명하는 파격을 실행하였으나 세조가 바로 죽자 헛일이 되었다.)

정난공신과 적개공신은 서로 대립했다. 정난공신들은 남이 장군의 초고속 승진과 세조의 총애를 질시하며 노골적으로 남이를 견제하였고, 이에 대하여 적개공신들은 한명회의 사위 예종이 왕으로 즉위하자 불안하게 되었다. 남이는 한명회 세력을 제거하기 위해 조심스레 병조참의로 있던 유자광을 포섭할 의도로 다가간다. 기회주의자 유자광에게 기회가 찾아온 것이다. 유자광의 할미가 의령 남씨이므로 친척으로 생각하고 협의한 것이었으나, 유자광은 서얼로 태어나 핍박을 받으며 자란 것에 대한 반감이 컸다. 그러므로 남이의 제의에 동조하지 않았다.

남이가 궁궐 안에서 숙직을 하고 있던 중 혜성이 나타나자, "혜성이 나타남은 묵은 것을 없애고 새 것을 나타나게 하려는 징조다"라고 말했는데, 병조참지 유자광(柳子光)이 엿듣게 된다. 처세와 시류의 흐름을 잘 아는 그는 정난공신의 편에 가담하게 되면서, 한명회를 제거하기 위해 자신을 포섭하려 했다는 사실과 남이가 말한 이러한 사실을 알리게 된다. 예종에게 '남이의 역모' 로 고발을 한 것이다. 비극의 시작이었다.

뿐만 아니라 남이의 과거를 들춰내어 앞에서 제시한 '미평국(未平國)을 미득국(未得國)' 으로 바꿔, 역모를 꾀했다고 하니 정난공신들은 남이를 제거할 절호의 기회였고, 예종도 신진세력으로 커가는 남이를 제거하고 왕권을 강화하는 책략에 적절히 이용하여 신속히 역모 사건으로 처리하였다.

3. 남이 장군 묘가 화성에 있는 까닭은?

당시 능지처참(거열형)은 대역죄나 패륜을 저지른 죄인 등에게 가해진 극형이다. 남이를 비롯하여 강순, 변영수, 조경치, 문효량 등 약 30명의 관련 인물들이 국문을 받고 거열형으로 처형됐으며, 그 가족들은 노비로 전락하였다.(남이의 모친 남양 홍씨는 처형되고 부인은 자결하였으며 딸은 한명회의 노비로 하사되었다.)

고통을 서서히 최대한으로 느끼면서 죽어가도록 하는 잔혹한 형으로써 수레에 팔다리와 목을 매달아 찢어 죽이거나 팔다리와 어깨 · 가슴 등을 잘라내고 마지막에 심장을 찌르고 목을 베어 죽였다. 이와 같은 대역죄에 처하게 되면 대부분 시신 수습도 함부로 할 수가 없었고 묘를 만들 수가 없었다. 남이의 경우도 묘를 몰래 만들어 놓고 그에 대한 부정적인 정서로 인하여 가묘를 두어 본래의 묘에 대한 훼손을 방지한 것으로 추정된다. 남이섬의 남이장군 묘도 가묘로 추정한다. 다만 남이의 시신이 경상도 의령의 선산에도 묻히지 못하고, 경기도 화성시 비봉면 남전리에 홀로 묻힌 것으로 보아 그의 시신 대신에 유품들을 모아 매장했을 것으로 사료된다.

필자의 추측으로는 남이의 어머니가 남양 홍씨인 관계로, 남양 홍씨가 많이 사는 남양, 비봉 등 화성 인근과 연관이 있어 가능했을 것으로 본다.

남이장군 묘, 부인과 합장한 쌍분이다

남이의 아우인 남초(南怊)의 후손에 의해 봉축되어 오다가 350년 후 1818년, 순조 때 이르러 남이의 후손 남공철의 상소에 의해 신원이 복권되었고, 또 150년이 지난 1968년에 이르러 역시 남초의 후손에 의해 당시 화성군의 지원을 받아 묘비명을 건립하였다. 현재 묘역에는 장군과 부인이 합장되어 있고 봉분은 2기이며, 봉분 아랫부분은 둘레석이 둘러져 있다. 묘 앞에는 묘비가 세워져 있고, 좌우에는 문인석과 망주석이 1쌍씩 있다.

화성시의 남이 장군 묘는 1973년 경기도 유형문화재 제17호로 지정되었다. 남이섬에는 옛날부터 남이장군 묘라고 전해지는 돌무더기가 있었다고 하는데 남이섬이라는 이름도 그 때문에 생겨난 것이라고 한다. 섬의 북쪽 남이나루 근처에 남이장군 묘라고 전해지는 돌무더기가 있었고, 이 돌을 옮기거나 집으로 가져가면 액운이 낀다는 전설이 전해져 오고 있었다. 그러다 1965년 민병도 선생이 남이섬을 매입한 후 남이장군의 넋을 기리고자 현재 모습의 봉분을 만들고 추모비를 세우면서 공식적으로 남이장군 묘라 칭하게 되었지만 가묘일 뿐이다.

※ 본 글은 2017년 화성문화원 발행 『문화의 뜰』에 수록된 글입니다.

제4부
화성시의 종교와 민속 문화

화성지역의 개신교(기독교)

연구위원 _ 임 철 빈

여는 글

경기도에서 화성시의 면적은 2위이며, 인구는 9위를 차지하고 있는 도시이다. 그리고 화성지역에는 개신교, 불교, 천주교, 유교 등 많은 종교가 분포되어 있다. 그 중에 개신교의 수가 가장 많고, 종교 인구 비율도 개신교가 가장 큰 비율을 차지하고 있다.

화성시의 향토문화를 연구하는 사람으로 종교분야에 대한 연구도 필요하다고 생각되어 화성지역의 개신교에 대해 알아보고자 한다.

1. 화성지역의 개신교 전래

화성지역의 개신교 역사에 대한 조명은 넓은 의미에서의 '수원권(水原圈)' 의 개신교 역사라는 틀 속에서 이루어져야 할 것이다. 수원권에 개신교가 전래된 역사적 맥락을 살피기 위해서는 이른바 '선교지역 분할협정' 에 주목하여야 한다. '교계예양(教界禮讓)' 으로도 불리는 선교지역 분할협정의 목적은 "가장 빈번한 마찰의 요인이 되고 있는(사업의) 중첩을 피하고 돈과 시간과 힘의 낭비를 줄이기 위한" 것이었다.

선교지역 분할협정은 한국 개신교의 주력 교파인 남북 장로회와 남북 감

장지내 교회(수원구역의 최초교회)

리회의 선교전략의 일환으로 제기되었다. 이들 교파는 일련의 협정을 통해 각 지역별로 주된 선교지역을 분장하기로 하였다. 그 결과 경기도의 경우 인천 · 수원 · 안산 · 남양(오늘날의 화성지역과 중첩됨) · 교동 · 강화 · 부평 · 여주 · 광주 일부 · 이천 · 음죽 · 양근 일부 · 양천 등의 지역은 북 감리회, 개성(당시 경기도에 속했음) 지역은 남 감리회, 고양 · 파주 · 교하 · 양근 · 광주 일부 · 과천 · 용인 · 양지 · 진위 · 양성 · 안성 · 시흥 · 김포 · 죽산 · 통진 · 지평 · 양주 일부 등의 지역은 북 장로회가 각각 담당하게 되었다. 이러한 결정은 1936년 합의가 폐지될 때까지 지속되었다.

초기 개신교 역사에서 수원권은 여러 면에서 중요한 지역이었다. 화성지역 개신교사 전문가인 홍석창 목사는 『수원지방 교회사 자료집』을 엮으면서 초기 개신교 역사에서 수원권이 지니는 지리적 중요성을 언급한 바 있다. 수원권은 도보(徒步)로 서울에서 하룻길밖에 안될 만큼 지척의 거리에 있었으며, 1905년 경부선이 놓인 후부터는 기차로 한 시간이면 닿을 만큼 가까운 곳이기에 선교 루트의 주요 대상이 될 수밖에 없었다는 것이다. 그리하여 초기부터 선교적 관심의 주요한 대상이 되었다는 것이다.

감리교회의 경우 1885년 인천을 거쳐 서울에 들어온 뒤 1880년대에는 주로 서울과 인천을 선교거점으로 삼았지만 서울과 인천에서의 선교거점 확보가 어느 정도 성공을 거두자 1890년대에 들어와서는 평양(1893년), 원산(1896년)과 함께 수원(1893년)에 선교거점을 구축하기 시작하였다. 감리교회는 수원의 선교거점을 발판으로 충청도 선교를 모색하였으며, 1903년에는 공주에 선교거점을 구축하게 되었다.

이러한 일련의 역사는 수원권이 초기 한국 개신교 선교 역사에서 중요한 비중을 차지했음을 시사하는 것이기도 하다.

2. 화성지역 교회와 민족운동

화성지역의 교회는 이 지역의 민족운동을 주도하였다는 점에서 주목할 만하다. 화성지역은 독립운동사에서 중요한 비중을 차지하는 곳이기도 하다. 특히 3.1운동사에 있어 화성지역은 중요한 의의를 지닌다. 화성지역이 3.1운동사에서 중요한 비중을 차지하는 맥락에 대해서는 사회·경제적인 측면과 종교·사상적인 측면 양자를 검토할 수 있다.

먼저 사회·경제적인 측면에서 화성지역에는 토지조사사업 기간 중 일제가 조선시대의 총융청(摠戎廳) 둔전(屯田) 등 군영지를 약탈하여 설치한 동양척식회사의 농장이 있어서 농민들을 수탈하고 있었다. 뿐만 아니라 수원읍과 발안에는 일본인 상인들이 들어와 갖은 횡포를 부리고 있어서 이 지역 주민들은 강한 반일감정을 지니고 있었다.

다음으로 종교·사상적인 측면에서 이 지역에서는 일찍부터 감리교회의 선교가 펼쳐졌으며, 그 과정에서 삼일남녀학교 등 기독교계 학교가 설립되어 기독교 정신과 함께 계몽적 사상을 교육하였다. 뿐만 아니라 김세환(金世煥), 동석기(董錫琪) 등 기독교 지도자들이 있어 학생들과 주민들의 민족의식을 고취하는 한편 중앙(서울)의 3.1운동 추진세력과 연계하여 지역의 독립운동을 준비하였다.

중앙(서울)에서의 3.1운동과 화성지방의 3.1운동을 연계하는 데에는 중앙 YMCA 간사이자 북감리회 전도사인 박희도(朴熙道)의 역할이 컸다. 박희도는 3.1운동 당시 기독교 측 참모 역할을 맡은 바 있다. 3.1운동 당시 연락과 재정을 맡았던 박희도는 화성지역의 몇몇 지도자들과 친분이 있었으며, 특별히 평신도인 김세환과 교역자인 동석기를 통해 독립만세운동의 준비 상황을 전하였다. 박희도는 김세환을 중앙에 소개하는 등 구체적인 연계의 실마리를 제공하기도 하였다.

화성지역의 3.1운동 가운데 대표적인 것으로는 제암리(1919년 3월 1일, 이하 만세운동 시작일 기준), 동탄(1919년 3월 21일), 성호면 오산리(1919년 3월 28일), 수촌리(1919년 4월 3일) 등이 있었다.

이 밖에도 발안리, 비봉, 마도 등지의 만세운동 또한 중요하다. 제암리운동의 경우 제암리교회 앞마당에서 안종린(安鍾麟)이 독립선언서를 낭독하고 만세를 부른 후 어두운 산길을 따라 지내산 봉우리에 올라가 봉화를 올리고 또 다시 만세를 부르는 등 열기가 매우 뜨거웠다. 수촌리운동의 경우 장안 · 우정면 만세운동의 주동적 역할을 한 지역 가운데 하나이다. 이곳의 만세운동은 천도교의 백낙열(白樂烈) 전교사와 감리교의 김교철(金敎哲) 전도사가 함께 지도하였으며, '조선독립만세 수원군 장안면 수촌리'라고 쓴 깃발을 들고서 만세를 불렀다. 발안리, 비봉, 마도 등지에서도 천도교인들과 기독교인들이 합세하여 만세운동을 전개하였다.

3. 화성지역 개신교의 현황과 의의

이른바 선교구역 분할협정에 의거해서 감리교회가 화성지역 개신교의 주류를 형성했지만 해방을 기점으로 화성지역 개신교 지형에 변화가 나타나기 시작하였다. 해방 후 감리교회 이외의 교파들이 서서히 교회를 세우기 시작한 것이다. 그리하여 오늘날에는 화성지역에서도 장로교회와 감리교회가 교회 숫자 면에서 거의 비등한 세(勢)를 형성하고 있다.

통계청 자료(1995년 인구 주택 총 조사 자료, 1995년 11월 1일 기준)를 바탕으로 경기도의 종교지형을 분석한 류성민 교수의 연구에 따르면 화성시(당시 화성군)의 종교인구 비율은 불교 16.8%, 개신교 21.1%, 천주교 9.6%로 나타났다. 이는 경기도 전체의 종교인구 비율(불교 18.5%, 개신교 23.7%, 천주교 7.7%)과 거의 유사한 구조를 보여주고 있으며, 전국의 종교인구 비율(불교 23.2%, 개신교 19.7%, 천주교 6.6%)과는 다른 구조를 보여주는 것이다.

한편 교파별 교회수에 있어서는 화성시(당시 화성군)의 경우 장로교 112개, 감리교 118개, 성결교 19개, 침례교 8개, 오순절교 15개, 기타 4개, 도합 276개로 나타났다. 이는 경기도 전체의 교파별 교회 수의 61.7%가 장로교, 15.3%가 감리교, 7.8%가 성결교, 6.6%가 침례교, 5.9%가 오순절교인 것과 대조를 이룬다. 경기도 전체에서도 감리교의 교회수가 장로교의 교회수보다 많은 곳은 여주, 이천, 화성 등 3개 군뿐이다.

이러한 통계 수치는 화성지역 개신교에 있어서의 감리교회의 영향이 지대하다는 사실을 반증해주는 것이기도 하다. 앞서 살펴보았듯이 선교구역 분할협정에 따라 감리교회가 초기 화성 선교를 도맡았던 역사가 오늘의 현황에 영향을 미친 측면이 크다고 하겠다. 뿐만 아니라 화성지역에는 감리교회의 3대 대학 가운데 하나인 협성대학교가 자리하고 있어서 감리교회의 사상적 맥 가운데 한 흐름을 유지하고 있기도 하다.

화성지역 개신교의 흐름을 정리함에 있어 주목할 만한 사안 가운데 하나가 '두레마을(화성시 우정면 화산리)' 이다. '남양만 두레마을' 로도 불리는 이 공동체는 김진홍 목사에 의해 세워졌다.

두레마을의 모태는 김진홍 목사가 1971년 청계천 빈민촌에 세운 활빈교회(活貧教會)에서 찾을 수 있다. 김진홍 목사는 활빈교회를 세워 목회하던 중인 1975년에 '청계천 빈민촌 철거' 라는 통보를 받게 되었다. 이에 '활빈 귀농개척단' 을 조직하여 정착지역을 물색하던 중 1차적으로 남양만 이화리에 정착을 시도하였다.

활빈교회를 중심으로 1976년 2천 8백여 세대가 당시 화성군내 이화리, 노진리, 고잔, 장안리, 독정리, 덕다리, 원정리, 홍원리, 호암 등 15개 마을에 나누어 입주하게 된 것이 제1차 두레마을의 시작이었던 것이다. 하지만 제1차 두레마을은 활빈교회를 중심으로 전개된 그 지역의 영농정책 실패로 인해 성공을 거두지 못하였다. 제2차 두레마을은 1986년 50여 가구가 화산리에 거주하게 되면서 '예수공동체 형성과 농어민을 일깨우기 위한' 목적으로 형성되었으며, 그 정신을 유지하여 오늘에 이르고 있다.

이상에서 화성지역 개신교의 역사를 화성지역 개신교의 전래 과정, 3.1운동을 중심으로 한 화성지역 개신교의 민족운동, 화성지역 개신교의 현황을 중심으로 고찰하였다. 화성지역 개신교는 육로와 바닷길이라는 두 개의 루트를 통해 전파되었다.

화성지역 개신교는 육로 루트의 경우, 서울 ⇒ 화성 ⇒ 수원 · 경기 남부

권⇒충청권으로 이어졌으며, 바닷길의 경우 서해안 선교 벨트의 허리를 구축하였다는 점에서 중요한 비중을 차지하였다. 초기 화성지역 선교를 주도하였던 감리교회의 영향은 오늘날에도 적지 않게 작용하고 있다.

위에서 살펴본 통계 수치에서처럼 화성지역 개신교 지형은 장로교와 감리교의 호각세를 이루고 있다. 화성지역 개신교는 민족운동과 독립운동을 주도하였다는 점에서도 주목할 만하다. 여기에는 화성지역의 애국 · 애족적 전통이 작용하였다.

4. 제암리교회 사건과 제암리 3.1운동순국기념관

경기도 화성시(당시 수원군) 향남면에 위치한 제암리는 속칭 두렁바위로 불리는 조선후기 전형적인 씨족 중심의 농촌마을이었다. 3.1운동 당시 전체 33가구 중 2가구를 제외한 모든 가구가 순흥안씨 집성촌인 마을이었다. 이 마을에 기독교 복음이 들어온 것은 토착세력인 순흥안씨 집안의 안종후로부터였다. 그는 복음을 받아들인 후 1905년 8월 5일 자기 집 사랑방에서 예배를 드리면서 제암리교회를 시작하였다. 제암리교회(두렁바위교회)는 1908년 초가 예배당을 마련하였다.

평온하던 이 마을에 사건이 벌어지게 된 계기는 1919년 3월 하순이었다.

수원지역에서 전개된 만세운동이 4월 상순 이 지역 만세운동에 중요한

1908년 초가지붕의 제암리 교회당 모습

영향을 미쳤다. 수원지역의 만세운동 중 우정면과 장안면에서 일어난 만세운동은 우정면과 장안면의 면사무소를 습격하고 파괴하는 한편 화수리 주재소를 전소시키고 일본 순사를 죽이는 등 2천여 명이 참여하여 가열차게 만세 시위를 전개하였다. 대대적인 만세운동에 놀란 일제는 남양을 비롯한 인근지역 8개 경찰관 주재소를 일단 철수시키며 치안확보에 만전을 기했다.

한편 발안 장터에서는 3월 31일 제암리를 비롯한 인근 주민 1천여 명이 장날을 이용하여 만세운동을 벌였다. 시위현장에서 일제경찰의 발포로 3명이 부상을 입었고 이정근의사가 순국하였다. 흥분한 시위 군중들은 일본인 가옥에 돌을 던지는 한편 4월 1일에 발안장 심상소학교에 불을 지르고 일본인 가옥도 방화하였다.

제암리의 기독교인들과 천도교인들은 발안 장날 시위에 참가한 후 지속적인 시위방법으로 야간 횃불시위를 계획하였다. 일련의 시위에 참여한 제암리 고주리 지도자들에 대한 정보는 제암리에 살다가 발안으로 이사간 순사보 조희창에 의해 일본 경찰 조직에 그대로 보고되었고 이들의 검거과정에서 제암리교회 사건이 발생하였다.

일제는 정찰활동 결과 동 지방의 소요 원인이 향남면 제암리의 기독교인과 천도교인에게 있다고 파악하고, 1919년 4월 13일 육군 '보병 79연대' 소속 아리타 중위가 이끄는 보병 11명이 발안에 도착하였다. 아리타는 4월 15일 오후, 부하 11명을 인솔하고 일본인 순사 1명과 제암리에 살다가 나온 순사보 조희창, 그리고 발안에서 정미소를 하고 있던 사사카의 안내를 받으며 제암리에 도착하였다. 마을에 도착한 후 주민들의 퇴각로를 차단하고 조희창과 사사카를 내세워 강연이 있다면서 마을의 성인 남성들을 교회로 모이도록 하였다. 29명의 남자들이 교회로 모여들었고 미리 명단을 확보한 터라 오지 않은 사람은 찾아가 불러왔다.

아리타 중위가 모인 사람들에게 "기독교의 가르침"에 대해 묻자 안종후가 교인 대표로 대답하였다. 아리타 중위는 교회 밖으로 나오자마자 사격 명령을 내렸고 이에 교회당을 포위하고 있던 군인들이 창문을 통해 안으로 사격하였고, 사격 후 짚더미와 석유를 끼얹고 불을 질렀다. 바람이 세게 불어 불이 교회 아래쪽 집들에 옮겨 붙었고 위쪽 집들은 군인들이 다니며 방화를 하였다.

탈출하다 사살된 것으로 보이는 시체 두세 구가 교회 밖에 있었고 마을에 불이 난 것을 보고 달려온 강태성의 부인이 군인들에게 총살당했다. 홍원식 권사의 부인도 군인들의 총을 맞고 죽었다. 군인들은 마을 건너편 고주리로 가서 천도교인 6명을 나무에 묶고 총살하였다.

이날 사건으로 희생된 사람은 모두 29명으로 제암리에서 23명(천도교인 11명, 감리교인 12명), 고주리에서 6명이 살해되었다. 종교별로는 감리교인 10명, 천도교인 13명, 미상 6명(기독교인 2명, 천도교인 4명)으로 밝혀졌다.

이 사건을 기점으로 수원지역의 만세시위가 급격히 줄어들었으나 사건 직후 현장을 방문한 외교관과 외신기자 그리고 선교사들에 의해 사건 진상이 외부로 알려졌다. 즉 4월 6일에 일어난 수촌리 마을 방화사건에 대한 소식을 듣고 4월 16일 현장을 확인하기 위해 수촌리로 가던 중 의외로 제암리 교회 사건 현장을 처음 목격하게 된 커티스, 테일러, 언더우드 등에 의해 사건 소식이 서울에 알려지게 되었고, 그 뒤를 이어 개인적인 차원에서 스코필드가 열 차례 방문하여 부상자 치료와 난민 구호에 적극 참여하였으며, 4월 19일에는 영국 대리영사와 노블을 비롯한 감리교 선교사들이 현장을 답사하였다. 감리교 선교부에서는 선교비 2천 원을 긴급 지원하여 교회와 교인 집 복구비로 사용케 하였다. 선교사들은 현장 증언을 담은 보고서를 작성하여 안식년 휴가를 얻어 본국으로 들어가는 베크(Beck)를 통해 미국 교회에 진상을 알렸다.

수원지역 기독교계가 다른 지역에 비해 사상자와 교회 및 가옥 피해 등이 컸던 것은 제암리 교회의 집단학살 사건처럼 일제의 물리적 보복이 집중되었기 때문이다. 수원지역은 감리교회 선교구역으로 감리교회 목회자와 교인들이 이 운동에 주도적으로 참석했으며, 이에 따라 일제의 기독교회와 기독교인들에 대한 보복도 철저하게 진행되었던 것이다.

2001년 3월 1일 경기도 화성시 향남읍 제암리에 3.1운동 순국기념관을 건립하여 제암리사건 뿐만 아니라 당시 3.1운동 정신과 수원 화성지역 주민들의 독립만세운동 참여 상황을 널리 알림으로써 선열들의 애국정신과 넋을 숭앙하고 사적지, 관광지로서의 위상을 높이어 지역의 역사적 의미를 널리 홍보하고 있다.

23인 순교자 합동묘소

요컨대 제암리교회 사건은 3.1운동 기간 중 일어난 일본 경찰 및 군인들의 폭력적 만행과 그로 인해 우리 민족이 받아야 했던 수난의 대표적인 사건이었지만 단순한 수난사건으로 보기보다는 수원지역을 비롯한 우리 민족의 저항운동에 대한 일제 군경의 탄압으로 빚어진 사건이므로 '저항운동 사적' 으로 바라보는 것이 타당하리라 본다.

닫는 글

이와 같이 화성지역에는 개신교의 신도가 많이 있으며, 현재도 계속 전도되어 교회수와 신자수가 증가하고 있다. 또한 화성시 향남읍 제암리에는 제암리 교회와 3.1운동 순국기념관이 있어, 3.1운동 정신과 수원 화성지역 주민들의 독립만세운동 참여 상황을 알리고 있으며, 일제 저항운동 사적지로서 관광지로도 위상을 높이고 있다.

〈참고문헌〉
강신범, 『제암교회 3.1운동사』, 도서출판 공동체, 1990.
홍석창, 개신교, 『화성군사』, 화성군, 1990.
화성시사 3권, 기분 좋은 청정 도시, 2016.
이순자 「방문교사 보수 교육 학습 교재」, 2016.

화성지역 미륵불 입석에 대한 考察

연구위원 _ 김 용 원

1. 돌 · 돌멩이에 대한 한국인의 감정

어디라 더디던 돌코 누리라 마치던 돌코
믜리도 괴리도 업시 마자셔 우니노라
얄리얄리 얄라셩 얄라리 얄라

〈현대어 풀이〉
어디에 던지던 돌인고? 누구를 맞히려던 돌인고?
미워할 사람도 사랑할 사람도 없이 (그 돌에) 맞아서 울며 지내노라

-〈청산별곡 5연, 작자 미상〉

네 뜰 안에 서면
다시 닫힌 문들이 보이고
문의 안쪽으로 가서도 나는
끝끝내 문지방 하나 넘지 못하는구나

혼자 열려 있는 돌이여
네 안에서
네 밖에서 나는
종일 남루한 바람냄새다

-〈돌 · 10, 이언빈〉

대흥사 절 집을 찾아가는 길,
일주문 근처에
누군가 수없이 쌓아 놓은 돌들을
이제야 그 이유를 알겠구나.

평생을 앓아온
제 가슴 깊은 곳의 돌들을 꺼내어
저리 쌓아 두었구나.

나는 발 밑 구르는 작은 돌멩이 하나 주워
그 위에 놓고
비로소 마음은 세상밖에
둔다.

석장승 앞에 합장을 하듯
바람 한 자락이 그런 나를
머뭇거리다 간다.

－〈돌에 대한 기원, 김영천〉

돌은 그 기원이나 모양에 있어서 상상영역 속의 중요한 표상이 되어왔다. 그러나 돌은 그 속성과 힘에 있어서 근본적으로 존재하고 있는 것이 아니라, 항시 그것과 만나고 부딪치는 체험주체로서의 인간조건에 의해 다양하게 이해되어 왔다. 고대 시가에서 또 현대시에서 돌은 고독과 단절의 가혹한 운명으로 자주 등장한다. 〈청산별곡〉에서 돌은 사랑할 사람도 미워할 사람도 없이 그저 고독과 단절 속에서 몸부림치며 절규하는 운명 그 자체이다. 〈돌 · 10〉에서 인간은 돌과 합일하지 못하지만, 돌은 세계를 향하여 열려 있다. 그렇기에 돌은 무엇에 의존하지 않고 늘상 스스로 존재하는 것처럼 보인다. 〈돌에 대한 기원〉에서 돌은 평생을 품어 온 인간의 한(恨) 내지 소망을 표상한다.

돌은 자연계의 모든 물체 중에서 태초의 견고성을 잘 유지하는 존재이다. 돌의 이러한 독존성(獨存性)과 항존성(恒存性)은 인간에게 변전하는 모래나 먼지 또는 유기체에 대해 반정립(反定立, antithese)의 존재로서 인식되어왔다. 따라서 돌은 언제나 인간에게 인간조건의 불완전성 · 변절성을 초월한 어떤 힘을 계시하는 것으로 생각되었다. 돌의 이러한 속성은 자신의 현실적 실존에서 연유한 것이 아니라, 하나의 영적 매체로서 인간이 그 자신과 다른 어떤 무엇을 체험할 때만 나타난다. 돌은 인간의 상상영역 속에서 체험되는 방식이나 만남의 방식에 따라 그 속성이 달리 나타난다.

2. 바위 · 암석에 대한 한국인의 인식

바위는 우리나라 사람에게 신앙적 대상으로 인식되어 왔다. 기괴한 형상을 한 바위나 가뭄에도 마르지 않는 샘을 정상에 이고 있는 바위는 때로 신비한 힘을 드러내는 존재로 여겨졌다. 그리하여 자식이나 복록을 원하는 이, 신병을 고치고자 하는 이, 가뭄에 비를 바라는 농민들은 바위를 신체(神體)로 해, 금줄을 치고 제물을 바쳐 치성을 드렸다. 그만큼 바위는 온갖 소망을 이루어 주는 신통력을 가졌다고 믿은 것이다. 또한 바위는 그 항존성 · 구원성 · 불변성 · 부동성(不動性)으로 하여 존숭하기만 한 것이 아니라, 학자나 예술인들은 바위의 그러한 속성을 흠모해 바위[巖]를 뜻하는 글자로 자신의 호를 짓는 예가 많았다.

고려 말의 학자 이곡(李穀)은 그의 〈석문(石問)〉이란 글에서, 바위는 "견고불변해 천지와 함께 종식되는 것, 본말(本末)과 가늘고 굵음을 요량할 수 없으며, 추위와 더위에도 본질을 바꾸지 않는 것, 두터운 땅에 우뚝하게 박히고 위엄 있게 솟아서 큰 바다를 진압하며 만길의 높이에 서서 흔들어 움직일 수 없는 것, 깊은 땅 속에 깊숙이 잠겨서 아무도 침노하거나 제압할 수 없는 존재"라 하여 그 덕을 찬송하였다.

조지훈은 '제자리에 옴짝 않는' 바위의 고요하고 움직이지 않는 이미지를 중심으로 동적인 소재들을 등장시켜 자연계의 기미(機微)를 관조하였다. 이 때 바위는 변화하는 현상 속에서 변하지 않는 초월적이며 구원(久遠)한 실재이다.

바위의 이러한 초월적 항존성은 보다 내면화한 만남 속에서 그 존재성을 드러내기도 한다. 유치환(柳致環)의 시 〈바위〉에서는 바위가 반성적 자아(自我)의 등가물로 내면화하고 있다. 곧, 애련과 희로에 휩싸이고 유한하며 허무한 유기체의 한계를 초극해 바위의 불굴의 의지를 닮고자 한다.

이렇게 바위는 시간성뿐만 아니라 공간적 위치만으로도 하늘과 땅이라는 두 영역에 동시에 속하면서 수직적 상승으로 우뚝 서서 정신을 풍요롭게 한다. 생명이 없어 움직이지 않으면서도 풍요로운 동적 가치나 힘을 우리 앞에 계시하고 있는 것이다.

이처럼 바위는 우리나라 사람에게 항존적 · 불변적 · 구원적 · 부동적 표상으로 관념화되어 한 속신체계를 이루어 왔다.

3. 입석(선돌) · 거석을 바라보는 한국인의 신앙

입석은 다듬지 않은 길고 큰 자연석을 똑바로 세워 기념물이나 신앙의 대상물 등으로 삼은 선사시대 유적이다. 선돌, 삿갓바위, 입암, 멘히르(menhir)라고도 불리며 고인돌 · 열석과 함께 대표적 큰돌문화(거석문화)에 속한다. 높이는 보통 1~2m이나 6m가 넘는 것도 있다. 프랑스의 브르타뉴를 비롯한 서부 유럽과 인도네시아 · 말레이시아 등 동남아시아 지역에 집중적으로 모여 있는데 고인돌과 거의 같은 분포권을 보인다. 분포지역은 함경도부터 제주도까지 전국적이다. 화성지역에는 수직리 · 동오리 · 쌍정리 지역에 산재해 있다.

입석은 대개 마을로 들어가는 어귀나 평지에 서 있으며 가끔 고인돌 옆에 있는 경우도 있다. 간혹 선돌에 줄무늬나 원을 새긴 것, 그리고 홈이 파여 있는 것이 있다. 고인돌에 비교할 때 우리나라에 많이 분포되어 있지 않다. 또 근대화 과정에서 간간이 그 문화전승이 파괴 · 단절되면서 없어진 것이 많다.

지역에 따라서는 구지바위 · 할머니탑 · 할아버지탑 · 돌장승 · 수구막이 · 수살장군 등 여러 이름으로 불리기도 하고 말레이시아에서는 전사(戰士)라고도 한다. 생김새는 대부분 길쭉한 모양의 돌기둥이지만 가끔 넓적한 판석도 있다. 세워져 있는 끝부분이 뾰족한 것과 뭉툭한 것으로 나뉘는데 전자는 남성을 상징하고 후자는 여성을 표상한다고 여겨지고 있다.

4. 향남읍 수직리 입석-장자못 전설의 원형

장자못 전설의 원형을 잘 보여주는 것이 향남읍 수직리의 입석이다. 장자(長者)란 큰 부자를 점잖게 이르는 말이다. 인색한 장자가 도승을 구박하고 천벌을 받아 벼락을 맞아 죽고, 집은 큰물에 잠겨 연못이 된다는 전설은 동서양 여러 곳에 전해 오는 설화이다. 수직리 입석 설화에는 구약성경 소돔성 설화에 나오는 불의 심판과 뒤를 돌아보면 저주를 받는다는 금기가 함께 담겨 있다. 수직리 입석에는 벼락을 맞은 흔적과 애를 등에 업은 듯한 형태가 생생하게 남아 있어 설화의 사실성을 입증하는 듯하다. 이런 연유로 이를 기념물로 지정하여 보존하고 소개하는 작업이 시급히 이루어져야 한다고 생각된다.

옛날 옛날 먼 옛날.

향남읍 수직리라는 동네에 조마전이라고 하는 상당한 부자가 살고 있었다. 그는 조실부모하여 어릴 적부터 갖은 고생을 하며 악착같이 돈을 모았다. 남달리 이재에 밝았던 그는 모은 돈을 기반으로 해서 전답과 저택을 마련하고 하인까지 두는 거부가 되었다. 그러나 그는 돈을 전혀 쓰지 않는 것은 물론 남을 도와주는 일도 없어 동네사람들은 구두쇠 영감으로 불렀다.

세월은 유수와 같이 흘러갔다.

조마전도 어느덧 늙고 말았다. 나이가 먹을수록 재산에 대한 욕심이 더해 여전히 남에게 꾸어주거나 도와주는 일이 없었다. 자기가 어렸을 때부터 고생 끝에 장만한 재산인지라 움켜만 쥐고 살았다. 뭐니뭐니해도 머니가 최고였다. 어쩌다 사정이 어려운 사람들이 찾아가 도움을 청하면 문전박대가 일쑤였고, 거지가 오면 몽둥이로 두들겨 패서 몰아냈다. 가난하거나 게으른 자들은 남의 것을 거저 바라는 자들이니 굶어 죽어도 싸다고 욕했다.

그러던 어느 날.

스님 한 분이 대문 앞에 서서 시주하라고 목탁을 치고 있었다. 구두쇠 영감은 시주는커녕, 아무것도 없으니 가라고 소리를 질렀다. '동냥은 커녕 쪽박만 깬다' 라는 속담처럼 그는 스님을 몰아붙이면서 꺼지라고 했다. 그렇지만 스님은 의연한 태도로 연신 목탁만 두들기고 있었다. 조마전 영감은 "나는 부처고 나발이고 나만 믿어. 아무것도 안 믿어도 더 잘 살 테니 걱정 말고 썩 물러가. 염불이 밥 먹여 준답디까?" 하고 역정을 냈다.

그러거나 말거나 스님은 "대자대비하신 부처님을 섬기고 자비를 베푸시오. 나무관세음보살" 하면서 인자한 얼굴로 영감을 향해 허리를 구부렸다. 그러나 구두쇠 영감은 스님의 말은 들으려고도 않고 마당 끝 '쇠매듭' 자리에 있는 쇠똥을 긁어다 바랑에 억지로 넣어 주면서 "내가 줄 것은 이것밖에 없으니 어서 가라" 며 등을 떠다밀면서 문을 닫고 안으로 들어가 버렸다. 스님은 어이가 없어 대문만 물끄러미 쳐다보더니, 마침내 돌아서서 떠나는 것이었다.

그때 저 멀리 마을 우물터에서 물을 길어 가지고 집에 돌아오던 길에 며느리가 이 광경을 보았다. 그녀는 얼른 뛰어가서 스님을 붙잡았다. 며느리는 얼른 스님 바랑에 든 쇠똥을 깨끗이 털어낸 후 "스님, 제 시아버님이 큰 죄를 지었으니, 너그러우신 마음으로 어리석은 중생을 용서하여 주십시오" 하더니, 스님에게 잠시 기다리라 하고선 급히 안에 들어가서 쌀을 퍼 가지고 나와 바랑에 수북이 담아주었다.

스님은 목탁을 두드리면서 허리를 굽혔다. 며느리도 함께 답례를 했다. 잠시 후 스님은 고개를 들고 나지막한 목소리로 말했다.

"부인의 착한 마음씨에 탄복하였습니다. 부인께선 아무 말씀 마시고 제가 이르는 대로 하십시오. 사흘 후 날씨가 갑자기 흐리고 천둥 번개가 칠 겁니다. 이는 영감님의 지나친 욕심과 고약한 마음씨를 하늘이 징벌코자 하는 것이니 가솔들을 데리고 즉시 뒷산으로 피하십시오. 무슨 소리가 들려도 절대로 뒤를 돌아보면 아니 됩니다. 만일 이를 어길 시 돌이킬 수 없는 큰 화를 당할 것입니다. 나무관세음보살."

스님은 그 자리에서 온데간데없이 사라졌다. 며느리가 정신 차려 생각해보니 이는 반드시 무슨 변괴가 있을 징조로 부처님의 자비로운 계시가 아닌가 하는 생각에 등골이 오싹하였다. 가까스로 정신을 가다듬은 며느리는 집안으로 들어가 시아버지한테 스님과 있었던 전후 사실을 낱낱이 말하고, 앞으로 우리 집에 재앙이 닥칠 징조가 틀림없을 듯하니, 지금이라도 모든 욕심을 버리고 재물을 불쌍하고 어렵게 사는 사람들을 위하여 쓰자며, 이후로 착한 마음을 가지고 살아가자고 간곡히 말하였다. 그러나 아무리 간청을 해도 벽창호 같은 시아버지는 며느리에게 호통을 치며 제 정신이냐고 나무랐다. 며느리의 말은 씨알도 먹히지 않았다.

사흘 후.

그렇게 맑던 하늘에 구름이 돌기 시작했다. 며느리는 스님의 말대로 일단 이곳을 피하자고 호소했으나 시아버지는 오불관언이었다. "내가 어떻게 이 집과 재산을 모았는데, 이걸 버리고 떠난단 말이냐. 차라리 나는 재산을 끌안고 죽겠다. 그깟 돌중놈의 말을 어찌 믿느냐. 난 죽어도 좋으니까, 떠나려면 너나 떠나거라" 했다.

며느리는 눈물을 흘리면서 갓난아들을 업고 논길을 따라 산쪽으로 향했다. 회오리바람이 등을 떠밀었다. 급한 마음에 논길을 뛰어갈 때 비바람이 치기 시작했다. 천둥번개가 머리 위에서 터지고, 금방 무슨 일이라도 일어날 것 같은 기세였다.

비바람이 몰아치자 조마전 영감은 어쩐지 마음이 불안해졌다. 자기의 재물이 안전한가 확인하고 싶어서 창고로 가서 문을 열고 들여다보았다. 그 순간 우르릉쾅쾅 천지가 요란하더니 하늘에서 땅으로 번쩍하는 번개와 함께 쾅하고 구두쇠 영감네 집 한복판에 벼락이 떨어졌다. 그 순간 집이고 창고고 할 것 없이 불바다가 되고 말았다.

정신없이 뛰어가던 며느리도 천둥번개가 요란하자 집일이 걱정되었다. 어떤 일이 있어도 뒤돌아보지 말라던 스님의 말이 머릿속에 떠올라 그대로 뛰어갔다. 그러나 '쾅' 하는 소리에 자신도 모르게 뒤를 돌아다보았다. 그러자 그 웅장하던 기와집이 삽시간에 활활 불길에 휩싸인 것을 보고 가슴이 철렁한 순간 또 다시 벼락 치는 소리가 나더니 며느리도 쓰러져 집안 식구들과 같은 운명이 되고 말았다.

스님의 당부를 지키지 않았기 때문에 착했던 며느리도 죽게 되었는데, 며느리가 죽으면서 그 자리에 '부처' 로 화신케 됐다는 것이다. 이렇게 수직리 앞 논뚝에는 불상이 서게 됐으며 액운을 물리치고 소원을 비는 아낙네들의 고사가 종종 이 불상 앞에서 이루어지고 있다. 그 뿐만이 아니라 옛날부터 수직리 사람들은 칠월칠석날 뒷산 당집에서 소머리를 통째로 바치고 제주를 뽑아 고사를 지내며, 마을 사람들끼리 추렴해 잔치를 벌인다는 것이었다. 수직리 앞에는 조그마한 개울이 있고 아래로 더 가면 황구지천이 있는데 이곳 일대를 가리켜 '부처' 가 있고 '내(川)' 가 있는 곳이라 하여 '부처내' 라 불러오게 된 것이라 한다.

5. 향남읍 동오리 입석－칠성 신앙과 기자 치성

간혹 입석에 줄무늬나 원을 새긴 것, 그리고 홈이 파여 있는 것이 있다. 원

이 새겨진 것은 옥천군 안터1호 선돌에서, 줄무늬가 있는 것은 대청댐 수몰지역 언저리인 옥천지역에서 발견되었는데, 입석을 세운 당시 사람들의 삶을 재현하는 데 도움이 된다. 7개의 홈이 팬 것은 대부분 칠성믿음과 연관되며, 아들을 바라는 기자(祈子) 믿음으로 이어진다. 이것은 입석이 그러한 기원의 대상이었음을 보여준다.

입석이 있는 곳은 거의 마을로 들어가는 어귀나 평지이고 가끔 낮은 구릉지대나 논·밭 가운데, 그리고 고인돌 옆에 있는 경우도 있다. 고인돌의 옆에 있는 경우로는 전라남도 구례군 토지면 금내리와 영암군 입석리, 광주직할시 북구 충효동, 충청북도 청원군 아득이, 옥천군 안터 등에서 보여진다. 지금까지 조사된 몇 가지 예를 보면 이것은 제단을 나타내는 의미보다 묘표적(墓標的)인 성격이 더 짙은 것 같다.

입석의 기능은 크게 3가지로 나누어볼 수 있는데 대부분 의인화되어 있다. 첫째, 암석·칠성·성기 숭배에서 나타나듯이 다산·생산·장수를 바라는 풍요의 기능을 지니고 있다. 둘째, 벽사·수구막이의 역할을 하는 입석은 수호의 기능을 가진 것으로 이것은 1쌍으로 있든지 성(性)의 구별이 뚜렷한 점이 특징이다. 셋째, 죽은 사람을 상징하거나 무덤을 표시하는 기능이다. 입석이 세워진 시기는 선사시대부터 최근까지 계속 이어져오고 있지만 일반적으로 신석기시대부터 청동기시대까지의 것을 말하며, 대체로 고인돌과 같은 시기인 신석기시대 후기부터 만들어졌다고 생각된다.

6. 송산면 쌍정리 입석—미륵보살 혹은 미륵댕이

쌍정리 258번지 대장방죽들에 돌보지 않은 채 방치된 돌미륵이 하나 있다. 주민들은 이를 미륵보살, 미륵바위 혹은 미륵댕이라 부른다. 돌미륵에 사회적 권위가 있든 없든 민초들은 자신의 눈높이에 맞는 언어로 세계를 표현한다는 것을 알 수 있는 대목이다.

1989년 경희대중앙박물관팀은 이 돌미륵이 선사시대 유물이라 보고했다. 그러나 청동기시대의 것인지 후대의 것인지 확인할 방법이 없다. 돌미륵은 지표 위로 드러난 부분이 높이 160cm, 폭 55cm, 두께 44cm다. 노인회장 이씨는 "땅속 깊이가 12자(3.5m)"라며 예부터 전해 오는 돌미륵의 전설을 들려줬다. 미륵 한쪽에는 사람의 형상이 새겨져 있는데 미륵이 바라보고 있는 쪽 마을은 여자들이 바람이 나고 뒷모습을 보고 있는 마을은 부자가 된다는 속설이 전한다.

시화호가 건설되기 전 미륵이 서 있던 자리까지 바닷물이 들어와 뱃사람들이 많이 모였다. 옛날 모래와 흙이 퇴적되기 전 미륵이 우뚝 솟아 있었고 이 자리를 이정표 삼아 뱃사람들이 배를 대기도 하고, 마을과 마을을 가르는 표지가 아니었는지 짐작된다. 마을 사람들은 미륵 보호를 위해 길을 내 포장을 하고 "선돌 주변 땅 25평이 국가소유지"이니 "화성시에서 미륵을 보존하기 위해 대책을 세워야 한다"고 입을 모았다.

마을 신앙에서 입석은 풍수

비보의 기능을 갖는다. 쌍정리 입석 선돌은 마을의 태동과 관련 있는 역사적 가치가 있는 풍수 비보 선돌이자, 마을의 터를 지켜주는 진터 선돌로서 의미 있는 선돌문화를 보여준다. 또한 불가에서 미래불로 상징되는 미륵 신앙과 결합하여 쌍정리에서 구현되었다는 사실은 불교 민속에서 매우 의미있는 선돌문화를 보여주는 것이라 할 수 있다.

7. 가슴에 돌 하나를 품으면서

선사시대의 신앙에는 정령신앙 · 영령신앙 · 조상숭배 · 주술(呪術) 등이 있다. 이들은 인간의 의지로 통어할 수 없는 강력한 힘에 복종하는 것을 이른다. 이런 신앙의 대상으로 돌이 자주 이용되었다. 우리나라에서도 고인돌이나 선돌은 단순히 조상의 시신을 묻거나 무덤의 표를 나타내거나 경계표시의 의미를 넘어서 조상숭배라는 차원에까지 이른다.

한편으로는 혈연을 기반으로 한 당시 토착농경사회의 정치권력의 상징적 건조물로서의 의미도 가지고 있었다. 대표적인 예로 강화군 하점면 부근리에 있는 남한 최대의 고인돌(사적 137호)을 들 수 있다. 특히, 선돌의 경우는 최근까지도 동네 입구에 세워져 수호신으로서 신성시되어 왔다. 이는 장승이나 경계표지석과도 무관하지 않을 듯하다. 이러한 고인돌이나 선돌에 사용된 돌은 대개 우리나라에 흔한 화강암 · 화강반암(花崗斑岩) · 흑운모 화강암들이다.

결론적으로 우리나라 사람에게 돌은 생명의 탄생, 풍요와 수호 등 신비로운 권능을 가진 존재로서 신앙의 대상이 되어왔다. 그러한 신성암계열에 기우암(祈雨巖)이 들어간다. 이런 바위들은 기우제를 올릴 때 대상신체가 되거나 그 제장(祭場)이 되기도 한다. 그곳에 생번력과 풍요를 관장하는 신이 살고 있다고 인식되었다.

혜산(兮山) 박두진 시인은 〈수석열전〉 시편을 통하여 돌을 시인이 체험한 것들 중에서 가장 견고한 물질로 보았으며, 다른 한 편으로 지구와 우주 생성의 시초에 형성된 것으로 시간적인 비의(秘意)를 지닌 것으로 받아들였다. 이러한 돌은 '천대산상대(天台山上臺)' 처럼 절대자가 노닐던 성스러운 처소로 인식되기도 하고, 돌의 침묵이 날음의 의미를 함축한 잠으로 인식되어 '새의 잠' 으로 형상화되기도 했다.

또한 돌은 '인수봉' 처럼 순결한 가치의 형상체로 인식되기도 하며, 모든 흔들림을 견딘 고정의 의미를 내포하면서 역사적 변동을 수렴하는 심적 자세로 형상화되기도 한다. 그러면서 돌은 솟아나는 힘을 내장한 거대한 가치체로도 의미화 된다.

돌은 보석이 아니다. 하지만 인간의 삶에 있어서 돌처럼 충직한 반려자는 없다. 세상에 변하지 않는 것은 없다. 돌도 세월의 풍화작용에 따라 변한다. 그러나 천천히 아주 느리게 변한다. 육천만년 전의 석기시대에 돌에 새긴 그림이 지금도 남아있는 것을 보면 돌의 변심은 없다고 해도 틀림이 없다. 은혜는 돌에 새기고 원수는 물 위에 쓰라고 한다. 잊지 않으려면 돌에 새기는 것이 최고다.

발길에 채이는 이름 없는 돌멩이에서부터 부처님 얼굴이 새겨진 거룩한 돌도 있다. 돌 중에서 막중한 임무를 묵묵히 수행하는 돌은 집의 기둥을 받치고 있는 주춧돌이다. 자기부피의 수백 배가 되는 건물을 들고 있으면서 무겁다고 불평하지 않는다. 묵묵히 땅에서 올라오는 습기를 몸으로 막아내고 나무 기둥이 썩지 않도록 밤낮으로 경계를 선다.

개울이나 물이 고인 곳에 드문드문 놓아 지나가는 행인의 디딤돌이 되는 징검다리 돌도 꼭 필요한 돌이다. 내 몸의 절반은 물속에 담가놓고 남의 발아래 기꺼이 내 등짝을 내밀어주는 징검다리를 볼 때면 그 희생정신에 저절로 머리가 수그러진다.

세 해 전, 기천리를 지나가다 돌집이 너무 멋있어 나는 그 집을 샀다. 꽃밭과 텃밭을 만들고 그 둘레에 수백 개의 돌들을 촘촘히 세웠다. 이것이 나의 선돌이요, 입석이다. 56억 7천만년 뒤에 다시 환생하고 싶은 복터이다.

마을 신앙으로서 짐대의 실체와 전승 현황

연구위원 _ 정 찬 모

I. 서론

마을신앙은 원시적인 마을이 형성된 공동체사회로 거슬러 올라가는 긴 역사성을 지니고 있다. 기록에 남아 있는 부족국가시대를 보면, 부여의 영고(迎鼓), 동예의 무천(舞天), 고구려의 동맹(東盟) 등이 마을신앙의 한 종교적 형태이며 초등학교 때부터 배워온 익숙한 이름들이다.

이는 마을단위, 또는 부족단위의 제사 형태로 풍년이나 풍어를 기원한다든가, 추수에 대한 하늘에 감사, 또는 땅의 사악한 기운과 재앙을 누르는 풍수적인 성격을 지니고, 오랜 세월 동안 우리 민족의 의식 속에 뿌리박혀서 유구하게 전승되어 왔다. 마을신앙의 여러 유형의 하나인 짐대는 이런 목적에 의해서 설치되어 하늘과 땅을 연결해 주는 매개체로서의 역할이었다.

그런데 언제부턴가 '솟대' 라는 용어가 등장하면서 짐대의 개념이나 의미가, 솟대와 짐대 같이 뒤섞인 혼란한 용어가 되면서 애매모호한 상태로 일반인에게 알려져 있다. '짐대' 의 용어와 의미, 기능에 대해서도 약간의 오해와 왜곡이 있어 왔다. 짐대에 대해서 솟대나 장승에 비해 덜 익숙하고 덜 이해하고 있기 때문이다. 예를 들면 지명 유래를 연구하는 어느 학자의 글에서도 다음과 같이 오류를 시인하고 해명하는 일까지 있었다.

"발안리의 옛날 이름인 짐대울, 짐촌, 또는 김대울은 '선창(船倉)' 에 해당하는 고유어로서 배에 짐을 싣고 부리던 곳이어서 붙은 이름일 것이다." 라고 하여 '짐을 부리던 곳' 이라는 장소의 의미로 오해하였다. 이에 대해 화성 향토사학자의 이의 제기로 해명을 하고 수정을 하였지만 학자의 시각도 이 정도로 왜곡되어 있다. 『우리말 큰 사전』이나 『표준 국어사전』을 열어보면 당장 알 수 있는 일인데도 '짐대' 에 대해 가볍게 이해하고 넘어가는 오류는 짐대에 대한 인식에 상당히 문제가 있다고 할 것이다.[1]

그러므로 일반 대중에게는 '짐대' 라는 용어 자체에 대해서도 낯설고 그 기능과 역할은 물론 전통 신앙으로서의 가치도 이해하기가 어렵다.

본고는 이러한 상황에 직면하여 짐대의 바른 이름과 유래, 형태, 기능 등

실질적인 실체를 규명하고, 민속신앙으로서의 관련성과 의의를 구현하며 현재 존재하는 짐대와 관련된 지역과 분포를 파악해 보고자 한다.

또한 현대적 의미로서의 짐대를 조명하고 여전히 각 지역에서 행해지고 있는 짐대와 관련된 제의의 실례를 소개하여 마을 신앙으로서의 짐대의 의의와 가치를 찾고자 한다.

Ⅱ. 마을 신앙과 짐대

1. 마을 신앙의 발생 과정과 오해

공동체라는 것은 생활 터전을 같이 하는 집단으로 개별적인 의식보다는 집단의식이 중요시되고, 개인의 가치보다는 집단적인 가치를 중시하는 삶이라 할 수 있다.[2]

다시 말하면 개인보다 집단을 우선시하는 공동체 안에서 서로 협동하고 친밀한 유대를 바탕으로 생활해야 하는 것이 최선의 규범이며, 결국은 집단 공동체는 동일한 목적을 가지고 살아야 하는 '운명공동체' 이기도 한 것이다. 따라서 마을 신앙은 오랜 세월을 지나오며 같은 환경, 같은 목적의 공동체 신앙으로 발전해야 되고 이것이 원시 신앙의 발생이며 시대의 흐름에 따라 변형, 분화의 발전을 보이게 마련이다. 작게는 마을 단위로 행해져 오다가 크게는 국가 단위로 발전하여 국가의 안녕, 호국의 염원, 지도자의 권력 강화 등의 목적으로 제사의 규모는 커지고 다분히 종교적인 신앙으로 발전하게 된다. 공동체라는 집단의식이 생존과 생활의 절대적인 가치였기 때

1) 『우리말 큰 사전』과 『표준국어사전』에는 짐대는 돛대이며 불교 용어로서 당(幢)을 세우는 대라고 하였으며, 『국어대사전』에서는 ① 돛대=짊대 ② 〔불교〕당(幢)을 세우는 대. 돌이나 쇠로 만듦. 후세에 풍수설(風水說)을 인용(引用)하여, 어느 곳은 행주형(行舟形)이니 돛대를 세워야 한다든가, 어느 곳은 노인형(老人形)이니 지팡이를 해 꽂아야 한다는 등으로 전용(轉用)되었음. 당간(幢竿)이라고 하였다. 민속신앙의 형태가 불교신앙으로 전이된 과정은 제시하지 않았으나 짐대는 돛대, 또는 당간의 기능임을 설명하고 있다.

2)표인주. 『남도 민속의 이해』. 전남대학교출판부, 2007. p.157.

문이다. 마을 공동체 신앙은 산신제, 용왕제, 서낭제 등으로 민간, 즉 한 마을의 주민들이 주인이 되어 행하는 제례 풍속으로 발전하였다.[3)]

그리고 고려시대의 불교와 토착신앙의 습합에 따라 사찰에는 산신각, 산성각, 명부전, 독성각 등의 형태로 분화되어 벅수도 장생, 장승으로 변이되었다. 이 과정에서 사찰 입구 또는 금당 앞의 당간지주(幢竿支柱) 형태로 수용되었을 가능성이 높다. 이에 대하여 이종철은 짐대와 연관지어 다음과 같이 설명하고 있다.[4)]

"특히 짐대와 당간의 문화사적 유사성은 첫째, 건립 위치가 양자 모두 성역으로서의 동제신역(洞祭神域) 또는 사찰 경역에 세워지고 둘째, 구조에 있어서 입간(立竿)형태이며 셋째, 신앙상징적인 면에서 용두당간(龍頭幢竿)의 용이나 짐대 상부의 오리, 까마귀, 기러기, 학 등 새가 모두 하늘과 인간을 연결하는 천신의 영매(神鳥)를 상징하고 있다는 점, 짐대에 용틀임한 줄다리기 줄을 두른다거나(전북 부안, 강원도) 하는 예를 지적해 볼 수 있다."

한편으로 민속신앙(또는 마을신앙)에 대한 오해에 대해 문제를 제기한다면, 민속신앙은 우리 민족의 고유문화 속에 깊이 뿌리를 내리고 있으나 현대에 이르러서는 점차 그 맥을 다하고 있는 것이 현실이다. 이런 안타까움에 대해서 박호원은 그 원인의 실체를 다음과 같이 밝히고 있다.

"산신, 성황 신앙의 정태론적 파악은 이런 신앙이 자칫 시대에 대응하지 못하는 전근대적인 것으로 오인할 우려도 있으며, 산신, 성황 신앙이 역사를 지니지 못한 신앙 체계라는 오해를 초래할 수도 있다. 실제 동일한 신앙의 대상인데도 그것이 국가의 제사 대상으로의 수용 여부에 따라 국가 제사로 대우를 받거나 아니면 음사(陰祀)로서 금지의 대상이 되기도 하였다."[5)]

3) 표인주. 앞의 책. pp157~159 참조. 제사를 지내는 형식을 필자는 변형, 분화하였다고 하였는데, 표인주는 〈고려사〉에 의하면 오악에 산신제를 지냈다고 하면서 후에 서낭신과 당산신의 형태로 변하였고, 중국으로부터 유입된 성황신이 고려 중엽에 정착되었다고 소개하고 있다.

4) 이종철. 『한국 민속신앙의 탐구』 민속원, 2013. p.72.

5) 박호원. 『한국 마을 신앙의 탄생』 민속원, 2013, p.15.

그런가 하면 일제강점기에는 이런 신앙을 미신(迷信)으로 간주하여 우리 민족 고유의 문화를 말살하려는 명분이 되기도 하였다.

"일본 제국주의 치하에서 총독부의 전령인 어용학자들은 우리 민족 고유의 놀이라던가 잔치, 마을 신앙을 한 마디로 미신행위로 몰아붙였다. 그러면서 그들은 자기 민족의 고유한 세시행사는 축제로 육성해 나갔던 것이다. 그 이유는 명백한 것으로 마을 신앙은 민족의 공동체 의식을 함양시키며 향토 사랑과 역사의식을 고취시키는 것이기 때문에 피지배민족의 축제를 말살시킴으로써 그들의 심기를 꺾어 놓아야 했기 때문이다. 특히 국가적 제사인 사직제를 미신 행위로 간주하여 사직단을 공원화시킨 것이라든지, 마을의 안녕과 풍요를 기원하는 마을제사를 천민들의 신앙이라 하여 부락제라고 부르는 것은 제의적 행사가 가지고 있는 신성성을 오염시키고자 했던 것이다."[6]

2. 짐대와 장승, 조탑, 선돌의 연관성

마을 신앙의 대상이 되는 신체(神體)는 신이 깃든 구체적인 상징물이라 할 수 있다. 이는 지역마다 마을마다 그곳의 자연환경이나 지역의 특성에 따라 다양한 모습일 수밖에 없다. 마을에 있는 노거수(느티나무, 은행나무, 팽나무 등), 당집, 장승, 짐대, 조탑(造塔), 입석(立石)이 가장 많이 나타나는 신체이다. 이것들이 하나 또는 여러 가지의 신체로 공존하는 형태를 보이기도 하는데, 당집이 있어 위패나 신상을 모시거나 그 당집 옆에 큰 팽나무가 있어 함께 모시는 경우도 있고 마을 입구에 장승이나 짐대를 세우는 경우가 그것이다. 이에 대해 좀 더 구체적으로 알아보기로 한다.[7]

장승은 장생, 당승, 쟝성, 장신 등의 명칭으로 불리었으나, 16세기 이래로 장승이라는 명칭으로 일반화된 것으로 생각한다. 주로 중부지방에서는 '장

6) 표인주. 앞의 책. pp.159~160. 첨언한다면, 부락(部落)이란 일본에서 천민들이 사는 마을을 의미하는데 우리말을 제쳐놓고 쓰게 하였으니, 부락제라고 하는 의미도 이와 다르지 않다.
7) 표인주. 앞의 책, pp.181~188 요약.

승', 제주도에서는 '하르방', 남도지방에서는 '벅수' 라 부르고, 그 재질이 돌과 나무의 두 종류이나 남도지방에서는 돌의 재질이 주류를 이룬다.

장승은 사람의 형태를 그리거나 조각하고, 천하대장군, 지하여장군 등의 명문이 새겨져 있어 잡귀의 침입을 막는 '벽사신' 의 기능을 갖는가 하면 마을의 이정표, 사찰이나 마을의 경계표시로서의 구실도 하였다.

장승은 벽사신의 기능을 수행하고 있는 경우에 제사의 대상이 되는데, 충청도 지역에서는 장승이 제사의 주대상이지만 남도지역에서는 외부로부터 잡귀의 침입을 막기 위한 기능을 수행한다.

짐대는 솟대라는 명칭으로 널리 쓰이고 있으나 솔대, 거릿대, 별신대, 갯대, 짐대, 오릿대 등으로 부르고 남도지역에서는 주로 '짐대' 라고 부르고 있다. 짐대는 나무나 돌을 깎아 만든 새를 장대나 돌로 된 기둥 위에 올려놓은 신간(神竿)으로 마을의 수호신이나 풍수적인 성격을 갖는 신앙물이다.

짐대 위에 올린 새는 기러기 혹은 오리라고 하며 지상계와 천상계를 왕래하는 동물로서 신의 의지를 인간에게 전달하고, 인간의 소망을 신에게 알리는 기능을 수행한다고 생각된다. 입석이나 조탑들은 짐대와 서로 공존하며 나타나기도 하지만 개별적으로도 다양한 기능을 수행하고 있다. 입석은 선돌, 선독, 짓독, 짐대 등으로 불리며 짐대나 장승과 마찬가지 기능을 한다. 조탑은 남도의 동부 산간지대(무주, 진안, 장수, 남원, 보성, 곡성, 구례 일대)에 많이 분포되어 있으며 풍수에서 지력을 비보하는 방법으로는 흙으로 하는 방법보다 돌로 하는 방법이 더 좋다고 한다.

이상의 내용으로 볼 때, 마을 신앙으로서의 신체는 장승, 짐대, 입석, 조탑은 거의 비슷한 목적으로 설치되고 그 기능도 유사하여 서로의 관련성이 뚜렷하여 마을의 수호신, 액막이, 풍요 기원, 이정표 역할, 경계표, 비보적(裨補的) 기능[8] 등 다양한 기능을 지니고 있다.

8) 비보적(裨補的) 기능이란 인간의 삶에 부정적인 자연요인을 극복하고자 사용한 인의적인 풍수법술을 말한다. 비보란 지력(地力)이 허한 곳을 보완하는 것으로서 지기(地氣)를 바꾸어 지력을 회복하고 왕성하게 하여 지덕(地德)을 얻고자 하는데 있으며, 그 보완물이 바로 입석이나 조탑, 짐대 등이라 설명하였다.

Ⅲ. 짐대의 실체

1. 짐대의 바른 이름과 유래

가. 짐대와 솟대

서론에서 언급했듯이 짐대라는 명칭과 솟대라는 명칭은 오해와 혼란의 여지를 지니고 있다. 솟대라는 명칭은 소도(蘇塗)에서 나왔다는 주장이 비판 없이 수용됨으로 해서 엄연히 다른 개념이고 다른 기능을 갖고 있는데, 이렇게 잘못 전해지게 된 연유는 다음의 인용글에서 확인할 수 있다.[9]

"우리나라에서 '솟대' 라는 용어를 처음 사용한 사람은 손진태이다. 손진태는 1930년대 일본에 유학하여 와세다대학 사학과에서 일본인 학자에게 인류학을 배우면서 민속학에 관심을 갖게 된다. 그가 1932년에 쓴 「소도고(蘇塗考)」라는 글에서 솟대의 기원 문제를 처음으로 제기하였다.(손진태의 글 인용부문 생략)

위의 내용에 따르면, 솟대의 역사는 100여 년이 채 안 된다. 손진태는 마을 주민들이 수백 년 동안 써온 짐대의 역사는 외면하고, 솟대의 근원을 마한의 소도와 연결 지으면서 짐대문화를 심각하게 왜곡시켰다. 그는 솟대라는 용어를 처음 사용하면서 소도와 동일시하였다. 그는 소도(蘇塗), 솟대, 솔대를 동원어(同源語)로 인식하였으며, 소도는 솟대의 음역(音譯)이라고 주장하였다. 그의 주장은 소도와 솟대가 음이 유사하다는 음운론(音韻論)에 근거하고 있다. 손진태의 '솟대=소도' 등식은 언어의 수식에 불과할 뿐 학문적 논리가 뒷받침하지 못하였다. 소도가 삼한시대부터 각 고을에 방울과 북을 단 큰 나무를 세우고 천신에게 제사를 드리던 일이라는 사전적 의

9) 송화섭, 논문 「조선후기 부안의 돌짐대와 당간」, 2012. pp.267~269.
송화섭은 2004년도에 발표한 「손진태의 민속학적 연구 비판」에서 「蘇塗考」를 발표한 손진태에 대해서 다음과 같이 비판하고 있다. "제국주의적 인류학의 관점은 식민지 국가의 민속을 미개한 원시문화로 전락시키는 방법론이었다. 손진태의 솟대론에는 일제 강점기의 시대적 상황과 일본에 유학한 역사학도로서 민속학 연구에 갈등이 담겨 있다."

미를 보더라도 소도의 유구한 역사를 무시한 시각이다.

이어서 단재 신채호 선생의 소도에 대한 주장도 소개하였다.

"신채호가 소도의 기원을 '수두' 론에 두면서 상고시대 태양 숭배의 제단이라고 주장한 논리와는 정반대였다. 신채호는 소도를 민족과 정신사상에 두었다면, 손진태는 소도를 민속에 두고 원시사회의 미개문화로 전락시켰다."

그런가하면, 전국을 다니며 우리나라 민속신앙을 조사하고, 발굴하며 현장 답사를 중시하는 이상훈은 다음과 같이 말한다.[10)]

"마을 답사를 하다보면 솟대라 칭하는 마을은 없다. 마을에서는 짐대, 진대 또는 오릿대라 부른다. 솟대라는 개념은 소도라는 개념에서 우선 찾아야 할 것 같다. …(중략)… 솟대는 말 그대로 솟아있는 장대란 의미이다. 그래서 오늘날 마을에서 산신제를 지낼 때도 마을 뒷산에 커다란 소나무나 바위가 있는 곳을 신성시하여 산신제를 지내는 제장이 된다. 솟대라는 용어는 학술적으로만 사용되고 있다. 그러나 짐대라는 용어는 오히려 민속 현장에서 쉽게 들을 수 있다. 그래서 솟대가 학술적 용어라면 짐대는 민속 현장 속의 용어라 할 수 있다."

이상에서 보는 바와 같이 짐대는 심각한 왜곡과 오해가 있고, 오히려 짐대보다 솟대라는 말이 일반화되어 있어 짐대의 바른 이름을 정립시켜야 할 필요가 절실하다. 그렇다면 짐대의 어원은 어디에서 찾을 수 있을까.

먼저 짐대는 배형국(行舟形地勢) 마을에 세워지는 돛대라는 점과 지기(地氣)가 드센 마을터를 눌러주는 '진대' 가 본질이다. 짐대는 드센 터를 눌러주는 압승(壓勝)의 장대로서 '진(鎭)+대' 의 합성어이며 짐대가 세워진 곳이 곧 살기 좋은 승지(勝地)가 된다. 이와 같이 짐대의 어원은 진대에서 비롯되었다.[11)]

10) 이상훈, 『우리 마을』, 신아출판사, 2007. pp.68~69.

11) 송화섭, 앞의 책, pp.272~273.
송화섭은 국립민속박물관 발행 「전남지방의 장승 · 솟대 신앙」의 주장과 자신의 주장을 동시에 소개하였다.

또 진대의 사전적 의미를 소개하면, 『국어대사전』 : ① 돛대=짐ㅅ대 ② 〈불교〉당(幢)을 달아 세우는 대. 돌이나 쇠로 만듦. 후세에 풍수설(風水說)을 인용하여, 어느 곳은 행주형(行舟形)이니 돛대를 세워야 한다든가, 어느 곳은 노인형(老人形)이니 지팡이를 해 꽂아야 한다는 등으로 전용(轉用)되었음. 당간(幢竿)이라 하였다.[12]

이상의 내용을 정리하여 보면 짐대는 솟대에서 유래된 명칭이 아니며 민속 현장에서는 짐대, 진대, 돛대로 쓰이고 있음을 알 수 있다. 즉, 높이 세우는 장대 또는 돛대를 이르는 말로서 배에서는 돛대, 사찰에서는 깃대(당간)에서 나온 말이라고 할 수 있다.

또한 짐대에 대한 명칭은 대(竿)에 어떤 새를 올려놓는가에 따라서, 짐대가 어떤 역할을 하는가에 따라서, 겉모습에 따라서 다양하게 불리어 왔다.

이를 정리하면 다음 표와 같다.[13]

〈짐대에 대한 지역별 명칭〉

지역	경기 · 충청	전라도	경상도	강원도	제주도
명칭	오릿대, 수살간, 수살대, 수살	당산, 짐대, 진대, 솔대(솟대) 당산할머니, 할아버지, 철륭	거릿대, 갯대, 진동단, 성주기둥, 오릿대, 까마귀, 별신대, 별성대, 화짐대	진또배기, 서낭대, 서낭님, 골맥이	거우기, 거액, 까마귀

나. 짐대와 당간의 민속적 관련성

마을 신앙은 생활 여건이 같은 지역 사람들이 그들의 삶을 위협하는 재앙을 멀리하고 마을의 화합과 번창을 기원하는 공동의 믿음이다. 마을 신앙은 무형의 정신작용이므로 형식 곧 제의를 통하여 드러나는데, 한 마을의 수호신을 숭상하고 마을 사람들의 무병과 풍년을 기원하기 위해 마을신(洞

12) 『우리말 큰 사전』, 『표준 국어 대사전』, 『어원 사전』 등에서도 공통적으로 '당을 달아 세우는 기둥, 또는 대라고 하였으며 당간이라고 명시하였다.
13) 이종철, 앞의 책, pp.66~67의 내용을 표로 정리하였다.

神)에게 제사를 드리는 제의(의식)를 동제(洞祭) 또는 마을제라 한다.

동제(마을제)는 그 마을 사람들의 것으로 부족국가 이래로 유구한 전통과 협동심을 다짐하는 민주성을 띠는 민중의 축제이다.[14]

민중의 축제라고 한 표현은 대체로 일정한 날에 한 마을 사람 전체가 참여하고 남녀상하의 구별이 없이 마을 사람 전체가 단합하고 협동을 강화하는 긍정적 요소가 있음을 시사하는 표현이다.[15]

이는 자연발생적으로 형성되어 유구한 역사를 내려오며 마을 신앙으로 정착되고 무속의 하나로 발전되어 왔다는 것이다. 마을 신앙의 신체(神體)로서의 마을신은 산신, 서낭신, 당산, 진대, 짐대, 장승, 신수(神樹) 등 마을의 자연환경, 위치, 기능에 따라서 신체의 대상은 매우 다양하다.

짐대 역시 신체의 한 형태로 이해할 수 있다. 외형상으로는 단독으로 존재하기도 하나 대체로 몇 가지가 복합적으로 존재하고 있음을 볼 수 있으며, 장승과 짐대의 공존, 당산신과 신수, 짐대와 돌탑(造塔) 등이 그것이다. 이처럼 짐대와 유사한 기능을 가지고 있는 장승, 조탑, 입석 등이 마을 신앙의 신체로서 공존해 왔다. 조탑은 비보풍수의 목적으로 지기가 약한 곳이나 마을 입구에 인의적으로 돌을 쌓아 탑을 만든 것으로 돌로만 쌓은 것과 돌로 쌓고 가운데 흙을 넣은 것이 있다. 그리고 조탑의 맨 위에 돌을 올려놓거나 새의 형상을 올려놓기도 한다. 입석은 긴 돌을 세워놓은 것으로 조탑과 비슷한 위치에 세워둔다. 이렇게 오랜 역사를 거쳐 전승되어 오던 짐대는 종교 문화와 만나 혼합 또는 변형되기도 한다. 그 대표적인 것이 불교에서의 당간과 만나면서 변화하는 양상을 보인다.

삼국시대 초기에 불교가 들어온 이래 통일신라와 고려시대에 이르기까지 국교 또는 호국신앙으로 자리를 잡으면서 크게 발전하여 왔다. 물론 조선시대에도 지배층은 유교적 문화에 영향을 받고 살아왔으나 평민 이하 일

14) 강현모, 『한국 민속과 문화』, 도서출판 비움과 채움, 2006. p.161.
15) 후대에 이르러 마을신앙이 유교식으로 변모한 당산제나 성황신제, 산신제에서는 제의의 형식과 구성, 과정이 매우 엄격하게 규정되어 남성 위주로 전개되기도 하였다.

반 피지배층, 하층민이게는 불교적 영향은 사라지지 않고 전승되어 왔다. 오히려 민간신앙과 결합된 불교적, 유교적 색채는 서로 혼융되면서 면면히 이어져 내려왔다.

당간은 마을 신앙물로 세워지기 시작한 조선 후기 이전까지는 주로 사찰이나 읍성의 표지물로서 불교 신앙과 관련하여 또는 풍수상의 이유로 건립되었다. 특히 사찰의 표지물인 경우는 당간 또는 찰간으로 표기되어야 마땅하나 그 건립 유래를 알 수 없게 된 이후의 기록에는 이를 재질에 따라 석장(石檣) 또는 동장(銅檣)으로 표기하고 있어 시대가 내려올수록 점차 풍수물로 인식되거나 또는 그러한 동기에서 건립되고 있었음을 알 수 있다.[16]

이상의 주장에 대해 이종철은 다음과 같이 설명하였다.[17]

> 삼국시대 중기 이후 수용된 불교의 영향이 컸다. 짐대와 자연신앙의 어우름인 무교(巫教)는 부족의 중심문화 내지는 상층문화에서 주변문화 또는 하층문화로 바뀌면서 솟대는 당간으로 수용되는 양상을 띠게 된다.
>
> 이 과정에서 짐대도 사찰 입구 또는 금당 앞의 당간지주(幢竿支柱) 형태로 수용되었던 것이 아닌가 생각된다. 본래 당간은 당(幢)이라는 깃발을 걸기 위해 세운 간(竿)이라 하는데, 당간 건립에 대한 여러 설명들은 인생의 괴로움을 면하고 무량의 공력을 쌓기 위해서라는 이야기와 불보살의 위신과 공덕을 표시하고 아울러 벽사적인 목적하에 세웠다는 설이 있다.
>
> 특히 짐대와 당간의 문화적인 유사성은, 첫째, 건립 위치가 양자 모두 성역으로서의 동제신역(洞祭神域) 또는 사찰 경역에 세워지고 둘째, 구조에 있어서 입간(立竿) 형태이며 셋째, 신앙적인 면에서 용두당간(龍頭幢竿)의 용이나 짐대 상부의 오리 · 까마귀 · 기러기 · 학 등 새가 모두 하늘과 인간을 연결하는 천신의 영매(神鳥)를 상징하고 있다는 점 등을 지적해 볼 수 있다. 이처럼 솟대나 당간에 대한 신앙적 의미가 짐대의 그것과 동일하다고 하는 사실은 무엇보다도 양자

16) 정승모, 논문 「조선시대 石檣의 건립과 그 사회적 배경」, 태동고전연구 제10집, p.410.
17) 이종철, 앞의 책, pp.71~73, 요약.

의 밀접한 관련성을 분명히 보여주고 있으며, 이것은 기존의 짐대(솟대) 신앙이 불교에 수용되거나 불교와 함께 들어온 당간이 전이된 결과라고 생각된다.

따라서 짐대는 불교의 당간에서 유래된 불교민속의 산물로 발전되었으며, 짐대와 당간은 역할과 기능면에서 서로 밀접한 관련이 있으며 같은 뜻의 명칭으로 불리어 온 것이 확실하다.

2. 짐대 설치의 목적과 기능

짐대를 설치하는 위치는 장승과 마찬가지로 마을 입구에 세워지는 경우와 마을의 정면 또는 위치적으로 높은 곳일 경우가 많다.

보통 짐대는 나무나 돌, 철, 동으로 세워지는데 아마도 전라도 부안의 경우 돌(화강암)이 많고 비교적 풍요로운 지역이라 돌짐대가 많지 않은가 사료된다. 짐대가 집중적으로 분포된 전라도 고창, 남원, 진안지역은 대체로 나무짐대(소나무)가 많다.[18] 동이나 철이 재료인 것은 주로 사찰의 당간에서 찾아볼 수 있다.

마을의 수호신이나 풍수적인 성격을 갖는 신앙물로서 짐대, 입석, 조탑, 장승들은 서로 공존하여 나타나는 유사성을 지녔다고 이미 말한 바 있다.[19]

좀 더 구체적으로 말하면, 이들의 기능으로는 마을의 수호신, 액막이의 기능, 묘역(墓域)의 수호신, 풍요의 기능, 이정표의 기능, 경계표의 기능, 비보적인 기능 등으로 분류해 왔다. 이러한 분류는 이해의 편의를 도모코자

---

18) 위 설명은 이상훈이 전라도 지역의 짐대를 현지 답사한 내용을 근거로 필자가 종합한 것이다.

19) 표인주는 입석과 조탑에 대해서 기능적 유사성을 다음과 같이 설명하고 있다.(앞의 책, pp.181~184) 입석은 거석문화의 한 형태인 거석숭배의 대상이라 할 수 있으며 선돌, 선독, 짓독, 짐대라고 불리우고, 남도지역에 고루 분포하며, 주로 동네 입구나 주변에 세워져 마을 수호신의 기능이나 비보적 기능을 수행한다. 조탑은 누석단의 형태로서 강원도 지역의 서낭당의 형태와 유사하다. 조탑은 무덤과는 전혀 무관하고 오히려 조산(造山)에 근거하고 있다. 조탑은 비보적인 차원에서 설치되었지만, 궁극적으로 마을의 수호신이 되고 있다는 점에서 궤를 같이 하고 있다.

분류한 것으로, 실질적으로 이들의 기능이 복합적으로 드러나 다층적인 기능의 성격을 지니고 있다. 이러한 것은 오랜 기간에 걸쳐서 인간의 욕구가 누적되고 증가하면서 비롯된 현상이라 하겠다.[20]

이러한 기능을 분류해서 정리해 보면,

첫째, 마을의 안녕과 번영을 위해서이다. 짐대를 마을 입구에 장승과 함께 세워 마을 수호신으로서의 역할을 담당하도록 한다. 짐대는 특히 화재막이 역할을 담당하기도 한다. 마을에서 화재가 발생하면 그 원인을 마을 앞쪽에 화산(火山)이 있기 때문이라고 생각하며 이를 막기 위해서 짐대를 세운다. 일반적으로 화산은 돌산을 말하며 그 모습이 마치 불처럼 타오르는 형상을 하고 있다.[21]

둘째, 풍수지리적 기능이다. 마을의 지형이 배의 형국이나 행주지세(行舟地勢)일 경우에 짐대를 세우는데 이는 배의 돛대 역할을 하도록 하여 배가 안정되게 운행하기를 기원하는 것이다. 지역에 따라서는 짐대가 곧 돛대로 인식하는 경우가 많다. 부안읍의 돌짐대(이 지역에서는 당산이라고도 부른다)는 행주형 형국과 관련하여 세워졌다고 한다. 그래서 내요리 석재마을은 우물을 파서는 안 된다는 금기가 있다고 한다. 우물을 파면 배가 침몰하거나 마을에 액운이 낀다고 믿었다.

풍수적 기능 중 또 한 가지는 비보적 기능이다. 비보(裨補)란 지력이 약한 곳, 허한 곳을 보완하는 것으로 지기(地氣)를 바꾸어 지력을 회복하고 왕성하게 하는 데 목적이 있다. 수구(水口)맥이, 수살(水殺)맥이가 그 예로 수구맥이는 물이 흘러나가는 것을 막는 것이고, 수살맥이는 외부로부터 살기(殺氣)가 들어오는 것을 막기 위한 것이다.

셋째, 급제를 기념하기 위한 것이다. 이는 마을 공동체의 의미보다는 마을에 이런 훌륭한 인재가 났음을 세상에 알리고 자랑하는 기능이며, 한편

20) 표인주, 앞의 책, pp.186~187.

21) 표인주는 앞의 책에서 화재막이 역할을 하는 짐대는 진안지역에 많다고 하였다. 진안읍, 성수면, 백운면, 마령면, 부귀면을 예로 들었다.

으로는 개인의 영달과 가문의 영광을 기리고 기념하는 역할로 보인다.

3. 짐대 오리의 의미

가. 새의 민속적 의미

새에 대한 일반적인 관념으로 볼 때, 인간과 다르게 하늘을 날 수 있다는 점과 하늘과 가장 가까이 사는 동물로서 하늘과 통할 수 있다는 의미를 가지고 있다.

샤머니즘 또는 토테미즘의 원시 신앙의 사회에서는 자연의 모든 현상이나 자연 그 자체에 대해 특별히 신비로운 영적인 존재로 한 의미를 부여였다. 새에 대한 고대인들의 이런 관념에 따라 신화와 전설, 민속과 무속, 풍습, 역사, 문학 등에서 여러 가지 새가 등장하고 있다.[22)]

첫째, 신화와 설화에서 새는 신성(神性)을 상징한다. 고구려의 동명성왕 신화나 신라의 탈해왕 설화에서 보듯이 새는 하늘과 땅을 자유롭게 오르내리는 영물로 여긴다.

둘째, 새는 예시를 상징한다. 새의 행동이나 울음으로 앞일을 예측하는 주술적 의미를 부여한 것과 관련하여 암시나 전조 혹은 상징을 뜻이다. 백제 멸망할 무렵 암탉과 참새가 교미하였다는 괴이한 징조나 전조현상을 보이는 것이 그 예이다.

셋째, 새는 사자(使者)를 상징한다. 독수리는 무당의 영혼을 지니며 무당의 수호신으로 신봉되며 이는 벽사(辟邪)의 기능을 가졌다는 믿음에 연유한다. 특히 우리 민족의 수호신 역할을 하는 짐대는 천상과 하계를 잇는 매개자로서 악을 물리치고 병을 치유하는 벽사의 존재로 본 것이다.

이 외에도 병자를 위한 '푸닥거리'는 '푸닭거리'에서 온 말로 닭으로 풀어준다는 의미이고 혼례 때 사용하는 닭은 하늘에 고하는 의식으로 무속적

---

22) 리영순, 『동물과 수로 본 우리 문화의 상징 세계』, 도서출판 훈민, 2006, pp.12~18, 요약.

인 기능이다. 또한 새의 깃털은 영혼불멸사상과 관련하여 새는 천상의 안내자이거나 재생을 상징하기도 하고, 관모에 꽂는 깃은 위엄과 권력을 상징하였다. 우리 조상은 새는 인간의 여러 감정을 가장 잘 나타낼 수 있는 존재로 인식하였다.

나. 짐대에서의 오리의 의미

짐대에 오리를 올려놓은 까닭을 말할 때 막연히 오리 등으로 이해하고 있을 뿐이나 사실은 까마귀로서 정신적인 신앙을 가시화하기 위해 어떤 상징물을 등장시킨 것이다. 이 까마귀가 세월이 지나면서 풍요 원리의 3대 상징물(물, 여자, 달)에 해당하는 물과 관련 있는 물새인 오리, 따오기, 왜가리 등으로 인식되어진 것이다.[23)]

오리는 벼농사를 위주로 하는 농경마을에서는 비를 가져다주는 농경 보조신으로 발달 정착한 전형적인 새로서, 홍수나 재해에서 마을을 구원하거나 행주형 지세에서는 마을을 인도하고 안정되게 하는 역할이다.

오리의 머리 방향은 남쪽으로 향하면 우순풍조의 바람을, 북쪽으로 향하면 비를 가져오게 한다. 마을 근처의 명산을 바라보게 한 것은 마을의 안녕을 비는 것이고 마을의 허한 방위 쪽으로 향하면 비보적 의미로 마을의 액을 막아준다는 의미이다.

짐대가 땅의 사악한 기운을 눌러 평안을 추구하는 풍수비보 기능의 간주(竿柱)라면, 오리는 만다라와 같은 장엄한 불국정토 세계가 마을에 실현되기를 간절히 염원하는 메신저 역할을 한다. 땅에서 높이 솟아올라서 곧 하늘로 날아오를 듯한 오리짐대는 하늘과 땅을 연결시켜 주며 마을 주민들의 염원을 담고 서 있는 것이다.

---

23) 강현모, 앞의 책, p.172. 강현모는 까마귀에서 오리 또는 물과 관련 있는 새로 변하게 된 과정을 설명하지 않았다. 필자가 해석하기로는 예부터 까마귀에 대한 설화나 전설이 많고 해와 달의 의미(연오랑과 세오녀), 신의 사자, 징조, 길흉화복, 흉조, 보은 등 긍정과 부정의 의미가 혼재하여 전승된 까닭에서 오리가 주는 긍정적 의미가 큰 영향을 미쳤을 것이라고 판단한다.

한편, 오리짐대는 마을과 고을의 심각한 위기에 처했음을 보여주는 상징물이기도 하다. 태평성대에는 굳이 오리짐대를 세울 필요가 없었을 것이다. 숙종 연간에는 소빙기(이상기후현상)를 겪으며 자연재해에 따른 흉년, 기근과 전염병이 만연하는 아비규환의 시기가 있었다. 굶주려 죽고 전염병으로 목숨을 잃는 일이 빈번하던 17세기 말 암울한 시점에서 민심이 흉흉해지고 사회불안이 극에 달하면서 내가 살고 있는 마을, 삶터를 지켜내려는 처절한 몸부림에서 오리짐대를 세운 것이다. 주민들은 삶터에 오리짐대를 세워 불안 심리를 진정시키고 천상의 극락세계가 마을에 실현되기를 바라는 간절한 마음에서 극락조(極樂鳥)에 빌고 또 빌었던 것이다.[24)]

이상의 내용을 정리해 주는 리영순은 오리에 대한 상징성을 다음과 같이 정리하였다.[25)]

- 인간과 신의 중계자 : 오리는 땅에서 뿐 아니라 물에서도 살고 하늘을 날으기도 하는 넓은 활동 범위에 의해 종교적 상징성을 내포한다.
- 풍요와 다산의 영물 : 물은 농경민족에게는 생존의 문제이다. 오리는 대표적인 물새이므로 물을 확보하는 기원을 담고 오리가 있는 곳에는 물이 있다는 인식이 있고, 새끼를 많이 치는 동물이기에 다산의 영물로 인식하였다.
- 재해 방지의 영조 : 풍수에서 행주형 지세는 바다에 떠 있는 불안정한 배의 형태이므로 이런 불안정감을 극복하는 방지책으로 배의 돛대(짐대)를 세우는 일이 많다. 오리는 물새이므로 화재를 방지해 준다고 믿었다.
- 금실의 새 : 전통혼례에서 신랑측이 새를 만들어 신부의 집으로 가져가는데 기러기라 하지만 오리라고도 한다. 오리가 암수 사이에 애정이 깊은 새로 알려져 있어 변치 않는 애정을 기원하는 뜻이 담겨 있다.
- 급제의 상징 : 오리 압(鴨)자를 파자하면 '갑(甲)' 자가 나오므로 '갑' 은

24) 구미문화지킴이의 글로 인터넷 기사에서 인용.
25) 리영순, 앞의 책, pp.92~96, 요약.

과거에 장원급제함을 상징한다. 또 두 마리가 있으면 이갑(二甲)이라 하여 향시와 전시 두 번의 과거에 모두 장원급제함을 뜻한다.

4. 짐대 관련 지명에 대한 분석

가. 전국의 짐대 관련 지명

『한국 땅이름 큰 사전』에는 다음과 같이 짐대와 관련된 지명이 있어 그대로 옮겨 소개한다.[26]

- 짐대 [고적] 경기－파주－파주－파주 ⇒효수대.
- 짐대 [바위] 전남－진도－군내－둔전－둔전에 있는 바위. 매년 정월 보름날 제사를 지냄.
- 짐대 {금대, 김대} [마을] 전남－여천－소라－봉두－운대골 위쪽에 있는 마을. 김씨가 터를 잡았다 함.
- 짐대 {종대, 석도} [고적] 전남－담양－담양－남산－짐댓거리에 있는 찰간. 높이 30자. 아래는 화강암으로 되고 위는 쇠로 만들었으며 철산과 삼지창을 달았음. 네 개의 풍경이 달려 있었는데 두 개는 풍우에 떨어져 없어짐. 고려 명종 2년(1172) 담주산에서 읍터를 현재 읍으로 옮길 때 세웠다 함. 읍의 지형이 행주형이므로 배의 짐대(돛대)라 함. 1794년에 중건, 1838년에 낡아 부서진 것을 부사 홍기섭이 고침.
- 짐대 [고적] 전남－고흥－도화－신호－신호리에 있는 짐대.
- 짐대 {석장, 석당간} [고적] 전남－금성－성북－북문안 서쪽 길가에 있는 돌로 된 짐대. 높이 11m로 온전하게 보존되었음. 지정문화재 보물 제49호.
- 짐대 {당간지주} [고적] 경북－안동－운흥－오층벽탑 서쪽에 있는 짐대 의 2길. 처음에 당간이 쇠통으로 잇대어 30여 척이 되었었는데, 성종 23년(1491)에 부

26) 한글학회, 『한국 땅이름 큰 사전』

러져서 중들을 시켜 개조하고, 현종 15년(1674)에 또 부러져서 부사맹 주서가 다시 세우고, 영조 35년(1750)에 또 다시 무너져서 부사 홍득우가 중을 시켜 다시 세웠다가, 고종 때 없어졌음.

- 짐대 [고적] 경북-고령-고령-지산 ⇒ 당간지주.
- 짐대 {당간지주} [고적] 충남-온양-읍내-향교말 아래 큰 길가 연못 옆에 있는 짐대. 높이 2m 가량 되는데, 현재 논 귀퉁이에서 있음.
- 짐대 {천흥사당간지주} [고적] 충남-천원-성거-천흥-천흥리 234번지에 있는 천흥사의 짐대. 보물 99호. 높이 7m가 되고 60척의 구리장대가 있어서, 그 위에 큰 등을 달면 그 빛이 수백 리를 비추었다 하는데 고종 때 당백전을 만들기 위하여 홍선대원군이 구리 빗장과 장대를 가져갔다 함. 밑받침 보호돌이 상당히 커서 두 층으로 되었는데, 한쪽만 남아있고 그 나머지는 옆으로 물러나 있음.
- 짐대 [고적] 충남-홍성-홍성-대교 ⇒ 당간지주.
- 짐대 {철당간} [고적] 충남-공주-계룡-중장-사리탑 앞의 아래층에 있는 짐대. 신라 문무왕 19년(679)에 의상조사가 세웠다 하는데, 밑에 돌지주가 있고, 그 새에 쇠로 된 짐대가 서 있어서 높이 28층이 되었는데, 고종 광무 3년(1899)에 위 4층이 부러지고, 현재 24층이 되며, 1956년에 수리하여 국보 제256호로 지정됨.
- 짐대 [고적] 충남-공주-반포-상신 ⇒ 당간지주.
- 짐대 {당간지주, 법천사짐대} [고적] 강원-원주-부론-법천-법천사터에 있는 당간지주.
- 짐대 [고적] 강원-원주-봉산 ⇒ 당간지주.
- 짐대거리 [들] 전남-보성-득량-삼정-방죽거리 앞에 있는 들. 짐대(당간)가 섰었음.
- 짐대거리 [마을] 전북-남원-운봉-서천-서천리에 있는 마을.
- 짐대거리 [들] 경북-금릉-농소-노곡-배밭골 북쪽에 있는 들. 전에 짐대(솟대)가 서 있었음.

• 짐대거리 [길] 충남-온양-읍내-짐대가 있는 거리.

• 짐대거리 [길] 충남-천안-원성-성말 앞에 있는 거리. 짐대(당간지주)가 있었음. 남산국민학교를 정지할 때, 기와와 그 밖의 고물 조각이 많이 나왔음.

• 짐대거리샘 [우물] 충남-온양-읍내-짐대거리에 있는 우물.

• 짐대거릿보 [보] 전남-보성-득량-삼정-짐대거리 앞에 있는 보.

• 짐대골 {범죽} [마을] 전남-순천-와룡-와룡동에 있는 마을.

• 짐대골 [골] 경남-창령-유어-대대-진골 동남쪽에 있는 골짜기.

• 짐대골 [골] 경북-상주-함창-신덕-큰막골 동쪽에 있는 골짜기.

• 짐대골 앞 [들] 전남-순천-와룡-짐대골 앞에 있는 들.

• 짐대마루 [들] 경북-선산-고아-문성-옻나무배기 남쪽에 있는 들.

• 짐대마루 [마을] 충북-청주-복대 ⇒ 복대동.

• 짐대배기 [논] 경북-영풍-봉현-두산 ⇒ 소때배기.

• 짐대배기 {솟대배기} [터] 경북-상주-모동-신천-가림과 새내 사이에 있는 터. 신천 마을이 배가 가는 형국인 행주형이므로 짐대(돛대)를 만들어 세웠었음.

• 짐대배기 [터] 경북-성주-벽진-해평-석지 남쪽에 있는 터. 전에 짐대(솟대)가 서 있었음.

• 짐대배미 [논] 전남-함평-손불-동암-모래배미 북쪽에 있는 논. 짐대가 있었음.

• 짐대배미 [논] 전남-함평-손불-동암-모래배미 북쪽에 있는 논. 짐대가 있었음.

• 짐대배미 [논] 전남-해남-황산-원호-원호 앞에 있는 논.

• 짐대배미 [논] 전남-보성-겸백-평호-동개논보 아래에 있는 논.

• 짐대배미 [논] 전남-승주-주암-창촌-창촌 북쪽에 있는 논. 정월 보름에 당산제를 지낼 때 짐대를 세웠음.

• 짐대배미 [논] 전남-강진-칠량-현평-수퉁배미 앞쪽에 있는 논. 짐대(솟대)가 서 있었음.

• 짐대배미 [논] 광주–광산–하남–장덕–신완 동북쪽에 있는 논. 짐대(돛대)처럼 긴 나무를 세웠었음.
• 짐대배미 [논] 경남–사천–사남–사촌–백개도랑 밑에 있는 논.
• 짐대배미 [논] 경남–고성–하이–덕호–희양배미 서쪽에 있는 논. 배의 짐대(돛대) 모양임.
• 짐대봉 [산] 경남–창령–고암–감–미곡 북쪽에 있는 산. 배의 짐대처럼 생겼음.
• 짐대울 [마을] 경기–화성–향남–발안 ⇒ 발안리
• 짐대재 {금대재} [고개] 전남–여천–소라–봉두–짐대에서 웃개미실로 가는 고개.
• 짐댓거리 [들] 전남–담양–담양–남산–동정자 암쪽에 있는 들. 짐대가 있음.
• 짐댓거리 [들] 전남–보성–복내–진봉–진대실 서남쪽에 있는 들.
• 짐댓거리 [들] 전남–보성–웅치–강산–중선 앞에 있는 들. 중선 마을이 배처럼 생겼는데, 이곳은 그 배의 짐대(돛대)에 해당한다 함.
• 짐댓거리 [들] 전남–구례–산동–원달–달전 남쪽에 있는 들. 달전 배가 가는 행주 형국으로 되었다는데, 배에는 짐대(돛대)가 있어야 하므로 나무를 깎아 짐대처럼 세워 놓고 해마다 제사를 지냄.
• 짐댓거리 [마을] 경남–사천–곤양–성내–성내리에 있는 마을. 마을이 행주 형국이라 하여 짐대(돛대)를 항상 세워 두었다 함.
• 짐댓걸 [들] 경남–거제–동부–산양–섬논 남쪽에 있는 들. 짐대가 있었음.
• 짐댓걸 [마을] 경북–고령–고령–지산–모산골 동쪽에 있는 마을. 짐대가 있음.
• 짐댓들 [들] 경북–봉화–물야–오록–학교 앞 남쪽에 있는 들.
• 짐댓들 [들] 경북–봉화–현동–갈산–평지 중앙에 있는 들. 갈산이 배의 형국이라 하여 짐대를 세워 놓았었다 함.
• 짐때 [바위] 전북–고창–성내–부덕–짐때거리에 서 있는 바위. 높이 약 2m. 너비 약 70cm.

• 짐때 [고적] 전북－고창－흥덕－사포－돌밭거리 옆에 있는 당간지주. 큰 바위 위에 네모난 밑돌을 놓고 그 위에 높이 약 4m, 너비 약 60cm의 네모난 돌기둥 두 개가 마주보고 서 있는데 당산제 또는 기우제를 지냈다 함.
• 짐때 {당산} [고적] 전북－부안－부안－내요－짐때배미에 있는 돌. 높이 2.5m. 정초에 당산제를 지냄.
• 짐때 {진때} [고적] 전북－부안－부안－서외－짐때거리에 있는 바위. 폭 1m. 높이 4.5m.
• 짐때 [질] 경남－밀양－부북－감천－상감 서쪽에 있는 길.
• 짐때 {당산나뭇} [나무] 경남－산청－신등－단계－동단과 서단 사이에 있는 나무. 당제를 지냄.
• 짐때 [고적] 경북－울진－근남－구산－배잠사터 동쪽 밭 안에 서 있는 네모난 돌기 둥. 높이 3m.
• 짐때 {짐뚜이} [들] 경북－영덕－병곡－신평－신평 서남쪽에 있는 들.
• 짐때거리 [들] 전남－해남－해남－백야－백야 동쪽에 있는 들.
• 짐때거리 [마을] 전남－해남－해남－평동－평동 남쪽에 있는 마을.
• 짐때거리 [들] 전남－해남－해남－평동－짐때거리 부근에 있는 들.
• 짐때거리 [논] 전북－고창－성내－부덕－엄동 앞에 있는 논. 짐때가 서 있음.
• 짐때거리 {진때거리} [마을] 전북－부안－부안－서외－생깃골 동남쪽에 있는 마을. 짐대가 있음.
• 짐때걸 [들] 경남－고성－개천－좌련－신평 남쪽에 있는 들.
• 짐때걸 {계불석} [들] 경남－창원－불모산－개추곡 남쪽에 있는 들.
• 짐때걸보 [보] 경남－고성－개천－좌련－짐때걸에 있는 보.
• 짐때골 [골] 전남－곡성－겸－송강－칠봉재 동남쪽에 있는 골짜기.
• 짐때골 [마을] 경남－함안－군북－원북－새절골 남동쪽에 있는 마을.
• 짐때껄 [들] 경남－함양－병곡－송평－송평 남쪽에 있는 들.
• 짐때바우 [바위] 전남－해남－화산－방축－마당바우 아래쪽에 있는 바위. 짐대로 썼었음.

• 짐때바지 [들] 경남–고성–고성–교사–향교땀 동남쪽에 있는 들. 옛날 이 근처까지 바다물이 들어와서, 짐대(돛대)가 묻혔다 함.

• 짐때배기 {마흘천, 마지천리} [마을] 경북–영풍–부석–남대–중마 서북쪽에 있는 마을. 의병난리 때 진을 쳤던 곳이라 하며, 또는 짐대가 박혀 있었다 함. 신라 때 마구부곡이 있었음.

• 짐때배미 [논] 전남–해남–옥천–영춘–호산리 동쪽에 있는 논. 짐때(솟대)를 세워놓고, 해마다 정월 보름날 벅수거리 다음번으로 당산제를 지냈음.

• 짐때배미 [논] 전남–강진–군동–장산–두루배미 동쪽에 있는 논. 짐대를 세웠었음.

• 짐때배미 [논] 전남–강진–칠량–영동–말배미 아래쪽에 있는 논.

• 짐때배미 [논] 전북–부안–부안–내요–돌무산 남쪽에 있는 논. 짐때가 있음.

• 짐때배미 [논] 경남–산청–금서–평촌–장구배미 남쪽에 있는 논. 평촌이 행주형이므로 돛대(짐때)를 세웠었다 함.

• 짐때배미 [논] 경남–고성–고성–교사–짐때바지에 있는 논.

• 짐때배미 [논] 경남–고성–고성–율대–장구배미 옆에 있는 논.

• 짐때봉 [산] 경남–의창–진전–임곡–숲실 동북쪽에 있는 산.

• 짐때봉고개 [고개] 경남–의창–진전–임곡–임곡에서 근곡리의 원수골로 넘어가는 고개.

• 짐때안배미 [논] 전남–해남–화산–석호–대구시 앞에 있는 논. 앞에 짐때(솟대)를 세웠었음.

• 짐때울 [골] 전북–옥구–서수–관원–산간 북쪽과 신관원 남서쪽 사이에 있는 골짜기. 전에 짐대가 서 있었음.

• 짐때울 {방아굴} [마을] 충남–홍성–홍성–내법–도토성이 남쪽에 있는 마을. ① 짐대가 있었음. ② 물레방아가 있었음.

• 짐때울고개 [고개] 충남–청양–대티–형산–산말에서 공주군 신풍면 쌍대리 짐때로 넘어가는 고개.

• 짐땍걸보 [보] 경남–합천–가회–덕촌–씽뱅이 남쪽에 있는 보. 짐대를 세웠

었음.

- 짐땟거리 [논] 전남-해남-삼산-봉학-봉학 앞에 있는 논. 마을에서 짐때(솟대)를 세우고 당산제를 지냈음.
- 짐땟거리 [들] 전남-해남-해남-연동-조막 서남쪽에 있는 들.
- 짐땟거리 [길] 전남-담양-담양-지침-지침리에 있는 길. 짐대가 있었음.
- 짐땟거리 [길] 경남-함양-서상-옥산-창거리 밑에 있는 길.
- 짐땟질 [들] 광주-광산-비아-신가-선창리 앞에 있는 들. 짐대가 있었음.
- 짐떠리 [들] 전북-익산-황등-구자-봉곡 서북쪽에 있는 들. 전에 피란을 가다 이곳에서 짐을 떨구었다 함.
- 짐뚜 [들] 전남-해남-송지-소죽-소죽 서쪽에 있는 들.
- 짐뚜이 [들] 경북-영덕-병곡-신평 ⇒ 짐때.

나. 짐대 관련 지명의 분류와 분석

총 98개가 등재된 지명으로 짐대와 관련이 있는 이름인데 짐대의 대부분은 사라지고 이름만 전하는 곳이 대부분이다. 목재로 만든 짐대는 세월이 지나면서 망실되었지만 당간, 고적 등은 돌로 제작되어 있어 여전히 현존하고 있는 것도 보인다. 나무짐대의 경우 구례와 곡성 인근에서는 매년 세워지고 있다는 기사를 접하기도 한다. 돌짐대의 경우, 전북 부안의 해안지역이나 진안의 내륙지역에서 돌짐대 뿐만 아니라 돌장승이 많이 남아 있는 것을 보면 알 수 있다. 이를 지역별 분포, 지명의 대상이 무엇에서 유래하는가에 대해 분류 및 분석을 해 보았다. 먼저 지역별 분포를 보면,

〈짐대 관련 명칭의 지역별 분포〉

지역	충북	강원	경기	충남	전북	경북	경남	전남
분포수	1	2	2	9	10	15	21	35

표에서 보는 바와 같이 강원, 충북, 경기는 1개소, 2개소에 지나지 않는다. 충북의 경우 청주시 복대동 마을을 일컫는데 원래 '복대(福臺)' 동의 옛

이름은 '짐대마루' 에서 왔는데 '福臺(복대)' 는 '卜(복 · 짐)臺' 가 원형이라는 주장이 있다. '卜' 의 한자음에는 '짐' 으로도 읽기 때문이다.[27] 그리고 청주 시내에 국보 41호인 '용두사지 철당간' 이 있는데 행주형지세에 대한 진압형의 당주(幢柱)로 알려져 있지만 관련 지명은 따로 없다.

강원도에서는 원주의 법천사지 당간지주를 '법천사 짐대' 라고 불리고, 원주 봉산동 '천왕사지 당간지주' 도 짐대라고 전해지고 있다. 지명이 아니라 당간지주에 대한 명칭으로만 전해진다.

경기도의 경우도 두 곳뿐인데 파주읍 파주리에 효수대라는 고적이 있다고 전해질 뿐 흔적을 알 수 없고, 화성의 향남에 '짐대울' 이라는 지명이 남아있는데 옛날에 바닷물이 들어오고 나가던 곳에 위치하였고 행주형지세로서 짐대(돛대)를 세웠던 곳이라 하여 남아있는 이름이다.

전체적으로 보면 충청남북과 경기, 강원은 분포빈도가 낮음을 알 수 있는데, 대체로 전남, 경남지방에는 많은 것을 알 수 있다. 이는 짐대의 의미와 기능으로 볼 때 농촌과 어촌이었던 지역에 많은 것은 당연한 일이라 하겠다. 다음으로, 명칭이나 지명의 대상이 무엇인가를 살펴보자.

〈짐대 관련 명칭의 대상 빈도〉

명칭의 대상	빈도	명칭의 대상	빈도	명칭의 대상	빈도
들	23	길	5	고개	3
논	20	골	4	산	2
고적	17	바위	3	터	2
마을	12	보	3	나무, 우물	2

가장 많이 보이는 명칭의 대상은 들인데, 짐대골 앞에 있는 들, 짐대거리 남쪽에 있는 들 등으로 부르는 것으로 보아 들판 또는 논과 함께 있는 들

27) 이상준이 충북일보(2016. 05. 11.)에 기고한 복대동의 지명 유래에서 주장한 것이다. 복대동이 행주형 지세인데 물이 귀하기에 짐대(돛)를 세웠다는 전설을 소개하고 있다. 그러나 그는 짐대를 진재, 즉 긴고개의 변형이라고 주장하고 있어 좀 더 논의가 필요하다.

(野)을 의미한다고 볼 수 있다. 부르는 이름도 짐대, 짐때, 짐대거리, 짐댓거리, 짐때거리, 짐땟거리 등으로 소리의 경음화에 의한 변화, 사이시옷의 사용으로 유사하게 변화하였으나 어원은 같은 것으로 보인다.

논을 부르는 이름도 짐대배미와 짐때배미가 가장 많은데 논이나 논의 한 구역을 나타내는 '배미'가 붙어 만들어진 이름이며, 전라남도의 함평, 해남, 보성, 강진과 경상남도의 고성과 사천지역인 것으로 보아 바닷가, 평야지대에 많이 나타남을 알 수 있다.

다음으로는 고적을 지칭하는 이름이 많은데, 짐대, 짐때로 부르며 대부분 사찰의 당간이나 돌짐대이다. 충청남도 천흥사 당간지주는 보물 99호이고, 전라남도 금성의 돌짐대는 보물 제 49호이고, 충청남도 공주의 사리탑 앞에 서 있는 짐대(철당간)은 국보 제 256호로 지정되어 있다고 한다.

마을을 지명은 짐대거리, 짐대골, 짐때골, 짐태골, 짐대울, 짐대마루 등으로 부르며 역시 경음화와 지역에 따른 음운의 특징을 약간씩 보이며 변화된 것으로 보인다. 이상의 지명과 지칭어를 빈도순으로 보면 짐대(15), 짐대배미(9), 짐때(8), 짐대거리(7), 짐때배미(7), 짐때거리(5), 짐댓거리(5), 짐땟거리(4), 짐대골(4) 순이며 나머지는 1개 또는 2개 정도로 나타난다.

종합적으로 보면 짐대가 세워져 있거나 지금은 사라져 이름만 전해지는 들판이나 논, 사찰의 당간에서 유래되었음을 알 수 있고 이는 짐대의 기원이나 기능과 상응함을 알 수 있다.

5. 짐대와 장승, 조탑의 분포 현황[28)]

전라북도 남쪽의 남원, 순창, 진안, 장수, 고창, 부안 등이 그 대상이다.

이상훈님이 실제 현장 답사한 내용을 모두 분석하여 짐대와 함께 같은 기

28) 이상훈의 책 『우리마을』은 전라남도 지역을 마을의 민속신앙과 무속, 장승, 짐대, 조산, 조탑 등의 신앙물이 있는 지역을 답사한 책이며, 본 연구자는 이 책 전체를 읽고 짐대 관련 자료를 뽑아 정리한 표이다. 책의 필자나 본 연구자가 누락한 부문이 있을 수 있으며 마을 이름의 오류, 누락된 신앙물이 있을 가능성도 있다.

짐대와 장승, 조탑의 분포 현황

마을 이름		신앙물	마을 이름		신앙물
남원	동면 성산리	장승, 선돌	순창	순창읍내	장승
	왕정동 만복사지	〃		구룡리 선돌마을	선돌
	인월면 닭실마을	장승		순창 산동리	남근석
	운봉면 사방	짐대		순창읍 정산마을	조탑
	운봉면 서천리	장승		순창읍 팔학마을	조탑
	운봉면 북천리	장승		팔덕면 창덕리	남근석
	운봉면 권포리	장승		복흥면 정산리	짐대
	운봉면 신기마을	장승		칠보면 원백암마을	장승, 선돌
	아영면 개암주마을	장승		칠보면 목욕리	짐대
	아영면 일대마을	짐대		복흥면 돌보마을	장승, 짐대
	아영면 매산마을	짐대	진안	안천면 노채마을	짐대
	대강면 양촌마을	짐대, 조탑		안천면 밤실마을	조탑
	주천면 내촌마을	짐대		안천면 상배실	조탑
	장안면 외평마을	짐대		백운면 평장리	조탑
	이백면 입촌마을	짐대, 조산		백운면 운교리	조탑
부안	주산면 내요리	짐대		백운면 노촌리	조탑, 선돌
	백산면 죽림리	장승		동향면 성산리	조탑, 선돌
	보안면 입석리	짐대	고창	고창읍 죽림리	선돌
	보안면 우동리	짐대, 선돌		성송면 사내리	선돌
	보안면 윗선돌마을	선돌, 장승		신림면 임리마을	짐대
	부안읍 동중리	장승, 짐대		고창읍 오거리	짐대
	부안읍 서외리	장승, 짐대	곡성	삼기면 노동리	짐대, 선돌
	부안읍 공작마을	장승, 짐대	무주	부남면 중배실	조탑
	부안면 선운리	짐대			

마을 이름		신앙물	마을 이름	신앙물
부안	홍덕면 사포리	짐대	이상은 이상훈의 답사기에서 짐대 관련 신앙물을 표로 정리한 것이며 누락되거나 망실된 것도 있으며 사진은 필자가 직접 현장에 가서 찍은 것임.	
장수	장수읍 원송천마을	조탑		
	장수읍 진다리마을	선돌		
	장수선창음선마을	조탑		
	장계면 오동마을	조탑		
	장계면 성곡마을	조탑		

능을 하는 장승, 조탑, 선돌 등이 분포한 곳을 표로 만들어 제시했으며, 마을에서 이뤄지고 있는 당산제와 관련한 내용을 근거로 하였다.

장승이 많은데 대개 한 쌍으로 천하대장군, 지하여장군의 일반적 모습으로 서 있다. 짐대는 부안지방에는 돌짐대가 많은 것이 특징이고 진안과 장수에는 유난히 조탑이 많은데 이는 돌이 많은 산간 고지대이며 무속적인 기능으로서 설치된 것으로 보인다.

전국적 분포가 아닌 전라도 지방이라는 한계가 있지만, 실상은 대부분이 이 지역에 한정되어 있고 여타 지역은 소수에 지나지 않아 큰 의미를 부여하기는 어렵다.

Ⅳ. 짐대 제의의 전승 현황

1. 마을신앙으로서의 짐대의 위상

본 연구자는 앞에서 마을신앙의 발생과정을 논하면서 짐대와 장승, 조탑, 선돌의 관련성에 대해서 언급하였다. 또 불교의 영향으로 당간과의 기능적 연관성도 살펴보았다. 일반적으로 장승이나 당간은 잘 알려져 있어 '장승제' 또는 '당산제' 는 매우 익숙하게 받아들일 수 있으나 '짐대제' 는 좀 낯선 이름이다.

실제로 짐대제라는 이름으로 제의를 지내는 경우는 매우 드물며, 짐대를 세우고 짐대가 제 기능을 잘 하기를 기원할 뿐 특별히 제의를 실행하거나 종교적인 신성성을 부여하지는 않은 경우가 대부분이다.

대전 무수동의 경우처럼, '산신토제마짐대놀이' 라고 했어도 토제마(土製馬)라는 고유의 신물을 봉안하고 산신제를 지내면서 짐대놀이라고 붙은 이름이 큰 비중을 차지하지는 못하였고 혼합적인 경우가 많다. 또 화순 가수리의 '짐대세우기' 에서는 순수하게 짐대를 세우는 과정을 연출하여서 어느 정도 이름값을 하지만 역시 마을의 '대동한마당 행사' 의 한 일련 과정으로 진행하고 있어 짐대세우기의 본 뜻은 약간 사장되는 느낌이다.

이러한 혼합적 성격의 동제를 지내는 과정에서 마을의 축제로 발전하기도 하여 풍물놀이, 풍물굿이 함께하고 지역에 따라서는 줄다리기나 달집태우기, 우물제 등이 어우른다. 지금의 동제는 전통놀이나 전통 풍물이 혼합되지 않고는 현대인의 구미에도 충분하지 않을 것으로 생각한다.

이렇게 볼 때 짐대제라는 명칭으로 동제를 지내기보다는 마을의 장승제, 산신제, 당신제 등을 포함한 대동제로서의 한 축 또는 한 역할을 하는 형태로 전승되었으며 마을마다의 특성에 따라 복합적으로 발전하였음을 알 수 있다.[29]

2. 짐대 제의의 사례와 과정

가. 짐대 제의의 사례

동제 또는 당산제의 한 축으로서의 짐대제를 전제로 다음의 몇 개 마을의 사례를 들어 보고, 마을마다 약간의 차이가 있지만 대체적인 과정을 소개

---

29) 김성식 외, 『남도 민속의 세계』, 민속원, 2005. pp.249~251.
당산제의 수행양식에 따라서 제사형, 풍물형, 무속형, 혼합형으로 분류하여 설명하면서 보다 일반적인 형태는 혼합형이라고 하였다. 왜냐하면 일종의 세시풍속으로서 계절축제와 지역축제라는 기능을 가졌으며 가장 원형적이고 보편적이었을 것이라고 보기 때문이다.

해 보고자 한다.[30]

〈부안 우동마을 당산제〉

우동마을 당산제는 정월 보름에 진행되는데 이 날 산에 가서 소나무를 베어다 짐대를 매년 1기씩 세운다.

보통 짐대의 크기는 높이 7~8m 정도이고 둘레는 20~30cm 정도 된다. 나무에 올려진 새의 방향은 남북 동서로 해마다 바꿔 세운다고 한다. 나무 위에는 한 마리의 새가 올려지며 몸통 양쪽에는 대나무를 잘게 자른 긴 댓살로 날개처럼 휘어지게 붙여 놓았다.

제주는 생기복덕에 맞는 사람으로 선정되고 제비와 제의는 여느 마을에서와 같다. 그리고 남여가 편을 나누어 줄다리기를 하고 짐대에 옷 입히기를 한다. 우동마을 짐대 신앙의 목적은 마을 수호 액막이와 풍농을 기원하기 위한 것이라 볼 수 있다.

〈순창군 복흥면 정산리 동서마을〉

마을 앞에는 나무로 만든 짐대가 양쪽에 세워져 있다.

오른쪽 짐대를 수놈이라 하는데 나무 기둥 위에는 통나무로 하여 오리 형태로 만든 새를 올려놓았고 왼쪽 암놈 짐대 위에 올려진 새는 Y자 형태로 만들어져 있다.

마을 사람들에 의하면 예부터 마을 앞에 학바위(화산)가 있어서 마을에 불이 자주 났기 때문에 화재막이로, 또는 아들 낳기를 기원하여 매년 짐대가 세워진다고 한다. 특히 마을 입구 두 그루의 느티나무도 화재막이 역할을 한다고 한다.

짐대는 음력 2월 초하룻날 부정이 없는 사람을 제관으로 선정(보통 이장이 맡게 됨)하여 마을 재산인 아홉 마지기 논에서 나오는 이득금으로 비용

30) 이상훈, 앞의 책, pp.321~325에서 그대로 인용하였다.

을 충당하여 세워진다.

짐대는 동네 청년 6명 정도가 아침 일찍 적당한 나무를 골라 3명씩 양쪽으로 나누어 정성들여 세운다. 한 삼십대 후반의 마을 사람은 딸이 넷인데 내년에 정성스레 짐대를 세워 아들을 낳게 해 달라고 기원할 것이라며 전에 진작 짐대를 만들고 아들 낳기를 기원할 것인데 그 때는 이런 것을 믿지 않았다면서 멋쩍은 표정을 짓기도 하였다.

〈정읍 목욕리 내목마을〉

내목마을에서는 뒷당산과 아랫당산 둘을 모시는데, 제는 뒷당산의 고목이 죽은 후 아랫당산인 짐대를 세운 곳에 짐대를 세우고 지낸다고 한다. 제는 음력 정월 초하룻날에 모시는데 이 때 짐대를 세운다.

짐대는 그 날 마을 청년 7~8명이 소나무를 베어 만든다. 예전엔 상당히 큰 소나무로 세웠기 때문에 20여 명 정도의 청년들이 참여했다고 한다.

제물은 부녀자들의 주관하에 떡, 술, 나물 등을 준비하고 이 때 꽹과리를 치고 신나게 논다. 그리고 인근에 사는 무당이 와서 축원을 해 주기도 한다.

짐대를 세우게 된 계기는 마을에서 바라다보이는 왕자산과 세자봉 사이에 화경산(화산)이 있어 화재가 자주 나기 때문이라고 전해진다. 그리고 짐대에 올려진 새는 오리인데 이는 오리가 화재를 예방해 준다고 믿기 때문이다. 또한 오리주둥이(물주머니)에 창호지로 쌀을 조금 담아 매달아 놓았는데 이는 오리가 불을 끌 때 쓰기 위한 것이라고 하고 또는 풍년을 기원하기 위함이라고도 한다.

이상 예를 든 마을에서 짐대의 기능은 액막이, 풍년 기원, 화재막이, 득남 등의 기원을 하고 있어 짐대의 기능이나 역할이 잘 보존되고 이해하고 있음을 알 수 있다. 제의의 과정이나 짐대를 만드는 과정이 서로 유사하게 나타나는데 어느 지역이나 큰 차이가 없어 옛날 방식을 잘 유지한다고 볼 수 있다.

이상훈은 이러한 기원과 함께 마을 사람들이 액을 막는 행위와 기원으로서, 적극적인 대응을 하고 있는 남원군 지역의 짐대 세우기에 대하여 다음과 같은 사례를 조사하여 보여주었다.[31]

1. 대강면 풍산리 양촌마을에는 거렛대라 부르는 짐대가 있다. 이는 마을 앞에 자리잡고 있는 고리봉이 화산(火山)이라 하여 이 마을에 화재가 자주 발생, 그 때문에 20여 년 전에 3기의 거렛대와 함께 조산 위에 선돌을 2기 세웠다. 그런데 지금은 2기의 거렛대와 2기의 조산형 선돌만이 남아 있다. 이렇게 짐대를 세운 후 이 마을에 화재가 발생하지 않았다고 한다.
2. 아영면 일대리 일대마을은 정월 초이튿날 위, 아래 당산에 제를 모시는데 아랫당산에 오릿대라고 불리는 짐대를 세웠다고 한다. 그러나 경지 정리 때(1984년) 없어졌으며 지금은 노제(路祭)를 지낸다. 짐대는 돌무더기 위에 상당히 큰 규모의 소나무로 세웠으며 3마리의 오리를 깎아 올려놓았고, 북쪽을 향하도록 하였다. 일대마을에서 짐대를 세우고 하당신으로 모신 이유는 마을 형국이 행주형(行舟形) 지세이기 때문이라고 한다.
3. 운봉면 일대 사방에 짐대를 세웠다고 한다. 짐대는 흔히 장승과 복합 형태로 신앙되는데 서천리와 북천리에는 각기 지금도 한 쌍의 돌장승이 남아 있다. 운봉면이 배 형국이기 때문에 세워졌다고 하며 짐대가 돛대 역할을 한다고 한다.
4. 주천면 호경리 내촌 마을도 짐대가 있다. 현재의 짐대는 남원문화원에서 세웠지만(이곳 이외에도 남원시 왕정동 만복사지 옆 토성지에도 지대를 세웠다.) 예전에는 정월 초하룻날에 모든 마을 사람들이 참여하여 세웠다고 하며, 새는 오리 또는 기러기라고 부르고 3마리를 올려놓았다. 이곳도 마을이 배 형국이어서 배 맬 곳이 있어야 하기 때문에 세운 것이라고 한다.

31) 이상훈, 앞의 책, pp.349~353에서 그대로 인용하였다.

5. 주천면 장안리 외평마을의 짐대는 하당신으로 소나무로 1기가 만들어졌다고 한다. 그러나 지금은 그 자리가 봉분 형태로만 남아 있다. 짐대에 올려진 새는 오리라고 불렀고 하당신으로 모셔졌는데, 마을의 재앙을 막고 복을 빌기 위한 것으로 세웠으며 특히 이 마을이 배 형국이기에 짐대를 세웠다. 외평(外坪)마을은 배 형국이어서 뱃들이라고 불렀다. 이것이 밖으로 와전되어 외평이라 부르게 되었다.
6. 이백면 과립리 입촌마을에도 3기의 조산(돌무덤)과 더불어 1기의 짐대가 있다. 20여 년 전에 세웠다는 입촌마을 짐대 윗부분의 오리는 없어지고 기다란 소나무만 현재 서 있다. 마을이 배 형국으로 돛대의 역할을 한다고 한다.
7. 아영면 인풍리 매산(梅山) 마을에 2기의 짐대가 세워져 있다. 매산이라는 명칭은 마을 뒷산이 매화낙지(梅花洛池) 형국이라 하여 불러졌다고 한다. 매산마을은 약 5백여 년 전에 홍씨가 들어와 살게 되면서 형성되었다고 한다. 지금은 여러 성바지가 살며 대부분 벼농사를 짓는다.
   매산마을 짐대(진대)는 아영으로 가는 마을 앞 도로 건너편 양쪽으로 약 100m 간격으로 2기가 현존한다. 이곳 짐대는 조산과 함께 세워져 있어서 짐대와 조산의 복합된 형태를 취하고 있다.

이상 7개 마을의 사례를 살펴보면 몇 가지 공통점을 지니고 있다.

첫째, 대개의 마을이 배의 형국이라서 짐대, 즉 돛대를 세웠다고 한다. 이는 짐대의 기능적 측면에서 액막이, 비보풍수, 안녕을 기원함이다.

둘째, 명칭은 짐대가 압도적으로 많고 간혹 오릿대, 거렛대라고도 불린다. 이 지역에서는 대개 짐대가 보통의 명사로 이해하고 있으며 오리를 올려 오릿대라 불렀을 것이다.

셋째, 짐대의 재질은 모두 소나무이다. 이 지역에서 가장 흔한 나무이며 우리나라 사람들이 가장 선호하는 나무이기도 하다. 또한 부식에도 잘 견디는 나무로 알려져 있다.

넷째, 짐대가 세워지는 위치는 대부분이 마을 앞이다. 기능적으로 마을을 보호하고 액이 들어오는 것을 막는다는 의미로 이해한 것이다.

나. 짐대 제의의 과정

제의는 어떤 신체(神體)에 대한 종교적 인식을 지니고 행하는 실천 행위를 말한다. 이런 종교적 의식은 독축, 무가, 풍물과 같은 언어적 행위가 있고, 제의를 준비하고 일정한 절차에 의해서 실행하는 행동으로서 본격적인 의례가 있다.

마을신앙으로서 대부분의 제의는 준비와 절차가 서로 유사하여 큰 변별을 가지지는 않는다. 마을마다 제의의 대상인 장승, 성황신, 당신, 산신 등에 따라 약간의 차이가 있고, 해안지역, 섬지역, 내륙 등 지역에 따라 차이가 있으며, 액막이, 풍요, 비보적 기능, 종교적 절차 등 목적에 따라 차이를 보일 뿐이다.

준비단계로 제관의 선정, 제일(祭日)의 결정, 제비(祭費) 마련 또는 갹출, 제물을 준비하는 것, 제관의 자기 수신 등의 절차를 밟는 게 대부분의 순서이다.

제관은 제의의 모든 것을 주관하는 경우도 있고 축관이나 제주의 역할만 하는 곳도 있어 마을이나 지역마다 차이를 보여준다. 근래에는 마을 인구의 감소, 노령화, 유입 인구 증가 등으로 인해 마을제(동제)의 성격이나 당산제의 의미가 점차 상실되어 가는 현실이라 마을의 원로 또는 이장 등 관심 있는 주민들에 의해 겨우 명맥을 유지하고 있는 마을이 대부분이라고 본다.

제일은 보통 음력 시월 초하루가 많은데 이는 지금의 추석이나 추수 감사의 성격을 지니고 있기 때문이다. 바닷가 어촌에서는 겨울을 지나고 고기잡이가 시작되는 풍어를 기원하며 4월 초에 지내는 곳도 있다고 한다. 그러나 근래에는 마을 회의를 거쳐 형편에 맞는 적당한 날을 정하며 이 날이 해마다 다를 수도 있고 매년 또는 2년이나 3년, 4년에 한 번 지내는 지역도 있다.

제비도 예전에는 대개 마을 주민들이 쌀을 몇 되씩 모은다거나 돈을 걷는 추렴으로 마련하였으나 근래에는 기금을 적립하거나 지방자치단체의 보조금, 유입인구의 후원금 등으로 충당하고 있어 매우 열악한 상태에 놓여 있다. 이런 전제 아래 종합적으로 그 과정을 보면 다음과 같이 정리할 수 있다.[32)]

〈당산제 제의의 과정〉-곡성군 남계마을을 중심으로

▶ 대개 설을 지내고 정월 초나흗날부터 며칠간 지신밟기를 하며 정초의 마을의 분위기를 이끌어간다.

▶ 초열흘날이 되면 마을회의가 열린다.

이 때 화주와 축관을 선정한다. 화주는 제물을 마련하는 책임자이며 당일 전까지 제수에 대한 관리와 요리를 담당한다. 축관은 집례를 하는 임무이며 축문을 읽을 수 있어야 하므로 글을 알아야 한다.

선정 기준은 첫째, 궂은 일이 없는 사람으로 초상, 산고, 집안의 아녀자는 달거리가 없는 사람이어야 한다. 둘째로는 궂은 곳을 다녀오지 않은 사람으로 초상집이나 불행한 일을 당한 곳, 부정탈 만한 곳에 가지 않았어야 한다. 셋째로는 궂은 것을 먹지 않은 사람으로 뱀, 개고기 등이 해당된다. 물론 결혼식이나 환갑잔치 등 경사스런 곳을 다녀온 사람은 상관없다.

이렇게 선정되면 이때부터 금기시해야 할 일이 많다. 부부가 동침하는 일을 금지하며, 마을의 당우물이나 찬우물에서 떠온 찬물로 목욕을 해야 한다든지 소변을 본 후로는 반드시 손을 씻어야 하는 일들이다. 어느 지역이나 금기와 절제는 거의 동일하다.

근래에는 화주나 축관이 되기를 귀찮아해서 주로 마을 이장이 주관을 하는 곳이 많아지고 있다고 한다.

---

32) 표인주, 앞의 책, pp.195~200, 표인주 뿐만 아니라 이상훈(『우리 마을』), 박호원(『한국 마을 신앙의 탄생』), 이종철(『한국 민속 신앙의 탐구』) 등의 책에서 그 제의의 과정을 고찰했으며 특히 표인주가 소개한 곡성군 삼기면 노동리 남계마을의 짐대제를 중심으로 정리하였다. 비교적 짐대제의 비중이 많기 때문이다. 앞에서 밝혔듯이 대부분은 마을 신앙으로서의 당산제, 산신제, 당제 등이 행해질 때 그 과정의 하나로 짐대제가 함께 진행되었다.

▶ 정월 열나흗날 아침

– 해뜨기 전에 마을 사람들 모두 당산이 있는 곳에 오른다.

– 짐대로 쓸 소나무를 베어온다. 이 때 농악대가 동행하기도 한다.

– 마을의 입석이 있는 곳으로 와서 짐대를 만들어 세운다.

▶ 열나흗날 오후

• 당산제를 시행한다. 대개는 유교식이며 절차는 강신 → 초헌 → 독축 → 아헌 → 종헌 → 첨작 → 사신 → 소지의 순서이며 마지막으로 헌식을 하고 끝낸다. 이 때 소지는 개인의 소망을 담아 올리는 경우, 마을 축문을 올리는 경우가 모두 허용된다.

• 짐대와 입석이 있는 장소로 내려온다. 설단을 설치하고 진설을 한다. 이후 당산제와 똑같은 절차로 짐대제를 수행한다. 역시 마지막으로는 헌식을 하고 철상을 하며, 마을 사람들이 음식을 나눠먹으며 여러 가지 놀이를 한다.

이 당산제를 지내는 시각도 지역별로 차이가 많다. 어느 곳은 지신밟기, 돌돌이(집집마다 돌아다니며 축원하는 농악놀이)를 하며 마을의 축제 형식으로 3일간 내내 하는 곳도 있고, 당일 하루만 해도 밤에 하는 곳도 많다. 위 남계마을도 이 마을만이 갖는 독특한 일정임은 알 수 있다.

V. 결론

본 연구자는 마을 신앙의 하나인 짐대와 짐대에 관련된 여러 가지 의미를 고찰해 보았다.

마을 신앙의 발생과정에서 짐대에 대한 잘못된 인식과 솟대와 혼용되는 실태를 짚어 보았고, 나아가서 짐대와 장승, 조탑, 선돌과는 매우 밀접한 민간신앙의 신체(神體)라는 것도 알 수 있었고 그 의미나 기능에 대해서도 큰 차이가 없음을 확인해 보았다.

그리고 예부터 마을에서는 짐대가 어떻게 만들어졌고, 이를 세우며 마을 사람들은 마을의 안녕과 풍년을 빌고 화재나 액을 막아주기를 얼마나 염원했던가 하는 그 절실함과 경건함을 느낄 수 있었다. 짐대를 세움으로써 자연에 순응하는 한편 적극적으로 대응하는 일면을 보았고, 종교적 차원으로 승화하면서 유교적 제의로 발전하고 불교적 성격의 당간으로까지 발전하였음을 볼 수 있었다.

전국적으로 짐대와 관련된 마을이나 들, 논, 고적이 산재해 있음을 확인하고 그 명칭이 현재까지도 사용되고 있음을 알았다. 또 한정적이긴 하나 전라도 지역에 남아 전해지고 있는 짐대와 장승 등이 현재에도 종교적 제의의 형식으로 보존, 전승되고 있음에 대하여 민간신앙으로서의 짐대의 존재가치를 알 수 있었다.

다만, 마을신앙으로서의 짐대의 위상은 점차 사라져가는 위기에 있다는 것에 아쉬움이 남고, 마을의 당산제나 동제에서도 짐대의 위상은 점차 미미해지고 있어 앞으로는 점차 사라지지 않을까 하는 염려를 갖게 했다.

그래도 여전히 당산제와 함께 짐대제를 꿋꿋이 유지하고 있는 사례를 많은 곳에서 찾아볼 수 있어 그나마 위안이 되었다.

중요한 것은 그러한 마을 신앙이 '과거인들의 생활 모습' 에 그치는 것이 아니고 현재에도 영향을 주고 일부는 존재하고 있다는 것이다. 예를 들면, 정월대보름에 '부럼' 을 깨며 1년 동안의 건강을 기원하는 일이나 오곡밥을 먹는 일, 귀밝이술(耳明酒)을 마시는 풍습 등은 오늘날에도 잊지 않고 내려오는 전승의 한 양상이다. 다시 말하면 과거의 마을 신앙이 현재에 이르러서도 엄연히 존재한다는 것이고 이것이 현대인의 생활의 한 형태이기도 하다.

물론 전승 상태가 어떠하며 어떻게 변화하고 있는가 하는 문제와, 단절되었다면 어떤 영향으로 어떻게 단절되어 버렸는지도 연구의 대상이 되며 나름대로 의의가 있다 하겠다.

본고에서 잊혀지고 사라져가는 짐대에 대하여 연구를 해 온 것도 위와 같

부안읍 우동마을의 짐대. 마을의 입구에 서 있으며 대나무로 긴 꼬리를 붙여놓은 것이 특이하다. 주변에는 당산목과 장승이 같이 설치되어 있다.

러시아 하바로프스크 향토박물관에 있는 새를 얹힌 짐대. 필자가 직접 방문하여 찍은 사진으로, 기마민족이 유입했다는 우리 민족의 북방기원설을 설명한다. 이 사진은 그 시대의 원시신앙의 기원임을 보여주고 있다는 가정을 뒷받침하고 있다.

은 이유에서 가능하였다.

농경, 어업 문화에 기반을 두고 오랜 세월 동안 유지되어 오고 지켜졌으나, 오늘날과 같이 도시화, 국제화가 급격히 진행되고 있는 현대사회에서는 시대적인 문제를 떠나 다시금 살펴보는 것은 매우 중요한 의미가 있다고 본다.

짐대가 우리의 민속신앙으로서, 마을신앙으로서 여전히 한 축을 차지하며 부족하나마 지금까지 계승되고 있음을 확인하였고, 짐대를 세우는 목적과 기능은 그 자체로서 가치를 지니고 있으며, 오늘날에도 고귀한 유산이며 지켜져야 할 가치라고 할 수 있다.

사라져가는 짐대와 짐대 제의를 유지, 계승하면서 후대에도 바르게 전승되기를 기원해 본다.

〈참고문헌〉

강현모, 『한국 민속과 문화』, 도서출판 비움과 채움, 2006.
김성식 외, 『남도 민속의 세계』, 민속원, 2005.
리영순, 『동물과 수로 본 우리 문화의 상징 세계』, 도서출판 훈민, 2006,
박호원, 『한국 마을 신앙의 탄생』 민속원, 2013,
송화섭, 논문 「조선 후기 부안의 돌짐대와 당간」, 2012.
이상훈, 『우리 마을』, 신아출판사, 2007
이종철, 『한국 민속신앙의 탐구』 민속원, 2013.
정승모, 논문 「조선시대 石檣의 건립과 그 사회적 배경」, 태동고전연구 제10집,
표인주, 『남도 민속의 이해』. 전남대학교출판부, 2007.

사전 : 『우리말 큰 사전』, 『표준국어사전』, 『국어 대사전』, 『한국 땅이름 큰 사전』

이동안의 춤을 배우면서

연구위원 _ 민 세 홍

어린 시절에 해 보고 싶었던 춤추는 일이 화성문화원에 와서야 배우기 시작했다.

"학이 놀다간 자리에는 깃이 떨어져 있다 하고
용이 놀다 간 자리에는 비늘이 떨어져 있다 하고
우리네 예인들 놀던 자리는 웃음꽃이 만발했으니
어찌 아니 좋을소냐
얼씨구 절씨구 절씨구 얼씨구나~~~ 아히!
얼씨구 절씨구 지화자 좋네 얼씨구나 절씨구"

이 노래는 예인들이 기본무와 발탈을 공연하고 다 같이 모여 흥겹게 부르던 노래라고 한다. 내가 어릴 적부터 집안 부모님이 우리 고유 신앙의 하나인 '만신' 이라고 하는 무당을 모시고 살았다. 그래서 만신의 춤을 자주 봐왔던 경험이 있던 터라 무당이 춤을 추면 나도 한 번 춰 봐야지 하는 마음이 있었는데 이런 저런 연유로 하여 그렇게 하지 못하고 시간은 흘러 어느덧 오십 중반의 나이가 되었다.

문화원과 인연이 되어 문화원의 일에 참여해 오던 어느 날, '발탈' 을 들어보았냐고 묻는 이가 있어 '없다' 고 했더니 자료를 한 묶음 주시면서 한 번 배워 보라고 권한다.

몸은 굳고 말은 잘 듣지 않지만 '그래, 한 번 해 보자!' 하는 마음으로 이년 전쯤에 한국 무용반에 발을 들여놓게 되었다.

발탈은 무용과 노래, 만담이 먼저 되어야 한다고 해서 큰 부담감이 있었지만 일단 부딪히고 보자는 무모함과 용기가 나를 이끌었다.

발탈의 무형문화재 79호 고 이동안 선생은 1906년 12월 6일 지금의 경기도 화성시 향남읍 송곡리 13번지에서 화성 재인청 도대방인 아버지 이재학과 어머니 해주 오씨의 외아들로 태어났다. 선생의 집안은 대대로 화성 재인청과 직접적인 관련이 있다. 조부가 도대방이었고 아버지가 이를 이어 도대방이었고 이동안 선생이 또한 도대방직을 물려받았다.

서당에서 한학을 공부하던 소년 시절에 남사당패에 접하고 나서는 그들과 같이 다니며 무동 노릇과 줄타기 등을 배웠다. 그러던 중 아버지한테 다시 붙들려와 결혼을 하고 도대방직을 계속하게 했으나 이동안 선생은 몰래 도망쳐 서울로 가게 된다.

서울에 가서 광무대를 찾아 화성 재인청 출신인 김인호 선생을 만나 자신의 꿈을 마음껏 발휘한다. 이때에 태평무, 살풀이춤, 승무, 검무, 입무, 진쇠춤, 성진무 등 여러 가지 춤을 두루 섭렵하고 무대에 출연하여 이름을 떨치기 시작한다.

20대 중반에는 활동 범위를 넓혀 대동 가극단에서 임방울, 이화중 등과 같이 중국의 만주에까지 가서 공연을 하기도 했다.

춤을 배우고 가르쳐주며, 전국 곳곳을 다니며 공연을 하기를 십수 년, 선생은 1957년 향년 51세에 발탈과 태평무를 발표했다. 이후 오랜 기간에 걸쳐서 발탈을 세상에 알리기 시작했고, 수없는 연습과 공연을 통하여 1983년 6월 1일 중요무형문화재 제 79호 발탈의 기능 보유자로 지정되었다.

발탈을 계승하고 보존해야 하는 것은 전통 문화의 계승이라는 차원에서 매우 의미가 있고 가치 있는 일이다. 발탈은 섬세한 잔재주와 장난기가 있으면서도 풍자적이고 해학적이면서, 한편으로는 인간적이면서 서민들의 희로애락을 있는 그대로 꾸미지 않고 연기하는 것이 다른 지역에서 하는 탈놀이의 성격과 많이 닮아 있다.

요즘 전통이 사라져가는 시대에 춤이면 춤, 줄타기면 줄타기, 여기에 더하여 선생의 발탈은 매우 중요한 문화재라 할 수 있다. 이를 평생을 통하여 보급시킨 선생의 예술세계를 후세에 이어줄 충분한 이유가 있다고 본다.

또한 전통 춤의 산실인 재인청의 마지막 도대방이었던 선생의 춤이 계속 이어져 나가고, 전통춤의 원형이 그대로 보존되어지면서 또 다른 춤으로의 발전이 되기를 바란다.

내성적이고 소심한 성격인 데다가 말주변도 없는 내가 용기를 내어 무작정 문을 열고 들어갔다. 남자는 오로지 나 한 명, 소위 청일점이다.

이에 개의치 않고 나는 열심히 익혀 나갔다. 이동안의 기본무를 가락에 맞추어 배우다 보면, 나비가 날듯이 발동작과 손동작이 어느새 나를 춤사위 속에 녹아들게 하였다.

불현듯 머리에 스쳐가는 생각은 '언제까지 버틸 수 있을까?' 였다.

지금까지 살아오면서 끈기 없다는 말을 많이 들었고, 시작을 하고 마무리를 잘 하지 못한다는 소리도 많이 들었다. 이를 극복하고 싶었다.

'그래! 한 번 해 보자!'

이렇게 다짐을 하면서 빠지지 않고 나가 연습에 연습을 거듭하였다.

2015년 겨울이 되면서 문화원의 각 강좌마다 발표회를 하게 되는데 선생님은 무조건 나가라고 하신다. 무대에 서봐야 실력이 좋아진다는 설득이었다. 웬 날벼락인가, 순서도 다 외우지 못했는데.

발표회 날이 왔다. 시간이 되어 무대에 입장하여 춤을 추기 시작했다. 마음 편히 먹고 곁눈질해 가며 한 박자 늦는 듯하듯이 몸을 움직인다. 지금 생

발탈을 공연하는 모습. 눈물과 해학이 넘치는 우리 고전의 문화유산이다.

각해 보니 무대에서의 나는 없었던 것 같다. 아무 생각이, 기억이 없다.

2년의 시간이 흘렀다. 이제서야 손을 들고 발을 움직이는 한 동작 한 동작이 얼마나 중요하고, 연습에 연습을 거듭해야 한다는 것을 아주 조금 안 것 같다.

선생님이 걱정하는 것은 남자 무용수가 없다는 점이다. 열과 성을 다하여 가르쳐 주시는 선생님의 노고에 조금이라도 보답하는 것은 꾸준히 노력하는 모습이리라.

2018년 올해에는 청일점을 벗어나고 싶다.

제5부

특별기고와 창작 희곡

『경국대전』으로 보는 조선사회법의 이해 _ **박각준**

희곡 · 성균관 유생 이옥 _ **김성열**

『경국대전』으로 보는 조선사회법의 이해

연구위원 _ 박 각 준

들어가는 말

역사적으로 인류는 크게 보아 '통치자 편에서 만들어진 법체계' 와 '피치자 편에서 만들어진 법체계' 라는 두 가지 법체계를 경험하면서 오늘에 이르렀다고 할 수 있다. 전자의 전형으로서는 5백여 년 전에 제정되어 100여 년 전까지도 우리 사회를 지배했던 『경국대전』이 있고 후자의 전형으로는 현재 우리 대한민국의 헌법이 있다.

"대한민국은 민주공화국이다(헌법 1조 1항)." "대한민국의 주권은 국민에게 있고, 모든 권력은 국민으로부터 나온다(1조 2항)." "모든 국민은 법 앞에 평등하다(11조 1항)." 민주공화국, 주권재민, 평등! 이 몇 조항으로도 대부분의 우리 국민들은 대한민국 헌법정신 뿐만 아니라 그 법의 혜택을 우리가 어느 정도 누리고 있다는 것을 실감한다. 이러한 헌법정신에 기초한 법치야말로 대한민국이라는 국체를 지탱하는 근본원리이다.

이념만으로 본다면 '맹자의 민본주의 이념도 이에 못지 않다' 고 감히 말할 수가 있다. 그리고 그 이념이 나온 뿌리가 '백성의 신임을 얻은 자가 천자가 되고 천자의 마음을 얻은 자가 제후가 되고 제후의 마음을 얻은 자가 관리가 되니 백성이 가장 귀하고 나라는 그 다음이고 임금은 가벼운 것이다' (『맹자』, 진심(盡心) 상(上) 13)라는 데 어찌 동의하지 않을 수 있겠는가? 다만 문제는 이러한 이념이 현재 우리의 민주주의와 다른 점은 맹자가 내세운 민본주의적 이념이 구체적인 법제정까지 이르지 못하고 실제 법은 국민이 아닌 군주의 이익 위주로 제정되었다는 데 있다. 『경국대전』의 법률도 또한 마찬가지였다.

필자가 여기서 새삼스럽게 『경국대전』의 전문과 그 법체계를 거론하는 이유는 『경국대전』을 폄하하기 위해서가 아니라 간략하게 요약한 상태일지라도 이 법을 보면서 현재 우리 대한민국 헌법의 이념과 그에 따른 법체계가 얼마나 소중한 것인지를 다시 한 번 상기해 보자는 생각 때문이다. 학문적인 시각에서 보면 『경국대전』은 전(前) 시대의 최상의 훌륭한 법전에 가깝지만 친근하게 읽으면 읽을수록 현재 우리의 헌법이 얼마나 인도주의적 가치를 지녔는가를 알게 될 것이다.

본 글에서 참고한 텍스트는 윤국일의 『신편 경국대전』(도서출판 신서원, 2005)이다.

1. 『경국대전』의 서문과 전문(요약)

1) 서문

『경국대전』, 서문(序文)에서는 『주례』 육전(六典)의 체제를 따르는 데 대한 의의와 조선전기의 강력한 왕이었던 세조에 대한 찬양을 기본으로 『경국대전』 편찬의 의의를 말하고 있다. 그 골간을 요약하면 다음과 같다.

"옛날부터 제왕(帝王)들이 천하와 국가를 다스림에 창업한 군주들은 나라를 다스리기에 바빠서 전적(典籍)과 고사(故事)를 살필 틈이 없었고, 수성의 군주들은 선대왕의 옛 법을 그대로 지킬 뿐, 다시 법을 만들려고 하지 않았다."

"비록 '한나라 고조가 빠뜨린 부분이 없이 치밀하게 만들었다' 고는 하지만, 그의 '삼장약법(三章約法)' 은 겨우 통치의 틀만 밝혔을 뿐이다. 역사가들이 '당나라 법에는 모든 제도가 구비되어 펼쳐졌다' 고 말들 하지만, 『육전(六典)』을 만든 것은 중반이 되어서야 가능했으니 한나라나 당나라만도 못한 나라들이야 말할 것이 있겠는가?"

"(우리 조선도) 창업한 태조대왕은 나라를 다스림에 매이다 보니 법전과 사례를 돌볼 여유가 없으셨다.…(중략)… 이후 수성(守成)한 역대 임금들이 깊고 인자한 도덕을 가지고 만드신 크고 아름다운 법이 『경제육전』의 원전 · 속전 · 등록 등에 실려 있다. 다만 여러 번 받들어 시행하는 과정에서 판단에 혼란이 왔던 점이 있었는데 그 목차와 조문이 너무 번잡하고 앞뒤가 서로 맞지 않아서 법을 하나로 통일하지 못했기 때문이다. 이에 뺄 것은 빼고 더할 것은 더하여 이치를 모아 만세동안 크게 이룰 법을 만들고자 하여

『경국대전』을 편찬하게 되었다."

— 참여자 최항, 김광국, 한계회, 노사신, 강회맹, 임원준, 홍응, 성임, 서거정은 성화 5년(1469년) 기축 9월 하순 서거정 머리 숙여 절하고 삼가 서문을 쓴다. —

2) 전문

『경국대전』의 전문(箋文)은 신하가 임금에게 길흉(吉凶)이 있을 때 올리는 글로서 주요내용만 정리하면 다음과 같이 요약된다.

"주나라 육경(六經)과 옛 기록을 취하고 요강(要綱)을 따고 강령(綱領)을 잡은 점은 선왕의 뜻을 따름이고, 시속(時俗)에 맞게 실용적으로 민심에 합치하려는 것은 나라를 다스리기에 좋은 법을 제공하고자 함이다. 신들이 외람되고 용렬함을 무릅쓰고 편찬의 일을 맞게 된 것은 큰 도움이 되지는 못하겠지만 선왕이 만드신 법을 이어받는 데 허물이 되거나 잊어버리지는 않고 결점이 없도록 하여(왕실이) 큰 업적을 이루심에(작은) 도움이라도 되고자 뿐이다. 『경국대전』 6권을 저술하고 편찬하고 삼가 전문을 쓴다."

— 성화(1469년) 정난좌익공신 숭록대부 부원군 춘추관사 신(臣) 최항 올림 —

3) 본문전체의 구성(요약)

목차	
1. 이전(吏典)	
1) 이전소속관청(吏典所屬官廳)	5) 관청 설명서
2) 내명부(內命婦)	— 정1품 관청 종1품~6품까지
3) 외명부(外命婦)	6) 지방 관리청
4) 경관직(京官職)	7) 과거선발제도
— 중앙관청의 벼슬자리	8) 품계와 벼슬 이름

2. 호조(戶曹)

1) 소속 관청

2) 호조의 기본 의무

3) 녹봉 체계

4) 공부(세금의 종류)

3. 예조(禮曹)

1) 소속 관청

2) 여러 부류의 과거 시험

3) 의장(儀裝)

— 관, 옷 띠, 홀, 패옥 차림 등

4) 생도에 관한 사항

5) 의주(儀註) 의식 절차

6) 기타

4. 병조(兵曹)

1) 소속 관청

2) 경관직(중앙관직)명

3) 지방관직명 인원수

4) 품계에 따른 경아전 인원 배수에 관한 규례, 말(馬)과 짐말 수

5) 병조의 무과시험 종류와 인원 수

6) 기타

5. 형조(刑曹)

1) 소속 관청

2) 범죄 처리 기간과 형벌 형태

3) 벌의 종류

4) 소원 절차

6. 公典

1) 소속 관청

2) 다리와 도로에 관한 규정

3) 건축 및 보수 규정

4) 품계에 따른 집 규정

5) 장인공의 종류

6) 지방 관청의 장인 배치 인원 수

※ 기본 통치구조

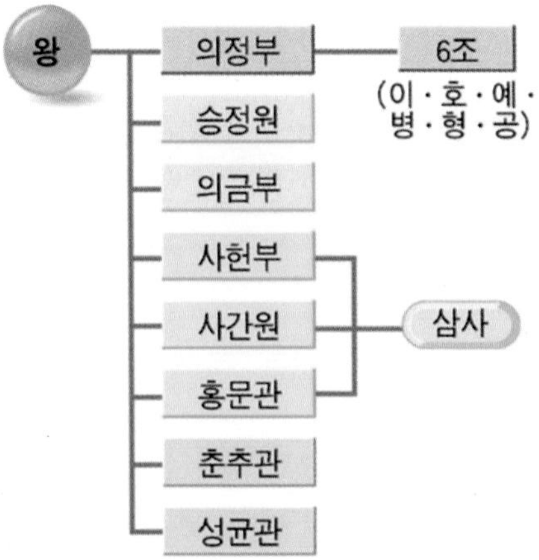

2. 권1 이전(吏典)

1) 소속관청

- 속아문(屬衙門) : 육조의 감독 하에 실무를 단독으로 맡아 수행하는 중앙관청.
- 충익부(忠翊府) : 원종공신(原從功臣)을 위해 설치한 관서.
- 내시부(內侍府) : 내시를 관장하는 관서.
- 상서원(尙瑞院) : 국왕의 새보(璽寶, 옥과금) 부신(符信).
- 종부시(宗簿寺) : 왕실의 계보인인 선원보첩(璿源譜牒, 왕실의 족보)의 편찬과 종실의 잘못을 규탄하는 임무를 관장하기 위하여 설치한 관서.
- 사옹원(司饔院) : 궁중 음식을 맡아 본 관청 궁중 연회 등.
- 내수사(內需司) : 왕실의 재정관리, 쌀 베 잡화 및 노비 등에 관한 사부관장.
- 액정서(掖庭署) : 왕과 왕족의 명령 전달 알현안내 문방구관리 관장하는 관서. 장서원과 함께 환관전용부서 궐내 각문의 출입통제문단속 시설물 관리.

2) 내명부(內命婦)

※ 대궐 안에 있는 작위를 가진 여자 지위를 말함.

- 정1품 : 빈(嬪). 국왕의 후궁들 가운데 높은 지위
  (정실의 아내로 책봉되면 비(妃) 품계가 없다.)
- 종1품 : 귀인(貴人)
- 정2품 : 소의(昭儀, 후궁)
- 종2품 : 숙의(淑儀)
- 정3품 : 소용(昭容)
- 종3품 : 숙용(淑容)
- 정4품 : 소원(昭媛)
- 종4품 : 숙원(淑媛)

※ 상궁은 정5품이며 이하 종9품까지 궁녀들이 있다.

(1) 제조상궁(提調尙宮) : 상궁 중 가장 지위가 높다. 직책은 내전의 어명을 받든다.

(2) 아리고 상궁

(3) 대령상궁 : 대전 좌우에 시위(侍衛)하여 잠시도 떠나지 않고 모시는 상궁

(4) 보모상궁 : 왕자왕녀 양육 맡음

(5) 시녀상궁(侍女)

3) 외명부

국왕 집안 친척 관리들의 아내로서 남편 관직에 의해 작위를 받은 여자를 가리키는 말(국왕유모, 왕비 어머니, 왕의 딸, 세자의 딸, 종친의 아내, 문무관리의 아내. 남편의 관직에 따라 작위를 받지만 경제적 보장은 없고 명목상 대우를 받는다.)

• 임금의 딸 적녀 : 공주(公主) • 서녀 : 옹주(翁主, 품계는 없음.)

(1) 정1품 : 부부인(府夫人) 왕비의 모로서 2품 이상 종친의 아내는 邑號을 붙인다.

– 부호란 府, 牧, 郡, 縣 등 고을 이름을 말함.

본향호를 작위칭호 위에 붙여서 **부부인 **군부인 **현부인이라 하였다.

(2) 종1품 : 왕유모(奉保夫人)

(3) 정2품 : 세자의 딸 군주의 嫡女

(4) 정3품 당상관 : 縣主

※ 宗親 : 국왕과 혈통을 같이하는 자들을 종친이라 하지만 5대 이상 넘는 것을 대진(代盡) 친진(親盡)이라 한다. 친진들은 문무 관리의 규례에 따라 벼슬을 하게 된다.

※ 종친의 처의 호칭은 다음과 같다.

(1) 종1품 : 종친의 처 : 郡夫人 문무관의 처 : 貞敬夫人

(2) 정2품 : 縣夫人// 貞夫人

종2품 : 현부인// 정부인

(3) 정3품 : 愼夫人// 淑夫人

(4) 4품~종9품 : 令人 恭人 宜人 安人 端人 孺人등 호칭함.

4) 경관직(京官職)

중앙 관청의 벼슬자리를 가리킨다.

- 당상관(堂上官) : 문신 정3품 통정대부, 무신 정3품 절충장군 이상 품계를 가진 자를 말함. 대당에 올라 의자에 앉을 수 있는 자. 정치의 중대사를 논하고 관서의 장관을 맡을 자격을 지닌 품계에 오른 사람.
- 경연(經筵) : 왕이 공부하는 자리. 정책 세미나장(성현의 가르침) 의정부 3정승, 6조의 장관이 참여, 승정원 승지 참석.
- 홍문관(弘文館) : 왕의 자문역할을 하던 관청. 經書 史籍 관리 文翰처리 등.
- 예문관(藝文館) : 임금의 말이나 명령을 대신하여 짓는 것을 담당하기 위해 설치한 관서.
- 춘추관(春秋館) : 시정(時政)을 기록하는 일을 맡아보던 관청,
- 관상감(觀象監) : 천문 · 지리 · 역수(曆數) · 점산(占算) · 측후(測候) · 각루(刻漏) 등에 관한 일을 담당하기 위해 설치했던 관서

5) 관청과 역할

- 승문원(承文院) : 事大交隣 왕래문건을 맡아본다.
- 통례원(通禮院) : 의식 진행을 맡아본다.
- 봉상시(奉常寺) : 제사와 諡號주는 일(정2품 이상 시호를 줌. 공적과 도덕이 높고 학문이 높은 사람에게 특별히 시호를 줌.)
- 종박시(宗薄寺) : 왕실 자손 족보 편찬 및 종실들의 비법 행위를 조

사 · 규탄하는 임무를 맡음.

- 교서관(校書館) : 서적 인쇄 및 반포, 제사 축문
- 사옹원(司饔院) : 임금에게 음식물을 공급함. 왕궁에 소요되는 음식을 맡음.
- 내의원(內醫院) : 왕실의 약 조제를 담당.
- 상의원(尙衣院) : 왕실에서 소용되는 의복, 옷감을 공급함. 궁중의 재보와 금은을 관리함.
- 사복시(司僕寺) : 수레와 말 및 목장 등의 일을 관리함.
- 군기시(軍器寺) : 무기 제조
- 내자시(內資寺) : 쌀, 밀가루, 술, 장기름, 꿀, 채소, 과실 등 궁중의 연회 및 직물 등을 맡음.
- 내첨사(內詹事) : 宮, 殿에 공급하는 물건, 2품 이상의 관리에게 주는 술, 귀순한 사람을 접대하는 음식을 맡음.
- 사도시(司䆃寺) : 왕궁 창고의 양곡, 대궐에 공급하는 장을 맡음.
- 예빈시(禮賓寺) : 외국 손님 연회, 종친 제상 등.
- 사섬시(司贍寺) : 종이돈을 제조, 저화(楮貨)를 제조.
- 군자감(軍資監) : 군수물자 저축을 맡는다.
- 제용감(濟用監) : 진헌(進獻)－국왕에게 보내는 선물 진상(進上). 중국 황제에게 보내는 물건. 주로 직물, 인삼. 선물은 주로 의복, 각종 비단, 무명, 물감 등.
- 선공감(繕工監) : 토목 공사를 맡음.
- 사재감(司宰監) : 생선, 고기, 소금, 땔나무, 횃불 등을 맡음.
- 장악원(掌樂院) : 음악을 가르치는 일을 맡음.
- 관상감(觀象監) : 천문, 풍수, 책력, 기상관측, 시간 측정 등
- 전의감(典醫監) : 왕궁에서 쓸 의약과 특전으로 줄 의약을 맡음.
- 사역원(司譯院) : 여러 나라말 번역함.

※ 직함 : 벼슬 이름 쓰는 방법

예) 숭록대부(품계) 의정부(관청) 우찬성(벼슬)

※ 벼슬이름

① 영사(領事) : 문하부삼사 의정부 사평부 동령부 춘추관 경연 집현전 홍문관 예문관 서운관 관상감 중추원 중추부 돈녕부 등의 으뜸벼슬 정1품 議政겸함.

② 판사(判事) : 돈녕부 의금부 중추부의 종1품 벼슬 1품~3품까지

③ 지사(知事) : 종2품 관직 동지돈녕부사 동지의금부사 동지성균관사 동지춘추관사 등

④ 君에 봉함 : 왕의 嫡子는 大君으로, 庶子는 君으로, 2품 이상의 종친과 공산 및 자손도 君에 봉함.

⑤ 왕비의 아버지 : 君. 1품의 지위가 있는 경우 府院君이라 함. 2품 이하는 邑號를 씀.

⑥ 도위(都尉)는 공주 남편, 尉는 옹주 남편 지위를 줌. 儀賓이라고도 함.

⑦ 수령(守令) : 府使, 牧使, 郡守, 縣令, 縣監 등을 포괄하여 가리킴.

⑧ 동서반(東西班) : 고려부터 조선에 이르기까지 文官은 왼쪽, 武官은 오른쪽, 東西班列 문무를 통칭함.

※관청 이름

① 정1품 관청

- 종친부(왕의 혈통) : 5대를 넘는 경우 代盡 또는 親盡이라 칭함.
- 충훈부(忠勳府) : 공신들을 위한 관청.
- 의빈부(儀賓府) : 공주 옹주에게 장가든 사람을 위한 관청.
- 돈녕부(東寧府) : 왕 친척 외척을 위한 관청.

② 종1품 관청

- 의금부(義禁府) : 임금의 지시를 받아 죄를 신문하는 일을 맡는다.

(당상관 4명, 당하관 10명이 배치됨.)

③ 정2품 관청

실제로 정무를 맡아 처리하며 6개의 큰 단위 행정기관으로 당상관으로는 판서(判書), 참판(參判), 참의(參議)가 있으며, 정랑, 좌랑은 담당관 밑에서 실무를 처리함.

- 이조(吏曹) : 문관선발 공훈봉작 업적의 사정과 관련된 정사를 맡는다.
- 호조(戶曹) : 호구 공납(貢納) 및 공부 전량(田糧) 경제관계를 맡는다.
- 예조(禮曹) : 음악, 제사, 연회, 외교, 학교 및 과거(科擧) 대한 정사 담당.
- 병조(兵曹) : 무관선발 군무처리 역참(驛站) 문경비 열쇠 관리.
- 형조(刑曹) : 법률 중대범죄심리 소송 노비에 관련된 일.
- 공조(工曹) : 산과 하천 장공인 토목공사 도자기 야금 등 정사 담당.

*사패(賜牌) 증서

- 합격증서로서 문무 동시 합격은 홍패(紅牌), 생원, 진사 합격은 백패(白牌)를 줌.
- 아전(衙前) : 각 관청에 딸려 벼슬아치 밑에서 일을 보던 중인계급으로 각 고을의 지배계급으로 세습하였다.

④ 종2품 관청

- 사헌부(司憲府) : 현행정사를 토론하고 모든 관리를 규찰하고 풍속을 바로 잡고 억울한 사정 풀어주고 협잡행위 단속(대사헌품계).
- 한성부(漢城府) : 판윤(判尹)이 수도를 맡아 다스림. (開城府도 있음)
- 충익부(忠翊府) : 원종공신(原從功臣)을 위한 관청.

⑤ 정3품 관청

• 승정원(承政院) : 임금의 명령을 받아 내보내고 받아들이는 일을 맡는다. 언제나 문관을 쓴다.(도승지, 좌승지, 우승지, 좌, 우, 동, 부승지 각 1명씩)
• 장예원(掌隷院) : 노비문서 송사에 관한 일.
• 사간원(司諫院) : 임금의 결함을 지적하고 관리들의 잘못을 규탄. 문관 씀.
• 경연(經筵) : 임금을 위해 경서를 배우고 해석 연구하는 직무.(領事, 知事, 同知事, 參贊官, 承旨, 副提學 1품~정3품 이상 겸임.)
• 홍문관(弘文館) : 왕궁서고에 보관된 도서관리 문학관계 일을 전공하며 임금 물음에 응한다. 문관 씀 다른 직무 겸임.
• 예문관(藝文館) : 나라에 소용되는 글을 맡아서 짓는다.(대제학 제학 겸)
• 성균관(成均館) : 선비에게 학문을 가르치는 직무.
• 상서원(尙瑞院) : 옥새를 임금의 인장(璽寶)들과 병부(兵符)를 비롯한 증표(符牌) 군사지휘부의 표식물(節鉞)을 맡는다.
• 춘추관(春秋館) : 현행 정사에 관한 기록을 맡는다. (다른 직무의 관리들에게 겸임시킴. 승정원, 홍문관, 의정부, 예문관, 사헌부, 사간원 등)
• 승문원(承文院) : 사대교린(事大交隣) 왕래문건을 맡는다.
• 통례원(通禮院) : 의식 진행을 맡는다.
• 봉상시(奉常寺) : 제사와 시호(諡號) 주는 일.
• 종부시(宗簿寺) : 왕실자손족보 편찬 종실들의 비법행위 조사, 규탄하는 임무.
• 교서관(校書館) : 서적 인쇄 및 반포 제사 축문.
• 사옹원(司饔院) : 임금에 대한 음식물 공급 왕궁에 소요되는 음식을 맡는다.

⑥ 종3품 관청

- 세자시강원(世子侍講院) : 경서, 역사를 강론하며 도덕, 의리로 무장.

⑦ 정4품 관청

- 종학(宗學) : 종실을 가르치는 직무.(정1품~종2품까지 구성)
- 수성금화사(修城禁火司) : 궁성 도성 수축(修築)하는 일. 궁궐 관청 동리(洞里) 민가(民家) 화재를 방재.
- 전설사(典設司) : 장막(帳幕) 공급.
- 풍저창(豊儲倉) : 쌀, 콩, 초둔(草芚)
- 광흥창(廣興倉) : 백관들의 녹봉을 맡음

⑧ 종4품 관청

- 전함사(典艦司) : 중앙과 지방의 배를 관리.
- 전연사(典涓司) : 궁궐의 수리를 맡음.

⑨ 정5품 관청

- 소격서(昭格署) : 3청(도교의 옥청(玉淸), 상청(上淸), 태청(太淸)에서 제사를 맡음.
- 종묘서(宗廟署) : 임금 조상 사당(침묘－寢廟)을 지키는 일. 침묘가 사당으로 변함.
- 사직서(社稷署) : 사직단 청소.
- 평시서(平市署) : 시장 단속. 물가를 조절하는 일을 맡음.
- 사온서(司醞署) : 궁중에서 소용되는 술을 공급함.
- 의영고(義盈庫) : 기름, 꿀, 황랍(黃蠟, 고기 없는 음식), 후추 등.
- 장흥고(長興庫) : 돗자리, 유둔(油芚, 기름먹인 방석), 종이 등.
- 빙고(氷庫) : 얼음을 저장.

⑩ 정6품 관청

- 장원서(掌苑署) : 대궐 후원 꽃과 과실 관리를 맡음.
- 사포서(司圃曙) : 후원 포전(圃田)을 가꾸고 채소를 제공함.

⑪ 종6품 관청

- 양현고(養賢庫) : 성균관 유생(成均館儒生)에게 쌀, 콩 등 식량 공급을 맡음.
- 전생서(典牲署) : 희생(犧牲, 짐승 통제로 제물)을 기르는 일.
- 사축서(司畜署) : 제반(諸般) 짐승 사양 제반.
- 조지서(造紙署) : 표문, 전문, 자문 및 각종 종이.
- 혜민서(惠民署) : 의약으로 일반 백성들의 병 치료.
- 도화서(圖畵署) : 그림을 그리는 일을 맡음.
- 전옥서(典獄署) : 옥의 죄수를 맡음.
- 활인서(活人署) : 위급 환자에 대한 구제사업을 맡음.
- 와서(瓦署) : 기와, 벽돌 굽는 일을 맡음.
- 귀후서(歸厚署) : 관과 덧관을 제조하고 판매하는 일을 맡음.
- 화매(和賣)와 예장(禮葬) : 종2품 이상의 예장을 거행. 문무관리 공신에게 무료 장례를 지내줌.

6) 지방 관리청

① 관찰사(觀察使) : 종2품으로 8도에 각 1명. 행정을 위임하는 관리자를 파견하고 관찰사 직명을 내림. 감사(監司), 도백(道伯), 방백(方伯), 도신(道臣)이라 부르기도 함.(관찰사는 1년에 360일 출근, 수령(守令)은 3년 동안 1800일 수를 채움.)

② 토관직(土官職) : 지방의 토호(土豪)들을 끌어들여 통치를 강화하는 목적으로 설치한 벼슬자리.

영흥부(永興府), 평양부(平壤府), 영변대도호부(寧邊大都護府), 경성도호부(鏡城都護府), 의주목(義州牧), 회령(會寧), 경원(慶源), 종성(鍾城), 온성(穩城), 부영(富寧), 경흥(慶興), 강계(江界) 등.

③ 경아전(京衙前) : 중앙과 지방의 관영에서 실무를 담당하던 사람. 녹사(綠事), 서사(書吏).

④ 취재시험(取才) : 과거시험보다 낮은 급의 시험. 인물을 심사해서 보냄.(이조, 예조, 병조 세 군데에서 선발. 강론(講論)에서 글짓기, 쓰기, 셈 등을 전담. 과거시험 전담은 예조에서만) 지방 교관은 음자제(蔭子弟), 녹사(錄事), 서사(書吏) 담당.

7) 과거선발제도(관리채용시험제도)

① 문과(예조 관할) : 한문 고전 지식과 한문 저술 시험. 갑과 장원 1등 종6품 줌.

- 대과 : 소과 합격자 중 국왕 앞에서 전시(殿試). 갑, 을, 병 등급 홍패 수여. 33명 선발
- 소과 : 관리 채용 시험이 아니고 일정 자격만 인정.
- 진사과 : (한문글짓기) 벼슬로 진출할 수 있음. 백패 증정.
- 생원과 : (한문고전지식) 성균관 입학 자격 주어짐.

② 무과 : 말 타고 활 쏘는 무예시험.

③ 잡과 : 음양 역과 율과 의과 같은 기술을 시험

*행정 용어

- 정안(政案) : 관리대장. 이조(吏曹)에서 관리.
- 해유(解由) : 인계인수서.
- 포폄(褒貶) : 관리업적 평가. 해당관청의 당상관이 지방은 관찰사가 6월 15일, 12월 15일 등급평정. 임금에게 보고.
- 고과(考課, 근무실태조사) : 관청관리 묘시(5~7시)에 출근, 유시(17~19시)에 퇴근
- 수령칠사(守令七事) : 부임시 왕에게 인사. 7사를 외움

1. 토지 개간할 것.
2. 호구를 늘린다.
3. 부역을 골고루 할 것.
4. 소송 간소화 할 것.
5. 도적을 없애는 것.
6. 학교를 일으킴.
7. 군정을 닦음

*조선조 과거제도의 구조

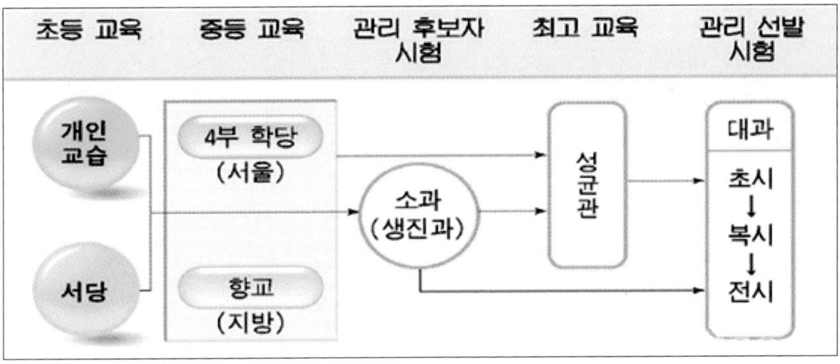

소과	관리 후보자 시험	진사, 생원이 되기 위한 시험 소과 합격자는 성균관 입학자격 부여 또는 대과에 응시할 수 있음
대과	초시	소과 합격자가 문과 응시 시 치르는 첫 번째 대과 시험
	복시	초시 합격자가 응시하는 시험 최종 과거 시험
	전시	복시 합격자의 순위를 정하는 시험

3. 권2 호전(戶典)

1) 소속 관청

내자시(內資寺), 내섬시(內贍寺), 사도시(司䆃寺), 군자감(軍資監), 제용감(濟用監), 광흥창(廣興倉), 전함사(典艦司), 평시서(平市署) 등.

2) 호조에서 쓰는 용어와 하는 일

- 횡간(橫看) : 장부(帳簿)와 공안(貢案)에 의거하여 집행한다. 연간 정상적으로 지출하는 경상비를 가리킴. 장부가 가로글로 기록됨. (1. 토지조세(전세) 2. 강제노동 부역 3. 토산물 공납)
- 호적(戶籍) : 3년마다 작성 보관.
- 양전(量田) : 토지측량. 모든 토지 6등급으로 나눔.(20년마다 다시 측량)
- 녹과(祿科) : 녹봉등급(祿俸等級). 품계에 따라 지급 품목과 종류를 상세히 기록됨. 지급 날짜도 품계에 따라 다르게 지급함.
- 직전(職田) : 현직 관리만을 대상으로 분급한 수조지(收租地)의 명칭. 관리들 생활비로 조세를 받아먹을 권리를 준 토지.
- 관둔전(官屯田) : 조선시대에 각 지방관청에 둔 둔전.
- 늠전(廩典) : 지방 관리의 생활비와 지방 관청의 유지비로 사용되는 토지.
- 권농(勸農) : 농사에 힘쓰고 묵히는 토지가 없도록 하는 사항 규정.
- 잠실(蠶室) : 양잠실을 설치하고 도회(都會) 설치.
- 군자창(軍資倉) : 빈민을 구제하기 위한 기능도 겸함.
- 상평창(常平倉) : 물가 조절 기능. 풍년은 저가를 내리면 높은 가격 수매. 흉년에는 반대로 함.
- 회계(會計) : 내주고 받아들이는 모든 물품. 서울은 4계절 마지막 달에, 지방은 연말에 임금에게 보고함.
- 국폐(國幣) : 나라의 화폐. 화폐로는 포화(布貨, 벳돈), 고려부터 조선에 이르기까지 화폐의 기능을 함.
- 저화(楮貨) : 종이돈 1장은 쌀1되, 1필은 종이돈 20장에 해당.
- 장려(奬勵) : 농사, 누에치기, 나무심기, 집짐승 기르기를 잘하는 사람을 기록하여 보관.
- 비황(備荒) : 흉년 구제를 위한 준비.

• 매매한(賣買限) : 토지와 가옥의 매매는 15일에 한하고 변경 못함. 100일 이내 관청에 보고 후 확인서를 받는다(노비 매매도 같다). 소나 말 거래 시에도 준용한다.

• 징채(徵債) : 채무징수 관청과 개인의 묵은 빚은 본인이 사망하더라도 아내나 자식이 재산이 있는 경우 받는 것. 개인 간의 빚은 관청에 1년간 신고하지 않는 경우 소송 심리해 주지 않는다.

• 진헌(進獻) : 큰 나라에 보내는 물품.

1) 말 1등은 무명 50필 값	2) 명주	3) 돗자리
4) 인삼	5) 표범가죽	6) 수달피

• 부역(賦役) : 부역일 수는 1년에 6일을 초과하지 않는다.

• 잡령(雜令) : 여러 가지의 금령. 실무자, 아전들이 농간을 못하도록 제반 규정.

3) 세금의 종류

• 수세(收稅) : 조세의 징수 규정. 모든 토지는 매해 9월 보름 전에 농사 형평에 따라 연분(年分) 등급(等級). 상상, 상중, 상하, 중상, 중중, 중하, 하상, 하중, 하하의 9등급으로 매김.

• 조전(漕轉) : 조세의 수상 운수 규정. 11월 초부터 이듬해 정월까지 조세를 받는다. 감독관(監督官)은 곡(斛), 두(斗), 승(升), 낙인(烙印)에 의거하여 경기도, 강원도에서 직접 조세함.

• 세공(稅貢) : 조세와 공물(貢物, 궁중과 관청 수요 충당)은 이듬해 6월까지 바침.

• 잡세(雜稅) : 장인공의 등급에 따라 세를 받는다. 장사치에게는 통행증 발급과 세를 받는다. 독도 초도 섬에서 왜인 선박에 대하여 세를 매김.

4) 행정 체계와 제도

- 녹패(祿牌) : 급료 성명 직명 녹봉등급이 기록된 패. 1년에 4번 녹봉을 줌.
- 체아(遞兒) : 조선시대에 현직을 떠난 관리의 신분과 생활을 일시적, 또는 일정기간 동안 보장해 주기 위해서 설정한 벼슬.
- 노인직(老人職) : 80세 이상 양인 천인 없이 품계를 줌.
- 추증(追贈) : 종친 및 2품 이상 그의 3대 조상에게 벼슬 추증한다. 부모는 본인과 같은 품계, 조부모는 1품 낮게.
- 증호(贈號) : 종친과 2품 이상 관직(實職)을 지낸 사람. 문무 관리 시호를 내린다. 업적과 학문 평가에 따라 새로운 이름을 지어 부름.
- 급가(給暇) : 휴가제도.

  본인 혼인(7일), 아내 장인 장모 장사(15일).
  부모 보러감(3년 1번), 조상묘(5년 1차.)
  70살 이상 부모에게는 한 명의 아들이 봉양하게 함.
  80살 이상 부모에게는 2명 아들이 돌보게 함.
  90살 이상 부모에게는 귀향하여 봉양하게 함.
- 상피(相避)제도 : 일정 범위 내의 친족 간에는 같은 관사(官司)나 통속관계(統屬關係)에 해당하는 관사(官司)에 나아가지 못하게 함.
- 향리제도(鄕吏制度) : 지방 행정실무를 담당하였던 최하위 관리를 통합하여 일반적으로 지칭하는 말. 지방관 보좌와 실무담당자로서 토착적이며 세속하는 하급관리를 아전(衙前)이라 부름. 중앙은 경아전, 지방은 외아전이라 함.
- 신역(身役) : 관에 소속된 몸으로, 권문에 딸려 있는 사람. 신역을 면하려면 생원 진사에 합격하여 준공을 세워 노비나 토지, 즉 사패를 받은 사람은 면제해 줌.

4. 권3 예전(禮典)

1) 소속 관청

- 홍문관, 예문관, 성균관, 춘추관, 승문원, 통예원, 奉常寺, 校書館, 內醫院, 禮賓寺, 掌樂院, 觀象監, 典醫監, 司譯院, 世子侍講院宗學, 昭格署, 宗廟署, 社稷署, 氷庫, 典牲署, 司畜署, 惠民署 등(경기도의 각 능(陵)과 전(殿)의 참봉들이 예조에 속함.)

2) 예조의 과거시험

- 제과(諸科) : 여러 부류의 과거시험 3년마다 1번.

  (1) 초시(예비시험) : 초봄에 봄.

  (2) 복시 : (초시 합격자) 소과 생원과 진사 각각 100명 선발

  (3) 대과위(전시) : 복시는 33명, 무과복시는 28명.

  *시험 제한 사항 : 탐관오리 자제, 행실 방자한 자손과 손자, 첩의 소생.

  *합격자 선택 : 점수 동점인 경우 성균관 기숙일 수가 많은 자가 합격.

3) 의장(儀裝) – 관, 옷 띠, 홀, 패옥 차림 등

- 2품 이상의 관리는 초헌(軺軒)을 탄다.
- 1품에서 9품까지 머리에 관 입는 옷까지 상세히 기록되고 방법까지 제시함.
- 띠(帶), 홀(笏), 패옥(佩玉), 버선(襪), 신(靴鞋), 안장장구(鞍具) 등

4) 생도에 관한 사항

- 生徒 : 성균관 · 사학(四學) · 향교(鄕校) 등의 유생과 잡학의 학생. 특히 향교의 교생은 평민도 입학할 수 있었고 생원 진사뿐 아니라 중인(中人), 이서직(吏胥)에 이르는 다양한 직종으로 진출할 수 있었음.
- 성균관, 사학에는 유학생도(儒學生徒), 사역원에는 한학(漢學) · 몽학

(蒙學) · 청학(清學) · 왜학(倭學) 생도, 전의감(典醫監)에는 의학(醫學) 생도, 관상감(觀象監)에는 천문학 · 지리학 · 명과학(命課學) 생도, 호조에는 주학(籌學) 생도, 형조에는 율학(律學) 생도, 도화서(圖畵署)에는 화학(畵學) 생도, 소격서(昭格署)에는 도학(道學) 생도를 두며, 지방의 부(府) · 대도호부 · 도호부 · 목 · 군현에도 일정 수의 생도를 둠.

5. 권4 병전(兵典)

1) 소속 관청

五衛, 訓鍊院, 司僕寺, 軍器寺, 典設司, 世子翊衛司.

2) 경관직명

〈직명〉

- 정3품 : 折衝將軍(당상관) 禦侮將軍(하)
- 정4품 : 振威將軍 昭威將軍
- 정5품 : 果毅校尉 忠毅校尉
- 정6품 : 敦勇校尉 進勇校尉
- 정7품 이하 – 副尉
- 종3품 : 建功將軍 保功將軍
- 종4품 : 定略將軍 宣略將軍
- 종5품 : 顯信校尉 彰信校尉

〈관청〉

- 정1품 관청 : 직무 없고 소임 없고 문무 당상관 우대관청.
- 정2품 관청 : 五衛都摠府(군령기관)
  1. 의흥부(義興府) : 중앙군사조직 中衛라 함.
  2. 용양위(龍驤衛) : 특별 조직된 부대 지위.
  3. 호분위(虎賁衛) : 친족위 親軍衛에 속한 부대.
  4. 충좌위(忠佐衛) : 수도 남부 전라도 중심으로
  5. 충무위(忠武衛) : 정규군

***내금위(內禁衛) : 왕의 측근에서 호위를 맡은 군대.(경호실)

- 정3품 관청 : 훈련원(訓鍊院, 기예시험, 무술훈련, 군사 경서를 맡음.)
- 정5품 : 세자익위사(世子翊衛司, 세자 호위함.)

3) 지방관직명과 인원수

- 종2품으로 각 도에 병마절도사(兵馬節度使) 1명 관찰사 겸임.
- 정3품으로 수군절도사 1~3명을 둠.

4) 병조의 무과시험 제도와 역할

*훈련원에서 70명을 선발하고, 지방에서는 병마절도사가 선발. (경상도 30명, 충청 전라도 각각 25명, 강원 황해 영안 평안 각각 10명)

- 전시(殿試) : 말 타고 활쏘기(騎射), 달리며 활쏘기, 말 타고 창쓰기(騎槍), 擊毬(격구), 힘내기(力), 달리기(走)
- 장용위(壯勇衛) : 착호갑사(捉虎甲士, 범 잡는 군사), 조라치(나팔 부는 사람)
- 태평소(太平簫) : 악기 부는 군사
- 겸사복(兼司僕) : 정예 기병 중심의 친위병
- 피진군(破陣軍) : 화약장 군대, 180명
- 수군(水軍) : 4만8800명
- 조졸(漕卒) : 5960명 선박 조종 종사자

6. 권5 형전(刑典)

1) 소속 관청

- 장예원(掌隷院), 정삼품아문(正三品衙門)으로 노비에 관한 부적(符籍)과 소송사무를 관장.
- 전옥서(典獄署) : 전옥서 죄수를 관장하던 관서.

2) 범죄 처리 기간과 형벌 형태

- 결옥일한(決獄日限) : 범죄사건 처리 기간 : 사형죄 30일, 도형과 유형 20일, 태형과 장형 10일
- 수금(囚禁) : 죄인구금. 장형이상은 구금. 사형수는 칼 수갑 족쇄를 채운다. (70세 이상, 15세 이하는 강도 살인 아니면 구금금지)
- 추단(推斷) : 죄인 심문 및 처결사항. 본조(本曺)나 개성부(開城府)나 관찰사(觀察使)는 유형(流刑) 이하의 죄수를 직접 처결하고 각 관청에서는 태형 이하 직접 척결.
- 난어(亂語) : 정서와 관계되는 불온한 말 조사 후 장형 100대 유형 3천리.
- 삼복계(三覆啓) : 초복 재복 삼복 3심제 임금 보고.
- 금형일(禁刑日) : 임금 왕비 생일, 세자 큰 제삿날 피함.
- 남형(濫刑) : 관리가 형벌 함부로 적용 금지.
- 위조(僞造) : 종잇돈 위조자는 교형에 처함. 고발자에게는 250필 하사.
- 도망(逃亡) : 도망자 처벌규정. 죄인 처자까지 노비신분으로 강등함.
- 부처(付處) 나 안치(安置) : 귀양의 형벌 감금생활.

3) 벌의 종류

- 태형(笞刑) : 작은 형장으로 볼기를 치는 오형의 하나.
- 장형(杖刑) : 큰 형장으로 볼기를 치는 오형의 하나.
- 도형(徒刑) : 일정한 기간 지정된 장소에서 노역에 종사하게 하던 형벌.
- 유형(流刑) : 먼 곳으로 보내 그곳에 거주하게 하는 형벌. 유배.
- 사형(死刑)
- 정송(停訟) : 소송(訴訟)의 심리(審理)를 일시 정지하는 일. 조선시대 지방의 소송은 대체로 농사를 시작하는 춘분일로부터 수확기인 추분

까지의 사이에는, 십악(十惡) · 간음 따위의 풍속에 관계되는 소송이거나 타인의 전지를 강제로 빼앗거나 도경(盜耕) · 도매(盜賣)하는 따위의 사건을 제외하고는 일체 소송의 심리를 정지하는 한편, 서울에서는 지방에 항시 거주하는 사람이 귀농할 경우에는 정송한다고 밝히고 있음. 이러한 제도는 농번기에 지방민들이 농사에 소홀히 하게 되는 것을 방지하기 위한 뜻에서 생긴 것임.

7. 권6 공전(公典)

1) 소속 관청

- 상의원(尙衣院) : 국왕과 왕비의 의복을 만들고 내부의 보화를 맡음.
- 선공감(繕工監) : 토목과 영선에 관한 일을 관장.
- 수성금화사(修城禁火司) : 궁성 · 도성의 수축과 관청 · 시내 민가의 소화를 관장.
- 전연사(典涓司) : 궁궐의 수리와 청소를 맡음.
- 장원서(掌苑署) : 궁중 정원의 꽃과 과일 나무 등에 관한 일.
- 조지서(造紙署) : 종이 만드는 일을 관리, 담당.
- 와서(瓦署) : 궁궐에 소용되는 기와 · 벽돌을 공급.

2) 다리와 도로에 관한 규정

- 도성 안의 도로는 큰 도로 너비 56자, 보통 16자, 작은 도로 11자로 한다.
- 이정표 : 소후는 10리마다 세우고 30리마다 대후를 세우고 역참(驛站)을 둔다. 지명과 리수를 새겨 놓는다.

3) 건축 및 보수 규정

- 영선(營繕) : 건축 및 보수에 관한 규정.

• 도량형(度量衡) : 길이 · 부피 · 무게 및 이를 측정하는 도구인 자(尺) · 되(升) · 저울(衡) 등.
• 원우(院宇) : 서원(書院), 사우(祠宇), 정사(精舍), 영당(影堂) 등.
• 주차(舟車) : 배와 수레 운반선. 나룻배는 5년이면 수리, 10년이면 고쳐 만든다. 고을 역참에서는 大車, 便車, 曲車, 강주를 두고 물건을 운반한다.
• 재식(栽植) : 고을에는 옻나무, 뽕나무, 닥나무, 왕골밭, 살대(箭竹) 심고 가꾸기.
• 철장(鐵場) : 철점에서 쇠를 단련(鍛鍊)하는 곳.
• 시장(柴場) : 관청의 땔감 채취를 위하여 특별히 지정된 삼림지역.

4) 품계에 따른 집 규정

• 집 규모 : 대군 60칸, 왕자군 공주 50칸, 2품 이상 40칸, 3품 이하 30칸, 일반 10칸.(다듬돌, 꽃무늬, 화공(花拱) 사용 못함.)

나오는 말

조선은 개국과 더불어 법전의 편찬에 착수하여 고려 말 이래의 각종 법령 및 판례법과 관습법을 수집하여 1397년(태조 6)에 『경제육전』을 제정, 시행하였다. 이와는 별도로 정도전이 『조선경국전』을 지어 바치기도 했지만 실제로 통치 근거 법전으로 기능하지는 못했다.

초기의 『경제육전』은 과거의 법전을 단순 수집하여 조성한 것이기 때문에 조선사회에 맞는 법제정의 필요성이 커짐에 따라 세조 때는 '육전상전소' 를 설치하고 여러 차례 증보 개정을 거쳐 30년이 지난 1485년(성종 16년)에야 그 결실인 『경국대전』 (보물 1521호)을 편찬, 반포 시행하게 된다. 조선 건국 100년 가까이 되어서야 완성된 것이다. 그 당시 사람들이 완전한 법전을 만들기 위해서 얼마나 고심하고 노력해 왔는지를 엿볼 수 있다.

그 이후 조선사회는 『경국대전』에 드러나는 이러한 모순을 감추고 시대 변화를 일부라도 수용하기 위하여 영조 때는 『속대전』, 정조 때에 『대전통편』, 고종 때에 『대전회통』 이 편찬되지만 조선의 법전이 격동의 국제 사회 변화에 따라잡기에는 역부족이었다.

그러나 조선의 『경국대전』은 500년간 이용되어온 기본 법전이며 정치 경제 문화 군사 등 각 분야의 법규를 포괄적으로 규제한 종합적인 성격을 갖고 있어서 국가 통치제도와 당시의 생활상을 조금이라도 보탬이 되고자 기본구도를 중심으로 요약 정리하였다. 또한 100년 전에도 시행되어 왔던 점에서 격세지감을 느낀다.

바쁜 현대사회를 살아가는 사람들에게 500년 전의 조선의 법전인 『경국대전』을 접하기도, 광대한 한자전문 용어를 이해하기도 쉽지 않을 것이다.

조선의 법전을 통해서 조선은 왕실과 사대부의 나라였고 현 대한민국은 국민의 나라이다. 조선은 군주국가였고 대한민국은 민주공화국이다.

『경국대전』의 법과 우리 헌법의 법이 이 두 법의를 뚜렷이 증거해 주고 있다.

성균관 유생 「이옥」

연구위원 _ 김 성 열 (연극연출가, 희곡작가)

등장인물

이옥
책쾌
정조
이덕무
김려
강이천
도승지
주모
사또
노론 1, 2, 3
남인 1, 2, 3
포졸 1, 2, 3, 4
여인 1, 2, 3, 4

시대 18c

〈프롤로그〉

이옥　(노래한다.) 주상, 당신의 생각이 틀렸소이다.
나는 나만의 길을 가겠소.
나는 누구요.
나는 누구입니까?
내가 누구라 말할 수 있는 자 누구인가?

느리게 암전

〈성균관〉

유생들이 각기 다른 모습으로 책읽기에 열중인 밤.

유생1　차청하회라.(다음 회를 보아라.) 미치겠군. 여기서 끝나다니 기가 막힐 노릇이군. 누가 가져간 거야. 어이 자네 혹시 내 소설 못 봤는가?

유생2　(말없이 책에 열중) (누워있다.)

유생3　쉿! 조용히. 신선을 보는 듯해.

유생1　뭐가? 소설책에 죽장을 든 신선이 등장했다 그거야.

유생3　말시키지 말게.

유생1　이 사람. 서상기는 이미 떼었어. 이제야 보고 있다니 한심하긴.

유생3　문장이 생생해. 시경을 읽은 것 같으니.

유생1　(코를 푼다.) 시~경.

유생2　절이 싫으면 중이 떠나야지. 쯧쯧. (자리를 이동한다.)

유생1　훤칠한 미남 팽여형, 연백남, 아름다운 여인 산대와 냉강설의 이루어질 수 없는 사랑이야기. 또랑또랑한 절세가인을 만나 첫눈에 반해 사랑에 빠지고 갑작스레 위기가 닥치고 드디어 장원급제하여 여인을 찾아간다. 한 번의 짧은 입맞춤, 와우 짜릿해, 이런 연애 한 번 해 보고 죽었으면 한이 없겠다.

유생2 다 썼네. 다 썼어. 탈고야.

유생1 베끼신 거겠지.

유생2 나도 조선 최고의 소설가가 되었어.

유생1 제목이 뭔가?

유생2 오대검협전. 사마천의 자객열전만 있는 게 아니야. 조선에는 오대검협전.

유생1 여보게 잠시 책을 덮고 따끈따끈한 소설을 만나보러 가시지 않겠는가?

유생3 조선에도 소설이 있었나?

유생2 자 여기.

유생3 이윽고 젊은이가 검을 들고 휘두르기 시작했다. 수북하게 쌓인 닭털 주위를 돌아가며 마치 춤을 추는 듯하다. 닭털은 모두 반 토막이나 있었다. 하늘에는 아직 잔털들이 휘날린다.

유생2 어떤가 잘 팔리겠나.

유생1 헉헉 비켜요, 비켜. 책장수 책쾌가 나갑니다. 책사냥꾼한테 물어봐야지.

유생2 어딜 가야 만날 수 있나?

유생1 지금쯤 운종가를 지나 광통교 청계천다리를 빠져나와 북촌에서 수표교를 넘어가 있을 걸세. 얼른 가 보게.

유생3 청계천다리가 하나 둘인가? 모르긴 몰라도 길이 밀릴 걸세.

유생4 (뛰어 들어온다.) 여보게들 이 책 좀 봐, 큰일 났네.

유생1 왜 또 엄살이야? 소설 속 여주인공 최앵앵한테 독약을 먹였는가? 울게 울어, 실컷 울게나.

유생4 미치겠네, 이옥인 어디 갔나? 이옥이 안 보여.

유생2 문제적 유생. 또 사고 쳤나?

유생3 개를 왜 여기서 찾아. 저잣거리가 성균관이라고 밤마다 월담하는 걸 모르나?

유생4 이거 읽어 보시게.

유생들 이게 뭐여? 날벼락이군, 이걸 쇠심줄이 썼다구? 정말?

유생4 이럴 땐 어떻게 해야 하는가?

유생3 불태워 버려야지. 들키기 전에.

유생2 자네만 읽은 거지? 다른 사람은?

유생4 낸들 알겠는가?

유생1 아 뭐하는가? 불태우지 않고서 누가 올지도 몰라, 망을 봐.

유생4 난 가겠네.

유생1 아 죽어도 같이 죽어야지 어딜 가. (불태우려고 모여든다.)

도승지 거기서 뭣들 하는 게야? 책을 태우려고 하다니 자네들이 진정코 성균관 유생들인가?

정조 괜찮소. 이리 가져오라.

유생들 전하!

정조 야심한 시각까지 책을 보고 있다니 조선의 미래가 밝구나. 읽어보아라. 무슨 책이길래?

유생4 (부들부들 떤다) 그 사람의 나이는 마흔 여섯인데 몸시중으로 이모를 따라 궁에 들어와 사도세자의 은총을 입었으니…(중략)… 궁에서 나간 지 30년이 되었는데, 사람도 만나지 않고 하늘과 해도 보지 않은 채 스스로를 방안에 유폐하여 귀신인지, 사람인지도 모를 형상이었다.

도승지 전하 그만 들으소서. 그만 읽으라.

정조 누가 썼는가?

유생1 성균관 유생 이옥입니다.

정조 누가 이옥인가?

도승지 뭐하는가? 누구냐니깐?

유생3 지금 여기 없나이다.

도승지 바른 말로 고하지 못할까?

유생2 진정이옵니다. 지금쯤 저잣거리에서 방황하고 있을 겝니다.

정조 앞장서라.

도승지 훤한 대낮에 살피심이….

정조 못 들었소이까? 30년간 낮인지 밤인지도 모르고 방안에 유폐되어 있다고 하지 않소. 그 자는 그 집을 알 것이오. 가서 찾거라, 즉시.

도승지 움직여라, 그림자라도 찾아라. (다들 뛰어나간다.) 전하 거동하시지오.

정조 길을 제촉하시오. (무대 다른 곳으로 이동한다.)

도승지 전하 어쩔 요량이십니까?

정조 우선 탁배기를 시키시게.

도승지 주모, 여기 반상만 차려주시오.

정조 찾아올 테지?

도승지 젊은 친구들이라 거짓을 고하지는 않을 겁니다. 한잔 올리겠습니다.

정조 티내지 말고, 자작하겠네.

도승지 저기 옵니다. 저. 저. 저런 자가 성균관 유생이라니 허허어.

유생2 데리고 왔나이다.

정조 한 잔 받거라.

이옥 감개가 무량하옵니다. (벌써 술 한 잔 걸쳤다.)

도승지 네 이놈!

정조 놔두시오. 이게 니가 쓴 글 맞느냐?

이옥 그렇사옵니다. 다시 써 올리겠나이다.

정조 넌 무슨 연유로 이런 글을 썼느냐?

이옥 저잣거리에 떠도는 이야기인지라 아무 생각없이 휘갈겼지요.

정조 가슴이 아프구나, 이 글대로라면 넌 어찌했으면 좋겠느냐?

이옥 살아서 정절을 지키는 것이 죽는 것보다 더 어려운 것이오라, 그 어려움을 30년간 감내한 것은 감탄할 만한 일이옵니다.

정조 모두 다 사실인가?

이옥 하나에서 열까지 빼먹지 않고 다 썼나이다. 직접 그 집까지.

정조 내 아버지 사도세자의 성은을 입은 걸 알고서 썼느냐?

이옥 소문이 사실이었습니다. 제가 쓴 것이 아니라 그 역사가 있었던 겁니다.

정조 다른 뜻은 없었는가?

이옥 여인은 가련하지만 강건하게 보였나이다. 마음에서 우러나온 이 시대의 의리가 아닐까 생각되옵니다.

정조 한 잔 더 받어라. 밤을 새워 얘기해도 끝이 없겠구나. 그 여인을 어찌했으면 좋겠느냐.

이옥 다시 궁으로 돌아가게 해 주는 것이 맞다고 사료되옵니다.

정조 알았다. 이 글은 내가 간직하마. 하지만 문체는 고치거라. 그래야 과거에 응시할 수 있느니라.

이옥 그러고 싶지 않사옵니다.

유생들 왜 그래, 지금 어느 안전이라고….

정조 그러고 싶지 않다? 가 보거라.

유생들 갸우뚱하며 퇴장한다.

도승지 어찌 하실려고 이러십니까?

정조 말해 보시오.

도승지 살려주시겠다는 말씀이신지요.

정조 (침묵)

도승지 이옥을 죽이면 조용해질 것입니다.

정조 덮으란 말인가?

도승지　다시 들춰내서 좋을 것이 하나도 없나이다.

정조　문제의 핵심을 아직도 모르시겠소이까? 문체가 문제요. 이런 글들이 세상을 좀먹게 하고 있소이다. 멀리 충군 보내시오.

도승지　분부 받잡겠사옵니다. 열녀문을 세우고, 궁으로 모시겠나이다. 이옥, 그자가 세상을 복잡하게 만들고 있어.

정조　입 닫으세요. 받으시고, 어서 쭉 드세요. (회한에 빠져든다.)

이옥은 길모퉁이에 처박혀 생각에 잠겨 있다.

달빛도 희미하다.

〈문체 반정〉

무언가 생각에 잠겨 있는 정조

정조　들라 하시오.

이덕무　들라 하랍신다. 장원이요.

정조　아니 이게 누구신가? 충군은 잘 다녀왔던가?

이옥　그러하옵니다.

정조　말끔히 씻어냈는가?

이덕무　패설과 소품체가 전혀 드러나지 않았사옵니다.

정조　놀라운 발전이군. 내 기쁘게 읽어 보겠네.

이덕무　직접 올리시게.

정조　아니야, 아니야, 또! 아니야!!!!

이덕무　아니시라니요.

정조　조선의 최고 학교, 성균관을 책임진 수장께서 이 정도도 발견하지 못했단 말이오?

이덕무 사물을 살피는 눈매만은 성균관에서 제일 날카로운 유생이옵니다. 문체란 맛과 같은 것인 즉 젓갈의 짠맛, 매실의 신맛, 겨자의 매운 맛, 찻잎의 쓴맛은 모두 각각의 독특한 맛을 내고 있으며, 다양한 맛의 조화를 통해 우리의 입은 다양한 미각을 즐길 수가 있나이다. 전하! 한 나라의 문체도 그러하나이다.

정조 그대도 빠졌소이까? 보시오. 명나라 원굉도, 이탁오, 양명좌파의 문체다 그 말씀이오!!!

이덕무 어느 부분이?

정조 (붓으로 동그라미를 쳐댄다.) 여기도, 저기도. 전체 다~ 그렇소이다. 그럴 듯하게 피해 나갔으나, 나를 속일 순 없지. 저속해.

무대 곳곳에서 유생들이 소설책을 보며 낄낄대는 모습이 보인다.

이옥 이 글은 이 세상에서, 오로지 저만이 쓸 수 있는 글이옵니다.

정조 입 다물라. 종이가 아깝지 않은가? 반복과 나열뿐, 성 밖으로 내쳐라. 조금도 변하지 않았어.

이옥 세상은 변하고 변하는 것이옵니다. 모든 것은 변합니다. 사람까지. 옛날 거기가 아니라, 지금 여기가 중요할 뿐이옵니다. 고문, 한시의 형식이 너무나 싫사옵니다. 형식적 구속 때문에 가슴 속의 말을 자유롭게 쏟아낼 수가 없다면 절필하겠사옵니다. 글에 어찌 정해진 법식이 있겠사옵니까?

노론1 전하, 패관소품과 천주학은 공맹의 도리를 흔드는 주범으로 이번 기회에 일벌백계로 다스림이 지당한 줄 아뢰오.

정조 패관소품을 모두 불 태워라. 명, 청의 패관잡기를 금서한다. 압록강에서부터 철저히 수색하라. 천주학을 무조건 없애는 것보다 정학, 곧 바른 학문을 먼저 세우는 것이 더 중요하다. 천주학보다 더 나쁜 것은 바로 패설체다. 백배 천배는 더 나쁜 패설에 빠진 노론부터 반성하거라. 성균관 대사성 이덕무 대감도 연암을 잊으라. 어울렸던 지난날도, 쌓은 의리도, 이 순간부터 까맣게 잊으라. 순정한 주자 성리학으로 돌아가, 순정한 글 한 편을 지어 바치는 것으로 죗값을 치르라.

이옥 꽃은 사방팔방 움직이지요. 아침 꽃은 어리석어 보이고, 대낮 꽃은 고뇌에 가득한 선비를 닮았으며, 저녁 꽃은 밤나들이에 설레듯 화창하답니다. 그뿐이던가요. 비에 젖은 꽃은 매우 창백하고, 바람을 견디는 꽃은 용기가 꺾여 고개를 숙이며, 안개 자욱하게 내린 숲속의 꽃은 장자의 나비를 닮았고, 이슬이 살짝 앉은 꽃은 도도한 맛이 있지요. 이렇듯 모두 패패이 다르니, 어찌 꽃이 움직이지 않는다 하겠습니까?

정조 그래 보았자, 붉은 꽃은 붉은 꽃이고, 흰 꽃은 흰 꽃이 아니더냐?

이옥 붉다 하여 어찌 모두 같을 수 있겠는지요? 어떤 것은 짙게 붉고, 열게 붉으며, 어떤 것은 가볍게, 무겁게 붉습니다. 아침과 저녁, 집안과 산 위가 다른 붉은 색이죠. 만물은 제각각 다르게 노래하고 있사옵니다. 곧 다르게 보고, 듣고, 읽고, 써야 하옵니다.

이덕무 방자하구나, 누가 누굴 가르치려 드는 게야.

정조 벼루와 먹이 아깝도다. 경상도로 유배 보낸다. 즉시 떠나라. 과인을 훼손하다니!

이덕무 전하, 성리학 경전을 마르고 닳도록 유생들이 읽고 또 읽게 만들겠나이다.

이옥 아무리 벌을 주셔도 제 글은 변함이 없을 것입니다. 제 글은 제가 책임지겠습니다.

정조 갈 데까지 갔어. 날로 문장이 비루해지고 있어, 본래대로 되돌려 놔야만 한다. 꼴등으로 처리하시오. (중얼거린다) 이 글에 괴수는 연암의 열하일기야.

이옥 이 글은 제가 쓴 글이옵니다. 방안에 틀어박혀 음풍농월하는 거짓

된 글이 결코 아니옵니다. 모방하거나 따라한 것도 없었나이다.

정조　이 세상에 새로운 것은 없다. 대사성은 지금 당장 옷을 벗으시오.

이덕무　(버틴다) 시작은 주상이 하셨는데 끝은 누가 낼 것인가? 끝이 안 보여.

정조　어떠시오? 이 화창한 봄날에 꽃구경 갑시다. 오다 보니 살구꽃, 복사꽃이 가득 피었더이다.

노론1　제가 앞장서겠습니다. (얼떨결에 이덕무와 이옥도 따라 나선다.)

정조　대감은 꽃을 무척 좋아하나 보오.

노론1　전생에 여왕벌이었던 모양입니다. 꿀 따러 가겠습니다.

정조　갑시다. 자, 다들 나오시게.

노론2　꽃향기가 바람 따라 솔솔 내 볼을 스치며 간지럽힙니다.

이덕무　대감은 언제부터 시인이 되었소.

노론1　아직 소식이 캄캄하시군요. 엊그제 출판기념회에 오셨으면 확인….

정조　어어, 우린 한 날 한 시에 태어나진 않았지만, 우리는 한 날 한 시에 같이 죽기로 맹세한다. 그렇게 살아 봅시다.

이덕무　전하 삼국지의 도원결의가 아닙니까?

정조　그렇던가?

노론2　권모술수와 음모, 모함으로 그득한 그 소설을 읽으셨단 말인가?

정조　쉿~, 내 한 번 잡아보리라. 앞발을 반쯤 꿇고, 뒷발은 비스듬히 들고는 손가락을 집게 모양을 해가지고, 살금살금 다가가서 잡았네, 잡았어! (미끄러진다.)

노론1　놓쳐 버렸습니다. 전하!

이덕무　전하! (부축한다.)

정조　괜찮네. 계면쩍어 씩 웃다가, 부끄럽기도 하고, 은근히 화가 나기도 하고, 이것이 바로 사마천이 글을 쓸 때의 심정이라고 했던가?

이덕무　그동안, 우리는 나비를 뒤에서만 잡으려고 하였사옵니다. 그건 나비가 곧장 앞을 향해 날아갈 거라고 전제한 셈인데, 실제 나비는 예상치 못한 방향으로 호로록 날아가 버립니다.

정조　잡았다고 손을 펴는 순간, 손 안에는 아무 것도 없다.

무대에는 꽃과 나비들이 가득하다. 정조는 나비를 잡으려고 안간힘을 쓴다. 그 많던 나비들은 사라지고, 나비 한 마리가 연못에 떨어진다.

정조　저 나비를 놓치지 마라. (눈치를 보다가 연못으로 뛰어드는 이옥. 모두들 웃는다.) 나비가 이옥인가, 이옥이 나비인가?

이옥(노래)　나비야, 나비야. 너와 함께 청산에 놀리라. 아침에 출발하여 청산으로 가, 저녁엔 꽃 속에서 자고 가자. 꽃이 푸대접하거든 잎에서나 자고 가자. 배가 고프면 꽃향기 들이쉬고, 목이 마르면 꽃이슬 들이킨다. 나비야, 나비야. 봄물은 넘실넘실, 봄바람은 살랑살랑, 나비여, 나비여. 너 홀로 어찌하여 흩날려 떨어지는고? 누구를 원망하며 누구를 탓하랴. 나비여 돌아와서, 낙화와 함께 흘러가렴.

불빛이 나풀댄다.

〈책쾌〉

이덕무　마음에 결정은 했느냐.

책쾌　했습니다.

이덕무　아버지. 할애비가 험한 것을 당했는데도?

책쾌　그게 제 운명이겠죠.

이덕무　운명이라. 다녀왔느냐.

책쾌　책들을 무덤에 넣어 드렸습니다.

이덕무　너를 나한테 신신부탁하여 맡긴 것은, 그것을 하지 말라는 뜻일 터.

책쾌　그래도 하여야 하겠습니다.

이덕무　그렇다면 약조를 하거라. 여자로선 아니 된다.

책쾌　남자로 살겠습니다.

이덕무　피바람이 불었던 그때가 다시 올 것 같다.

책쾌　그럼. 칼날을 뽑으셨군요, 상감께서.

이덕무　태조대왕 이성계가 이인임의 아들이라고 써낸 명나라 책 한 권 때문에 조선의 책쾌는 씨가 말랐지. 책을 소지하고 있거나, 수입한 자, 사고파는 자, 배달하는 자까지 말이야. 지금, 여기 오늘은 패관 소설을 보는 자, 서학 책을 소지한 자는 역도로 몰릴 것이고, 경박, 졸렬, 헛소리인 문체까지 당장 고치라는 어명을 내리시겠지. 물론 검열, 몰수, 유통금지, 수입금지야 당연한 일. 금서가 되어 버린 양명좌파의 책을 배달수입한 자는 모두 효수 당할 걸세. 영조 임금 때 명기집략 사건처럼. 이미 수많은 사대부들이 걸려들었어.

책쾌　시급한 일부터 제가 처리하겠습니다.

이덕무　서두르지 마라. 책을 보고 싶어 하는 사람들과 사람들, 책과 책들을 연결시켜 주는 것이 너의 역할이다. 그것이 책쾌가 할 일이다. 책 사냥꾼은 되지 말거라. 더 이상도 더 이하도 아니니다. 책처럼 황홀한 이름은 없느니라. 움직여야겠다. 사람들이 다치기 전에. 책을 간직한 집들을 찾아가 책을 거두어 들여라. 한 권도 빠지지 말고. 다른 생각을 가진 사대부들도 조선 사람이니까. 한 명도 다쳐선 아니 된다. 그러나 혈기 방장한 성균관 유생들이 덫에 먼저 걸릴 것이다. 거기부터 가 보거라.

책쾌　그러겠습니다. 유생들은 심각한가요.

이덕무　남인, 노론 당파와 관계없이 주자학 공부를 내팽개치고 소설에만 푹 빠져 밤을 밝히고 있다는 게야. 감히 주상을 가르치려 들었던 성균관 유생 이옥이란 자가 있어. 과거에 일곱 번 낙방한 고집불통.

책쾌　성균관부터 다녀오겠습니다.

이덕무　이것도 받아라. 아비와 할애비가 거래한 자들의 이름과 빌려준 책이 적혀 있는 명부다. 빨간 표시한 인물들은 한 사람도 빼먹지 말고 책을 꼭 거두어 와야 할 것이다.

책쾌　책이 요동을 치는군요. 책이 정말 세상을 바꿀 수 있사옵니까?

이덕무　책이 없는 세상을 상상해 본 적이 있느냐? 오늘 당장 세상의 책들이 사라진다면?

책쾌　(사이) 대감과 저도 사라져 버리겠죠? 정말 무섭네요.

이덕무　그렇지, 책의 숨소리가 들리지 않느냐?

책쾌　네 들려요. (서서히 일어선다.)

이덕무 책에 눈이 박혀 있다.

이덕무　어서 달리 거라. (책쾌 달려 나간다.)

잠시 암전

성균관 이옥의 방, 뒤적거리고 있는 책쾌

책쾌　누가 왔다 갔어. 벌써 시작됐나.

이옥　(방문을 열고) 오늘 따라 왜 이리 손님이 많이 오시나. 필요한 책 있으면 마음껏 찾아가시게. 방 임자가 앞이 안 보이는 청맹과니일세.

책쾌　아이고 깜짝이야. 유생 나으리, 지금 여유 부릴 때가 아니란 말이요.

이옥　잔말 말고, 무단 침입했으니, 뭐라도 하나 가져가야 관가에 고발할 거 아닌가? 누군지는 알고, 자네는 특별한 냄새가 나. 들기름 냄새가 아주 자극적이야. 여기 이 냄새와 비슷하지 않은가? (책 표지 냄새를 맡는다.) 자네가 만든 책인가.

책쾌　오늘 밤 안으로 도망 가슈!

이옥　내가? 책 좀 읽었다구, 글 좀 썼다고 잡아가는 나라도 있던가.

책쾌　책보다 무서운 것이 어디 있단 말이오. 아버지, 할아비도 책 때문에 저잣거리에서 참수 당했소. 우리 같은 책쾌는 이유 없이 죽어갔단 말이오.

이옥　죽이려면 죽이라지. 뭔 놈의 나라가 글이 안 통해.

책쾌　중국에서 수입한 책과 상감께서 이단시하는 양명좌파들의 책은 어디로 간 거요.

이옥　먼저 온 놈들이 잽싸게 빼돌렸겠지.

책쾌　눈뜨고 그냥 뺏겼단 말이요.

이옥　힘 약한 서생이, 두고 볼 수밖에.

책쾌　갑시다. 성균관을 당장 떠나시오. 이미 찍혔소.

이옥　주상께 따져 물어야지. 이런 법도 있냐고. 어떻게 들어온 성균관인데.

책쾌　헛소리 그만 하시고 대충 짐을 챙기쇼?

이옥　쓸데없는 소리. 과거에 장원급제한 후에 떠나도 떠나야지.

책쾌　유배가게 될 거요.

이옥　좋지, 산천초목이 벌써부터 내게 말을 걸어오네. 기대가 되이. 누가 보냈는가?

책쾌　간서치(책만 읽는 바보) 영감께서 보냈소. 유생 나으리 걱정을 많이 합디다.

이옥　고맙군 그래. 그런데 왜.

책쾌　더 이상 설명할 시간이 없소.

이옥　아아, 그 어른까지 화가 미칠까 봐 좌불안석이다 그 말씀이렸다.

책쾌　맘대로 생각하시오, 전 갑니다. 갈 곳이 많소이다.

이옥　책 걷으러 다녀야겠지, 재빨리 걷어서 자네만이라도 화를 면하게나.

책쾌 누가 누굴 걱정하는 게요. 참, 하늘에 별도 많네.

이옥 저기 저 길 잃은 별이 내 별이지, 어떤가. 예쁘지 않은가.

책쾌 왜 이러시오.

이옥 자넨 언제 봐도 예쁘이.

책쾌 남정네한테 못할 소리가 없소이다. (헛기침 한다) 몸조심하쇼.

이옥 다시 보게 될 걸세.

암전

〈혼란〉

무대 곳곳에 남인과 노론들이 모여 숙고하고 있다.

노론1 주상이 노리는 게 우리요.

노론2 말씀 한 번 잘했소이다. 불같이 대책을 세워야 할 때.

노론3 무슨 대책 말이오.

노론2 진정코 몰라서 그러시오. 대감.

노론들 모르겠소이다. 어떻게 돌아가는지./ 잘 돌아 가고 있지요. 지구는 둥글다고 하지 않았소이까?/ 그것도 모르겠소이다./ 이런 말도 안 되는 소리./ 아는 게 하나도 없는 이 나라./ 한심해.

남인1 전하! 덮으소서. 영민한 남인들이 다치옵니다.

남인2 다음엔 누굴 희생양으로 삼을 것인지. 짐작이 가시옵니까.

남인3 누군들 알겠나. 경천동지할 사태가 벌어지겠지 곧.

남인1 동부승지 정약용이면, 저쪽에서 흡족하지 않겠나.

노론2 천만의 말씀, 이 땅의 천주학 무리들을 완전박멸시키는 게 지상과제요.

노론3 또 누가 있다는 말씀이오.

노론2 천주학 무리들 뒷배를 봐주는 세력의 우두머리 좌의정 대감까지.

남인1 큰일이군, 큰일이야.

노론2 아직 현실감각이 떨어지시는구만. 큰일이 아니라 역적질이지.

남인1 주상의 말씀을 옆으로 들었소이까? 정학이 바로 서면 천주학은 자연스럽게 사라지게 될 것이다. 그것보다는 잡스럽고 천한 글을 당장 버려라!

노론3 패관소설은 우리당보다 그쪽이 더 문제가 많은 것 아니오.

남인3 모르시는 말씀, 우리당보다 그쪽 젊은이들이 더 많소이다. 아직도 찾아내지 못했소. 한심하군.

노론2 다녀옵시다. 지금 당장!

노론1 어디를 가잔 말이시오. 서두르지 맙시다. 이럴수록 차분하게. 왜 이러시오.

노론2 사초를 보러 가잔 말이오. 소설을 너무 좋아해 소설책까지 만든 사람이 바로 주상의 아버지 사도세자란 말이올시다. 이제야 알아듣겠소이까?

남인3 말을 삼가시오. 사초를 함부로 뒤적거렸던 적이 역사 이래 있었단 말이오? 광기어린 연산군 빼곤 이건 역모요.

노론1 발끈하시긴. 내 어찌 신하된 도리로 사초를 볼 수 있겠소. 그렇지만 이건 사실이오. 서문에 이렇게 나와 있소. 병과 외로움을 치료하고, 시간을 보내는 데 도움이 되리라. 후손에게 전하니. 모쪼록 아무렇게나 보지 마라. 어떻소?

남인1 무섭구려, 정보수집 능력 하나만큼은 대단하오. 어찌 됐든 과거는 과거고, 현재는 현재올시다.

노론2 과거는 과거고, 현재는 자송문을 지어 바치지 않으면 대참사가 벌어질 것이오.

남인2 당신들 쪽 아이들이나 엄하게 단속하시오.

노론3　요새 아이들은 이당 저당 가리지 않고 무리지어 노는 걸 모르시오?

남인2　패관소설이 무슨 빌어먹을 벌레라도 됩니까?

노론3　짐승, 괴물이지요. 이렇게 합시다. 성균관 유생들부터 잡아 돌립시다. 이당 저당 가릴 것 없이 젊은 애들 중에서 고릅시다. 마지막 방점은 오호, 통곡하고 싶구나! 열하일기를 쓴 박지원. 어떻소?

남인2　당신들 당 사람이오. 헷갈리슈. 아아, 그러니 우리당도 견줄 만한 사람을 내놓으라 그 말씀이요?

노론3　양쪽 다 살기 위해선 이 방법밖에 없소. 주상이 시작한 전쟁이오. 살생부도 아닐 터 한 명이면 족하오.

남인1　성균관 유생으로 합시다.

노론1　그거 좋소. 쉽게 갑시다. 대감들, 밤새 누워서 책을 본다는 그 시건방진 이옥, 성균관 최고의 헛소리꾼. 다른 아이는 생각도 마시오.

남인3　그 다음은 누구? 누구요, 그 다음, 그 다음은….

노론2　아이고, 깜짝이야. 살살 좀 얘기합시다. 뻔하지 않소. 규장각.

남인3　썩 물러가시오.

노론2　결국 희생될 것은 될 것이고, 왕권은 강화되고, 세상은 무슨 일이 벌어졌냐는 듯이 무심하게 도도하게 돌아가지 않겠소이까?

남인1　철저하게 주자의 나라를 꿈꾸셨으니 그럴 수밖에, 꿈에서 깨어나실 때까지는 끝날 일이 아니지. 암.

노론3　큰 바람은 일단 피하는 것이 상책인지라. 이제 그만. 이것을 탕탕평평이라 하는 것이오니까.

남인들　서양학을 금지하려면 먼저 패관잡기부터 금지해야 해. 패관잡기를 금지하려면 먼저 명말청초의 문집부터 금지시켜야 하느니. 금서목록 작성합시다.

노론들　임금이 싫어하면 다 금서요. 무슨 목록이 필요하더이까? 서양학과 패관잡기 무슨 연관 있단 말인가. 비약과 모순투성이.

남인들　주상의 속내를 모르는 자들. 단순해 들어보시게들, 서양학은 교리가 이질적이라 솎아내기 쉽지만, 패관소품은 은밀하게 침투하기 때문에 내부를 교란시켜.

노론들 그것도 지당한 말씀. 나도 한 말씀. 탕평책 유지하려는 정치적 전략일세. 정치적 전략보다는 파괴적 잠재력을 가진 패관소품이 더 무서워. 감히 주둥아릴 잘못 놀리다간 쥐도 새도 모르게 당하지.

남인3 백년 이백년 후 역사학자들이 뭐라고 부르겠소?

노론3 문자전쟁? 문체전쟁?

남인2 무식하긴. 문체반정!

노론2 반정이라뇨? 노망이 나셨소이까.

남인1 바를 정, 정도로 돌아간다. 난리를 바로 잡는다. 반정. 알아듣겠소! 다 갈아엎으시겠다는 독선, 꺾여야지. 꺾을 순 없지 않소. 이 나라는 사도세자의 아들, 주상의 나라요.

모두 부들부들 떨며 몸을 움츠린다.

점점 소멸 되어가는 불빛.

〈유배〉

유배 떠나기 전 마지막 만남을 하고 있다.

김려 내 손을 잡게. 힘들지 않나?

강이천 왜, 내가 다리를 절어서.

김려 이 사람이 날 머쓱하게 만드네 그려. 그래 그렇다. 눈이 하나라 반쪽만 보이시는 건 아니겠죠? 나으리? 이러면 시원하나?

강이천 (웃는다.) 산이 좋아 이 얼마나 좋은가. 이번이 마지막 유람일세.

이옥 아름다운 자태야.

김려　상감께 혼난 게 엊그제인데, 아직도 패관소품문을 쓸 작정인가?

강이천　누가 말려. 우린 오늘 북한산에 유람 왔다.

이옥　난 취재 왔다.

김려　취재?

이옥　산행날짜. 함께 간 벗, 꾸린 짐, 정자, 성곽, 관아건물, 사찰 등을 보고서 형식으로 써볼 작정이야. (벼루와 먹을 꺼낸다.)

강이천　그렇다면, 술집 탐방 규칙도 들어가야지.

이옥　그럼, 산골짜기나 개울가에 주막이 있거든, 술이 묽은지 누런지도 묻지 말 것이며, 맑은지 걸쭉한지도 묻지 말 것이며.

강이천　술파는 여자가 어떠한지도 아예 묻지 말 일이다.

김려　그런 술집이 있어만 주면 억수로 고마운 거지. 그 밖에 뭘 더 바라겠는가? (웃는다.) 아직도 목마른가, 그 놈의 붓, 쓰고 또 쓰고 지겹지 않은가?

이옥　바로 눈 앞 삼라만상이 펼쳐지는데 이를 두고 어디서 도를 구할 것인가? 이 현장에서 시선을 뗄 수 없네 그려. (써내려 간다.)

강이천　쓰고 또 쓰시게. 자네들을 언제 또 보겠는가? 걸작을 남겨야 되네. 기필코.

김려　지치지도 않나, 서른 살에 성균관에 입학하여 과거를 일곱 번이나 낙방하고선, 이제는 끝이야. 이제는….

이옥　끝이라니 시작일세. 한 번 갔다 왔는데 두 번 못 가겠나, 자네 몸은 어떤가. 고신이 매웠을 텐데. 자넨 가면 못 오겠지?

강이천　탐라에 가라는 말씀은 요양을 하고 오라는 말씀이 아니던가. 나도 모르지, 무슨 일이 벌어질지. 내가 가는 곳마다. 우리 집에서 하루 밤을 같이 지낸 것밖엔 없는데. 미안하이. 약골 도련님이 견디기엔, 난 따뜻한 남쪽으로 가지만, 자넨 추운 북쪽이 아니던가.

김려　솜옷을 입지 않았는가? 이렇게… 자네 주상과의 약조를 잊지 마시게. (흉내내며…) 유배지에 가자마자 문을 꼭꼭 걸어 잠그고 성리학

책을 마르고 닳도록 읽어라. 주자 말이다.

이옥 주자의 말은 단지 장사꾼의 말일 뿐, 검증된 것은 하나도 없사옵니다.

강이천 논어 이백 번, 맹자 오백 번, 시경 천 번을 외우고 읽었지만 더 이상은… 주자의 학문을 뼈 빠지게 취할 이유가 없어졌나이다.

김려 여보게들 입조심하게. 유배가 아니라 극형에 처해질 걸세. 우린 양명좌파로 몰렸네.

강이천 자넨 살아 돌아올 거라고 믿나? 마음이 곧 진리라는 양명좌파? 불안하시겠지 주상께서.

이옥 누가 나에게 이 길을 가라 하지 않았지만, 살아 돌아와서 새로운 나라, 새로운 시대를 열어가야지.

강이천 (노래) 우리들은 이미 끝났어, 그대만 살 수 있을 걸세. 붓 꺾고 보충병 생활이나 숨죽이고 하게나. 어영부영 살아온 서른 살 인생, 부귀영화는 내 뜻대로 못하겠구나. 밤비에 온갖 고민 몰려들고 겨울바람에 분노가 울컥 솟는데 세상은 왜 그리도 악착같은지, 세상사는 하나같이 우습기만 해. 하늘 아래 돌아갈 땅이 있다면 콧노래 부르면서 논, 밭을 갈 텐데. (김려도 따라 부른다.)

이옥 여보게, 진정코 주문모 신부를 만나보았는가.

강이천 앞으로 하늘나라의 최후의 심판과 함께 구세주께서 3일 만에 부활하실 걸세.

이옥 무군무부. 제사는 왜 부정하는가?

강이천 우리를 낳아준 아버지는 구세주 한 분뿐이야.

김려 그만두게. 수많은 사람이 죽어가고 있어, 자네 한 사람으로 끝내야지.

강이천 난 주상이 싫어. 그 한 사람을 위해 내가 살아가야 하나. 난 나일세, 이 지구상에 유일한 나, 세상은 변하고 있어. 아직도 주상의 생각대로 이 나라가 움직여야만 하는가? 너도, 나도, 백성들도, 속이 부글 부글 끓어오르는 시대가 지금이야.

이옥　패관소품이 한 번 변하여 천주학이 되고 또 한 번 변하여 강이천 사건이 되었다. 이 세 가지는 일맥상통한다. 죄명치곤 꽤 기네. 어떠신가. 소감이.

강이천　시험 칠 때마다 주상께 부상으로 받은 것이지. (김려에게 줄려고 하다가 집어던진다)

이옥　이 사람 왜 이러는 게야. 마음을 다독이게.

강이천　한 번도 일등을 못했어. 일등은 나야! 나라구!

이옥　장원이 졸지에 꼴등했네, 그려.

김려　우리 글이 어떻다고?

강이천　몽상가라 하시네, 나보고.

김려　사소하고, 보잘것 없는 작은 것에 커다란 의미를 부여하는 경솔한 자라시네.

정조　슬프고, 가냘프며, 들뜨고, 자질구레하고, 기교가 많고, 방정맞고, 가벼운 문체만 늘어놓은 것들이 패관소품이다. 명나라가 망한 이유가 바로 패관소품이다. 한 번의 웃음거리도 되지 못하니라. 이런 망상가들!

강이천　권력층의 안정과 현상 유지하시겠다. 기득권을 보장하시겠다. 주상의 권위를 높이시는 데 우리를 활용하시겠다.

김려　성리학에 정통한 철인 군주라고 후대에 기록되겠지.

이옥　미래와 마주서지 않고 과거로 복귀하라는 것이 아닌가?

강이천　우린 목말라. 무엇으로 채울 수 있단 말인가?

이옥　주상의 심기를 어지럽힌 죄. 크지 커. 주상에겐 금서란 없다. 다 읽으셨어.

김려　읽으셨겠지. 우린 언제 터질 줄 모르는 폭탄들이니, 치우셔야지.

이옥　사람의 얼굴이 보이고, 사람의 냄새가 풀풀 나는 글을 쓸라네.

김려　글은 한 시대의 역사를 기록하는 작업일세. 난 권력자의 편에 서서 쓰는 역사보다 야사를 정리해야겠어.

이옥　눈 앞의 사물과 풍경을 마음껏 다룬 글을 쓸 것이네.

강이천　많이들 쓰시게나. 차라리 패관소설을 다시는 가까이 하지 않겠나이다. 모두 불 태우겠습니다. 절교하겠습니다. 그럼 만사가 간단하지. 그렇게들 하시게나. 종2품 당상관은 따논 당상이지.

강이천　글도 모자라, 글씨까지 가볍게 쓰지 말라 하시네. 뚜껍고, 무거우며, 반듯하게 써라? 주상께서 졸지에 서당 훈장이 되어 버리셨어.

이옥　기분 나빠지는 글을 쓰지 말라, 허풍떠는 글도 쓰지 말라, 말라 말라 말라…….

강이천　이 세상엔 좋은 글과 나쁜 글만 존재해야 돼. 알겠는가! 나도 임금 한 번 할 걸세.

이옥　(입을 막는다.) 미래가 무서운 것이지. 미래는 우리 젊은이들의 몫이니까.

김려　글의 형식과 글씨체까지 한 나라의 임금이 심판한 일은 역사 이래 없었지. 왜, 그토록 소설을 싫어하실까. 한 시대마다 유행하는 문체가 있기 마련.

강이천　문자 전쟁은 이미 선포됐어.

이옥　누가, 무엇이 세상을 만드는가?

김려　바로 이 글과 책들이지.

강이천　떠나세, 100년 후 소설세상에서 다시 만나세.

김려　여보게 마지막인데….

강이천　마지막이라… 마지막 붓을 놀릴 때가 되었는가?

이옥　북한산 유람기. 멋지기 때문에 이 세상에 놀러왔지. 시에 취하고, 술에 취하고, 책에 취하고, 사람에 취하던 시절은 가버렸어.

강이천　어여 하산하세.

김려　발길을 잡으시게.

모두　(노래한다.) 아름다운 선비로서, 이런 아름다운 세상에 노니는 것이 어찌 아름다운 일이 아니겠는가? 게다가 벗과 함께 그 아름다운 경험을 노래하니 세상에 이런 아름다운 일이 또 있으랴? 아름답기 때문에 멋지니까 놀러왔지. 아름답지 않다면 오지 않았을 것이다. 속되고도 속되며, 잡되고도 잡된 이 세상, 하지만 그것은 여전히 너무나 아름답지 않은가?

정조(소리) 산이 있고 물이 있어서가 아니라 오로지 아름답기 때문에 놀러왔다.
이래도 아름답고 저래도 아름답다고 하는 것은 마치 아름다움이란 무상하다는 얘기처럼 들리노라. 이내 스러져 버릴 아름다움에 대한 슬픈 노래. 이 글은 모든 것이 아름답다고 하는데도 묘하게 슬프도다. 또 속았어. 그렇게 혼이 나고도 패관소품문을 또 쓰셨다. 더 멀리 유배 보내기라.

이옥 전하! 문체라는 것이 나라가 나서서 쓰지 말라고 한다고 사라지고, 없어지는 것일까요? 젊은 우리들을 질투하시다니요? 단언컨대 질투이십니다. 새로운 물건, 새로운 감정, 새로운 사건, 새로운 뜻을 어찌 고문으로 다 표현할 수 있겠습니까? 산은 산이고 물은 물이옵니다.

이옥만 혼자 남는다.

서서히 길을 떠난다.

어두워진다.

〈어명〉

이옥 나 떠나가네. 책도 꿈도 모두 버리고…….

책쾌 보기 좋수다. 양반이 군인이 된다. 그것도 보충병으로. 이건 양반

모독이오. 그 알량한 자존심은 어디다 내 팽기쳤소이까? 그 많던 친구들은 다 어디로 간 거요?

이옥 다칠 게 뻔한데 누가 나오겠나.

꽃장수 새로 나온 싱싱한 국화꽃 사이소. 검은 흙 사이소마. 파초, 분재 드릴까예. (지나간다.)

책쾌 (물끄러미 쳐다본다.) 젠장, 배웅 나오는 게 당연하지. 지들이 이럴 수 있어. 세상인심 하나 사납네.

이옥 이젠, 자네도 찾을 이유가 없네. 더 이상 책을 볼 필요도 없으니까.

책쾌 책 팔러 온 것이 아니라 먼 길 부디 몸 건강히 잘 다녀오시라고, 작별 인사차 온 것이오. 그래도 단골손님 아니오.

이옥 성균관에 내 보던 책이 남아있네. 지금 당장 달려가서 몽땅 수거해 팔아버리시게. 그동안 까탈스럽게 굴어 미안하이. 자네도 몸조심하고.

책쾌 할아버지 임금보다 손자 임금이 더 무섭다는 것을 몰랐단 말이오? 즉위하자마자 나는 사도세자의 아들이다, 라고 천명하실 때 알아봤지. 그러면 비위를 맞춰야 되는 것이 뻔한 이치. 왜, 사도세자 이야긴 써 갈겨가지고선.

이옥 내 사고까지 틀어 막을 순 없지 않은가?

책쾌 아버지, 할아비가 한여름에 효수당해 장대에 한 달 간 꽂혀 있었소. 책 팔러 다니는 책쾌라고, 보고 싶은 책 보겠다는 양반님들에게 책 날러주고 돈 몇 푼 받은 게 죄가 됩니까? 그런데 상감마마께서 글 좀 고치라는데 그것도 못합니까? 꽉 막혀가지고선.

이옥 그냥 내가 쓰고 싶은 대로, 말하고 싶은 대로 살아가고 싶구나.

책쾌 나으리 몸이 임금의 몸이지, 몽땅 나으리 몸인 줄 아직도 착각하고 계신다. 그 말씀이죠? 임금도 사람이라 허물이 없을 순 없지만, 하지만 임금은 임금이요.

이옥 나는 나야, 너는 너고. 임금은 임금이고.

책쾌 그만 합시다. 춥지나 않을는지. (보따리를 건넨다.)

이옥 도로 가져가시게.

책쾌 혹시 아오. 가다가 시상이 떠오르면 마음껏 붓을 적시고 먹을 먹먹하게 갈아 한바탕 붓춤을 추실지. 여기 종이도 가져왔소. 페르시아 종이오. 이 책쾌는 달려가 선비님의 책을 보쌈해 가겠소이다. (엽전을 준다.) 끼니는 거르지 마시고 꼬박꼬박 챙겨드쇼.

이옥 따뜻한 남쪽나라로 놀러 오시게.

책쾌 웃음이 나와요 시방. 산 넘고 물 건너 간단없이 달려도 열흘은 넘게 걸리는 데를 놀러오라니 대단하셔.

이옥 자네 달리는 솜씨로는 가능하지.

책쾌 까짓것 그럽시다. 누군 목숨이 왔다갔다 하는 판에 금서 한 권 못 갖다드리겠소. 책 걱정 뚝!

이옥 그래서 내가 자넬 좋아하는가 보이. 많이 그리울 걸세.

책쾌 망측한 말씀도 할 줄 아시네. 어유, 사건 터뜨리지 말고 그냥, 납작 엎드려 나 죽었수다, 그러구 계슈.

이옥(노래) 잘 가시게. 돌아올 수 있을까? 꽃과 대나무와 함께 살며, 물고기와새를 벗삼아 즐거워하며, 세상사를 잊겠다던 나, 내가 아니던가? 과거에 몰두하여 부귀영화를 엿보고, 이익을 바라고 있으니, 나는 없다. 내가 아니다. 어찌 멀리 버려두고, 그렇게 그리워하고 있는가? 누가 말리기에 하지 못한단 말인가. 매화산, 내 고향으로 돌아감이 좋으리라. 세상에 그대가 없다고 하여, 하나도 손해될 바가 없고, 그대에게 세상이 없어서 또한 욕될 바가 없다. 그대가 돌아가지 않으면 누가 돌아갈 것인가? 매화산이여, 매화산이여, 마땅히 돌아갈 것이로다. 어찌, 내 돌아가지 않으리오? 돌아가서 쓰리라. 남녀 사이의 오묘하고 참된 정을 쓰리라. 남기리라. 새로운 세상 열리면 이 마음 세상에 남으리라.

책쾌(노래) 봄바람 불어와 내 님을 감싸주네. 벗과 함께 아름다운 세상에서 한세상 왔다가는 나그네로 정처없이 그림자로 살아가리. 내 님아, 새로운 세상 열리면 이 마음 진실로 남으리라.

떠나지 못하고 있다가 돌아서는데 암전.

〈충군〉

똥지게를 걸머지고 들어선다.

포졸3　주모! 뭐 하는 기야. 손님 안 보이노?

포졸2　큰 손 받은 모양이제.

포졸1　하믄, 기다려 보거래이.

포졸4　대낮부터 훌러덩 벗어 제꼈다 그 말이가.

포졸1　뭐라꼬, 확실하제.

포졸3　아따 우리가 꺼내 먹고 셈을 치르면 될 거 아닙니꺼? 우리가 남이가?

포졸2　여긴 왜 따라왔는교? 양반 나으리.

이옥　같은 소속 아닙니까?

포졸2　양반과 쌍놈이 같은 반상에 앉을 수 있나? 못한다 카이.

포졸3　됐네, 됐어. 똥냄새 나는 손부터 싹 씻어 버리고 술상 좀 내와 보소?

이옥　주모! 내가 왔네 그려. (부엌으로 들어간다.) 싸고, 먹고, 먹고, 싸고 고고 고고…….

포졸1　저 옥탑방에서 기거한다 커드만?

포졸4　시장도 한 눈에 쫙 보이고, 술 있지, 계집 있지, 잔머리 굴린기라.

포졸3　아, 퍼뜩 내오지 않고, 뭐하노! 입으로만 먹고 사는 게 아무리 양반이라지만 고마 나도 막걸리로 입좀 헹굴란다.

이옥 고참님들 잠깐만 기다리쇼. 신고식을 그럴싸하게 할 터이니. 불취무귀, 취하지 않으면 돌아갈 생각일랑 마쇼. 내 돌려보내지 않을 터이니. 주상께서 성균관 유생들을 창덕궁에 모아놓고 그러셨지.

포졸2 도대체 저 양반이 뭐꼬? 역적이가? 강도가? 누군교.

포졸1 빈손으로 턱하니 나타나서 공밥까지 먹어대는 거 보래이. 안 그렇나.

포졸4 나라의 명, 관가의 명으로 보충병이 된 거데이. 봐라, 봐라. 저 꼬라지 좀 군복이 어울리는 사람이 따로 있제.

포졸2 저건 허수아비 아닌교.

포졸3 쓸데없는 소리 하지 말거라, 시키면 시키는 대로 혀.

포졸1 뭘 시켰는데?

포졸3 무슨 말이 많노. 잘 감시해라. 그 말씀이제.

포졸4 뭘 감시혀라 쌌노.

포졸2 단단이 해라 안카나 도망가면 큰일난데이.

포졸3 와이리 덥노. 글을 쓰는지 안 쓰는지를 감시하라. 그 말씀이다.

포졸1 붓하고, 먹하고, 벼루하고, 종이를 뺏으면 간단하겠지예.

포졸3 그래도 (머리를 때리며) 이건 못 뺏는데이?

포졸4 (가슴을 치며) 하무, 하무. 이것도지, 이것도야.

포졸3 그게 아니라 안카나. 글이 말이니, 아니 말이 글이니, 말을 못하게 해라 안카나!

포졸2 조금 전까지는 청산유수 아이가.

포졸1 말만 잘 혀? 뼈다귀 있는 가문이데이.

포졸3 시는 최곤기라. 더 알면 다쳐, 머리 아파온다. 그만 혀. 복잡하게 생각하믄마, 골 때리는기제.

이옥 나랏님 수라상 나갑니다.

포졸1 기가 막히데이.

포졸2 완전히 바닥까지 긁어 부렀데이. 제 정신이가. (뒷다리를 뜯는다.)

포졸4　먹고 죽은 귀신 때깔도 좋다 안카나.

이옥　이 정도면 됐수? 자, 건배합시다.

포졸2　건배!

포졸1　벌써 잊어 먹었어. 불취무귀!

포졸들　불취무귀!

포졸3　유배 온 주제에 배포 하나는 잘 챙겼데이.

이옥　유배 온 것이 아니라 보충병으로 온 것이오! 몇 번을 얘기해야.

포졸3　맞다. 맞어. 경상도 삼가현 팔십삼부대 충군 이옥이 아닌교.

이옥　신고합니다. 나랏님으로부터 보충병으로 명받았기에 신고합니다!

포졸1　거 뭐시냐? 시나 한 수 퍼뜩 읊어보거라.

이옥 노래　봄이 아름다운 것은 꽃이 피어서가 아니라. 그냥 후, 날아 갈 것만 같은 봄이 지독하게 아름다운 것은 꽃과 나비들보다도 그리움이 먼저오기 때문이다.

기생　(노래소리) 봄바람은 괜스레 살랑거리고, 어느새 달이 떠서 황혼 되었네. 오지 않는 그대인줄 잘도 알면서, 그래도 문을 차마 닫지 못하네.

포졸4　여자 소리 아인교, 귀신이가. 나와 보거라. 내 안아 주꾸마.

주모　하이고 이기 누궁교. 어쩌요, 아제들. 아니! 다람쥐 제집 드나들 듯 다파헤쳐 먹었데이. 기가 막혀.

이옥　아니 주모 왔는감. 내 셈을 두 배로 치를 테니 걱정 말고, 같이 드세.

포졸1　어데 숨겨논 남정네 만나고 왔는교.

이옥　내가 누군가? 그래도 양반일세. 사대부! 알겠는가?

주모　계집을 불러도 되겠소?

포졸2　뭐라캤노, 여자?

주모　아주 지랄환장을 해삐리네.

포졸3　혹시 천주 학쟁이는 아닌 게라?

주모　아이고 무십다. 무서버 조상제사도 안 지낸다는 그 넌놈들, 미쳤나.

포졸4　상복과 위패도 불 싸질렀다 하제. 벼락맞을 일이제.

주모　바람불믄 부는 갑다 카고, 바람자믄 자는 갑다 카고, 바람타지 마소. 산다는 거 그거 쉽게 생각하믄 참말로 쉬운기라.

포졸3　양반 나으리 어쩌? 미안해서 안캅니까.

포졸1　공사가 다망해서 일어나야 실례하겄소. 난 길게 살고 싶데이.

이옥　에이, 왜 이러슈 경기도 수원군 매화산의 집을 팔아서라도 다 책임질 테니 자 앉아요 들.

주모　얘들아, 퍼뜩 나오거라.

포졸1　나오라 캐라. 왜 안 나오노. (사이) 귀신 데불고 왔나.

포졸2　잘 보소. 왜 이라요.

포졸3　쪼매 조용하거라. 환장하겠데이. 이 깔치는 어디서 데려왔는교?

주모　하늘에서 뚝 떨어졌데이.

이옥　아깝네 아까워 이 촌구석에서 썩기에는….

기생　나으리께서도 저와 같은 처지가 아니시온지?

이옥　말을 삼가라.

포졸2　술 한 잔 쳐라. 말은 끝난기라. 길을 열거라.

주모　어딜 감히, 한 번 만질 때마다 엽전 던져, 싫으면 관둬야제.

포졸4　외상은 안 되겠제?

주모　뭐라카노, 외상 같은 소리 하고 자빠졌네. (포졸들 엽전을 잽싸게 던진다!!!)

이옥　어디서 봤든가?? 나를 아느냐?

기생　무슨 말씀이신지.

포졸4　양반 포졸 나으리 쪼매 실례. (기생을 자기 자리로 끌고 간다.) 잔을 그득 채우거라.

주모　땅거미도 지지 않았는데 살살 만져.

포졸2　그 뭐꼬, 음란소설보다야 낫제 하믄.

포졸1　해괴망측한 그림책보다 백번 낫제. 하무, 하무.

포졸3 체통을 지키래이, 백제 거시기가 아니라 삼국을 통일한 신라 군대가 아이가?

포졸4 지금 이 나라는 북악산 자락을 깔고 앉은 노론 대감들과 남산 자락에 몸을 웅크리고 기회를 엿보는 남인 대감들 뿐인데이.

이옥 어디에도 끼지 않는 자들도 있소이다.

포졸2 끼지 못하는 거제. (손님들 모여든다.)

손님들 여기 국밥 한 그릇, 여기 막걸리, 여기 파전…. (시끌시끌하다.)

포졸1 우리 같은 포졸들?

이옥 포졸도 사람이올시다.

포졸1 조상이 다르다 이 말이다.

주모 거 되게 아는 척들하네, 폐일언하고 노래나 한 곡조 불러보소. 쉽게 사소.

포졸4 노래는 매미가 불러야지. 맴, 맴, 매엠.

주모 고추 따다 개나 갖다 주제 뭐라꼬 무겁게 달구 다닌다냐. 우째겠노. 연희가 부르래이.

이옥 지금 누구라 하였느냐.

주모 연희.

이옥 너는 내 친구 김려를 아느냐?

기생 일면식도 없사옵니다.

포졸1 오지랖도 넓소.

기생(노래) 강가에 물결이 이는구나, 날은 이미 저물었구나, 아득히 바라보노라니 시름이 이누나, 나비야 가려무나 낙화와 함께 가려무나, 꽃속, 꽃사이에서 자자, 꽃이 괄시하면 잎에서라도 자고 가자. 꽃사이에서 못자면, 잎 밑에 서로도 붙어 자자, 꽃이 괄시하면 물에서라도 자고 갈 거야. 물이 괄시하면 둥둥 떠다니며 머무르리. 나비가 나풀거리는구나. 나비야 나비야, 너와 청산에 놀리라! 하늘하늘 춤추며.

이옥(노래) 그대 어디를 그리워하나. 생각하면 할수록 더욱 생각나. 멍청한 듯, 미친 듯, 넋이 나간 듯, 차라리 이제는 생각을 말아야지. 간장이 타는 듯, 심장이 타는 듯, 나의 생각은 어디에 있는가? 서 있어도, 앉아 있어도 걸어도 누워도 생각난다. 어떤 때는 잠깐, 오래오래 생각난다. 나의 생각은 어디에 있는가? 연희야! 연희야! 너를 어찌 하랴? (기생을 껴안는다, 감동받아 박수 친다.)

사또 잘들 논다. 근무 중에 뭐하는 지랄이고, 충군 이옥은 오라를 받으라. 근무지 이탈죄와 부녀자 희롱죄로 체포한다. 어서 압송하라.

주모 택도 없다. 술값은 주고 가야제.

사또 무전취식? 야들도 연행해.

포졸3 아, 외상으로 먹었습니더.

주모 난 외상 준 적 없소. 못 간다카이! 못간다.

사또 비켜라, 공무집행 방해죄다.

주모 차라리 나를 죽이삐리고 가이소.

사또 천주 학쟁이들이다. 긴급 체포하라!

포졸1 사또 나으리 우리가 천주 학쟁이라 말입니껴?

사또 천주학쟁이 아니면 패관잡기 소설가다.

포졸2 와 죽이네, 소설 쓴데이, 와 생사람 잡아뿌네. 돌았나!

사또 역적이다.

포졸4 역적이라고 했는교?? 책임질 겁니껴.

사또 역적과 노작거리지 않았느냐? 네 이놈!

포졸3 와, 죽어버리겠데이. 이판사판 개판이다. 쳐라! (삽시간에 난동이 벌어진다.)

이옥 뭐하느냐, 저리 가 있지 않고. (포졸들 도망간다. 쫓아간다. 이옥은 쓰러졌다.)

책쾌 정신이 드십니까 나으리? 꼴 좋수다. 충군온 지 며칠 됐다고, 사고없이 잘 계시는지? 문체는 바르게 고쳤는지, 궁금해서 왔수. 창피하쇼?

형틀에 묶여 있는 이옥

이옥 여보게, 살살 좀 치게.

포졸 이 정도로 사정 봐 주는 것도 고마운 줄 아쇼.

이옥 나하고 그럴 사인가? 정이 있지 않은가. 정이야, 정!

포졸 입 닫으쇼. 사또가 나타나면 무조건 기절허슈.

이옥 고마우이. 내 한양에 데려간다는 약조는 꼭 지킬 테니. 걱정 붙들어 매시게.

포졸 믿겠소이다. 서얼 나으리.

이옥 나도 양반이라니까?

포졸 저기 옵니다. 아흔아홉대요.

이옥 억! (갑자기) 아이고, 나, 죽는다. (엄살, 기절)

사또 허허, 그래도 양반이란 자가 여인네 옷을 입고, 분바르고, 여인네들과 수작을 부려. 말세야 말세. 물을 끼얹어라.

사또 아니, 똥덩어리나 챙기고 조용히 있다가 사면장 내려오면 한양으로 고이 보내 드릴 텐데 무어라고 여인네로 변장을 하고, 이곳저곳 기웃거리면서 부녀자를 희롱하고, 수작부리고, 똥물이나 튀기고 다니는지, 말을 어여 해 보거라.

이옥 그것이… 글을 쓰기 위해서.

사또 뭣 때문에 여기까지 유배온 줄 모르는가? 지엄하신 임금께서 바른 고문을 쓰던가, 글을 쓰지 말던가, 둘중에 하나를 선택하라 하였거늘, 아직도 상황파악이 안 되신다. 그러면 어쩔 수 없지. 매우 쳐라.

포졸 단단히 마음 먹고, 엉덩짝에 힘 빼쇼.

사또 글, 좋아하시네. 여자를 두루두루 밝히셨다. 죽어도 싸지.

이옥 여자를 노래하고 싶었소. 그래서 여자가 되었소이다.

사또 이런 해괴망칙한 일이 있나.

이옥 대저 천지만물을 관찰할 때 가장 큰일은 사람을 살피는 것이요.

사람을 관찰할 때 가장 오묘한 일은 사람사이의 정을 살피는 것이요. 정을 관찰할 때 가장 참된 일은 남녀의 정을 살피는 것이요. 남녀사이의 정이야말로 가장 크고, 오묘한 참된 것이라오. 그러니, 내 어찌 참된 것을 쓰지 않겠소.

사또 인의와 도덕, 불변의 진리만 써야지. 문이재도! 도를 담지 않은 문장이나 문체 는 글이 아니니다.

이옥 그럼 재미가 없지요. 그보다는 오히려 지금, 여기에 있는 다채롭고 살아 숨쉬는 세상의 모든 것들을 노래하고, 표현해야 맞다 그 말씀이요.

사또 말도 글도 막힘이 없어. 오죽하면 주상께서. 밀고한 여인을 내 세워라. 어째서 밀고했는가?

여인 저사는 여자보다 더 여자마음을 아는 자이옵니다. 이 여자 저 여자 소개도 해 주고, 수다도 떨며 잘 지냈죠.

사또 본론만! 시간이 없다.

여인 그만, 사랑을 하게 되었사옵니다.

사또 사랑?

여인 남자라는 걸 느끼게 되었다 그 말씀이죠.

사또 사랑이 무엇인지 설명해 보거라.

여인 뭐라고 말로 표현하기가 불가능하옵니다.

사또 뭐가 불가능해, 좋아하는 거지.

이옥 정은 사랑이요. 언제나 열려 있는 여자, 솔직하고 따뜻하고 넉넉한 여자만이 사랑이 가능하오.

사또 그 입 좀 다물라. 계속하라.

여인 여자의 여자에 의한 여자를 위한 이야기니, 아무 걱정하지 말고 사실만 말하면 된다. 이렇게 설득하였나이다.

사또 물건의 이름을 한자로 부르지 말라. 사투리를 쓰라 하였는가?

여인 필을 붓, 지를 종이, 석을 돗자리라고 부르라 하여 하였고, 사투리가 재밌다며, 특이한 성씨를 알려줘서 노래를 부르고 다녔지요. 뉴, 왁, 휭, 할, 뼘, 잡…….

이옥 아배씨, 어매씨, 할마씨, 화냥년, 매, 돌기, 경자, 작지, 산라, 대롱, 화덕, 포졸 정신차려 보쇼. 너무 심했나. 나락, 모을, 빈가리, 두부여, 예백, 고함, 시거을, 지청구. (숨넘어간다.)

사또 뉴, 왁, 휭, 할, 뼘, 잡씨. (딸국질을 해댄다.) 또, 또…….

여인 개심, 어심, 마심, 순심, 조심, 천심, 계심, 대심, 화심, 녹심, 채심, 분심, 금심, 옥심, 향심, 이심, 은심…….

사또 그만, 그건 또 무슨 소리냐?

여인 왜, 경상도는 여자들 이름에 다 심자가 들어가느냐고 물어 봤지요.

사또 마음 심, 마음이 고와야 여자다. 하여튼 사랑으로 돌아가 보자. 저자는 사랑을 뭐라 하였느냐?

여인 나무아애미!

사또 나무아미타불! 말이 헛나왔도다. 이해들 하거라. 무슨 뜻인고?

여인 어찌 미인을 사랑하지 않으리오. 나무아애미.

사또 전부 다 주었는가.

여인 무슨 말씀이시온지?

사또 몸을 섞었는가 그 말이다.

여인 아니옵니다.

사또 솔직, 솔직해 보거라. 사랑하는 감정을!

여인 그런 적은 절대 없었나이다.

사또 고거 참 맹랑하게 생겼네. 나 같아도 좋아했겠네.

이옥 언제나 열려 있는 여자, 솔직하고, 따뜻하고 넉넉한 여자만이, 사랑이 가능하옵니다.

사또 그러니까 조선의 여자들은 그동안 닫혀 있었다. 여자도 언문을 읽고 쓰고 있어 소통이 가능했다. 어느 날 나로 인하여 조선 여자들이 어느 날 번쩍하고 열렸다. 에이, 불효불충한 것들, 창피한지고!

이옥　사또, 글을 쓴다는 것은 사랑이오. 만물을 사랑하지 않고서는 아무 것도 쓸 수가 없소. 글쓰기와 사랑은 같은 것이오.

사또　또 지껄여. 그놈의 입 좀 막아라, 입!

이옥　여자는 남자의 미래입니다. (일어난다.)

사또　세상이 거꾸로 돌아가고 있어. 미쳤어. 이 똥덩어리야?

상황극이 즉흥적으로 벌어진다.

여인　당신은 술집에서 왔다지만, 나는 기생집에서 온 줄 알아요. 어찌하여 도포 위에 연지가 꽃처럼 찍혀 있나요. 님은 내 머리에 대지 말아요. 옷에 동백기름 묻어나요. 님은 내 입술 가까이 하지 말아요. 붉은 연지 윤기가 흐를 듯해요. (여러 여인들이 나타나 노래한다.)

여인　새벽 두 시쯤 일어나 머리 빗고, 네 시에 어른들께 문안 드렸지요. 친정집에 가기만 하면 아무것도 먹지 않고, 대낮까지 늦잠 잘 거예요.

여인들　차라리 가난한 집 여종이 될지언정 아전 아내는 되지 마소.
통금 시작할 무렵 겨우 돌아왔다가 파루치자 되돌아 나간다네.
차라리 아전의 아내 될지언정 군인 아내는 되지 마소. 일년 삼백육십일에 백일은 변방으로 가신다네. 차라리 군인의 아내 될지언정 역관의 아내는 되지 마소. 상자 속 비단옷 있다 해도 어찌 오랜 이별과 비하겠소. 차라리 역관의 아내 될지언정 장사꾼의 아내는 되지 마소. 반년 만에 호남에서 돌아오더니 오늘아침 또 압록강으로 떠난다네. 차라리 장사꾼의 아내 될지언정 난봉꾼 아내 되지 마소. 밤마다 어딜 가는지 아침에 돌아와 또 술 타령.

여인　당신을 사나이라 하여, 여자 이 한 몸 맡겼는데 비록 날 어여삐 여기진 못할망정, 어쩌자고 번번이 날 구박한단 말인가.

여인　순라꾼들은 지금쯤 흩어졌을까? 낭군은 달 질 때야 돌아오네. 먼저 잠들면 반드시 화내고, 안 자고 있어도, 또한 의심하네.

여인 시집올 때 입고 온 다홍치마 두었다가 아이 옷 지으려 했는데 낭군의 투전빚 갚으려고, 오늘아침 울면서 팔고 왔네.

여인 긴 다리 한껏 뻗어 공연히 내 몸을 걷어차네. 붉은 뺨에 푸른 멍 생긴 뒤 무슨 말로 시어른께 답할까.

사또 조선의 잘난 여자들이 이렇게 많은가. 다 모였어. 이 무슨 변고인가. 삼강오륜이 무너져 내렸네.

선전관 충군 이옥은 사면장을 받으라.

사또 이 무슨 변고인고?

선전관 어명이오.

사또 전하! (오열한다.) 예가 아니면 보지 말고, 예가 아니면 듣지 말고, 예가 아니면 움직이지 말고, 예가 아니면 말하지 말라 하였거늘! 아침에 도를 깨달으면 저녁에 죽어도 여한이 없도다. 헛소리야 모두. 도로아미타불!

이옥(노래) 현실은 현실이고 문체는 문체. 자신이 쓴 글로 자신이 생각하는 바를 드러낼 뿐, 세상이 온통 바뀌자 문체도 자연스럽게 바뀐 것, 세상은 변했습니다. 시대의 흐름을 막을 순 없나이다. 아무도 나를 비난하지 마시오. 나는 숫처녀처럼, 아이처럼, 글을 쓰겠노라! 읽지 마라. 지금부터 잊어라. 잊혀지겠는가? 쓰고 싶다. 쓰고, 쓰고, 또, 쓰겠노라! 사랑하겠노라.

책쾌 그놈에 고집하고는, 비켜라 비켜. 책쾌 나가신다. 그믐달아! 나를 따라 잡아라 헉헉거리지 말고, 가슴에 품은 서책들이 아우성친다. 책은 내 손안에 있소이다! (이옥과 함께 달려 나간다.)

이옥, 뒤따라 달려가는데 달빛은 멀어져 간다.

〈자송문〉

똥지게를 짊어쥐고 박지원의 거처를 들이 닥치는 이옥.

이옥 이리 오너라. 전 평시서 주부, 한성부 판관, 현안의 현감은 당장 나와 무릎을 꿇으시오.

포졸2 누구냐, 어디 소속인가? 아악 냄새….

이옥 세상에서 불로초보다 귀한 만병통치약 똥물을 구해 왔소, 냉큼 비키거라. 현감께서 제일 아끼시는 똥이다. 어때? 한 바가지씩 드릴까? 청나라의 장관은 똥과 기와장이다. 말씀하지 않았소이까?

포졸1 꽃천지인 이 고을엔 똥은 별 볼일 없으니 도로 가져가쇼. 뭐꼬 이게

이옥 여보게 자넨 똥 안싸?

포졸1 나보고 지금 반말 했습니껴?

이옥 (아랑곳하지 않고) 바로 그 똥이 거름이 되어서 우리 입속으로 쑥 들어간다. 쑥~.

포졸2 똥이 입으로 쑥 들어간다 이 말인교?

이옥 똥이 밥이니까? (포졸1 토악질)

포졸2 출타중이시니 좋게 말할 때 다음에 오시오. (포졸1의 등을 토닥거리며) 뭔 사내가 비위가 약해가지고선 어디 전쟁터에 나가겠나, 잠깐 잠깐, 내 한 번 눈 질끈 감을 테니 그 똥지게는 여기다 잠시 맡기시고 갈 때… 누가 훔쳐갈 물건도 아니신데.

이옥 모르시는 말씀 현감께 드리는 선물이오. 이 똥은 똥중의 똥으로써 조선 제일의 문장가, 삼류선비, 오랑캐, 전염병을 퍼트리는 문둥이, 위선자, 기생같은 글, 장난 글로 욕 잡수시는 현감 나리께 드리는 특별 선물이오.

포졸1 나 먼저 가 보겠네, 더 이상은 냄새 나서.

포졸2 누군 냄새 안 나? 조금만 같이 있더라고.

포졸1 꽤나 똥똥 해싸네. 듣는 똥 진짜 나오겠네. (엉덩이를 만진다.)

포졸2 참, 그거 만지지도 못하고, 이리 와 보소. 곧장 들어가다가 오른쪽으로 틀어 곧바로 가면 공작관이라는 서제가 있소, 그리로 가 보시오.

이옥 비키쇼, 비켜, 똥장군 나가신다.

포졸2 (똥지게를 막으며) 이건 쪼매 마끼 나라.

이옥 무슨 소릴, 똥이 없으면 말이 안 돼! 비켜서!

포졸1,2 누가 훔쳐가지 않을 테니까 얼른 다녀오쇼. 우리가 딱 지키고 서 있을라니까.

이옥 비켜서라니까! (실랑이가 벌여진다.)

책쾌 등장

포졸1 아이고, 이게 누구십니까? 꽃미남 책쾌 도련님.

책쾌 그래, 잘 있었수? 왜들 그러시오? 뭐요 이건.

포졸2 똥이다요. 똥!

책쾌 밭에나 가져다 뿌리지 여긴 왜? 나으리는 무슨 일로 여기 있소?

이옥 꼬맹이 아닌가? 책 팔러 여기까지 온 것이여? 들기름 냄새가 좔좔 흐르는구만.

책쾌 충군하라고 지엄한 명을 받았으면, 꾹 눌러 계시지, 여기까지 또 왜 오신 거요?

이옥 연암 선생께 귀한 선물하러 왔지.

책쾌 선물요?

포졸2 저거, 저거 똥을 선물한다고 난리를 피우니 나원 참….

책쾌 내 글은 똥이다. 그러니 당신 글도 똥이다. 그 말씀이오? 따라 오시오. (사이) 술상부터 봐드릴 테니 똥지게는 이리 주시오.

이옥 어딜 가는 게냐?

책쾌 아니 선물을 받을 사람을 모셔와야지 되지 않겠소?

이옥 그렇지, 책깨나 심부름하더니 귀가 열렸구나 드디어.

책쾌 똥 같은 글이라고 여기면 그만 쓰시오. 누가 쓰라 하였소이까?

이옥 글은 곧 그 사람. 마음을 다스려 붓을 잡고, 천금 같은 마음으로 먹물을 찍어 글자 글자마다 조선의 숨결이 흐르고, 조선의 달빛 같은 글자가 떨어진다. 붓이 춤을 추고, 먹방울이 뛰노니 어서 쓰소서. 달빛 같은 자송문을 반듯하게 어여 쓰소서.

책쾌 나으리는 쓰셨소이까? 본인이 쓰고 싶어 안달이 나서 여기까지 온 것이요? 쓰기만 하면 출세길이 환하게 열릴 것이오.

이옥 네 이놈! 보자보자 하니 망발을 해대?

책쾌 흥분할 것 까진 없잖소! 임금 앞에서는 세상에서 가장 고약한 것이 패설입니다! 돌아서서는 미친 듯이 소설을 찾고, 읽고, 쓰고, 모으고, 난리도 아니니. 배운 것들이 하는 꼬락서니라니.

이옥 아직도 뒷간에서 고의춤을 올리지도 내리지도 못한 채 덜렁 소설책을 들고 앉아서 볼일을 보는 꼴이다 이 말씀이렸다.

책쾌 왜, 이제 연암 선생님이 걱정됩니까? 너무너무 잘못하여 자송문을 쓸 수 없다고 하시길 바라십니까? 아니면 너무너무 잘못한 것이 하나도 없지만 자송문을 쓰겠다고 하시길 바라는 겁니까?

이옥 그건 니가 결정할 일이 아니니다.

책쾌 그런데 왜 오셨소이까? 불안하더이까? 이 조선땅에 임금께 자송문을 받치지 않은 자 딱 세 사람이었는데 이제는 두 분만 남았구려.

이옥 무슨 소린가? 누가 어찌 되었단 말이냐?

책쾌 이덕무 대감께서 운명하였소이다.

이옥 왜?

책쾌 모르시겠소? 평생 써온 자기 글을 부정한다는 것은 목숨을 내놓는 짓이죠. 원치 않는 글을 짓지 않겠다고, 어명에 굴복하지 않겠다고, 쓰다가 찢어버리기를 수십 번, 결국 이걸 남기시고 운명하셨소. 대감 옆에는 불타 버린 자송문이 수북이 쌓여 있었소.

이옥 그건 파괴야, 정신의 파괴! 책은 책으로 밖에 막을 수 없어!

이덕무(소리) 모름지기 마음을 가다듬고 상세히 징후를 살펴 허물을 뉘우치고, 성은에 감사하며 죄과를 인정한다는 뜻을 알려야 하옵니다. 애매한 화가 미칠까 두려운 마음에 몇 자 적소. 겨울바람에 심사 균건이 하시고 혹여 딴 마음 먹지 마시오. 그럼 곧 만납시다. 부서진 소반, 부서진 냄비, 떨어진 신발, 헤진 망건 고칩니다. 땜쟁이가 왔습니다. 왔어요. 파시 때워! 파시! 때워! 나는 시 땜쟁이다. (울먹인다.) (책쾌가 따라 한다.) 자송문을 짓는다 하여 전하께서 우리를 용서하리라고 믿나? 추억은 추억이고 칼날은 칼날이지 만약 자송문을 쓴다면 왜, 내가 죄를 인정할 수, 세상이 온통 주자의 가르침만으로 그득하다면 그 또한 모순이지.

이옥 한 나라의 국왕이 선택한 서책이 곧 세상을 만든다? 그 서책에 무릎을 꿇어라? 그럴 순 없나이다. 전하! 이제 그만 멈추십시오. 전하! 어찌 그리 우두망찰하십니까? (술을 펴 마신다. 책쾌는 시중을 든다.)

이옥 걱정을 잊기 위해 술을 마시는 것처럼 내 자신도 걱정을 잊기 위해 글을 짓는다. 술로 걱정이 잊히겠는가? 그걸 알면서도 어쩔 도리가 없구나. 나는 뭔가? 이 와중에 글을 쓰는 나는, 글을 쓰는 것 외엔 아무것도 할 수 없는 나는, 오도 가도 못하는 이 상황. 그것 외엔 달리 도리가 없지 않은가? 내가 지은 글이 술 마시는 것과 같은 것인가? 그래, 이리 오너라. 예쁘기도 해라. (공작새, 학, 비둘기, 앵무새들이 모여든다.) (앵무새가 따라 한다.) 잘도 따라하는구나. 이 정도로 나를 취하게 할 수 있겠는가? 자, 한잔 받게. (학이 넙죽 받아먹는다.) 그대여 잔 멈추지 말고 단번에 마시게나. 인생은 술 취해서 자다가 꿈속에 죽는 것.

학이 춤을 춘다.

이옥 비틀거린다.

다들 잠이 든다.

여인(노랫소리) 그대 위해 내 한 곡 부르리니, 청컨대 나를 위해 그대 귀 기울이오.

잠시 후 초롱을 든 여인네가 잠이 든 이옥 옆으로 간다.

여인 조선 최고의 소설가 이옥 선생이 아니십니까?

이옥 노래를 부른 주인공이 그대였소?

여인 유배 가서 생사를 모른다는 소문을 들었는데, 사실이 아니었군요. 이렇게 살아계시니.

이옥 고맙네 그려. 그대의 노래를 다시 청할 수 있겠소이까?

여인 노랫값을 제대로 쳐 준다면야.

이옥 노랫값? 난감하군. 내겐 붓과 종이만 있을 뿐, 돈 같은 건 만져본 적이 없어서….

여인 이를 말이겠습니까? 글보다 더 소중한 게 어디 있겠습니까?

이옥 (써내려 간다.) 활짝 펼친 구름무늬 아로 새겨진 종이에 취중 시상이 더디 오니, 하늘도 잔뜩 흐려 빗방울이 후두둑. 서까래 같은 붓을 움켜쥐고 일어나 낚아채듯 휘두르니 뚝 뚝 떨어지네. 불역쾌재라! 또한 통쾌하지 아니 한가?

여인 하룻밤 묵어나 가시지요. 아무래도 노래는 아니 되겠소. 행랑아범, 사랑채에 여기 손님 하룻밤만 재워 보내시오.

이옥 필요 없소. 그냥 가리다.

여인 그러시든지요. 그럼….

이옥 노래를 다시 한 번 청하리다.

여인 못하겠소. 아직도 모르시오. 자기 글을 쓰시지오. 말해야 아오리까?

어떤 것에도 의지하지 말고 스스로 존재하는 글과 직접 대면하셔요.

이옥 내가 지금껏 무엇에 의지해 글을 썼단 말인가? 교만인가? 분노인가? 그것도 아니면 세상에 대한 비웃음. 교만으로 치장하고 분노를 휘두르며 비웃음으로 글을 써왔단 말인가? 내 스스로 내 삶과 글을 나라는 좁디좁은 아집 안에다 꽁꽁 가두어 놓았단 말인가? 없는지 그 이유를 쓸 걸세.

여인(노래) 이제 이 종이가 보이시나요? (겨우 눈을 뜨는 이옥) 광막하고 새하얀 벌판에 무엇을 담으렵니까? 푸념, 반항, 저항, 두주불사에 술주정까지. 그것은 글에 대한 모멸이오. 자신에 대한 모멸이며, 세상에 대한 모멸이오. 그러고서야 글을 쓴들 무슨 소용이 있겠소이까. 아무리 글을 잘 쓴들 그게 무슨 글이겠소. 글은 스스로 존재하는 것. 다만 당신의 손을 잠시 빌렸을 뿐. 세상, 삼라만상 본래의 얼굴일 뿐. 당신이 글을 썼지만, 글은 결코 당신의 것이 아니란 말이외다. 노래가 내 몸을 통해 스스로 노래하게 하듯, 글도 그대의 손을 통해 스스로 존재하게 하시오. 그 어떤 것에도 의지하지 말고 스스로 존재하는 글과 마주 서시오.

이옥 (자기 손을 마구 때리며 자학한다.) 이보시오. 노래를 불러 주시오.

현실에는 여자로 변신한 책쾌가 앉아 있다.

책쾌(노래) 그대 위해 내 한 곡 부르리니. 청컨대 나를 위해 그대 귀를 기울이오.

이옥 소리가 안 들리오. 더 크게 불러 주시오.

이옥 소리치나 모기 소리다.

굵은 빗방울이 뿌려진다.

책쾌　　내가 불러 드리리. (책장을 넘긴다. 넘기는 소리가 크게 들려온다.)

어둠을 재촉한다.

한양의 거리와 불빛들이 사라져 간다.

〈에필로그〉

해배된 후 고향 매화산에서 탈고하고 있다.

이옥(노래)　　백운필이라 내 마지막 글의 서문은 이렇게…. (바튼 기침)

이 글을 어찌하여 '백운'이라 이름하였는가? 백운사에서 쓴 것이기 때문이다.

백운사에서 왜 글을 썼는가? 어쩔 수 없이 쓴 것이다. 어찌하여 어쩔 수 없이 썼다고 하는가?

백운은 본디 사람이 없고 지루하니 할 일도 없다. 일도 없고 사람도 없으니, 내가 어떻게 하면 이 궁벽한 곳에서 지루한 시간을 보낼 수 있겠는가?

내가 장차 무엇을 하며 이곳에서 이 날들을 즐길 수 있겠는가? 어쩔 수 없이 손으로 혀를 대신하여 먹, 붓과 더불어 말을 잊은 경지에서 수작을 할 수밖에 없다. 그런데 나는 또한 장차 어떤 이야기를 해야 하는가? (약사발을 들고 오는 책쾌) 나는 사람에 대해 이야기하고 싶지만 남에 대해 이야기하는 자는 남들 역시 그 사람에 대해 이야기하게 될 것이니 그것도 할 수 없다.

나는 귀신을 이야기하고 싶지만 사람들은 반드시 헛소리라고 치부할 것이니 그것도 할 수 없다. 그렇다면 나는 또한 장차 어떤 이야기를 하며 끄적여야 하는가? 형 세상 이야기를 하지 않을 수 없는

데, 이야기를 하지 않는다면 그만이겠지만 이야기를 한다면 부득불 새를 이야기하고, 물고기를 이야기하고, 짐승을 이야기하고, 벌레를 이야기하고, 꽃을 이야기하고, 곡식을 이야기하고, 채소를 이야기하고, 나무를 이야기하고, 풀을 이야기해야 하겠다. 이와같이 사람은 이야기하지 않을 수 없는 것이고, 또한 이야기할 수 없는 것이 있다.

아, 입을 다물자! 그러나 인간의 사유를 지배해 온 것은 책! 책! 책! 어딜 가는가. 그 몸으로.

책을 하늘로 던진다.

책쾌는 책을 받아 빠르게 달려 나간다.

김려(노래) 고향 매화산에서 뭘 하시오. 난 아직 유배중인데,

이옥(노래) 누워서 나뭇잎이 흔들리는 것을 보고 있사외다. 나뭇가지 사이로 햇빛이 꿈틀거리고, 빛의 색깔이 여러 가지로 바람을 타고 여러 모양으로 보입니다. 나무가 고요할 때 모든 바람은 어느 곳에 있었던가? 꽃잎 하나가 떨어지네. 아, 다시 올라가네 나비였네. (허공으로 손을 내젔다가 쓰러진다.) 또 보자꾸나.

책쾌 떠나간 쪽으로 움직이려고 안간힘 쓴다.

책쾌 이제야 왔습니다. 나으리.

김려 그가 마지막으로 쓴 글인가? (책장을 넘기며) 붓 끝에 혀가 달렸어.

책쾌 왜, 쓸까요? 왜, 계속 쓰는 걸까요?

김려 계속 쓸 수밖에 없지 않습니까? 달리 할 일이라도 있습니까? 끊임없이 누군가는 읽고, 쓰고, 또 다시 읽고, 또 다시 쓴다는 것, 그대들은 왜 읽나요? 왜 계속 읽는 걸까요? 계속 읽을 수밖에 없지 않습

니까?

김려(노래) 과연 세상은 어떻게, 얼마나 바뀌었나요? 주상은 과연 자신의 뜻을 이루었을까? 저 하늘로 가시고, 이옥은 살아남아 죽을 때까지 자신의 문체를 쇠심줄같이 버리지 않았습니다. 때문에 문체반정은 결국 실패로 돌아갈 수밖에 없었습니다. 이옥은 무엇을 얻었을까요? 10년간의 유배, 상처뿐인 이 세상에서 세상의 중심에 섰던 그는 미치도록 글을 쓰고 싶었습니다. 자네를 아무도 기억할 수 없겠지. 하지만 모두들 자신이 가고 싶은 길을, 갈 수 있는 길을 갈 뿐이다. 그뿐이다. 길이 있어 가는 게 아니라 가면 길이 된다고 살았지 않은가? 이옥은 물과 같은 사람이지, 아무 맛도 없는 듯하지만 모든 맛으로 변하는 물! 자네가 세상을 떠나고 없으니, 난 끝내 자네를 넘지 못한 채 죽겠구려! 나만은 그대를 알아주리라! 나는 나! 나는 나!

이옥(노래) 사랑을 알고 쓰네. 잘 있거라. 짧았던 밤들아, 잘 있거라. 공포와 두려움을 기다리던 종이들아!

책쾌는 이옥의 책을 살포시 배에다가 놓고서 배를 쓰다듬고 환하게 웃는다.

급격한 암전.

화성지역학연구소 연구위원 명단(입회순)

번호	직책	성명	소속 및 직책
1	소장	정찬모	건국대, (전)국사편찬위원회 조사위원 한국 땅이름학회 이사
2	자문교수	김용덕	한양대 교수, 문화재전문위원
3	자문교수	김봉진	교수, 문학박사, 문학평론가
4	자문교수	간호윤	교수, 문학박사, 다연학술연구소장
5	연구위원	김민흡	서울시립대, 전 화성문화원 부원장
6	연구위원	류순자	한신대평생원, 수원과학대사회원 교수
7	연구위원	황금모	영문학사, 수필가, 사진작가
8	연구위원	임철빈	석사, 수필가, 저서 2권
9	연구위원	이경렬	석사, 시인, 스토리텔링 전문가, 저서 4권
10	연구위원	김용원	석사, 시인, 소설가, 저서 2권
11	연구위원	김성열	연극 감독, 시나리오 작가
12	연구위원	김운겸	경제학박사, 성결대 겸임교수
13	연구위원	홍승녕	식품영양학사, 여성단체활동 20년
14	연구위원	김재엽	정치학 박사, 문학비평가, 한누리미디어 회장 한국불교문인협회 사무총장
15	연구위원	서석붕	학사, 화성지역 마을 전문가
16	연구위원	이기선	학사, 웰다잉 교육강사
17	연구위원	박각준	법학사, 팔탄초교 총동문회장 성균관 유학대학원 재학
18	연구위원	백도근	철학박사, 영남대 · 계명대 연구교수, 저서 다수
19	연구위원	김희태	석사과정, 이야기가 있는 역사문화연구소장 문화재 강사 및 전문기고가
20	연구위원	최미금	행정학박사, 교육강사
21	연구위원	민세홍	학사, 화성문화원 이사
22	연구위원	고광준	학사, 조암노인대학장

화성지역학연구소
소장 정찬모 편집위원장 이경렬
주 소 : 경기도 화성시 봉담읍 유리마을길 29
E-mail : ykl571221@hanmail.net
cafe.daum.net/hsculture

화성지역학연구 제1집

지은이 / 정찬모 외
발행인 / 김영란
발행처 / 한누리미디어
디자인 / 지선숙

08303, 서울시 구로구 구로중앙로18길 40, 2층(구로동)
전화 / (02)379-4514, 379-4519
Fax / (02)379-4516
E-mail/hannury2003@hanmail.net

신고번호 / 제 25100-2016-000025호
신고연월일 / 2016. 4. 11
등록일 / 1993. 11. 4

초판발행일 / 2018년 6월 30일

값 18,000원

ISBN 978-89-7969-777-3 03300